徐彻

作品系列

皇太极

HUANG TAI JI

徐 彻◎著

中国文史出版社

目　录

第一章　东北诞巨人　巨人助后金

一、诞巨人非凡出身

万历二十年（1592），在东北大地发生了一件后来影响中国的大事，在这里诞生了一位历史巨人。

这年的十月二十五日申时（十五时至十七时），在努尔哈赤政权的第一个都城费阿拉，诞生了一个男婴。他就是努尔哈赤的第八子，努尔哈赤为其取名皇太极。皇太极后来成为大清王朝的实际创建者。

关于皇太极其人，《清太宗实录》记道："上天表奇伟，面如赤日，严寒不栗，龙行虎步，举止异常。天赐睿智，恭孝仁惠，诚信宽和，圣德咸备，言辞明敏，威仪端重。耳目所经，一听不忘，一见即识。又勇力轶伦，步射骑射，矢不虚发。宏谋远略，动中机宜，

清太宗皇太极画像

1

料敌制胜，用兵如神。性嗜典籍，披览弗倦。"①

这里对清太宗皇太极作了言简意赅的评价，包含六层意思：其一，天表奇伟，天生圣人；其二，圣德咸备，诚信宽和；其三，天赐睿智，智慧超常；其四，勇敢善战，武艺超群；其五，宏谋远略，用兵如神；其六，性嗜典籍，喜爱阅读。整个评价，虽然有后人的过誉成分，但基本符合皇太极实际。

关于皇太极的名字，历史记载有所解释。《清太宗实录》记道："自幼命名皇太极，太祖甚钟爱焉……太祖名上为皇太极者，殆天意笃生，统丕业而福兆民者也。盖汉之储君曰'皇太子'；蒙古之继位者曰'黄台吉'。太祖命名之日，我国中尚未谙汉人、蒙古书籍文义。太祖初未尝有必成帝业之心，亦未尝定建储继立之议。洎乎国运日隆，大命攸集，太祖称帝以后，国人旁罗史籍，娴习文义，乃知与汉人、蒙古储君之称，音义相符。命名默契，洵乎天意已预定云。"②

此前有人说，努尔哈赤给皇太极取名时，就含有将来皇太极能够接班当皇帝的意思。因为皇太极的音义同汉人之储君"皇太子"和蒙古之储君"黄台吉"，都十分相近。但是，《清太宗实录》在这里给以澄清，否定了这个猜测。因为取名的当时，努尔哈赤"未尝有必成帝业之心"，同时，"亦未尝定建储继立之议"。再者，太祖当时也未知汉人、蒙古储君的称谓。

但是，"命名默契，洵乎天意已预定云"。在谁也不知晓的情况下，努尔哈赤居然为其取名"皇太极"，并同"皇太子"和"黄台吉"音义相近，这全是天意呀！

《清史稿》也同意这是天意的说法。文曰："天命十一年丙寅九月庚午朔，即位于沈阳。诏以明年为天聪元年。初，太祖命上名，臆制之，后知汉称储君曰'皇太子'，蒙古嗣位者曰'黄台吉'，音并暗合。及即位，咸以为有天意焉。"③

这是说，努尔哈赤当初给皇太极命名时，是"臆制之"，乃随意为之，

①《清太宗实录》，第1卷，第3页。
②《清太宗实录》，第1卷，第5页。
③《清史稿》，第2卷，第2册，第19页。

不是刻意造作。后来才知道汉人称储君为"皇太子"，蒙古称储君为"黄台吉"，"音并暗合"，声音和意义完全是暗自巧合。等到皇太极即位，都一致认为这乃是"天意"呀！

其实，皇太极的出身并不一般。

他的父亲是努尔哈赤。此时的努尔哈赤三十四岁，已经有七个儿子。他们是：第一子褚英，第二子代善，第三子阿拜，第四子汤古代，第五子莽古尔泰，第六子塔拜，第七子阿巴泰。

努尔哈赤当时既是明朝建州左卫的都督金事，又是费阿

努尔哈赤像

拉政权的"王"，即聪睿恭敬汗。努尔哈赤本人出身建州女真贵族世家。

现在回顾一下努尔哈赤的先世。据《清太祖实录》记载，其先世世系如下：

> 仙女佛库伦生下了布库里雍顺。布库里雍顺，姓爱新（汉语金也）觉罗（姓也），名布库里雍顺，乃满洲之始祖。其幼子范察。范察子孟特穆，即猛哥帖木儿（肇祖原皇帝）。孟特穆二子，长充善（董山、童仓），次褚宴。充善三子，长妥罗，次妥义谟，三锡宝齐篇古。锡宝齐篇古生子一，即福满（兴祖直皇帝）。福满六子，长德世库，次刘阐，三索长阿，四觉昌安（景祖翼皇帝），五包朗阿，六宝实。六人各筑城分居，是为六祖。景祖（四祖）觉昌安生五子，长礼敦巴图鲁，次额尔衮，三界堪，四塔克世（显祖宣皇帝），五塔察篇古。
>
> 觉昌安第四子塔克世生五子，长努尔哈赤，次穆尔哈齐，三

舒尔哈齐，四雅尔哈齐，五巴牙喇。①

塔克世是努尔哈赤的父亲。塔克世是觉昌安的第四子，后来被追尊为显祖宣皇帝。

从肇祖原皇帝孟特穆到清太祖努尔哈赤，凡六世，经二百余年。

其间，万历十一年（1583）正月，努尔哈赤之祖父觉昌安、父亲塔克世被明军误杀。这在努尔哈赤心中留下了难以磨灭的阴影。觉昌安、塔克世死后，其官职建州左卫指挥使，就由努尔哈赤承袭了。因此，皇太极的先世是建州卫之官员，部落之酋长，即是说，皇太极出身贵族。

皇太极的母亲也出身贵族。

其母孝慈高皇后，《清史稿》记道：

太祖孝慈高皇后，纳喇氏，叶赫部长杨吉砮女。太祖初起兵，如叶赫，杨吉砮以后许焉。杨吉砮为明总兵李成梁所杀，子纳林布禄继为贝勒，又为成梁击破。岁戊子秋九月，以后来归，上率诸贝勒、大臣迎之，大宴成礼。是岁，后年十四。岁壬辰冬十月，太宗生。岁癸卯秋，后病作，思见母，上遣使迎焉，纳林布禄不许。九月庚辰，后崩，年二十九。

后庄静聪慧，词气婉顺，得誉不喜，闻恶言，愉悦不改其常。不好谄谀，不信谗佞，耳无妄听，口无妄言。不预外事，殚诚毕虑以事上。及崩，上深悼之，丧殓祭享有加礼，不饮酒茹荤者逾月。越三载，葬赫图阿拉尼雅满山冈。天命九年，迁葬东京杨鲁山。天聪三年，再迁葬沈阳石嘴头山，是为福陵。崇德元年，上谥孝慈昭宪纯德真顺承天育圣武皇后。

顺治元年，祔太庙。康熙元年，改谥，雍正、乾隆累加谥，曰孝慈昭宪敬顺仁徽懿德庆显承天辅圣高皇后。子一，太宗。②

《清列朝后妃传稿》对孝慈高皇后也有较详细的记载，现摘引如下：

① 《清太祖实录》，第1卷，第3页。
② 《清史稿》，第214卷，第30册，第8899页。

太祖孝慈高皇后，叶赫纳喇氏，讳孟古姐姐，叶赫贝勒杨吉努女也。兄纳林布禄。始太祖如叶赫，其贝勒杨吉努识太祖非常人，谓曰："我有幼女，需其长，当以奉侍。"太祖曰："汝欲结盟好，长者可妻，何幼耶？"杨吉努曰："我非惜长，但幼女仪容端重，举止不凡，堪为君配耳！"太祖许焉。杨吉努卒，纳林布禄始送妹来归，时年十四。后仪范端淑，器宇宽和，聪慧婉顺，恶言不入。生太宗文皇帝。癸卯秋，后病笃，思见母。太祖使迎诸叶赫，纳林布禄不遣。怒让之。及后崩，悼甚。不饮酒茹肉者逾月。葬尼雅满山冈，祭殓皆从厚。天命九年，克辽沈，葬东京之杨鲁山，建寝殿焉。崇德元年，太宗命儒臣采后懿行，书之实录。追谥孝慈昭宪纯德真顺承天育圣武皇后。

圣祖即位，改谥孝慈昭宪敬顺庆显承天辅圣高皇后。雍正元年，加孝慈昭宪敬顺仁徽懿德庆显承天辅圣高皇后。乾隆元年，再加谥曰孝慈昭宪敬顺仁徽懿德庆显承天辅圣高皇后。[①]

综合以上两则记载，孝慈高皇后的身世可以基本廓清。姓叶赫纳喇氏，名孟古姐姐。生于明朝万历三年（1575）。叶赫部首领杨吉努之女，其兄纳林布禄。

先是，努尔哈赤到叶赫部联络。叶赫贝勒杨吉努，见太祖气宇轩昂，认为乃非常人，必有前途，就同太祖说道："我有一个年幼的女儿，等她长大了，就许配给你。你看如何？"努尔哈赤答道："你想和我们建州结成友好同盟，可以把大女儿现在嫁给我，何必等小女儿长大呢？"杨吉努诚恳地答道："我不是舍不得大女儿。实在是小女儿仪容端庄，举止不凡，太优秀了，和你非常般配，所以才将小女儿嫁给你。"努尔哈赤一听在理，就答应下来，等待迎娶小女儿。

杨吉努不幸被明朝总兵李成梁所杀，其子纳林布禄即位为叶赫贝勒。纳林布禄又被李成梁击败。万历十六年（1588）九月，纳林布禄不食其父杨吉努之前言，亲自护送其妹孟古姐姐，远嫁努尔哈赤。纳林布禄的目的

---

① 张孟劬：《清列朝后妃传稿》（上），第10页。

是想用联姻的方式结盟努尔哈赤，进而遏制努尔哈赤扩张的势头。

努尔哈赤率领贝勒大臣，热烈欢迎送亲队伍，并大宴成礼。时努尔哈赤三十岁，孟古姐姐年方十四岁。孟古姐姐深得努尔哈赤的宠爱。叶赫纳喇氏孟古姐姐，庄敬聪慧，端庄贤德。婚后四年，万历二十年（1592）十月二十五日，生下一子，即清太宗皇太极。

万历三十一年（1603）秋天，孟古姐姐病重，思念远在叶赫的母亲，极想见上一面。努尔哈赤派出使者赴叶赫，欲迎接岳母来建州。不料，叶赫贝勒纳林布禄，竟然不允许其母远赴建州。努尔哈赤听到这个回答，十分气恼，狠狠地责备了纳林布禄。同年九月二十七日，孟古姐姐满怀怨艾病逝，享年二十九岁。孟古姐姐同努尔哈赤在一起，只生活了短短的十五年。努尔哈赤非常悲痛，有一个多月戒酒戒肉，用以祭奠孟古姐姐。

孟古姐姐初葬赫图阿拉尼雅满山冈。后金天命九年（1624），迁葬辽阳东京陵杨鲁山。天聪三年（1629）二月十三日，迁葬沈阳福陵石嘴山，同努尔哈赤合葬。天聪十年（1636）皇太极称帝，尊其母为孝慈皇后。经累朝加谥，最后的谥号是孝慈昭宪敬顺仁徽懿德庆显承天辅圣高皇后，是为孝慈高皇后。

总之，皇太极之父努尔哈赤出身建州贵族，其母孟古姐姐出身叶赫贵族。皇太极出身两个贵族之家，其出身自是非凡。

我们说，一个人的成功，依赖四个因素和三个条件。四个因素是遗传因素、家庭因素、环境因素和个人因素；三个条件是机遇、勤奋和天分。皇太极之所以成功地登上皇位，同他同时具有四个因素和三个条件是分不开的。

二、助后金建立殊勋

幼年的皇太极表现不俗，《清太宗实录》记道："性嗜典籍，披览弗倦。自幼命名皇太极，太祖甚钟爱焉。甫三龄，颖悟过人。七龄以后，太祖委以一切家政。不烦指示，即能赞理，巨细悉当。及长，益加器重。"[①]

这是关于皇太极幼年情况的唯一一条记录。皇太极三岁时，"颖悟过

---

① 《清太宗实录》，第1卷，第3页。

人"。七岁以后，努尔哈赤就将一切家政交给他赞理。皇太极居然将一个大家庭的家政料理得头头是道、井井有条，"巨细悉当"。这说明皇太极幼年老成，很小就具有超强的管理能力。

皇太极很得努尔哈赤的喜爱。因为努尔哈赤宠爱叶赫纳喇氏孟古姐姐，爱屋及乌，皇太极自然也得到了伟大的父爱。当然，皇太极本人聪明伶俐，也是一个重要的原因。前文记载，他小时候，"一听不忘，一见即识"。又说他"性嗜典籍，披览弗倦，自幼聪颖过人。太祖甚钟爱焉"。

皇太极的童年是在费阿拉城度过的。费阿拉是努尔哈赤建造的第一座都城。

《清太祖武皇帝实录》记载："丁亥年（1587），太祖于首里口虎拦哈达下，东南河二道，一名夹哈，一名首里，夹河中一平山，筑城三层，启建楼台。"

《清太祖高皇帝实录》记载："丁亥（1587）春，正月庚寅朔（初一日）。上于硕里口虎拦哈达东南，加哈河两界中之平冈，筑城三层，并建宫室。夏六月己未朔壬午（二十四日），上始定国政，禁悖乱，戢盗贼，法制以立。"①

《清史稿·太祖本纪》记载："丁亥（1587）春正月，城虎阑（拦）哈达南冈，始建宫室，布教令于部中。禁暴乱，戢盗窃，立法制。"②

综合以上三条史料，对费阿拉城可以有一个粗线条的素描。"虎拦哈达"是满语。"虎拦"，即"呼兰"。"呼兰"的意思是"烟囱"，"哈达"的意思是"山峰"，"呼兰哈达"是"烟囱山"之意。在烟囱山下，有一个平坦的山冈，其东南方向映带两条河流，一是夹哈河，一是首里河。在这个山冈上建造了费阿拉城。

费阿拉城墙遗址

① 《清太祖高皇帝实录》，第2卷，第9页。
② 《清史稿》，第1卷，第2册，第4页。

其城东西南三面为崖壁，仅西北一面向外开展。

上述记载都十分简略，所幸一名朝鲜人对费阿拉城作了详细的描述。朝鲜人南部主簿申忠一作为使臣，于万历二十三年（1595）到达费阿拉城，并住了一段时间。他是万历二十三年（1595）十二月二十二日，由朝鲜出发，自满浦渡鸭绿江，沿今浑江支流新开河、富尔江到达费阿拉城的。翌年正月初五，由原路回国。他在费阿拉境内外一共停留十五天。回国后，他根据见闻，撰写了一本旅行记《建州纪程图记》。这是一部带有情报性质的图记。全书画有九幅图，图上均有仔细的标记，同时每幅图均有详细的说明。这部图记成为了解努尔哈赤费阿拉时期社会情况的唯一的第一手历史资料，弥足珍贵。

关于费阿拉城，该书记载如下：

木栅内奴酋（努尔哈赤）家图。

外城内小酋（舒尔哈齐）家图。

一、奴酋家（努尔哈赤）在小酋家北，向南造排；小酋家在奴酋家（努尔哈赤）南，向北造排。

一、外城周仅十里，内城周二马场许。

一、外城先以石筑，上数三尺许，次布椽木；又以石筑，上数三尺，又布椽木；如是而终。高可十余尺，内外皆以黏泥涂之。无雉堞、射台、隔台、壕子。

一、外城门以木板为之，又无锁钥，门闭后，以木横张，如我国将军木之制。上设敌楼，盖之以草。内城门与外城同，而无门楼。

一、内城之筑，亦同外城，而有雉堞与隔台。自东门过南门至西门，城上设候望板屋，而无上盖，设梯上下。

一、内城内，又设木栅，栅内奴酋（努尔哈赤）居之。

一、内城中，胡家百余；外城中，胡家才三百余；外城外四面，胡家四百余。

一、内城中，亲近族类居之；外城中，诸将及族党居之；外城外居生者，皆军人云。

一、外城下底，广可四五尺，上可一二尺；内城下底，广可七八尺，上广同。城中泉井仅四五处，而源流不长，故城中之人，伐冰于川，担曳输入，朝夕不绝。

一、昏晓只击鼓三通，别无巡更、坐更之事。外城门闭，而内城不闭。

一、胡人木栅，如我国垣篱。家家虽设木栅，坚固者，每部落不过三四处。

一、城上不见防备器。①

据朝鲜使臣申忠一以上记载，费阿拉城是具有一定规模的宫城。山城分为内城和外城。努尔哈赤一家住在内城，生活优裕，食物充足，用品充沛，吃穿不愁。受努尔哈赤之命，少年时代的皇太极曾经管理过这个大家庭的家务。"甫七岁，委以一切家政，不烦指示，即能赞理，巨细悉当。及长，太祖益加器重。"他行事有条不紊，待人深浅有度，很得努尔哈赤的喜爱。

皇太极幼年时，就跟随父兄出外渔猎。渔猎是女真人谋生的必要手段。即使比较注重农业生产的建州女真，也把渔猎作为重要的生活来源，因此，女真人男女都擅长渔猎。在这个氛围长大的皇太极，自然锻炼出了一手骑马射箭的好本领。据说，他射箭的技术高超，"步射骑射，矢不虚发"。这为他后来征战疆场打下了坚实的基础。

努尔哈赤的好品质对皇太极也影响巨大。崇德四年（1639），一天，皇太极对大臣回忆起努尔哈赤的好处，说道："朕自幼跟随太祖出猎，未尝夺人一兽；军中有所俘获，未尝私隐一物。"

皇太极在三十五岁时，继承努尔哈赤大业，成为后金国汗，即天聪汗。在此之前，皇太极的表现亦可圈可点，令人称道。《清太宗实录》记道："天命元年，太祖以上为大贝勒，与代善、阿敏、莽古尔泰，共理机务，多所赞画。统军征讨，辄侍太祖偕行。运筹帷幄，奋武戎行，诛携服叛，所向奏功，诸贝勒皆不能及。又善抚亿众，体恤将卒。无论疏戚，一皆开诚布公以待之。自国中暨藩服，莫不钦仰。上凡遇劲敌，辄亲冒矢石，而太祖深加爱护，每谕勿前往。时帝业肇兴，大勋将集，圣心默注，

---

① 《建州纪程图记校注，汉译〈鞑靼漂流记〉》，第14页。

9

人望攸归。"①

　　这是《清太宗实录》对天命元年（1616）以后、登基以前的皇太极整体表现的一个概括和总结。大体含有三层意思：其一，在政治上，皇太极同其他三大贝勒，成为努尔哈赤高层领导集体的核心成员，"共理机务，多所赞画"。其二，在军事上，皇太极协助努尔哈赤"统军征讨"，"辄侍太祖偕行"，是努尔哈赤的主要助手。"运筹帷幄，奋武戎行"，功劳卓著，"诸贝勒皆不能及"。其三，在人望上，由于皇太极"善抚亿众，体恤将卒"，又由于无论亲疏，一视同仁，因此国内番邦，"莫不钦服"。由此，皇太极得到努尔哈赤的格外器重，甚至颇多关照，遇到危险情况，"每谕勿前往"。皇太极得到了努尔哈赤的"圣心默注"，也自然是诸贝勒大臣的"人望攸归"。

　　下面我们按照年限回顾一下皇太极的表现。这期间，皇太极共参与了五次重大战役。

　　第一次战役。万历四十年（1612），皇太极参加的第一次大型战役是万历四十年的攻打乌拉之战。那一年皇太极二十岁。皇太极和五哥莽古尔泰作为统帅努尔哈赤的助手直接参加了战斗。这次战斗给皇太极留下最深刻印象的是努尔哈赤的一段话。

　　一征乌拉之战时，乌拉首领布占泰的军队和努尔哈赤的军队处于相持状态。乌拉兵与建州兵对垒于一条河的两岸。莽古尔泰和皇太极沉不住气，急于渡河攻城。《皇朝开国方略》记载了努尔哈赤开导他们所说的一段十分重要的话："汝等毋作此浮面取水之议，当为探源之论。譬伐大木，岂能骤摧？必以斧斤斫而小之，然后可折。今以势均力敌之大国，欲一举而取之，能尽灭乎？我且削其所属外城，独留所居大城。外城尽下，则无仆何以为主，无民何以为君乎？"②

　　努尔哈赤的这段话使皇太极受用终生。他懂得了当条件不成熟时要善于等待的道理。皇太极后来要攻打明朝的北京时，就运用了这个理论。他对明朝展开了消耗战，直到条件成熟才进攻北京城。

　　皇太极在政治上是很敏感的。努尔哈赤在与其弟舒尔哈齐的政治斗争

　　　① 《清太宗实录》，第1卷，第3页。
　　　② 《清太祖高皇帝实录》，第4卷，第21页。

中，皇太极坚决地站在了努尔哈赤的一边；努尔哈赤在与其长子褚英的政治斗争中，皇太极也是坚决地站在了努尔哈赤一边。这是努尔哈赤时代两场大的政治斗争，皇太极都坚决支持父汗努尔哈赤。这给努尔哈赤以深刻的印象。

天命元年，明万历四十四年（1616），后金国建立。《清史稿》记道："天命元年丙辰（1616）春正月壬申朔（初一日），上即位，建元天命，定国号曰金。诸贝勒大臣上尊号曰覆育列国英明皇帝。命次子代善为大贝勒，弟子阿敏为二贝勒，五子莽古尔泰为三贝勒，八子皇太极为四贝勒。命额亦都、费英东、何和里、扈尔汉、安费扬古为五大臣，同听国政。谕以秉志公诚，励精图治。"①

此时，努尔哈赤五十八岁，皇太极二十四岁。年轻的皇太极进入了后金国的最高决策层。后金国的贝勒最高的是四大和硕贝勒，即大贝勒代善、二贝勒阿敏、三贝勒莽古尔泰、四贝勒皇太极。这四个贝勒高于其他的贝勒，因此又称为四大贝勒。四大贝勒中，代善是二哥，莽古尔泰是五哥。阿敏是叔父舒尔哈齐之子，比皇太极年长。皇太极是四大贝勒中最年轻的。

在军事上，皇太极勇敢顽强，文武双全。

第二次战役。天命三年，明万历四十六年（1618）。在攻打抚顺城的战斗中，皇太极出谋划策，起了重要作用。怎样攻打抚顺，皇太极献上一策。他说，听说四月初八至二十五日，守城游击李永芳要大开马市。我们可以利用这个机会，派出五十名奸细，分五批混进抚顺。努尔哈赤采纳了皇太极的计策。天命三年（1618）四月十四日，努尔哈赤下令出兵攻打抚顺。

在强大的军事压力和巨大的政治攻势下，明朝守城游击李永芳焦头烂额、进退维谷。抚顺城内的后金兵奸细也乘机呐喊鼓噪，人心浮动。最后权衡利弊，在援兵无望的情况下，李永芳的精神彻底崩溃，决定投降。"永芳得书，冠带立城南门"，穿戴整齐，表示投降。努尔哈赤当面喊话劝导他，同时命令兵士竖立云梯，"不移时，登其城"。李永芳看到大势已去，"遂冠带乘马出城，降"。努尔哈赤内外夹攻，抚顺唾手而得。皇太极

---

① 《清史稿》，第1卷，第2册，第9页。

《满洲实录》"太祖取抚顺降李永芳图"

的计策起了很大作用，再加上诱降政策，努尔哈赤顺利地拿下了抚顺城。

第三次战役。天命四年，明万历四十七年（1619）。在萨尔浒大战的飞芬山之战中，皇太极勇猛善战，痛歼明军。天命四年（1619）三月初二，努尔哈赤看出了龚念遂营致命的弱点，决定首先攻打龚念遂营。虽然龚念遂营拥兵一万人，但努尔哈赤派四贝勒皇太极只率领一千人，用其中的五百人下马步战。皇太极率领五百骑兵奋勇冲入敌营，五百步兵紧随其后，"遂折其车，破其楯"，明军大败，四散逃走。皇太极"率众前驱，穷追纵击"，龚念遂等皆战死，龚念遂营被攻破。

三月初三，在萨尔浒大战中的阿布达里岗战斗中，皇太极再现神勇。阿布达里岗山，莽林密布，山崖陡峭，怪石嶙峋，道路崎岖。行军及此的明朝刘绖军已感十分恐怖，突然四贝勒皇太极率右翼四旗兵，自山巅冲击而下，仿佛神兵从天而降，同刘绖军拼力厮杀；二贝勒阿敏率四旗兵自后面山谷追杀而来；大贝勒代善率左翼四旗兵也从暗处冲杀出来。三路八旗兵包围刘绖军，白刃肉搏，残酷激烈。最后，明军惨败。

第四次战役。天命四年（1619）八月，努尔哈赤率大军第四次征讨叶赫。

万历十二年（1584）明将李成梁在开原汉寿亭侯庙，诱杀了叶赫贝勒清佳努和杨吉努。后来清佳努子布寨、杨吉努子纳林布禄分别继为贝勒。

建州首领努尔哈赤咄咄逼人的扩张势头，引起了海西女真四部，尤其是其中最强大的叶赫的不满。叶赫贝勒纳林布禄在万历十六年（1588）九月，把自己十四岁的妹妹名孟古姐姐的叶赫纳喇氏，送给努尔哈赤为妻，履行了杨吉努先前的诺言。纳林布禄想用联姻结盟的方式笼络努尔哈赤，

皇太极

并以此扼制其扩张的雄心。但努尔哈赤不为所动，依然我行我素。这个联姻的方法宣告失败。

叶赫贝勒纳林布禄纠集九个部落，组成联军进击建州，以图一举消灭建州努尔哈赤。万历二十一年（1593）九月，以叶赫贝勒纳林布禄、布寨为首，纠合哈达、乌拉、辉发、朱舍里、讷殷、科尔沁、锡伯、卦尔察，共为九部，合兵三万，兵分三路，向建州苏克素浒河的古勒山挺进，进而爆发了著名的古勒山之战。

古勒山之战，努尔哈赤大获全胜，斩杀四千人，缴获战马三千匹，铠甲一千副。在战斗中，叶赫贝勒布寨被建州孤胆英雄士兵吴谈斩杀。纳林布禄见其兄被杀，昏倒在地，被救回后，不久便抑郁死去。战后，"北关请卜酋（布寨）尸，奴酋（努尔哈赤）割其半归之。于是北关遂与奴酋为不共戴天之仇"。努尔哈赤把布寨的尸体割一半归还给叶赫，这也未免太不人道了。但这也正说明了他们之间的仇恨之深。

这之后，布寨子布扬古、纳林布禄弟金台石，继为贝勒。布扬古统管西城，金台石统管东城。

第四次征讨叶赫时四大贝勒率领护军包围西城的布扬古。努尔哈赤率领八固山额真，督导大兵，攻打东城的金台石。金台石被围不降，努尔哈赤命后金军掘地为穴，城墙倒塌，攻入城内，城民投降。金台石携妻及幼子登上八角楼，努尔哈赤命他投降。因金台石是皇太极的舅父，金台石求见其外甥皇太极。当时皇太极正在进攻西城，努尔哈赤答应了金台石的要求，命皇太极从攻打西城的前线撤下来，见其舅父金台石。

重译《满文老档》卷十二记载了皇太极劝金台石投降的过程：

你这些年来，竭心力，苦国人，修筑坚固的外城，在天生的山上修筑内城。这两道城被攻破了。仍然还在这台上，想要怎么办呢？你想诱骗敌人取胜，哪个好人会照你的想法作战呢？你为什么说在我说一句收养时就下来呢？要我立不能进攻你的誓言吗？我来时，如果你下来，带到父汗那里会见。杀就死，收养就生。讨灭亲戚吗？杀死吃肉吗？饮血吗？为了和好，派过使者二三十次，我们攻打你们不胜才讲和的吗？派的使者，要杀就杀，要扣留就扣留，你今天死期至矣！如果想起你的罪恶，父汗也许会杀你，如果不念你的罪恶，而念及外甥我，也许收养。①

二十七岁的皇太极的这番说辞，表现了很高的政策水平。既揭露了舅舅金台石的罪恶，又指出了舅舅金台石的前途。可谓苦口婆心，仁至义尽。"这样说了十遍仍然不听"，如此耐心地劝说，都是因为金台石是努尔哈赤爱妻叶赫纳喇氏孟古姐姐的哥哥，是皇太极的舅舅。最后，劝说没有成功，任凭他自尽了。

第五次战役。天命六年，明天启元年（1621）三月十日后，在沈阳外围的白塔铺之战中，皇太极的勇敢顽强，表现得更为突出。当时，明军三总兵，率领骑兵三万来援，扎营于白塔铺。他们遣兵一千为前探，遭遇八旗兵雅荪率领的精锐护军二百人。雅荪胆怯，"见之不战而退"，明兵远远地跟在他们的后边。努尔哈赤听说，大怒，自率大军追击，路过四贝勒皇太极营。四贝勒听说父汗亲自出战，急忙骑马追赶父汗，他劝说父汗不要自己追赶了，由他来追。努尔哈赤应允，于是，四贝勒率领精锐护军，迎击跟随雅荪的明军。明军四散逃走，四贝勒一直追击到白塔铺。在这里，四贝勒又见到了明朝三总兵正在统兵布阵。四贝勒以迅雷不及掩耳的速度，亲率百骑，迅速出击，三总兵大吃一惊，四散逃遁。四贝勒皇太极正在追击时，巧遇大贝勒代善、台吉岳托，遂同追四十里，斩杀三千余级，才收兵。

第二天，努尔哈赤召见临阵退缩的军官雅荪，斥责他说："吾子（四贝勒），父兄依赖，如身之有目。因汝之败，深入敌军，万一有失，汝罪应碟。汝奈何率吾常胜之兵，望风奔溃，挫其锐气耶？"命革去雅荪的职务。从中可见，努尔哈赤执法之严及对四贝勒皇太极宠爱之深。

除军事斗争外，在政治斗争中，皇太极的表现也是立场坚定、旗帜分明，完全站在其父努尔哈赤一边。最明显的例子是处死长子褚英一案中，皇太极的表现。

万历四十三年（1615）八月二十二日，五十七岁的努尔哈赤做出了痛苦的抉择：下令处死了幽禁在图圄的心爱的长子褚英。

褚英当时年仅三十六岁。

① 重译《满文老档》，太祖朝，第12卷，天命四年八月。

东京陵努尔哈赤长子褚英墓园

褚英，万历八年（1580）生，其母是努尔哈赤的爱妻元妃佟佳氏。褚英骁勇善战，富于谋略。他受父命，于十八岁时率兵征战安楚拉库路，大胜而还，被赐号洪巴图鲁，封贝勒。巴图鲁是满语勇士、英雄之意，前特别加上修饰语"洪"，既加重分量，又区别其他。二十七岁时，他作为副将跟随叔父舒尔哈齐出征，参与乌碣岩大战。舒尔哈齐因迷信天象欲中途班师回军，褚英坚决抵制，并出敌不意，以少击多，获取大捷，被赐号阿尔哈图土门，汉译为"广略"，史称其为广略贝勒。次年，二十八岁时，他又同贝勒阿敏一同出征，一举攻占乌拉部的宜罕山城，为统一女真诸部立了一功。年轻的褚英显露了卓越的军事才能，他指挥有方，屡建战功，很受其父努尔哈赤的赏识。努尔哈赤的事业此时正在蒸蒸日上，在国事繁忙时，他便有意识地让长子褚英代为处理国家政务。一是试试爱子的才能；二是听听各方面的反映。这无形中就把褚英推到了储君的位置上。

年事已高的努尔哈赤在考虑接班人问题了。对长子褚英的长处，努尔哈赤心中有数；对褚英的短处，努尔哈赤也洞若观火。但是，他深受汉民族嫡长子继承制的影响，认为接班人不能绕过嫡长子，为此就初步将褚英定为了继承者。对此，重译《满文老档》透露了努尔哈赤定立褚英为接班人的矛盾心理，文曰："淑勒昆都仑汗（聪睿恭敬汗）考虑到：'如果没有儿子们，我自己还有什么说的。现在我想让儿子们执政。''要让长子执政，然长子从幼心胸狭隘，肯定不会宽大为怀地抚养国人。但是抛弃长兄，使弟越其兄长执政，怎么能行呢？父我若任用长子，并掌管大国，执掌大政，也可能改变心胸狭隘的毛病，成为宽宏大量的人。'遂命长子阿尔哈图图门执政。"①

努尔哈赤深知长子褚英从小就有心胸狭隘的毛病，但是他不能越过长兄安排接班人，即"但是抛弃长兄，使弟越其兄长执政，怎么能行呢"？所以，努尔哈赤让长子褚英掌管大权，盼望借此能够改掉他的毛病。"也可能改变心胸狭隘的毛病，成为宽宏大量的人。"这是作为父亲的努尔哈赤一个美好的愿望。

如果褚英视野高远、谦恭慎审，他自然会得到诸多兄弟及各位重臣的爱护和拥戴。但是，褚英毕竟不是个政治人才，而只是个军事人才。他表现得目光短浅、心胸狭隘，自视为储君，对兄弟和重臣傲慢无礼，不可一世。

《满文老档》记载："然此执政之长子，毫无均平治理汗父委付大国之公心，离间汗父亲自举用恩养之五大臣，使其苦恼不睦。并折磨聪睿恭敬汗爱如心肝之四子，谓曰：诸弟，若不拒吾兄之言，不将吾之一切言语告与汗父，尔等须誓之。令于夜中誓之。又曰：汗父曾赐与尔等佳帛良马，汗父若死，则不赐赉尔等财帛马匹矣。"②

甚至扬言："我一旦即位，就把和我作对的各个兄弟和各个大臣全都杀掉。"此言一出，褚英的凶狠面目便暴露无遗。褚英自然地遭到了四大贝勒和五大重臣的强烈反对。四贝勒和五大臣，是努尔哈赤正式任命的。《清史稿·太祖本纪》记载："天命元年丙辰春正月壬申朔，上（努尔哈赤）即位，建元天命，定国号曰金。诸贝勒大臣上尊号曰覆育列国英明皇帝。命次子代善为大贝勒，弟子阿敏为二贝勒，五子莽古尔泰为三贝勒，八子皇太极为四贝勒。命额亦都、费英东、何和里、扈尔汉、安费扬古为

① 重译《满文老档》，太祖朝，第3卷，癸丑年至甲寅年。
② 《满文老档》。

五大臣，同听国政。谕以秉志公诚，励精图治。"①

这里清楚地记载了四大贝勒和五大重臣的产生过程，以及他们崇隆的政治地位。这都是英明汗努尔哈赤在建国之时，特别加以任命的。他们是努尔哈赤的左膀右臂，是心腹子弟和贴心重臣。在努尔哈赤就任英明汗的国家典礼上，郑重宣布四贝勒和五大臣，说明他们地位之崇隆、权力之巨大。

四大贝勒是满洲贵族四大实力集团的首领。"天命元年，（阿敏）与代善、莽古尔泰及太宗（四贝勒皇太极），并称和硕贝勒，号'四大贝勒'，执国政。阿敏以序称二贝勒。"②

努尔哈赤第二子代善像

努尔哈赤时代，四贝勒处于辅政地位，分掌部分国家实权。他们都是最高级的和硕贝勒，又称旗主贝勒，或固山贝勒。手握军权，拥有财货，统领部民，是努尔哈赤依靠的中坚力量。努尔哈赤对四大贝勒视同左膀右臂，"爱如心肝"。四大贝勒是中央常委级的子弟，是努尔哈赤的家族精英，是后金国的权力精英。

五大臣是费英东、额亦都、扈尔汉、何和里和安费扬古。这五位大臣都是备受努尔哈赤宠信的。他们在努尔哈赤统一女真的事业上都屡经战阵，建立了特殊的功勋。他们紧紧追随努尔哈赤，东征西讨，艰苦备尝，忠心耿耿，矢志不渝，因而取得了努尔哈赤独有的信任。

对于是否向努尔哈赤揭发长子褚英的恶行，四贝勒和五大臣是心存顾

---

① 《清史稿》，第1卷，第2册，第9页。
② 《清史稿》，第215卷，第30册，第8943页。

忌的。

《满文老档》记载："如此折磨，四弟（四大贝勒）、五大臣遭受这样苦难，聪睿恭敬汗并不知悉。四弟、五大臣相议曰：汗不知我等如此苦难，若告汗，畏执政之阿尔哈图图门（褚英）。若因畏惧执政之主而不告，我等生存之本意何在矣。彼云：汗若死后，不养我等，我等生计断矣。即死，亦将此苦难告汗。"

四大贝勒和五大重臣经过密议，"即死，亦将此苦难告汗"，即便是处以死刑，也要将自己所受的苦难报告给国汗。于是，决定破釜沉舟，共同告发褚英。告发的过程，也如《满文老档》所记："四弟、五大臣议后告汗。汗曰：尔等若以此言口头告吾，吾焉能记，可书写呈来。四弟、五大臣将被虐情形各写一书，呈奏于汗。汗持其书，谓长子曰：此系汝四弟、五大臣劾汝过恶之书矣，汝阅之。长子，汝若自以为是，亦可上书辩驳。长子答曰：我无言可辩。"

努尔哈赤很慎重，让他们每个人都郑重地写出书面材料，揭发长子褚英。

他们如努尔哈赤的要求，照办无误。他们揭发褚英所犯罪状，一是在四大贝勒和五大重臣之间，挑拨离间，制造不和；二是向诸弟索要财物、马匹，以削夺诸弟的实力，加强他个人的力量。揭发的都是事实，褚英确实无言可辩。努尔哈赤质问他："夫掌政之国主、汗、贝勒，须宽大为怀，秉公治国。如此虐待同父所生之四弟及为父我擢用之五大臣，使彼此不睦，则吾为何使汝执政耶？"

一边是爱子褚英，一边是中坚四大贝勒和五大重臣。界限清楚，壁垒分明。努尔哈赤必须择其一。他经过痛苦思考，权衡利弊，断然舍弃了不可造就的褚英。

重译《满文老档》记道：

四弟、五大臣每人把困苦情况写了一份，呈送给汗（努尔哈赤）。汗接受了这些报告，对长子说："这是你的四弟、五大臣控诉你的罪行的文件。看见这个，你如果有什么正确的话，也写出来答辩。"长子回答说："我没有一点要说明的。"因此，淑勒昆都仑汗说："你如果不说明，就是你的过错。父我不能打仗，不能断理国事，不能执政，年纪老了，也不把国家大权移交给你！如果使在我身边长大的儿子们执政，国人听到会说：'不要汗参与，诸子统辖国人，执掌大政。'考虑到国人的听闻，才让你执政！执政的国主汗、贝勒要宽宏大量，公平地抚养国人。如果使同父的四弟、父任用的五大臣，如此不睦，并使之困苦，怎么能让你执政呢？让你们同母兄弟两人执政，而分给了大半国人。考虑到多给兄弟们，弟弟们如果没有，可以向兄求得。求之不得，可以强取。如少给兄长，多给弟弟们，兄长向弟弟祈求是不适当的。你们生于其他兄弟之前，分给年长的同母两兄弟，国人各五千家，各八百牧群，银各一万两，敕书各八十道。给我爱妻所生诸子的国人、敕书都比这个少。给这样多还不满足，你还说要从财物不多的弟弟那里索取东西，要杀你认为不好的诸弟、诸大臣，使弟弟与五大臣，互不和睦相处，不让他们把你那种邪恶念头报告给父，让弟弟们到处立誓。如果是像你这种心胸狭隘，认为给你国人、牧群、财货等东西少，那么你专主的国人、牧群、财货等，和你弟弟们合在一起再平分。"①

　　这是努尔哈赤训斥褚英的一大段讲话。保留在《满文老档》之中，弥足珍贵。努尔哈赤接受了四大贝勒和五大重臣的意见，断然将褚英从接班人的位置上拿了下来。从中能够看出努尔哈赤在处理重大问题时的战略眼光和宽阔胸怀。

《满文老档》图影

---

①　重译《满文老档》，太祖朝，第3卷，癸丑年至甲寅年。

淑勒，乃蒙语，聪睿之意；昆都仑，乃蒙语，恭敬之意。淑勒昆都仑汗，即聪睿恭敬汗。

但是，努尔哈赤对褚英的处治是分步骤进行的。先是闲置不用，有意疏远，让其闭门思过。但是，在闲置的时间里，褚英并没有收敛，反而"意不自得"，"心术不善，不认己错"，甚至"焚表告天"，"诅咒"有关人等。褚英的表现令努尔哈赤十分失望。努尔哈赤听其言，观其行，不得不将其逮捕幽禁。"长子阿尔哈图图门三十四岁时，癸丑年三月二十六日，监禁于高墙。"癸丑年，即万历四十一年（1613）三月二十六日，褚英被监禁。

重译《满文老档》记道：

> 这样训斥后，在秋天出征乌拉时，因为知道长子心胸狭隘而不信赖他，留他的同母弟古英巴图鲁贝勒守城。次年春天，出征乌拉时，也不信赖长子，派莽古尔泰台吉、四贝勒二弟留守。两次出征乌拉时，都没派长子去，让他居住在家中。于是，长子对他的四个僚友议论说："和诸弟平分国人，我不能再活着了。你们和我一起死吗？"四个僚友回答："贝勒你要死，我们随着死。"从那以后，父汗出征乌拉时，长子不担心父汗与大国作战的胜败，写上诅咒出征的父汗、诸弟、五大臣的咒语，对天地焚烧。还对僚友说："我们的兵出征乌拉失败才好！如果那样就不让父、诸弟入城。"共同说那样的恶言……淑勒昆都仑汗恐怕杀长子以后，不是给活着的诸子造成先例吗？所以没杀。在他三十四岁（癸）丑年三月二十六日，将阿尔哈图图门（褚英）监禁在高墙之中……淑勒昆都仑汗的长子阿尔哈图图门（褚英），不承认自己的错，恐怕以后毁坏生存之道，所以监禁在高墙之中。二年，经过三年的深思熟虑，顾虑长子的存在，会败坏国家。若是怜惜一个儿子，将会危及大国、众子及大臣们。因此，于乙卯年（万历四十三年，1615），淑勒昆都仑汗五十七岁，长子三十六岁的八月二十二日，下了最大的决心，将长子处死。①

① 重译《满文老档》，太祖朝，第3卷，癸丑年至甲寅年。

20

努尔哈赤经过两年多的反复筹思，感到自己的观察有误，褚英不是个合格的继承者，而且报复心重。如果让他生存下去，一旦时机到来，他可能予以反扑，必然会败坏国家，"若是怜惜一个儿子，将会危及大国、众子及大臣们"。从国家考虑，从大局出发，他不得不忍痛割爱，下令处死了长子褚英。"两年后，见其毫无改悔，遂诛杀。"

在努尔哈赤处治及处死长子褚英的过程中，作为四贝勒的皇太极，始终站在父汗努尔哈赤一边，旗帜鲜明，立场坚定。起初在褚英部分掌权得意忘形时，皇太极注意观察；后来在四大贝勒和五大重臣忍无可忍时，皇太极同他们站在一起，书面揭发了褚英的恶行；直至最后，努尔哈赤处死了褚英，皇太极表示坚决支持。皇太极在复杂的政治斗争中，头脑清醒，处事果断，显露了一个政治家的睿智与机敏。

天命六年，明天启元年（1621），根据努尔哈赤的上谕，四大贝勒开始参与国家最高权力的运作。天命六年二月，"太祖命四大贝勒按月分（份）直（值）。国中一切机务，俱令直（值）月贝勒掌理"。"按月分（份）直（值）"，即是说，国家大事由四大贝勒按月轮流值班处理，这是努尔哈赤对四大贝勒的训练和考验。此时皇太极二十九岁，和其他三大贝勒一样，已经开始单独处理国家大事了。

皇太极是努尔哈赤的得力助手，是四大贝勒的中坚力量。他在追随努尔哈赤的政治较量和军事斗争中，屡建功勋，功劳卓著。在长期的戎马生涯中，他已经在璀璨的群星中凸显出来。他是一颗陡然升起的闪亮的政治和军事新星。他的继位，可以说是众望所归。

但是，皇太极的继位也非一帆风顺。

第二章　继位有斗争　皇八登汗位

一、太祖逝皇八继位

　　天命十一年（1626）正月，英明汗努尔哈赤居然兵败宁远，真是出乎意料。明朝宁前道袁崇焕是一个名不见经传的小人物，并且从来没有打过仗。而英明汗努尔哈赤从二十五岁时十三副遗甲起兵始，披坚执锐，攻城略地，战无不胜，攻无不克，从来没有打过大的败仗。不料，却败在这么个小人物的手下。

　　关键不在于一次战役的失败，而在于努尔哈赤没有从失败的懊丧情绪中摆脱出来，反而越陷越深。他百思不得其解，为什么像他这样久经沙场、身经百战的显赫统帅，却败给了一个初出茅庐、困守孤城的无名道员呢？努尔哈赤感到羞愧难当、深自懊悔、寝食俱废，终致忧伤成疾，并导致痈疽突发。努尔哈赤感到体力不支，预感不妙，遂于六月二十四日，谕令诸子互相团结，勤理国政。七月二十三日，努尔哈赤病情加剧，不得不到清河汤泉疗养。八月初一日到达清河，急派侄儿二贝勒阿敏杀牛烧纸，祭拜堂子，求取天神和祖宗的护佑。八月初七日，努尔哈赤感到身体不好，急欲还京，便乘船由太子河顺流而下，归返沈阳。同时，急召大妃来见，大妃如期而至。八月十一日，当走到沈阳以东四十里的瑷鸡堡时，背疽突发死去，终年六十八岁。

　　《清太祖高皇帝实录》第十卷记道："（七月）癸巳（二十三日），上不豫，幸清河坐汤。八月庚子朔丙午（初七日），上大渐，欲还京，乘舟顺太子河而下。使人召大妃来迎，入浑河，大妃至。溯流至瑷鸡堡，距沈

22

努尔哈赤

阳城四十里。庚戌（十一日），未刻，上崩。在位凡十一年，年六十有八。上于国家政事、子孙遗训，平日皆预定告诫，临崩不复言及。"[1]

努尔哈赤是正常病逝的。临死前，唯有大妃阿巴亥在他的身边。"上于国家政事、子孙遗训，平日皆预定告诫，临崩不复言及。"显然，没有留下任何遗嘱。

但是，对于大妃阿巴亥，努尔哈赤生前早就有话，让她殉夫。

诸贝勒必须落实努尔哈赤生前的这个唯一的遗言。天命十一年（1626）八月十二日，诸贝勒，其中包括四贝勒皇太极，来到了大妃阿巴亥的寝宫。

他们很礼貌地对阿巴亥直言道："先帝归天之前，曾预留遗言给我们：'如果我一旦离去，一定让阿巴亥随我而去！'"阿巴亥乍听此言，如五雷轰顶，不知所措。看起来，遗言的真实性是不容怀疑的。阿巴亥毕竟不同于别的女人。她略作沉吟，便冷静下来，然后寻找借口，希图支吾过去，不去殉夫。然而诸王毫不松口。他们表情僵硬，神态木然，以不容置疑的口吻断然说道："这是先帝的遗命，任何人想要违背也是不行的。"就是说，没有办法，我们也是爱莫能助。

美丽的阿巴亥面对跪满一地的诸王，凝神片刻，终于醒悟，努尔哈赤的遗言是置她于死地的尚方宝剑。任何人也救不了她，诸王也不想救她，她是在劫难逃了。既然如此，她就要死得漂亮、死得明白。

她不慌不忙地退到内宫，梳妆打扮，戴满闪光的珠宝，穿上华贵的礼服，款步重回大殿，满身闪闪发光，熠熠生辉。她对诸王悲戚地啜泣道："我自十二岁侍奉先帝，享尽了荣华富贵，到如今已二十六年了。我实在不忍离开他，所以，我决定跟他一同去了。我留下了两个不懂事的孩子多

——————
① 《清太祖高皇帝实录》，第10卷，第79页。

尔衮、多铎，请诸位兄弟好好对待他们。"因为长子阿济格已是十七岁的青年，所以阿巴亥没有提到他。

诸王被感动了，眼含热泪表态道："两个幼小的弟弟，我们如果不好好对待，就是背弃自己的父亲，哪有不尽心对待他们的道理。"于是，阿巴亥于早晨便毅然决然地自尽了，时年三十七岁。同时殉葬的还有庶妃阿济根和德因泽，这又是两位年轻的冤魂。

大妃阿巴亥是不是必须殉夫呢？不一定。当然，女真和早期满族习俗，夫死之后，妻妾是有殉葬的。但殉葬的一般是小妾，嫡妻殉夫是极为罕见的。阿巴亥是一位富于谋略、工于心计的贵族女子。她自幼便生活在尔虞我诈的后宫内部。这锻炼了她的意志，磨砺了她的性格，也培养了她的能力。阿巴亥的智慧、远见和权谋等，诸王都是了如指掌并谙熟于心的。努尔哈赤对她更为了解，甚至担心"留之恐后为国乱"。诸王亦视阿巴亥为危险人物。阿济格、多尔衮、多铎三兄弟如有其生母阿巴亥在，便如虎添翼，可释放出意想不到的能量，也许给他们带来某种潜在的危险。因此，诸王便冷酷而坚决地执行了努尔哈赤的遗言。

诸王以努尔哈赤的遗言为借口，集体对阿巴亥进行了不着痕迹的政治谋杀。阿巴亥实际是这次权力交接过程中不折不扣的政治牺牲品。

修复后的沈阳古城怀远门

大妃阿巴亥虽然生有阿济格、多尔衮、多铎三皇子，但有努尔哈赤的遗言在，三位皇子也救不了其亲生母亲，阿巴亥只有自尽殉夫。以神圣的名义逼死了大妃阿巴亥，就除掉了一个潜在的争储对象，这是当事诸贝勒心中有数的。

处理完阿巴亥的事件，接着就是推举汗位继承人了。

努尔哈赤的灵柩由群臣轮流抬入沈阳宫中，此时关于汗位由谁继承的问题发生了激烈的明争暗斗。

皇太极

努尔哈赤撒手人寰。在弥留之际，他心绪烦乱，不知所以，没有指定任何人为他的接班人，而只是给了八王一个原则，即继承人由八王共同推举产生，这就是"平日皆预定告诫"的内容。八王究竟推举谁，他就不得而知了。努尔哈赤毕竟是位政治家，他把这个难题留给了他的后人。他相信，经过实力较量和智慧交锋，脱颖而出的继承人一定是能够控制大局的强者和智者。这也许是作为人情练达且老于世故的英明汗努尔哈赤的英明之处吧！

努尔哈赤仅儿子就有十六人，另有几位卓尔不群的侄儿，还有几位出类拔萃的孙子。可以继位的第一层次人选是儿子辈，第二层次人选是孙子辈，第三层次人选是侄儿辈。如果，第一层次人选选中，那么，第二、第三层次人选就自然淘汰。但是，因第二、第三层次人选具有实力，所以就具有了发言权。他们的人心向背是起重要作用的因素，不可等闲视之。

综合分析，竞争汗位的当时具有四股力量，或叫四派。

第一股力量是代善派。代善是努尔哈赤的第二子。他的兄长褚英被处死之后，他便居长了。他随其父转战南北，因其战功卓著，赐号英巴图鲁。后封为最高级的和硕贝勒，以序称大贝勒。凡重大战役，如萨尔浒之战、伐乌拉之战、灭叶赫之战、攻蒙古之战、辽沈之战等，他都成为努尔哈赤的左右手。他是一位富于谋略、勇于战事的战将，深得努尔哈赤的赏识。

同时，他是正红、镶红两旗的旗主。此外，代善还有几位战功赫赫的儿子和孙子。代善的八个儿子中有四个儿子，即岳托、硕托、萨哈廉、瓦克达，都是声名远播的年轻骁将。其中，尤以岳托、硕托、萨哈廉为最。岳托是代善的长子，智慧超群，勇猛过人。硕托、萨哈廉也是如此。此三位贝勒很早便参与其父叔辈的最高层次的政治军事活动，在后金国中具有特殊的政治地位。

代善的侄子杜度也是一个不可多得的军事人才。其父为褚英，褚英死后，他便转向依靠叔父代善。杜度因战功累累，被任命为八旗旗主。

代善派的实力最雄厚，力量最强大。代善居长，又是嫡亲，且力量甚强。他如想要荣登大位应该是不成问题的。但是，他感到如真的登上汗位，其面临的形势也是十分严峻的。因为国内民族矛盾尖锐，国库空虚，民不聊生，百姓逃亡，国家靠军事高压得以维持。而且，宁远之战，后金军又败给了名不见经传的袁崇焕，明军又在声称反攻。在此情形下，宽厚的代善感到自己不是担当此任的最佳人选。从国家前途考虑，于公于私，量人度己，他认为八弟皇太极应该是合适的人选。

第二股力量是皇太极派。皇太极是努尔哈赤的第八子，是四大贝勒中的四贝勒。满语贝勒可译为王，因此历史记载，也称四大贝勒为四大王，即大王、二王、三王、四王。皇太极是白旗旗主，是努尔哈赤爱妃叶赫纳喇氏唯一的儿子。她很得努尔哈赤的宠爱。他们相亲相爱共同生活了十五年。她二十九岁不幸病逝时，皇太极才十二岁，努尔哈赤痛不欲生。后来皇太极的出色表现令努尔哈赤十分慰藉。

努尔哈赤十分钟爱这个儿子。皇太极不负父望，智勇双全，能征惯战。在萨尔浒之战、辽沈之战、广宁之战中，他都出谋划策，身先士卒，起到了关键的作用，成为努尔哈赤不可离开须臾的得力助手。

努尔哈赤非常关注皇太极的安危。在攻打沈阳时，因后金将领雅荪脱逃，皇太极杀向敌群。努尔哈赤担心皇太极发生意外，责备雅荪道："我的儿子皇太极，父兄依赖如眸子。因你之败走，使他不得不杀入敌兵中。万一他遭到不幸，你之罪必千刀万剐。"痛子之心和爱子之情，溢于言表。

因为爱之甚深，所以要求也愈严。努尔哈赤对他的些许缺点也绝不放过。有些时候，皇太极对来探视他的哥哥不去礼送，而他哥哥的孩子却很礼貌地礼送他。这样的事让努尔哈赤知道了，他批评皇太极道："这样行事，是贤明的表现吗？"像如此细小的毛病努尔哈赤也要予以纠正。他是把皇太极作为未来的继承人而加以严格要求的。在父亲的严格管教下，皇太极也确实成长为一个难得的人才。

皇太极凭借自己的实力，又得到代善派强有力的支持，因此，皇太极作为继承人的竞争砝码无疑是加重了。

第三股力量是阿济格派。这一派主要是十七岁的阿济格、十五岁的多尔衮和十三岁的多铎三贝勒兄弟。他们的母亲是大妃乌拉纳喇氏阿巴亥，是努尔哈赤的宠妃，就是努尔哈赤临死前陪伴在身边的唯一的妃子。阿巴亥此时三十七岁，正当盛年。子以母贵，努尔哈赤在世时，即把正黄、镶黄二旗交给阿济格、多铎率领，此二人成为权势煊赫的旗主贝勒。但他们毕竟年幼，仍是不谙世事的少年，只有阿济格步入青年。这一派因为努尔哈赤生前的关注，获得了特别的恩宠，取得了特殊的地位。因此，他们也有可能成为继承人。但是，阿巴亥意外殉夫而死。由此，这一派受到严重的打击，失去了主心骨，丢掉了战斗力。现在只能任人宰割，听人摆布。且平心而论，论实力、论资历、论军功，他们都不如前两派。

第四股力量是莽古尔泰派。莽古尔泰是继妃富察氏之子，是谓三贝勒，也是正蓝旗旗主贝勒。富察氏因罪被贬。莽古尔泰为讨取努尔哈赤的欢心，竟然手刃其亲生母亲。从此，在世人面前败坏了自己的形象。弑母之人，何得为君？而他的弟弟德格类也因此受到牵连。

综上，这四股力量最终要看代善派的态度。代善一言九鼎，决定乾坤。形势严峻，情况危机，人心惶惶，人言汹汹。在这个关键时刻，代善显示了一个政治家的风度。他从满族的民族利益出发，从后金国的国家前途着想，以安邦定国的重臣的身份，不负先父重托，当机立断地决定由皇太极继承大统，荣登汗位。

在决定皇太极登基的过程中，代善及其第一子岳托和第三子萨哈廉起了很大作用。《皇清开国方略》记道："（皇太极）凡遇劲敌，辄躬冒矢石，太祖每谕令勿前。诸贝勒大臣咸谓：'圣心默注，爱护独深。'天命七年三月，谕分主八旗诸贝勒曰：'尔八人同心谋国，或一人所言有益于国，七人共赞成之，庶几无失。当择一有才德能受谏者，嗣朕登大位。'十一年八月庚戌，太祖龙驭上宾。大贝勒代善长子岳托、第三子萨哈廉，告代善曰：'国不可一日无君，宜早定大计。四贝勒才德冠世，深契先帝圣心，众皆悦服，当嗣登大位。'代善曰：'此吾素志也。天人允协，其谁不从？'翌日，代善书其议，以示二贝勒阿敏、三贝勒莽古尔泰及诸贝勒。皆曰：'善。'遂合词请

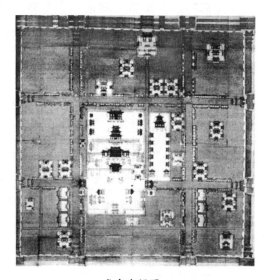

盛京城阙图

上即位。太宗辞曰：'皇考无立我为君之命，若舍兄而嗣立，既惧弗克善承先志，又惧未能上契天心，且统率群臣，抚绥万姓，其事綦难。'辞至再三，自卯至申。众坚请不已，然后从之。"①

在努尔哈赤病逝当天的八月十一日，代善的第一子岳托和第三子萨哈廉，二人经过商议，决定向其父代善提出建议。他们直言不讳地告白："国不可一日无君。这么重大的事，应该尽快做出决定。现在皇太极贝勒，无论才能和德行都是举世无双的，深得先帝圣心，大家都从心里信服他。他应该立刻继承汗位。"代善听后非常高兴，当即爽快地答道："我也想到这儿了。你们说的话，正合我的心意。天人允协，有谁能不同意呢？"双方一拍即合，然后由代善主持，三人共同起草了一份劝进书。

第二天，大贝勒代善召集诸位贝勒大臣，共同讨论这份劝进书。他出示了事先准备好的劝进书，让大家阅看讨论。这次参加会议的人，都是对推举继承人有决定权的人。除代善外，尚有二贝勒阿敏、三贝勒莽古尔泰；努尔哈赤第七子阿巴泰、第十子德格类、努尔哈赤之三弟舒尔哈齐第六子济尔哈朗、努尔哈赤第十二子阿济格、第十四子多尔衮、第十五子多铎；代善长子岳托、次子硕托、皇太极长子豪格等诸贝勒。讨论后，大家异口同声地表示赞同："好。"

他们向皇太极呈上劝进书。不料，皇太极坚决拒绝。他诚恳地说："先汗没有让我当继承人的遗命，况且诸位兄长都健在。我哪里敢于越过诸位兄长而得罪上天呢？我如果继承了汗位，倘若对上不能尊敬兄长，对下不能爱护弟辈，国家得不到治理，人民得不到安生，赏罚得不到实行，这个重任确实太难承受了。"皇太极的表白道出了实情。皇太极说罢，又再三坚辞。

拒之愈坚，劝之愈诚。诸位贝勒贝子也坚决地说："国家怎么能没有君主呢？大家已经共同做出了决议，请你不要固执地推辞吧！"皇太极仍然坚决拒绝，从卯时（五时至七时）直到申时（十五时至十七时）。最后，皇太极不得已终于答应了，被尊为天聪汗，以翌年（1627）为天聪元年。

后金政权的继位，虽然有斗争，但由丁大贝勒代善的主持，平稳地进

① 《皇清开国方略》，第9卷，第2页。

皇
太
极

行了最高权力的过渡。

二、登汗位誓告天地

经过二十多天的短暂筹备，天命十一年（1626）九月初一日，皇太极举行了庄严隆重的登基大典。《清太宗实录》记道："遂择九月庚午吉日，三大贝勒、诸贝勒、大臣及文武各官聚于朝。具法驾，设卤簿。上率诸贝勒群臣，焚香告天，行九拜礼毕，上即皇帝位。诸贝勒大臣，文武官员，行朝贺礼。时上年三十有五。诏以明年丁卯为天聪元年。颁赦国中自死罪以下，悉原之。是日，天气澄明，风日清美。国中百官万民，皆欣欣然有喜色。"①

这是关于皇太极登基的原始记载。天命十一年（1626）九月庚午（初一日），在后金都城沈阳，举行皇太极登基大典。这一天，都城沈阳天气澄明，风日清美。"国中百官万民，皆欣欣然有喜色。"轻柔的秋风吹拂着刚刚落成不久的点缀一新的金碧辉煌的大政殿，十王亭迎风峭立。法驾齐备，卤簿张扬，一派喜人景象。

皇太极率领诸贝勒大臣，焚香告天，行九拜礼。皇太极即汗位。

仪式开始，诸王大臣准备步入大政殿。大贝勒代善、二贝勒阿敏、三贝勒莽古尔泰，身着簇新的礼服，面带含蓄的微笑，步履稳健地走在前面。紧随其后的是神清气爽的诸贝勒和态度安详的诸大臣。再后面则是虔诚恭谨的满朝文武官员。他们拾级而上，小心地踏入了后金国

皇太极画像

---

① 《清太宗实录》，第1卷，第5页。

29

的大政殿。

首先映入眼帘的是整齐肃立的八根粗大的通天柱。柱上祥云流动，金龙飞舞，使人精神为之一振。端放在八柱中间的突起地坪上的高高在上的便是汗王宝座。

盛京皇宫大政殿与十王亭

皇太极神态庄重地端坐在宝座上。他豪气飞扬，踌躇满志，沉稳中透出干练，谦恭里显出英明。他接受了诸王大臣和文武官员的朝贺礼。接着，皇太极颁布了第一道上谕，明令明年更改年号，为天聪元年。皇太极称为天聪汗，即后来的清太宗，时年三十五岁。同时颁布大赦令，凡死罪以下的罪犯一律释放，以示全国同庆。

第二天，皇太极率领诸贝勒誓告天地。为使政局稳定、人心安定，首先必须做到上层稳定。皇太极便有意识地率领握有实权的兄弟子侄诸贝勒，向天地发誓。参与誓告天地仪式的诸贝勒有：大贝勒代善、二贝勒阿敏、三贝勒莽古尔泰；太祖第七子阿巴泰、第十子德格类、贝勒舒尔哈齐第六子济尔哈朗、第十二子阿济格、第十四子多尔衮、第十五子多铎；太祖长子褚英之子杜度、大贝勒代善长子岳托、次子硕托、第三子萨哈廉、太宗长子豪格。

以上共十六人。他们共封为三个层次：第一层次为三大贝勒，计三人；第二层次为努尔哈赤子侄辈，计六人；第三层次为努尔哈赤孙儿辈，计五人。实际可以视为，第一层次为常委级；第二、第三层次为委员级。这就是皇太极即位时的全部高层的政治精英。通过出身分析，可以知道，他们全部是努尔哈赤的家族精英。也就是说，后金国的政权，全部掌握在努尔哈赤家族的手中。皇太极即位的当时，也完全是这种情况。协助皇太极掌握后金国政权的，全部是皇太极的兄弟和子侄。

《皇清开国方略》记道：

大政殿宝座

太宗率之，誓告天地曰："皇天后土，既佑相我皇考，肇立丕基，恢宏大业。今皇考龙驭上宾，我诸兄暨诸弟侄，以家国人民之重，推我为君，惟当敬绍皇考之业，钦承皇考之心。我若不敬兄长，不爱弟侄，不行正道，明知非义之事，而故为之；或因弟侄等微有过愆，遽削夺皇考所与户口，天地鉴谴。若敬兄长，爱弟侄，行正道，天地眷佑。"诸贝勒誓曰："我等兄弟子侄，询谋佥同，奉上嗣登大位，宗社式凭，臣民依赖。如有心怀嫉妒，将不利于上者，当身被显戮。我代善、阿敏、莽古尔泰三人，若不教养子弟，或加诬害，必自罹凶孽。若我三人，好待子弟，而子弟不听父兄之训，有违善道者，天地谴责。如能守盟，誓尽忠良，天地眷佑。我阿巴泰、德格类、济尔哈朗、阿济格、多尔衮、多铎、杜度、岳托、硕托、萨哈廉、豪格等，若背父兄之训，而弗矢忠荩，天地谴责。若一心为国，不怀偏邪，天地皆眷佑焉。"①

①《皇清开国方略》，第9卷，第3页。

皇太极誓告天地的全部过程，除以上记载外，《清太宗实录》亦有更为详细的记载：

辛未（九月初二日），上欲诸贝勒共循礼义，行正道，君臣交儆。因率诸贝勒等，祝誓天地。

祝曰："皇天后土，既佑相我皇考，肇立丕基，恢宏大业。今皇考龙驭上宾，凡统理庶务，临莅兆民，厥任綦重焉。诸兄弟子侄，共议皇太极，缵承皇考鸿绪，嗣登大位。惟当励志继述，夙夜黾皇，以迓天庥。皇天后土，其垂佑之。俾皇太极，永膺纯嘏，国祚炽昌。"祝毕焚之。

上自誓曰："皇太极谨告于皇天后土，今我诸兄弟子侄，以家国人民之重，推我为君，敬绍皇考之业，钦承皇考之心。我若不敬兄长，不爱子弟，不行正道，明知非义之事而故为之。兄弟子侄，微有过愆，遂削夺皇考所予户口，或贬或诛，天地鉴谴，夺其寿算。若敬兄长，爱子弟，行正道，天地眷佑，俾永膺纯嘏。或有无心过误，亦祈天地鉴之。"

三大贝勒与诸贝勒等誓曰："代善、阿敏、莽古尔泰、阿巴泰、德格类、济尔哈朗、阿济格、多尔衮、多铎、杜度、岳托、硕托、萨哈廉、豪格谨誓告天地。我等兄弟子侄，询谋佥同，奉皇帝，缵承皇考綦业，嗣登大位，宗社式凭，臣民倚赖。如有佥壬，心怀嫉妒，将不利于上者，天地谴责之，夺其寿算。上觉其奸，身被显戮。若我等兄弟子侄，忠心事上，宣力国家，亦祈天地鉴佑，世世守之。代善、阿敏、莽古尔泰我三人，若不各教养子弟，或加诬害。我三人，当罹凶孽而死。若我三人，善待子弟，而子弟不听其父兄之训，不殚忠于君上，不力行其善道者，天地鉴谴，夺其寿算。如能守盟，誓尽忠良，天地保佑，身及子孙，茀（fú，音服；福）禄尔康。阿巴泰、德格类、济尔哈朗、阿济格、多尔衮、多铎、杜度、岳托、硕托、萨哈廉、豪格，吾等若背父兄之训，而不尽忠于上，摇乱国是，或怀邪慝（tè，音特；邪恶），或行谗间，天地谴责，夺其寿算。若一心为国，不怀偏邪，克尽忠荩，天地皆眷佑焉。"

誓毕，上以三大贝勒推戴，初登宸极，不遽以臣礼待之。率诸贝勒行三拜礼。各赐雕鞍、马匹。①

誓告天地是国汗登基大典的主要环节。即位国汗，率领诸贝勒大臣，向天地宣誓，求得皇天后土的神灵护佑，这是不可或缺的重要内容。誓告天地的仪式包括三个层次：其一，国汗率领诸王大臣共同宣誓；其二，即位国汗亲自宣誓；其三，诸王大臣全体宣誓。

其一，国汗率领诸王大臣共同宣誓。皇太极率领诸贝勒，誓告天地，求其保佑。皇太极诚恳地对天地宣誓："皇天后土，保佑我皇考开创基业，发扬光大。现在皇考已逝，治理国家，管理百姓，这个任务很重。诸位兄弟子侄，共同推举我继登大位，我一定不负重托，夙兴夜寐，励精图治，报答天恩。切望皇天后土保佑我，汗运久远，国运昌盛。"

誓毕，皇太极把誓词焚烧掉，以示上达天听。

其二，即位国汗亲自宣誓。接着，皇太极自己郑重地宣誓道："我谨向皇天后土宣誓，现在我的诸位兄弟子侄，以家国人民为重，共同推举我为君主，让我继承皇考创下的大业，发扬皇考奋进的精神。我如果不尊敬兄长，不爱护子弟，不轨行正路，明知道不正义的事还故意去做，兄弟子侄有一点过错，便随意削夺皇考给予他们的户口，有的贬斥，有的诛戮，那么，皇天后土一定会明察秋毫并严厉地惩罚我。如果我尊敬兄长，爱惜子弟，专走正道，皇天后土会真诚地保佑我，而使国家昌盛，国祚永享。或者偶然犯有无心过错，也祈望天地明鉴。"

其三，诸王贝勒共同宣誓。最后，代善、阿敏、莽古尔泰等三大贝勒与诸贝勒

清太宗文皇帝皇太极谥宝

清太宗皇太极御用鹿角椅

阿巴泰、德格类、济尔哈朗、阿济格、多尔衮、多铎、杜度、岳托、硕托、萨哈廉、豪格等宣誓。

三大贝勒和诸贝勒构成了努尔哈赤的全部家族精英。这个家族精英的群体又分为两个层级，第一个层级为常委级，即三大贝勒；第二个层级为委员级，即诸贝勒。

这里又分为三个层次进行宣誓。

第一个层次，先是三大贝勒和诸贝勒共同宣誓："我们向天地宣誓，我等兄弟子侄，观点一致，看法相同，我们拥戴皇太极继承皇考大业，登上汗位，这使国家有了依靠，臣民有了依赖。如果我们之中有人心术不正，心怀嫉妒，做出对汗不利的事，天地共谴之，一定夺其寿命。汗王一定会发觉他的奸谋，他一定会遭受杀身之祸。如果我等兄弟子侄，忠心事上，效力国家，天地会保佑我们，世代相守。"

第二个层次，接着代善、阿敏、莽古尔泰三大贝勒宣誓："我三人如果各不教养子弟，或加以诬陷迫害，我三人一定会遭逢凶险而不得好死。如果我三人和善地对待子弟，而子弟不听其父兄之训，不能尽忠于君上，不能尽力于善行，天地一定会降罚于他们，削夺他们的寿命。他们如能恪守盟誓，极尽天良，天地一定会保佑他们，并身及后世子孙，给予他们幸福和官禄。"

第三个层次，最后诸贝勒宣誓。阿巴泰、德格类、济尔哈朗、阿济格、多尔衮、多铎、杜度、岳托、硕托、萨哈廉、豪格诸贝勒，单独宣誓："我们如果违背父兄的训诫，而不能尽忠于皇帝，动摇搅乱国家之根本，或者心怀邪恶，或者挑拨离间，那一定会遭到天地谴责，削夺我们的寿命。如果我们一心为国，不怀偏邪，尽忠尽责，那天地就会保佑我们。"

至此，全部宣誓完毕，刚登上汗位的皇太极出人意料地做出惊人之举。他让代善、阿敏、莽古尔泰三大贝勒居上，他率领诸贝勒对此三人行

皇太极

34

三拜礼。这是表示对他们三人不以一般臣子对待。皇太极深知，他之所以顺利地登上汗位，是和他们三人的忠心拥戴分不开的。

皇太极此举正式表明，他对三人的诚恳的感谢。同时，也给了他们三人以不同于他人的特殊的地位和独有的尊重。这对于大局的稳定是极为重要的。这也说明了皇太极政治上的成熟和手腕上的老练。当然，这只是天聪汗皇太极的权宜之计。一个雄才大略的君主是绝不会允许这种局面长期存在下去的。

这次后金国政权的顺利交接，评价起来，功劳最大的是大贝勒代善。努尔哈赤病逝，最应该接班的是大贝勒代善，而不是其他人。理由甚多，可以概括为：

其一，皇子居长。努尔哈赤之长子褚英已经被处死，排行第二的代善是现有皇子中年龄居长者。汉族皇位的嫡长子继承制，已深入后金国的人心。代善如果继承父汗努尔哈赤的汗位，是顺理成章之事。

其二，地位最高。代善是努尔哈赤之下的第一人，又居四大和硕贝勒之首，地位最高，权位最重，影响最大。

其三，实力最强。代善与同辈的兄弟关系甚好，一呼百应，因而实力很强。代善还有几个贝勒级别的儿子，即长子岳托、次子硕托、三子萨哈廉，因而在其子侄中实力亦很强。综合实力，代善家族最强。

综上，不难看出，代善如果想要继承努尔哈赤的汗位，是毫不困难的。但是，代善审时度势，度人度己，从大局出发，从长远考虑，主动让贤，推荐了皇八弟皇太极即位。这表现了代善恢宏大度的政治品格，值得肯定。

值得注意到的是，参与皇太极登基大典宣誓的高级官员，即诸王贝勒，全部是努尔哈赤的家族成员。努尔哈赤家族之外的五大臣等，都没有列入宣誓成员之中。这说明后金国的最高权力完全掌握在努尔哈赤的家族成员之手，后金国的封建统治呈家族统治形态。

即位的皇太极当务之急是调整国内政策，稳定局势。

第三章　立即调国策　优礼施汉官

一、压汉民形势严峻

即位后的皇太极面临的国内形势极其严峻，满汉民族矛盾尖锐，一触即发。以努尔哈赤为首的后金奴隶主集团，对辽东的汉民采取了极其野蛮的高压政策。后金奴隶主把他们征服的对象都视为奴隶。昭梿《啸亭杂录》记道："国初时，俘掠辽沈之民，悉为满臣奴隶。"奴隶主对奴隶有生杀予夺之权。因此，后金奴隶主对辽东的汉民实行了惨绝人寰的野蛮政策，主要是大抢掠、大焚毁、大屠杀、大迁徙。

第一，大抢掠。抢掠是后金国积累财富的主要手段。任何落后野蛮的狩猎游牧民族，积累财富基本是依靠抢掠其邻近的发达文明的农业民族的。努尔哈赤的女真族也是如此。狩猎游牧民族靠狩猎采集为生，严重缺乏生产资料和生活资料。诸如人口、牲畜、粮食、布匹、财物、盐油等，都是其抢掠的目标。他们发动战争最初的目的，就是抢掠财物，而不是占领土地。

这有很多记载。天命三年（1618）四月十六日，努

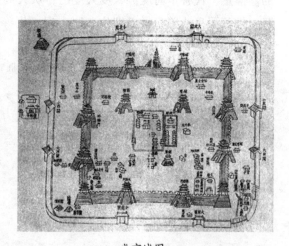

盛京城图

尔哈赤下令烧毁抚顺城。抚顺战役后，俘获人畜三十万，奖赏给有功的将士。归降的人民编为一千户。努尔哈赤派兵将所获人口和归降人民送回赫图阿拉基地。八旗兵又战胜广宁援军，获马九千匹，甲七千副，兵仗器械不可胜数。这还不算，他们什么都要。抚顺的守将游击李永芳投降后，努尔哈赤对他们采取了优待俘虏的政策，据《满文老档》天命三年（1618）记载："使从抚西城随从来的千户（游击李永芳）的父子、兄弟、夫妻不分离。在战斗中，没能相见的父子、兄弟、夫妻、亲戚、家的阿哈等一切人，回家后（一个半月的时间里），都清查出来相见。不仅如此，还完全地、充足地给牛马、阿哈、衣服、衾褥、粮食，给杀吃的牛千头，给各家养的大母猪各二头，还有犬各四头，鹅、鸭各五只，鸡各十只（吃饭的桌子、盛水的缸、大木桶、槽盆、有把的槽盆每户各两个。每户又给碗十个、碟子五个、芦席四张、水桶一对、瓢一个、斧一把、镰刀二把、小刀一把、剪子一把、锥子一个、针五十个、纺线的白麻五绺、做饼的小黄米、榨油的豆子、小豆、芝麻等等），还有其他器具。依照过去尼堪国（明朝）的旧制委任了大小官员，归他们原来的官李永芳管辖。"①

努尔哈赤赏赐给李永芳等的奴隶阿哈及各样财物，都是他们从战争中抢掠的。这里除奴隶阿哈和牛马等生产资料外，主要是大量的生活必需品。而这些必需品，当时建州女真是很难大批生产的。生产资料和生活资料，建州女真主要是依靠抢掠。

在攻占开原后，据《满文老档》天命四年（1619）记载："退出尼堪境，住二宿分俘虏，以功的大小赏给。汗说：'破坏大城，财宝、牲畜、金、银、缎子、蟒缎、毛青布、翠蓝布等物都充足地获得了。'"②

这里记载的也是抢掠到的生活资料。

粮食奇缺，夺取粮食是抢掠的重要目标之一。《满文老档》随处可见抢夺粮食的记载，"遂进入抚西路，让军马吃田里的没成熟的庄稼（给兵背负牛驮），全部运走以前窖藏的粮食。""入南路，破一堵墙和碱场城，将那里的窖藏粮食全部运走，种的庄稼全部让马吃了。"天命五年（1620）六月十二日，"派兵入抚西路，夺取粮食。奔驰到距沈阳十里的地方……挖出窖

---

① 重译《满文老档》，太祖朝，第6卷，天命三年正月至闰四月。
② 重译《满文老档》，太祖朝，第10卷，天命四年五月至六月。

盛京故宫前牌坊

里的粮食带回来了"。

第二，大焚毁。女真人认为城堡房屋如果自己不用，就必须焚毁。攻陷抚顺城，大肆抢掠后，努尔哈赤下令焚毁抚顺城；攻陷开原城，大肆抢掠后，"破坏了世代久远生活的开原城。返回时，放火烧了房屋、衙门、楼、石台"；努尔哈赤占领广宁（今辽宁北镇），大肆掳掠，将投降的官民，抢掠的人口、粮食、牲畜及财物，都掠去辽河以东。天命八年（1623）三月二十四日，一把火烧毁了广宁城。

第三，大屠杀。奴隶主从来不把奴隶当作人，而是视为物。因此，对战俘、奴隶的生杀予夺，努尔哈赤等奴隶主阶级认为是完全正常的。他们对待汉人充满了民族压迫、民族歧视，最严重的是进行毫无节制的大屠杀。

他们在对明朝征服的战争中，对汉人的大屠杀是屡见不鲜的。天命三年（1618）五月二十日，"松山墩城投降，包围那周围的四城，口说要投降，而又不投降，攻破城，全杀了"。七月二十二日，攻破清河城，"杀死全部兵丁，杀死的人压着许多受伤的人，也死了许多"。天命八年（1623）六月初九日，发现复州原有男丁七千人，现有一万一千人，认为多出的人全是奸细，让人检举，否则全杀。最后，大贝勒代善及诸贝勒宰桑古、多铎、硕托、阿济格率兵去了，"叛变是真实的，男人全杀了，俘虏子女、牛马"。这一次就杀了一万一千人。天命十年（1625）十月初三日，努尔哈赤命令他的下属到各村去"鉴别"明朝归附的官员，如果发现有问题，就要"加以处分"，处分就是杀掉的意思。经过严格的"鉴别"，杀掉了很多人，剩下的有文化的秀才就很少了。后来努尔哈赤都"惋惜之至"，因为经过考试选拔，只"选拔三百余名秀才"，绝大部分都被杀掉了。

努尔哈赤在进入辽沈地区后，就颁布了剃发令。剃发不剃发，成为屈服不屈服的标志。"南卫豪杰，甘死不剃发。"凡是不剃发的汉人一律处死。镇压镇江（今丹东）暴动，"建兵三万屠镇江，余民三万浮渡朝鲜梅洋以免"。对镇江是采取了屠城的残酷手段。

第四，大迁徙。强迫汉人迁徙，是努尔哈赤的既定国策。游牧民族的女真人习惯迁徙。而对于农业民族的汉人来说，迁徙却是灾难性的。努尔哈赤强迫汉人迁徙的目的，是为了加强对汉人的民族统治，是为了圈占汉人的土地。他一共强迫辽东的汉民进行了三次大迁徙。

第一次是将辽东半岛东海岸的汉人内迁六十里。在辽东半岛实行"海禁"，目的是隔断汉人同来自海上的明军的联系。以后，又强迫鸭绿江下游的汉人北迁到奉集堡女真人的聚居区。扶老携幼，路途遥远，千里跋涉，历尽苦寒，勉强到达目的地，却"官员们安排田、房、粮，没有落实"。汉人叫天天不应，叫地地不灵，大多病饿而死。

第二次是将辽河以西的汉人强迁到辽河以东。分别归明朝降将佟养性、李永芳、刘兴祚管辖。这次迁徙后，实行了同住同食政策。所谓同住同食政策，就是规定女真人同汉人，"大家并于大户，小家并于小户，房同住，谷同吃，田同耕"。这个同住同食政策，给汉人造成了更大的灾难。田地被侵夺、房屋被霸占、粮食被夺食、妻女被奸污，汉人每时每刻都生活在水深火热之中。

第三次是将辽南四卫（金州卫、复州卫、海州卫、盖州卫）和鸭绿江下游的镇江（今丹东）等地的汉人北迁到鞍山一带。目的是扑灭此地汉民族日益旺盛的抗金斗争怒火。《山中闻见录》记载："建州尽徙诸堡屯民出塞，以其部落分屯开铁辽沈，驱屯民男女二十万北行，男子不得携赀，女子不得缠足，道死相属。"

大迁徙给辽东汉人带来了极大的痛苦。

努尔哈赤实行的一系列错误做法，遭到了广大汉民族的激烈反抗。反抗的方式很多。

其一是逃亡。辽东地区的汉民恐惧努尔哈赤军队的野蛮屠杀，大量逃亡。据《满文老档》记载："占领辽东后，瑷河的人离散，朱吉文去收容入城。在凤凰、镇江、汤山、长甸、镇东的五城，空着没有人。"辽南四卫的汉民大都逃往海岛，皮岛是其中一处落脚点。明朝在皮岛设东江镇，任毛文龙为都督，驻守抗金。据粗略统计，辽东汉民逃到关内的达百万人，逃到朝鲜的有数十万人，逃到海岛上的也有数十万人，还有数万人逃到了山东。

其二是投毒。投毒是汉民反抗金人的一种积极的手段。努尔哈赤发现他居住的辽阳都城水井里，有人投毒。后来，在水、盐和猪肉里都发现了毒药。努尔哈赤到海州，宴会时发现汉人向井里投毒，企图毒死女真人。努尔哈赤草木皆兵，他规定，凡是开店的，必须在门前写明姓名；女真人买东西，必须记住店主姓名。

其三是叛杀。汉民原来降顺后金，但不堪凌辱，又背叛杀害后金官兵。这是一种忍无可忍之后的反抗方式。努尔哈赤气愤地说："我占领辽东后，没有杀害你们，没动住的房、耕的田，没有侵占你们家的任何东西，加以收养。就是那样，也不顺从。古河的人杀我派去的人，叛变了。马家寨的人杀我派去的使者，叛变了。镇江的人逮捕我任命的佟游击，送给尼堪叛变了。长岛的人逮捕我派去的人，送到广宁。双山的人定约，带那边的兵来，杀了我方的人。魏秀才告发岫岩的人，叛去了。复州的人叛变，定约带尼堪的船来了。平顶山麓的人杀我方的四十人，叛变了。"

从这个讲话里，我们可以得知古河、马家寨、镇江、长岛、双山、岫岩、复州、平顶山等地的汉人拿起武器，杀掉金兵，进行了坚决的斗争。努尔哈赤十分恐惧，规定女真人凡出行必须携带武器；女真人不许单独到汉人家里去；收缴汉人兵丁的一切武器；禁止汉人工匠出售武器等。

其四是暴动。怒尔哈赤疯狂地推行剃发令，遭到镇江（今辽宁丹东）等地汉人的激烈反抗，反抗的最高形式就是武装暴动。镇江曾经发生了两次武装暴动。

第一次暴动。"（镇江）有大姓招兵数万，欲为我歼奴（努尔哈赤）。"五月五日，努尔哈赤派武尔古岱和李永芳率兵二千，前来镇江镇压。激战二十余天，才镇压下去。将俘虏一千余人带回辽阳，分赏女真官兵为奴隶。

第二次暴动。天命六年（1621）七月二十日，镇江再次发生暴动。原辽阳守备毛文龙，在辽沈失守后，率兵二百，从海上进击镇江。降金镇江中军陈良策从中接应，"令别堡之民诈称兵至，大呼噪，城中惊扰。良策乘乱执城守游击佟养真，杀其子丰年"。跟随暴动的汉民有六十余人。里应外合，明军一举夺取了镇江城。辽南四卫汉民纷纷响应，复州降将单恚忠重归明朝。汤站、险山汉民造反，执守堡官归明。

此外，反剃发抗金兵的武装暴动还在辽南四卫展开。暴动的主力军是当地的矿工。"有盖州诸生李遇春与其弟李光春等聚矿徒二千余人自守。"他们在辽阳的东山和盖州的铁山举起义旗，反抗残暴的金人。"南卫民众聚铁山，敌兵仰攻者多杀伤。"努尔哈赤派重兵才将铁山矿工的暴动镇压下去。

努尔哈赤对辽东汉民实行的高压政策，是完全失败的。满汉民族矛盾极其尖锐，汉族民众走投无路，进行了多种形式的反抗斗争，以争取自身的生存地位。这时的辽东地区成为了汉民的人间地狱。

皇太极面临的就是如此严峻的辽东形势。

二、调国策安定民心

摆在皇太极面前的第一个议题是必须立即调整国内政策。其父努尔哈赤原来实行的国策，实践证明是失败的。歧视汉人的国策，制造了尖锐激烈的满汉民族矛盾。汉人受尽煎熬，走投无路，被迫逃亡，铤而走险。辽东的汉人生活在人间地狱之中，他们无时无刻地不在思谋着，或逃亡，或暴动。辽东成为随时随地可能爆发的活火山。

清代盛京街景

对此，天聪汗皇太极心中有数，了如指掌。为了稳定政局、安定人心，解决迫在眉睫的满汉民族矛盾问题，继任后的皇太极连续颁发了三个上谕。

第一个上谕。皇太极颁发的第一个上谕就是关于调整国策、安定民心的。天命十一年，明天启六年（1626）九月甲戌（初五日），即登基后的第五天，皇太极急忙颁布上谕："治国之要，莫先安民。我国中汉官、汉民，从前有私欲潜逃及令奸细往来者，事属已往。虽举，首渠置不论。嗣后惟已经在逃而被缉获者，论死；其未行者，虽首告，亦不论。"①

这个上谕是针对努尔哈赤颁布的《逃人法》的。努尔哈赤为了抑制辽东汉人的大量逃亡，制定了《逃人法》。该法规定，凡是逃跑的人，一旦抓住，统统处死；检举告密者，给予奖励。这个严酷的刑法，并没有有效地抑制逃跑的势头。告密者甚多，涉案者更多。人心惶惶，不可终日。皇太极的这个上谕，主要是对原来被检举的人放宽了限制。

这个新规定里说，以往想要逃跑，但没有具体行动的，一概不论。即使涉及"令奸细往来者，事属已往"，就是有人检举揭发说是"头头"，也一概"置不论"。原来有逃跑的想法，即使有人揭发，只要没有逃跑的具体行动，都不论。处死的，只是"惟已经在逃而被缉获者"。

就是说，有逃跑想法和言论的人不治罪，治罪的是有逃跑行动的人。这就大大减少了打击面。"由是，汉官汉民皆大悦。逃者皆止，奸细绝迹。"后来，皇太极进一步放宽限制，允许逃走，但不许返回。这就等于辽东的汉官汉民有了去往关内的自由。

这个上谕，对于安抚辽东汉人起了很大的作用。

第二个上谕。九月初七日，皇太极颁布了第二个上谕。谕曰："工筑之兴，有妨农务。从前因城郭边墙，事关守御，故劳民力役，事非得已。朕深用悯念。今修葺已竣，嗣后有颓坏者，止令修补，不复兴筑。用恤民力，专勤南亩，以重本务。其村庄田土，八旗移居已定，今后无事更移，可使各安其业，无荒耕种。如各牛录所居，有洼下不堪耕种，愿迁移者，听之。至于满汉之人，均属一体。凡审拟罪犯，差役公务，毋致异同。其诸贝勒大臣，并在外驻防之人及诸贝勒下牧马管屯人等，有事往屯，各宜自备行粮。有擅取庄民牛、羊、鸡、豚者，罪之；私与者，章京、屯拨什库，亦坐罪。若屯拨什库，有欲徇情供给者，以己所畜鸡、豚供之，毋得于牛录下敛取。其田猎采捕之事，立有规条，须先告之本旗贝勒，与贝勒属下人同往。凡边内狼、狐、貉、獾、雉、鱼等物，各听其采捕；惟狍、

① 《清太宗实录》，第 1 卷，第 9 页。

皇太极

鹿，不许逐杀，恐疲马力，有妨武事。并禁止边外行猎，违者均罪之。至通商为市，国家经费所出，应任其交易，漏税者罪之。若往外国交易，亦当告之诸贝勒，私往者罪之。"①

这是一个关于工筑、农耕、迁移、司法、差役、田猎、交易等一揽子事务的安民告示上谕。这个上谕的实质是强调"至于满汉之人，均属一体。凡审拟罪犯，差役公务，毋致异同"。所有事关司法和事关差役的事情，"满汉之人，均属一体"，一样对待；"毋致异同"，没有不同。这是政策上的重大变革，正式宣告汉人从此取得了与满人一样的法律地位、一样的经济地位，同满人平等了。这个上谕如同安民告示，对于安定汉人起了很大的作用。

第三个上谕。九月初八日，《清太宗实录》记载："先是，汉人每十三壮丁，编为一庄。按满官品级，分给为奴。于是，同处一屯。汉人每被侵扰，多致逃亡。上洞悉民隐，务俾安辑，乃按品级，每备御止给壮丁八、牛二，以备使令。其余汉人，分屯别居，编为民户。择汉官之清正者辖之。又凡有告讦，所告实，则按律治罪。诬者反坐。又禁止诸贝勒大臣属下人等，私至汉官家需索马匹、鹰犬或勒买器用等物及恣意行游，违者罪之。由是汉人安堵，咸颂乐土云。"

我们可以把这个记载理解为皇太极颁布的第三个上谕。这个上谕是对以前努尔哈赤谕旨的一个否定。皇太极担心将壮丁分给为奴，"分给日久，或受凌虐"。因此，改变了"按丁编庄"的做法。努尔哈赤早在天命十年，明天启五年（1625）十月初三日，颁布"按丁编庄"谕，《满文老档》第六十六卷记道："若收养的人放在公中，那么也会被诸申侵害，全部编入汗、诸贝勒的庄中。一庄男子十三人，牛七头，田百亩。其中二十亩为贡赋的东西，八十亩是你们自己吃的东西。八旗的大臣们分派到各路，去到每个村堡，或留或杀后，鉴别收养的男子十三人，牛七头，编为一庄。总兵官以下、备御以上，一备御各编一庄。"②

这就是后金的"按丁编庄"。编庄的男丁都分配给了满族官员为农奴，同满人生活在一起。"房合住，粮合吃，田合耕"，实行"三合"。这个

① 《清太宗实录》，第1卷，第9页。

② 重译《满文老档》，太祖朝，第66卷，天命十年八月至十一月。

"三合"制度，将汉人打入了万劫不复的深渊。从此，汉人的田宅被霸占，粮食被侵夺，人身被役使，妻女被凌辱。汉人每时每刻都处在满人的压榨和欺凌之中。此外，把汉人编入田庄，规定每十三个男丁编为一庄，给牛七头，田一百亩。其中八十亩供庄丁自己食用，二十亩作为官赋。还规定按满官品级，每备御各赐一庄。这些庄丁就变成了满官的奴隶。生杀予夺之权，全都掌握在满官的手中。庄丁从此被打入了十八层地狱。因此，辽东的汉人被迫或大量逃亡，或铤而走险。

皇太极早已看出了"按丁编庄"的弊端，此次做出了根本性的改变。撤销编庄，编为民户。照顾到满官的利益，每备御只给八个庄丁、两头牛，供其使用。"其余汉人，分屯别居，编为民户。"从此，辽东的汉人恢复了自由人的身份。这是一个重大的政策调整，"由是，汉人安堵，咸颂乐土云"。根据实践，否定父汗努尔哈赤的错误政策，皇太极是需要很大的勇气的。

以上三个上谕的精神实质是强调满汉平等，"满汉之人，均属一体"。这就一改努尔哈赤时期歧视汉人的错误政策，给予了汉人平等的法律地位。这就从根本政策上保证了后金政局的稳定、社会的稳定。

三、仿明朝初定官制

皇太极继位之初，就关注国家官制的改革。原来八旗官制，《皇清开国方略》作了一个简要说明。其文曰："（天命十一年九月）丁丑（初八日），分设八旗大臣。初，太祖（努尔哈赤）创制八旗，每旗设总管大臣（旧称固山额真，十七年改称都统。）各一，佐管大臣（旧称梅勒额真，亦称梅勒章京。顺治十七年改称副都统。）各二（见乙卯年）。特设议政五大臣、理事十大臣（见天命元年）。后或即以总管一旗、佐管一旗者兼之，不皆分授。又有总兵官、副将、参将、游击、备御诸名，论功加授（见天命五年）。"①

此处对八旗官制的历史及现状，作了一个简明清晰的介绍。其意是说，目前的八旗官制比较混乱，有的分授，有的兼职，还有的加授。各自

① 《皇清开国方略》，第9卷，第4页。

皇
太
极

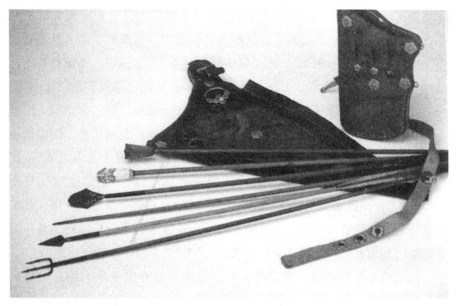

清代宫中旧藏各类箭支

为政，没有统一。皇太极早已看出其中的弊端，因此对八旗官制做了必要的改革，增加职务，明确责任，任命官员，提携新秀。这是即位国汗皇太极在军事上的一个重要动作。其目的是提拔新人，培植势力，整顿军队，巩固汗位。

天命十一年（1626）九月初八日，刚刚继位八天的皇太极，召集诸贝勒共同议定，做了三项调整：

第一项，八旗旗主兼任议政大臣。《清太宗实录》记道："上以经理国务，与诸贝勒定议，设八大臣。正黄旗以纳穆泰、镶黄旗以额驸达尔哈、正红旗以额驸和硕图、镶红旗以侍卫博尔晋、镶蓝旗以顾三台、正蓝旗以拖博辉、镶白旗以车尔格、正白旗以喀克笃礼为八固山额真。总理一切事务。凡议政处，与诸贝勒偕坐，共议之。出猎、行师，各领本旗兵行。凡事皆听稽察。"①

此段内容，《皇清开国方略》也作了记载，其内容更加丰富，有加以引用的必要。

---

① 《清太宗实录》，第1卷，第11页。

其文曰："至是，太宗集诸贝勒定议，每旗仍各设总管大臣一（额驸扬古利，前此已授一等总兵官，其秩在贝勒之次，与额驸李永芳及总管蒙古军之武纳格，俱不预此）。正黄旗纳穆泰（扬古利之弟）、镶黄旗额驸达尔汗（此以正黄、镶黄、正红、镶红、镶蓝、正蓝、镶白、正白为序次，与顺治元年以后序次镶黄、正黄、正白、正红、镶白、镶红、正蓝、镶蓝不同）、正红旗额驸和硕图（何和里之子）、镶红旗侍卫博尔晋、镶蓝旗额驸固三台、正蓝旗拖博辉（和洛噶善城贝勒索长阿第四子龙敦之子）、镶白旗彻尔格（额亦都第三子，前此已授三等总兵官）、正白旗喀克笃哩（初由那木都禄路来归，已授三等总兵官），是为总管旗务之八大臣，凡议国政与诸贝勒偕坐，共议之。出猎、行师，各领本旗兵行。一切事务，皆听稽察（如前此之固山额真兼议政大臣）。"①

这是说，每旗各设一名总管大臣，总称为总管旗务八大臣，参与国政，"凡议政处，与诸贝勒偕坐，共议之"。出猎、行军各领本旗兵士行动，本旗的一切事务皆听其调遣、指挥，"凡事皆听稽察"。这就是说，八旗旗主全都兼任议政大臣了。从前，只有部分八旗旗主兼任议政大臣，现在扩大了范围，凡是八旗旗主（即固山额真）都兼任议政大臣，有权参加最高国务会议。从而提高了八旗旗主的政治地位，八旗旗主也更加拥戴皇太极，也使事权更加统一集中。

第二项，每旗仍设两名佐管大臣。《清太宗实录》记道："又设十六大臣，正黄旗以拜尹图、楞额礼；镶黄旗以伊逊、达珠瑚；正红旗以布尔吉、叶克书；镶红旗以武善、绰和诺；镶蓝旗以舒赛、康喀赉；正蓝旗以屯布禄、萨璧翰；镶白旗以吴拜、萨穆什喀；正白旗以蒙阿图、阿山，为之。佐理国政，审断狱讼。不令出兵驻防。"②

每旗两名之佐管大臣，《皇清开国方略》也有详细的记载，文曰："其佐管大臣每旗各二，正黄旗拜尹图（笃义贝勒巴雅喇之子）、楞额礼（亦扬古利之弟，前此已授三等副将）；镶黄旗以伊逊（费英东弟音达瑚齐之子，前此已授游击）、达珠瑚（前此已授副将）；正红旗以布尔吉（即天命七年留守辽阳大臣觉罗铎弼之子）、叶克书（初由尼玛察路长来归，已授

① 《皇清开国方略》，第9卷，第4页。
② 《清太宗实录》，第1卷，第11页。

副将）；镶红旗武善（前此已授参将）、绰和诺（那木都禄路长明安图之子，前此已授参将）；镶蓝旗舒赛（前此已授参将）、康喀赉（前此已授备御）；正蓝旗屯布禄（张嘉城贝勒宝实长子康嘉之子，即天命十年守耀州击败明兵者）、萨璧翰（前此已授游击）；镶白旗吴拜（前此已授游击）、萨穆什喀（扈尔汗之弟，前此已授备御）；正白旗蒙阿图（前此已授参将）、阿山（前此已授参将），此十六大臣，赞理本旗事务，审断狱讼（如前此之梅勒额真兼理事大臣）。不令出

清代戎装大圆环锁子甲

兵驻防（按：是年十月，楞额礼、阿山率兵入巴林境，则惟职任有别，非此十六大臣，竟不令出征）。"①

这是说，每旗又设两名佐管大臣，八旗一共设十六名佐管大臣。明确他们的任务是协助管理本旗事务，"佐理国政"。并负责司法，"审断狱讼"。他们等于过去的梅勒额真兼理事大臣，"不令出兵驻防"，即不必出兵打仗。

第三项，每旗又设两名调遣大臣。《清太宗实录》记道："又设十六大臣，正黄旗以巴布泰、霸奇兰；镶黄旗以多内、扬善；正红旗以汤古代、察哈喇；镶红旗以哈哈纳、叶臣；镶蓝旗以穆克坦、额孟格；正蓝旗以昂阿喇、色勒；镶白旗以图尔格、伊尔登；正白旗以康古礼、阿达海，为之。出兵驻防，以时调遣。所属词讼，仍令审理。"②

关于调遣大臣，《皇清开国方略》也有详细记载，文曰："又每旗各设调遣大臣二，正黄旗太祖第九子巴布泰（前曾驻防鞍山驿，即天命十一年五月击败名将毛文龙兵者）、巴奇兰（前此已授游击）；镶黄旗多诺依（前

①《皇清开国方略》，第9卷，第4页。
②《清太宗实录》，第1卷，第12页。

此官职未著）、扬善（费英东弟音达瑚齐之子，前此已授备御）；正红旗太祖第四子汤古岱（前此官职未著，后封镇国将军）、察哈喇（沾河寨长常书之子，前此已授备御）；镶红旗哈哈纳（那木都禄路长明安图之子，前此已授备御）、叶臣（前此已授游击）；镶蓝旗穆克坦（前此已授副将）、额孟格（前此官职未着）；正蓝旗昂阿喇（前此官职未着）、觉罗色勒（武功郡王礼敦之三史孙，前此已授备御）；镶白旗图尔格（额亦都第八子，前此已授参将）、伊尔登（额亦都第十子，前此已授游击）；正白旗康古礼（初由绥芬路长来归，尚郡主为额驸）、阿达海（阿山之弟，前此同授参将），此十六大臣，出兵驻防，以时调遣。所属词讼，仍令审理（后为驻防副都统暨前锋统领、护军统领诸职）。"①

这是说，每旗又设两名调遣大臣，八旗共设十六名调遣大臣。他们负责出兵驻防，听从调遣，是军事指挥官。此外，对管辖区的刑事案件，仍有审理之责。此职，后来成为驻防副都统、前锋统领或护军统领等。

努尔哈赤时代的后金，其国家政权尚不完善。八旗军制代替了国家政权。八旗旗主名固山额真，固山额真为每旗的总管大臣，管理全旗军政事务。另设两名梅勒额真为佐管大臣，协助总管大臣管理旗务。天命元年（1616）之前，特设议政五大臣、理事十大臣。议政五大臣参与国家最高决策，"参决机密"。理事十大臣管理各项庶务，"分任庶务"。"国人有诉讼，先由理事大臣听断，仍告之议政大臣，复加审问，然后言于诸贝勒。众议既定，犹恐或有怨抑，令讼者跪上前，更详问之，明核是非"。努尔哈赤每五天接见诸贝勒大臣一次，处理朝政。

崇德二年（1637）四月二十八日，崇德帝皇太极又添设了八旗议政大臣。

此前，有大贝勒代善、二贝勒阿敏、三贝勒莽古尔泰，其下还有议政十贝勒、八大臣，又有佐管十六大臣及调遣十六大臣。现在每旗添设议政大臣各三员，计二十四员。

关于添设议政大臣的原因，皇太极作了说明，谕曰："议政虽云乏人，而朕不欲轻令干预者，以卑微之人参议国家大政，势必随事唯诺，取悦其主，其贻误国计民生者不小。国家安用此诡谀之辈为也？今特加选择，以

① 《皇清开国方略》，第9卷，第4页。

尔等为贤，置于议政之列。尔等殚心为国，匡辅其主。"①

皇太极想要让更多的有识之士参与国家政权。

皇太极将努尔哈赤时代的国家政权进一步完善，并创建了具有后金国特色的国家政权。皇太极创建后金国国家政权的指导思想，是以明朝为模式，结合满族的特点，创建了自己的国家政权机构。他指示，"凡事都照大明会典行"。时人认为："极为得策。"

他在任内相继设立了合乎后金国实际的国家机构，机构设置先后如下：

设文馆。天聪三年（1629）四月初一日，皇太极旨命成立文馆。文馆的任务有两条，一是"翻译典籍"；二是"记注政事"。文馆有十名儒臣，分作两班轮值。命儒臣达海等翻译汉文典籍，目的是"以历代帝王之得失为鉴"，取得汉族王朝的资政经验；命儒臣库尔禅记注本朝政事，"以昭信史"，便于总结自己的经验教训。文馆成为皇太极的咨询机构、顾问机构和权力机构。

设六部。天聪五年（1631）七月八日，皇太极仿照明朝，在后金国中央设立六部。这六部是吏部、户部、礼部、兵部、刑部和工部。每部由一名贝勒管理，其下设满承政两员、蒙古承政一员、汉承政一员。承政之下设参政八员。只有工部特殊，设满参政八员、蒙古参政两员、汉参政两员。各部均设启心郎一员。六部办事的笔帖式，根据各部事务繁简，酌量设置。六部由贝勒主持，但他们听命于国汗，这就加强了中央集权。

据《皇清开国方略》记载，六部任命的官员如下："庚辰（天聪五年，1631）始设六部。集贝勒大臣议定官制，设立六部，以贝勒多尔衮管吏部事，图尔格为承政，满珠什哩为蒙古承政，李延庚为汉承政，索尼为启心郎。以贝勒德格类管户部事，英固尔岱、觉罗萨璧翰为承政，巴思翰为蒙古承政，吴守进为汉承政，布丹为启心郎。以贝勒萨哈廉管礼部事，巴笃礼、吉逊为承政，布彦岱为蒙古承政，金玉和为汉承政，祈充格为启心郎。以贝勒岳托管兵部事，纳穆泰、叶克舒为承政，苏纳为蒙古承政，金砺为汉承政，穆成额为启心郎。以贝勒济尔哈朗管刑部事，彻尔格、索海

---

① 《皇清开国方略》，第24卷，第2页。

为承政，多尔济为蒙古承政，高鸿中、孟乔芳为汉承政，额尔克图为启心郎。以贝勒阿巴泰管工部事，蒙阿图、康喀赉为承政，囊努克为蒙古承政，祝世荫为汉承政，苗朔珲为满洲启心郎，罗绣锦、马鸣珮为汉启心郎。"①

皇太极后金国所设的中央政府的六部，是向明朝中央政府的六部学习而来，但又有自己的特点。

其一，名称不同。六部内所设官职的名称与明朝不同。明朝六部内的官职设尚书、侍郎、郎中、员外郎、主事等。而后金国的六部官职，似乎贝勒兼任部务，有尚书之实，却无尚书的具体官名。各部承政相当于侍郎，编制为四员。参政相当于司局级干部，但有八员之多。各部特设的启心郎，似乎是秘书长之类的官员，这是明朝没有的。后金国六部的笔帖式，是秘书类的官员，大体与明朝同。

其二，性质不同。明朝六部保证汉族的绝对优势。而后金国的中央六部保证的是满族的绝对优势。这从六部的最高长官为贝勒一级即可看出来。管吏部事的贝勒多尔衮是皇太极的第十四弟，管户部事的贝勒德格类是皇太极的第十弟，管礼部事的贝勒萨哈廉是大贝勒代善的第三子，管兵部事的贝勒岳托是大贝勒代善的长子，管刑部事的济尔哈朗是贝勒舒尔哈齐的第六子，管工部事的阿巴泰是皇太极第七兄。即是说，六部的最高长官全部是皇太极的近亲，是后金国的高等贵族。

其三，内涵不同。后金国官员的设置特别注意民族的构成，明确规定，满族、蒙古族、汉族各自的比例。部长由满族贵族贝勒担任。副部长承政的比例为满族两员、蒙古族一员、汉族一员。这就在中央机关中保证了蒙古族、汉族官员的一定比例，有助于政权的稳定。当然，六部官职随着时间的推移，其内涵也在不断变化，即官职的级别、人数都有相应的增减。此时的各部官职只分三级，即部级、副部级和秘书长级。部长由贝勒兼任，承政相当于副部长，满蒙汉各一员，启心郎相当于各部的秘书长。其后，贝勒不再兼任部务，承政升为部长，参政成为副部长，启心郎仍为司级干部了。

设内三院。崇德元年（1636）五月初三日，皇太极命设立内国史院、

① 《皇清开国方略》，第14卷，第8页。

内秘书院和内弘文院。以刚林为内国史院大学士，以范文程、鲍承先为内秘书院大学士，以希福为内弘文院大学士。其顶戴服色及随从人役，俱与梅勒章京同。同时，罗硕、罗锦绣为内国史院学士，詹霸仍为内秘书院学士，胡球、王文奎为内弘文院学士。其顶戴服色及随从人役，俱与甲喇章京同。

设都察院。崇德元年（1636）五月十四日，皇太极命设立都察院。清太宗皇太极面对新授都察院各位大臣，谕曰："尔等身任宪臣，职司谏净。朕躬有过，或耽游畋，迩声色，信任奸佞，废弃忠良，黜有功，陟有罪，俱当直言进谏。至于诸王贝勒大臣，如有旷废职业，黩货偷安，及朝会不敬，冠服违式，部臣容忍者，尔等即据实核奏。或六部听断不公及事未结而狂奏已结者，亦惟尔等察究。凡人在部控告该部未经审结，又赴告于尔衙门者等，察其虚实，应奏者奏，不应奏者惩禁之。明朝陋规，尔衙门亦通行贿赂之所，尔等当互相防检。若以私仇诬劾，经朕察出，定加以罪。其余章奏，所言是，朕即从之；所言非，朕亦不加罪。必不令被劾者与尔面质。至于无职之人，小节过犯，当加宽宥。我国初兴礼制，多未娴习，尔等教诫而释之可也。"[1]

这是说，皇太极给予都察院大臣以谏净弹劾权，用他们来监督各级官吏。五月二十六日，即命大凌河城降将张存仁为都察院承政。

设理藩院。崇德三年（1638）六月二十九日，将原来的蒙古衙门改为理藩院，专门负责蒙古方面的事务。

更定官制。崇德三年（1638）七月二十五日，大学士范文程等奏，请更定八衙门的官制，得到皇太极的批准。八衙门是指六部和都察院、理藩院。皇太极颁布谕旨，决定八衙门各设满洲承政一员，下设左右参政、理事、副理事、启心郎、主事等官，共五级，并依此任命了八衙门的所有官员。这些官员满、蒙、汉都有任命，以满为主，参差错落。

需要指出的是，经过此次改革的八衙门官制的官员品级，几乎同明朝完全一致了。各部承政相当于尚书，左右参政相当于侍郎，理事相当于郎中，副理事相当于员外郎，启心郎相当于司级干部，主事相当于处级干部。

---

① 《皇清开国方略》，第22卷，第2页。

三院八衙门。到此，就形成了三院八衙门的完整的官僚体制。三院是内三院。皇太极的后金国家机关的设立，有三个特点：一是以明为主，兼顾后金；二是满族执政，汉蒙参加；三是体系完整，规模初具。

总之，皇太极创建的国家机器，以明朝为圭臬，照顾到后金的特点，具有后金自己的特色。其性质是满蒙汉贵族地主阶级的联合执政。其意义是标志着皇太极的政权在政治上已经完成了向封建国家的过渡。

皇太极除了整顿国家机器之外，特别重视对汉官政策的调整。

四、礼汉官汉官报恩

为了实现他的远大目标，皇太极同其父努尔哈赤不同，对汉官非常重视，优礼有加。

努尔哈赤对汉官有一个先重视后歧视的演变过程。

努尔哈赤对李永芳的成功招降，说明了他对汉官的重视。先是，天命三年，明万历四十六年（1618）四月，努尔哈赤攻打抚顺城。明将游击李永芳守护抚顺城。先前因马市贸易，努尔哈赤对李永芳的情况比较了解，此次他想劝降李永芳。于是，给他送去了一封劝降信，其中有如下的话："我国广揽人才，即稍堪驱策者，犹将举而用之，结为婚媾。况如汝者，有不更加优宠，与我一等大臣并列耶？汝不战而降，俾汝职守如故，豢养汝；若战，则我之矢岂能识汝？必众矢交集而死。"努尔哈赤诱之以利，吓之以死，李永芳终于投降。努尔哈赤不食前言，将他提为总兵官，并将孙女嫁给他。努尔哈赤履行了自己的诺言。

李永芳成为努尔哈赤招降明

努尔哈赤

皇
太
极

朝汉官的一个榜样。

另一个投降的汉官榜样是范文程。《清史列传》第五卷有传。范文程，沈阳人。出身名门，曾祖为明朝嘉靖时兵部尚书，祖父是沈阳卫指挥同知。"文程少好读书，颖敏沉毅"，是个生员。"天命三年，大兵克抚顺，文程年二十有一。太祖高皇帝见而器之，召与语，知其熟于当世之务，使随行。"

努尔哈赤是怎么发现他的呢？清初人彭孙贻记道："（范文程）从行一地曰：'此我就僇（lù，音路；通"戮"，杀）处也。'十七人皆缚就刑，太祖忽问曰：若识字乎？以生员对。上大喜，尽十七人录用，至今职。"

这就是努尔哈赤录用范文程的过程，很有戏剧性。这是说，范文程走到一个地方说道："这就是对我施行死刑的地方。"原来有十七名秀才被绑缚刑场，准备处以极刑。努尔哈赤突然问道："你们认不认识字？"他们答道："我们是生员。"生员就是秀才。努尔哈赤大喜，将十七个人全部录用。范文程一直做到了大学士这个职务。

十七名即将就戮的秀才，因为识字，而被努尔哈赤录用，逃过了人生一劫。

范文程刚被录用时，仅仅是一名奴隶，后来凭借他的智慧和才干，逐渐赢得努尔哈赤的赏识与重用。努尔哈赤一再表示："他是名臣的子孙，要很好地对待他。"有了努尔哈赤的一再关照，范文程得到了诸王的尊重。

但是，进入辽沈地区以后，因汉官归降渐多，努尔哈赤竟开始歧视汉官。他将虏获的汉官分给贝勒大臣管辖，汉官地位陡降。他们的人格受侮辱，身体被殴打，财物遭侵掠，妻女被买卖。由于粮食不够吃，不得已，他们经常出卖自己的仆人，或典当衣物以糊口。

努尔哈赤的错误做法，引起汉官的反抗。努尔哈赤却愈益怀疑汉官的忠诚。他甚至一度怀疑李永芳里通外国，削掉了李永芳的职务。虽然后来又恢复了，不过，李永芳从此宠衰。

精明的皇太极从战略的高度，认识到汉官的极端重要性。他一改努尔哈赤的错误做法，对汉官采取了三项重要政策，从而取得成功。

第一，积极招降，百般维护。他认为，汉官是不可缺少的人才，将来大有用武之地，现在要千方百计地加以招揽。为此，他制定了具体的归降政策：原来任职的明朝官员归降的，子孙世袭父职不变；一般百姓杀掉当地官吏来降的，根据功劳大小，授予官职；单身一人来降的，由国家恩养；率众来降的，根据人数多寡，按功授职。

皇太极对归降的汉官采取了来去自由的策略。明将祖大寿在天聪五年（1631）守大凌河时被迫投降，后来将他释放到锦州去策反，他却一去不复返。皇太极没有怪罪他，反而耐心地等了他十年。直到崇德七年（1642）松山战役兵败，祖大寿才又投降。皇太极仍然表示欢迎，盛情款待。

现仅以皇太极征明燕京后，奖授归顺官员为例，加以说明。天聪七年（1633）十月十七日，皇太极颁布上谕，奖授一批归顺的明朝官员。积极落实政策，根据功劳的大小，授予他们相应的官职。《清太宗实录》记道："丙子，重叙征明燕京时归降官员，分别注于赏册。马光远，明建昌参将。上亲政时，率阖城军民归顺，又潜令人入燕京迎取其母及兄弟家口，升授为一等总兵官。王世选，明参将，孑身来降，升授为三等总兵官。麻登云，明总兵，由四总兵阵内擒获收养，仍以原职授为三等总兵官。马光远兄光先为二等参将，弟光辉为游击。授王登甲为备御。光先等，因闻光远归顺，自燕京来归，故授是职。姜进孝、魏得礼、刘世芳系明人，因来归，俱授为备御。臧调元，明山海关总兵赵率教部将，自阵获收养后，不烦监守，即效力行间，授为游击。授孟乔芳、杨文魁为二等参将，杨声远为备御。三人皆永平官。因克城后，方就擒，故各降是职。授丁启明为二等参将，启明系明末弁，被擒收养，因善铸红衣炮，故授是职。"①

从这个奖授官员名单，不难看出，皇太极对归降官员的厚爱。这些归顺的明朝官员，都得到了皇太极的正式任命，成为了后金国的官员。皇太极忠于他的招降政策，千方百计地予以落实，因此以各种方式归顺的官员大大增加。

第二，人格尊重，待遇优厚。由于政策正确，归降的汉官越来越多。归降的汉官，不论职务高低，不论人数多寡，皇太极都收留"恩养"。尊重人格，优厚待遇，使汉官降将乐不思蜀，一心向金。

最典型的例证是皇太极对大凌河城降将的优礼。天聪五年，明崇祯四年（1631）闰十二月一日，皇太极占领大凌河城。因城被围三月，弹尽粮

① 《清太宗实录》，第 16 卷，第 7 页。

绝，皇太极下令将自己军中的粮米给明军降将运去二百三十三石，以解饥馑。又召见明降将，命其中的副将等官坐在自己的左右，"大宴之"。回军路上，虽然粮匮马疲，对降将副将以下守备以上，仍然"量行李多寡给予车辆，

盛京城墙

按品级给予马匹"，并发兵四千护送。到达沈阳附近的蒲河，留守的后金国将领贝勒杜度等在此欢迎。欢迎的贝勒杜度等，同"凯旋的诸贝勒大臣及归降各官，以次行朝见礼"。并"命以牛羊百、酒三百瓶于汉官下营处，宴各将士"。又赏赐给降将"貂帽、狐裘、羊裘、缎衣有差"。

二月十八日，皇太极谕令："收降副将、参将、游击等官，分隶八旗，每旗各四员。祖大寿子侄各赐房屋，以客礼优养之。都司、守备以下百余员，付旧汉官收养。其军士分别河东河西，以河西人归于八旗旧汉民内；以河东自辽东逃去之人，给还原主。其无主者，视应给之处拨给。"皇太极又谕诸贝勒大臣："大凌河各官，可令八家更番具馔，每五日一大宴。与今日同，以示优礼。"明军降将感动地说："众官每日款宴不绝，且时惠食物，臣等莫不感戴上恩，因叩谢。"

皇太极对待汉官，某些方面甚至超过了满官。汉官占有的人丁，多者达千丁，其余不下百丁，最少也有二十余丁。满官的一品大臣也没有千丁。皇太极对汉官说："朕于尔等新附各官，与旧臣一体抚育，更或优于旧臣。俱免徭役。今旧臣中有如尔等之徭役获免者乎？"这里的"旧臣"指的是满官。汉官已经成了暴发户。皇太极感慨地说："如今尔等已富贵矣！"

对汉官的优越处境，有的满族官员也有情绪。他们发牢骚道："太祖诛戮汉人，抚养满洲。今汉人有为王者矣，有为昂邦章京者矣。至于宗室，今有为官者，有为民者。时势颠倒，一致于此。"很明显，这个满族

盛京西塔延寿寺

官员向往努尔哈赤时代，对皇太极的汉官政策很是不满。这也从反面证明了皇太极汉官政策的成功。

第三，倾心倚重，提拔重用。皇太极对明朝降官真心倚重。确实有能力的，他大胆提拔重用，指方向，给前途。范文程真正被起用，是在皇太极时代。皇太极伐明，向范文程问计。范文程答道："谕沿路人民，俟版图归我，酌免赋税，示爱养意。"皇太极采纳了他的建议。后金改国号为清，崇德建元，范文程已经上升为文臣领袖，授枢密院大学士。"时文程所领皆枢密事，每入对，必漏下数十刻始出，或未及食息，复奉召入。"皇太极尊称其为范章京。"凡军国议奏，上比问范章京知否。或有未当，即云：何不与范章京议之？廷臣奏曰：范亦云然。即俞行。"范文程已经成为皇太极不可须臾离开的"心膂"。皇太极死后，清世祖福临继位，范文程的地位更加重要。后来，福临亲政，玄烨登基，范文程的声望越发隆盛。可以说，他是清朝首屈一指的开国元勋。他的被重用开始于皇太极时期，皇太极的汉官降将政策起了关键作用。

皇太极的汉官降将政策的广泛贯彻实行，为他征服明朝奠定了坚实的基础。但是，皇太极的当务之急是同另一个国家蒙古结盟友好，巩固后方。

皇
太
极

第四章　重兵袭蒙古　大军征朝鲜

一、袭蒙古取喀尔喀

天聪汗皇太极登基后面临的外部形势，亦十分严峻。后金的西面是蒙古，东面是朝鲜，南面是明朝。皇太极的战略目标是征服明朝，这是同其父汗努尔哈赤完全一致的。但是，皇太极登基后，原来的蒙古喀尔喀扎鲁特部蠢蠢欲动，朝鲜也不十分顺服。为此，皇太极高屋建瓴，在首先稳住明朝的前提下，先后发动了对蒙古和朝鲜的战争，以图进一步稳定后方，彻底解决后顾之忧的问题。

皇太极把进军的矛头，首先指向了喀尔喀扎鲁特部。主要的原因是，天命十一年正月，努尔哈赤在攻打明朝宁远城（今辽宁兴城）未遂而退回时，遭到喀尔喀扎鲁特部贝勒鄂尔寨图等的突然袭击。他们袭击努尔哈赤遣往科尔沁部的使臣，劫掠财物。这使努尔哈赤极为愤怒，也给皇太极留下了屈辱的深刻印象。于是，皇太极在即位仅一个多月之时，就决心发重兵袭击喀尔喀扎鲁特部。

天命十一年（1626）十月初十日，天聪汗皇太极下令袭取喀尔喀扎鲁特部。皇

满蒙汉文龙纹信牌

太极命令大贝勒代善、二贝勒阿敏及德格类、济尔哈朗、阿济格、岳托、硕托、萨哈璘（萨哈廉）、豪格诸贝勒，率兵一万人，征讨扎鲁特部。天聪汗皇太极亲率三贝勒莽古尔泰及多尔衮、多铎、杜度诸贝勒，欢送至都城沈阳之北的蒲河山冈，"命声讨扎鲁特背盟之罪"，并公开发布了战书。此战书载在《清太宗实录》。因内容重要，现全文摘引。其书曰：

前己未年，擒贝勒介赛时，曾刑白马乌牛，誓告天地云："我满洲及喀尔喀，协力征明，无相携贰。战与和，均当共议以行。若喀尔喀听明巧言厚赂，背弃盟誓，而先与明私和者，天地谴责，令喀尔喀溅血暴骨而死。我满洲若背弃盟言，谴责亦如之。"乃尔喀尔喀五部落竟潜通于明，听其巧言，利其厚赂，以兵助之，是尔之先绝我好也。又尔卓礼克图贝勒，下有托克退者，犯我台站，且扰害我人民，掠取我财物，至再至三。甚至将所杀之人，献首于明。畴昔盟言，安在哉？昔盟誓时，尔五部落执政诸贝勒，及卓礼克图贝勒，俱与此盟。而昂安不从，尔等因以昂安委我裁置。我是以兴师诛昂安。嗣后尔扎鲁特贝勒复云：昂安之罪，固应诛戮。我部落仍愿修旧好，不似东四部落，或食言败盟也。我故归桑土妻子及昂安之子。癸亥年，复申盟誓云：察哈尔，我仇也；科尔沁，我戚也。尔慎无与察哈尔通好，或要截我遣往科尔沁之人，致起兵端。无何，尔又背此盟。于甲子年，尔扎鲁特右翼，袭我使于汉插喇地方。乙丑年，又追我使于辽河畔，恣行劫夺。是年，又要截我使臣顾锡，刃伤其首，尽夺其牲畜财物。尔扎鲁特，何其贪利而背义也。然我犹念前好，不问尔罪。远征巴林所俘获尔使百余人，悉行遣释。后桑土以狂言而来窥我，我已洞悉其奸，仍不执桑土，遣之归，以观动静。盖我之推诚于尔，不欲终弃前盟如此。丙寅年，尔扎鲁特左翼诸贝勒，觇（chān，音搀；窥视）我使臣之出，屡次要截道路，劫夺财物，并行残害。是尔扎鲁特之贪诈不仁，妄加于我者，终无已时也。我之所以兴师致讨者，职是故耳。①

① 《清太宗实录》，第1卷，第13页。

皇太极

　　这里说到了几个问题。第一，关于先前擒获贝勒介赛的问题。这里提到了"前己未年，擒贝勒介赛时，曾刑白马乌牛"。这是说，在己未年（1619，天命四年），努尔哈赤擒获喀尔喀部贝勒介赛之事。

　　本来努尔哈赤时期，已经初步解决了喀尔喀部问题。然而，后来又有了反复。喀尔喀五部居于辽河流域和今阜新蒙古自治县一带，大凌河、绕阳河在此流过。喀尔喀部，又称喀尔喀五部。所谓五部，即五个鄂托克之意。鄂托克为蒙语，译为部。努尔哈赤审时度势，对喀尔喀五部既联合又斗争。其目的是将喀尔喀部变成自己的盟友，以共同对付明朝。

　　在喀尔喀五部中，最为强盛的是介赛部。史载："在蒙古的五部喀尔喀，宰赛（介赛）兵多，牲畜多，国最盛。恃其强盛，对诸国则多藐视、凌辱、掠杀、杀害，诸国的人像憎恨魔鬼一样憎恨宰赛（介赛）。宰赛也不以为自己是人，好像是在天空高飞的大鸟一样，或者像野兽中的凶猛的虎一样生活。"①

　　介赛部既然最强，处理同介赛的关系就最为重要。首先拿下介赛部，就为解决喀尔喀五部问题奠定了基础。因此，处理介赛的问题就成为努尔哈赤的一块心病。萦绕脑际，朝思暮想，不得要领，几不成寐。天命四年（1619）七月的某夜，努尔哈赤突然做了一个怪梦，史载："上（努尔哈赤）一夕，梦天鹅、白鹤及众鸟，翱翔上下。上罗之，得白鹤一，曰：'得蒙古介赛矣！'呼未竟，遂觉。因以梦语妃，妃曰：'介赛为人如鸟飞飚，上从何处罗之？'翌日，复语众贝勒，皆对曰：'此吉兆也！天将畀我非常，才望人为我国助，预以此示耳！'"②

　　介赛自喻为天空高飞的大鸟，努尔哈赤恰恰梦见自己捕获了一只白鹤。这似乎成了一个吉兆。那么，努尔哈赤是否真的抓获了介赛呢？事实是真的抓获了。这次抓获介赛具有很大的偶然性。可以说是搂草打兔子，顺手抓到的。

　　天命四年（1619）七月二十五日，努尔哈赤率领诸贝勒大臣，统兵攻打明朝之铁岭城。大军抵达铁岭城下，将其团团包围。经过激战，斩首明

----

① 重译《满文老档》，太祖朝，第11卷，天命四年七月。
② 《清太祖高皇帝实录》，第6卷，第44页。

蒙文信牌

朝游击喻成名等，冲入城内，占领了该城。是夜，努尔哈赤驻军城内。此时，意外情况发生了。

蒙古援军到来，他们是由两个部分组成的。"蒙古喀尔喀部落贝勒介赛和扎鲁特部落贝勒巴克、巴牙尔图黛青台吉色本及小台吉等二十余人，共引兵万余，星驰而至，伏秫田，以伺。"介赛、巴克及色本等率兵，乘夜抵达铁岭城郊，埋伏在高粱地里。等待时机，以求一逞。

第二天清晨，双方发生了小摩擦。后金兵到城外遛马，被埋伏的蒙古兵射死、射伤十余名。后金兵发现这些兵是蒙古兵，没有接到命令，不敢轻易应战。但因自己的兵已被射杀，就紧跟其后，观察动静。努尔哈赤出城发现此事，大声喊道："为什么不打他们？赶快出击，不要失掉机会。"大贝勒代善说道："如果打，恐怕将来后悔。"代善的意思是，蒙古喀尔喀部是我们联合的对象，应该以联合为主，不能轻易动武。此次动武，一旦造成后果，将来恐怕难以挽回。

但是，努尔哈赤不这样看。努尔哈赤的表现是：

> 上曰："此介赛兵也。吾恨介赛有五，今又先杀吾人，何悔焉？"

努尔哈赤在这里说到的对介赛有"五恨"。这"五恨"都是什么呢？《满文老档》透露了这"五恨"。《满文老档》记道：

> 汗（努尔哈赤）说："后悔什么呢？这个兵据说是宰赛（介赛）的兵。宰赛夺取我们已给聘礼的叶赫的金台石贝勒的女儿。这是一。其次，袭击我们名叫兀扎鲁（的）村。这是二。还有，我们派遣名叫和托的人，没一点罪，无故逮捕并系上铁锁。这个

皇太极

60

使者于逃出时，在道上被尼堪杀了。这是三。那以后，我们不能忍受，与尼堪战争，（宰赛）和尼堪合谋，讨伐我们，多索赏赐，并对天地立誓。这是四。更对尼堪通事说，如多给我赏，我若不讨伐满洲，天实鉴之，喀嚓地砍活白牛的腰，从马上用他的手对天撒牛血。这是五。今又先杀我们的人。这是六。由于这个，我们有何后悔的事呢？我们的兵赶快前进追杀。"①

这里提到原来的"五恨"，加上这一次的"一恨"，共是"六恨"了。由此，努尔哈赤毫不犹豫地下令官兵前去追杀。于是，众贝勒大臣遂率兵愤然进击，介赛兵不敌，纷纷坠入辽河，溺水而亡。后金军战果辉煌，抓获了介赛及另外六贝勒。这六贝勒是：介赛的二子色特希尔、克石克图，扎鲁特部巴克、色本，科尔沁部贝勒明安子桑阿尔赛及妹夫代噶尔塔布囊。此外，还有臣子十余人及士兵一百五十余人。后金军将他们全部关押在城楼内。抓到了介赛，众贝勒大臣欢欣鼓舞，对努尔哈赤说道："果然应了汗的吉梦，真的抓到介赛啦！"

经过深思熟虑，努尔哈赤对俘虏进行了有计划的处理。处理的原则是：软禁介赛及六贝勒，其余陆续释放。

第一步，释放随从，令其报信。命令释放介赛的随从孛罗齐及十一人，让他们带回口信："蒙古兵大败，介赛及六贝勒并兵百五十余人，悉为我国（后金国）所擒。"

第二步，缓和矛盾，释放士兵。班师回到沈阳后，努尔哈赤对俘获的战俘如何处理，有了新的想法。他认为："我畜介赛于此而殄其兵，彼所属军民畜产，恐为他贝勒攘而取之，不如纵所擒百四十人还国。"软禁介赛，但还让他保有原来部落的权势，因此释放了他的部下。这为将来同喀尔喀部建立联盟，作了铺垫。

第三步，释放一子，以表诚意。天命四年（1619）十一月，在后金国同喀尔喀五部宣誓联盟后，努尔哈赤为了表达诚意，释放了软禁的介赛的二子中的一子，让其轮流替代。同时表示，介赛的归期，等到一同征讨明朝广宁后，"再酌之"。史载："上谕诸贝勒曰：'介赛与二子，俱留我国。

---

① 重译《满文老档》，太祖朝，第11卷，天命四年七月二十五日。

恐彼所有人民、畜产，尽为族中昆弟侵夺，可令其二子更番往来。一子在彼保守人民、畜产，一子在此侍父。若介赛归期，俟与五部落喀尔喀贝勒同征明，得广宁之后，再酌之可也。'于是，赐介赛子克石克图貂裘、貂镶朝衣、猞猁狲裘及靴帽、袍带、鞍马，令还。"①

第四步，释放介赛，宣誓建盟。过了二年，到天命六年（1621）八月九日，喀尔喀部要求赎回介赛。努尔哈赤答应了他们的要求。

《清太祖高皇帝实录》记道："（天命六年，1621）八月庚午朔戊寅（初九日），喀尔喀部落，以畜产一万，赎贝勒介赛，送其二子一女为质。上（努尔哈赤）刑白马祭天，俾介赛誓。赐貂镶朝衣、猞猁狲裘各一，靴帽、玲珑带、弓矢、雕鞍并马一，甲百。甲申（十五日），命诸贝勒送介赛至十里外，设宴，祖其行。乃以所质女，与大贝勒代善为妃。"②

就这样，努尔哈赤同介赛誓告天地，释放了介赛贝勒，并命大贝勒代善将介赛之女纳为妻子。从此，努尔哈赤同喀尔喀五部中实力最强的介赛部，结成了儿女亲家，建立了同盟关系。但是现在，介赛显然自食诺言，背叛后金。

第二，关于后金国同喀尔喀盟誓的问题。这里提到了后金国同蒙古喀尔喀五部盟誓的具体情况。这是指天命四年（1619）十二月二十三日，在喀尔喀五部驻地，双方进行的郑重的盟誓。

后金国的五位大臣额克星格、绰护尔、雅希禅、库尔缠、希福偕使臣到场，与喀尔喀五部首领贝勒一起，举行结盟典礼。"对天杀白马，对地杀黑牛。放上一碗烧酒，一碗肉，一碗土，一碗血，一碗白骨，以忠诚之言，对天地立誓。"

史载誓曰：

> 今满洲十旗执政贝勒，与蒙古国五部落执政贝勒，蒙天地眷佑，俾我两国相与盟好，合谋并力，与明修怨。如其与明释旧恨，结和好，亦必合谋，然后许之。若满洲渝盟，不偕五部贝勒合谋，先与明和，或明欲败二国之好，密遣离间，而不相闻。皇

① 《清太祖高皇帝实录》，第6卷，第48页。
② 《清太祖高皇帝实录》，第6卷，第62页。

62

天后土，其降之罚，夺满洲十旗执政贝勒算，灭血蒙土，暴骨以死。若明欲与蒙古五部落贝勒和好，密遣离间，不以其言告我满洲英明皇帝者，五部落执政贝勒：杜稜洪巴图鲁、奥巴戴青、厄参、巴拜、阿素忒晋、莽古尔代、厄布格德衣台吉、乌巴什杜稜、古尔布什代达尔汗、莽古尔代戴青、毕登土、叶尔登、绰虎尔、达尔汗巴图鲁恩格德尔、桑阿拉寨、布他齐杜稜、桑阿喇寨、巴呀喇土、朵勒济、内齐、卫徵、俄尔寨土（鄂尔寨图）、布尔哈土、额滕、厄尔祭格等众贝勒，皇天后土，亦降之罚，夺其算，灭血蒙土，暴骨以死。吾二国同践盟言，天地佑之，具饮是酒，食是肉。二国执政贝勒，尚克永命，子孙百世，及于万年。二国如一，共享太平。[①]

这是说，参与宣誓的喀尔喀五部贝勒共有二十五位，并且全部郑重具名，说明他们是很看重这次结盟的。这次结盟标志着后金国同喀尔喀的友好关系进入了一个崭新的阶段。

但是，时隔未久，言犹在耳，喀尔喀五部就背叛了后金。"乃尔喀尔喀五部落竟潜通于明，听其巧言，利其厚赂，以兵助之，是尔之先绝我好也。"

战书中举出五个罪证，以证明喀尔喀部违背誓言，劫夺使臣，不够盟友，不讲信义。

罪证之一：卓礼克图贝勒下属之"托克退者，犯我台站，且扰害我人民，掠取我财物，至再至三。甚至将所杀之人，献首于明"。

罪证之二：癸亥年（1623），"要截我遣往科尔沁之人，致起兵端"。

罪证之三：甲子年（1624），"尔扎鲁特右翼，袭我使于汉插喇地方"。

罪证之四：乙丑年（1625），"追我使于辽河畔，恣行劫夺。是年，又要截我使臣顾锡，刃伤其首，尽夺其牲畜财物"。

罪证之五：丙寅年（1626），"尔扎鲁特左翼诸贝勒，觊我使臣之出，屡次要截道路，劫夺财物，并行残害"。

要截使臣，恣行劫夺，罪行累累，罄竹难书。

---

① 《清太祖高皇帝实录》，第 6 卷，第 48 页。

其实，此次出兵的直接导火索是本年正月努尔哈赤攻打宁远城未果撤退途中，派遣赴科尔沁部的使臣，遭到喀尔喀扎鲁特部贝勒鄂尔寨图的突然袭击，财物被劫掠。这个鄂尔寨图就是喀尔喀部二十五位盟誓贝勒之一，名俄尔寨土者。俄尔寨土，即鄂尔寨图。

喀尔喀五部与明勾结，背弃誓言，屡次挑衅，制造事端，恣行不法，扰害人民，劫夺财物。是可忍，孰不可忍？天聪汗皇太极决心教训喀尔喀五部，打击他们的嚣张气焰，从而取得稳定的后方。

为了配合攻袭扎鲁特部，皇太极又特别派遣一支小股精锐轻骑部队，奇袭喀尔喀巴林部。巴林部紧邻扎鲁特部，在其西面。偷袭巴林部，在扎鲁特部背部插上一刀，有利于代善大军从正面攻打扎鲁特部。《皇清开国方略》记道："先是癸丑（十月十四日），太宗遣副将楞额哩（楞额礼）、参将阿山率兵六百，征喀尔喀巴林部，驱逐哨卒，纵火燎原，以张声势。使与扎噜特部（扎鲁特部），不得相顾。"①

这支偷袭轻骑兵，进攻顺利，取得成功。他们凯旋时，皇太极率领诸贝勒大臣，亲自出城迎接。《清太宗实录》记道："丙寅（十月二十七日），楞额礼、阿山还自巴林，俘获甚多。上率诸贝勒大臣，并明使李喇嘛及官四员，出迎十五里。遍阅人口、牲畜毕，楞额礼等叩见，上亲加慰劳，特许行抱见礼。刲（kuī，音亏；割）八牛祭纛。凡获人口二百七十一，骆驼三十四，马一百一十一，牛一千二百一十一，羊二千五百八十

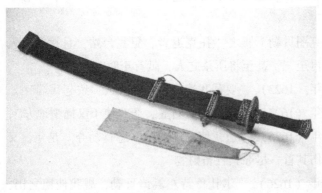

皇太极御用腰刀

六。内以骆驼二十四，马四十，牛六百，羊一千，分赐贫人。余按品级功绩，均赐出征将士。并赐李喇嘛驼一，马五，羊二十八。"②

副将楞额礼、

---

① 《皇清开国方略》，第9卷，第6页。
② 《清太宗实录》，第1卷，第16页。

参将阿山，于天命十一年（1626）十月十四日出征，至十月二十七日，仅用十三天，就大胜凯旋。皇太极非常高兴，亲自率领诸贝勒大臣，出都城沈阳十五里隆重迎接。皇太极首先兴奋地查看了俘获的人口和牲畜，然后同出征将军楞额礼、阿山，特行抱见礼，以示慰问。最后，将俘获的人口、牲畜，除部分赏赐贫人外，按照官位品级，大部分赏赐给了出征将士。后来，因攻克巴林部功绩卓著，将楞额礼由副将升为总兵官（三等子）、阿山由参将升为副将（即三等男）。

这里必须一提的是，皇太极还让明朝使臣李喇嘛等，随同一起参与了此次活动。李喇嘛此次出使后金国的具体情况，我们下面还要详细谈到。

袭击喀尔喀五部之代善大军取得了完全的胜利。天命十一年（1626）十月二十五日，大贝勒代善派遣使者自军中而还，先期奏报胜利的消息。此次战果颇丰：擒获了喀尔喀部扎鲁特贝勒巴克及其二子，并喇什希布、戴青桑葛尔寨等十四位贝勒。杀掉了劫夺财物的贝勒鄂尔寨图，尽获其子女、人民、牲畜。大获全胜，即将凯旋。

《清太宗实录》记载了大贝勒代善等率兵凯旋及天聪汗皇太极迎接的盛况。文曰："十一月庚午朔辛未（初二日），往征扎鲁特凯旋大贝勒代善等将至。上发沈阳，次铁岭樊河界。癸酉（初四日），凯旋贝勒列八旗兵来见。上率诸贝勒大臣出迎。立八纛，拜天毕。上御黄幄，凯旋诸贝勒大臣跪见。上以大贝勒代善、阿敏二兄跪拜，不欲坐受。率大贝勒莽古尔泰及诸大臣答礼。上命巴克什达海传旨问曰：'二兄及诸贝勒在行间安否？'巴克什库尔缠前跪代奏曰：'荷蒙上天福佑，皇上威灵，所向克敌，幸不辱命。'代善、阿敏及诸贝勒群臣，以次跪见上，行抱见礼。上以仰承太祖鸿业，兵威素著，今兹远征，剋期制胜。因追忆太祖功德，念诸兄弟勤劳，怆然泪下。代善及诸贝勒群臣，无不感泣。见毕，以次列坐。嗣明使李喇嘛等见上，又见三大贝勒。于是，以凯旋行饮至礼。甲戌（初五日），籍所获俘虏，论功行赏有差。戊寅（初九日），上还都城。"①

这是说，十一月初二日，皇太极率领诸贝勒大臣，从沈阳出发，到铁岭樊河界驻扎，等待欢迎往征扎鲁特部的大贝勒代善等凯旋。十一月初四日，凯旋的诸贝勒率领八旗兵，列队而至。队伍整齐，剑戟拥立，兵威隆

①　《清太宗实录》，第1卷，第16页。

盛，士气飞扬。皇太极兴致勃勃地率领诸贝勒大臣，出到城外迎接。竖立八纛，祭拜天地。然后，皇太极回到临时搭建的黄幄，登上宝座。此时，凯旋的诸贝勒大臣进入黄幄，向皇太极行跪拜礼。皇太极表现谦恭，对大贝勒代善和二贝勒阿敏的拜见，不予承受，"不欲坐受"。皇太极率领三贝勒莽古尔泰及诸大臣答礼。接着，君问臣答，分别行隆重亲密的抱见礼。皇太极追忆太祖努尔哈赤的功德，叨念诸位兄弟远征的劳苦，心情感伤，"怆然泪下"。初五日，论功行赏。初九日，皇太极率众回到都城沈阳。

这一次，皇太极也命明使李喇嘛等参与了这个重要的外事活动。

皇太极即位不久，就命重兵远袭喀尔喀扎鲁特部。这是父汗努尔哈赤对西虏蒙古政策的继续。努尔哈赤对待蒙古的是"顺者以德服，逆者以兵临"的"恩威并行"的正确策略。扎鲁特部由"顺者"转为"逆者"，皇太极就采取了"逆者以兵临"的策略。这个策略显然是成功的。

明朝中叶以前，明帝对待北方的蒙古和东方的女真采取了"以东夷制北虏"的战略方针，希图联合女真抑制蒙古。满族兴起后，明朝的这个战略方针有了根本性的改变，极力联合蒙古抑制后金。

努尔哈赤的战略目标是明朝。为此，他对蒙古也是采取了联合的方针。这就是说，蒙古处于明朝和后金双方极力争取的有利地位。为此，蒙古就采取了实用主义的做法，巧妙地从双方获取既得利益。有鉴于此，努尔哈赤对蒙古采取了联合斗争、联姻结亲、馈赠赏赐的策略，取得对蒙古的战略主动。清太宗皇太极继承了努尔哈赤对蒙古的策略，并有所发展。

第一，斗争联合。对蒙古不能只是一味地联合，也要有必要的斗争，应该是既斗争又联合。联合斗争中，斗争是第一位的。没有必要的斗争，联合完全是空中楼阁，不堪一击。皇太极坚信这一点。但在军事进攻奏效的前提下，皇太极注意运用招抚劝降的策略。

对投向明朝的蒙古军队，皇太极即采取招抚劝降的策略。天聪五年，明崇祯四年（1631）八月，皇太极攻打明朝大凌河城，城内有蒙古兵。皇太极就书写劝降信，用箭射入城内，劝其投降。信曰："我满洲与尔蒙古，原系一国，明则异国也。尔等为异国效死，甚无谓，予甚惜之。尔等之意，恐我诱降复杀，故不相信耶。予不惟不杀尔蒙古之人，即明人为我仇敌，其拒战而被杀者则有之，来降者无不恩养之。肆行屠戮，予所不忍；一体推恩，是予素志。惟善养人，故人皆归附。予之善养与否，尔辈岂不稔闻？若谓予言为诈，人可欺，天可欺乎？"①

　　皇太极在另一封致明朝大凌河城守将祖大寿的劝降信中，也以蒙古归降为例，说明降者不杀反而恩养的道理，信曰："朕若无故诛戮良善，则如察哈尔汗之兄弟敖汉耐曼、乌鲁特喀尔元太祖后裔，何以皆率部众归我？亦因朕养人之故，望风来附耳！即今日之役，各蒙古贝勒及科尔沁土谢图汗，每部拨兵百名从征，如心不相信，肯随朕出师乎？不惟顺我者不杀，即阵获蒙古贝勒塔布囊等，并尔国麻登云、黑云龙等，一经归顺，朕即加恩，尔等岂未之闻耶？"

　　以上两封劝降信的中心内容是，我皇太极对蒙古投降官兵的政策不仅不杀，还要"恩养"，还要重用。空说无凭，有例为证。现在攻打你们的部队当中，就有归附的蒙古军人。这两封信确实起到了瓦解蒙古军队的作用。他们最后同明军一起，也举手投降了。

　　第二，联姻结亲。采用联姻结亲的方法与蒙古联合，这是从努尔哈赤时代开始的。万历四十年（1612），努尔哈赤迎娶科尔沁贝勒之女博尔济锦氏为妻；万历四十三年（1615），努尔哈赤又迎娶科尔沁孔果尔贝勒女博尔济锦氏为妻。不仅如此，他有六个儿子也先后迎娶蒙古王公的女儿为妻。他们是第二子代善，第五子莽古尔泰，第八子皇太极，第十子德格类，第十二子阿济格，第十四子多尔衮。

　　皇太极继续贯彻实行了与蒙古联姻结亲的政策。皇太极本人和子侄，以及贝勒大臣也都和蒙古贵族联姻结亲。皇太极的孝端文皇后、孝庄文皇后、宸妃都是蒙古科尔沁人。皇太极的儿子顺治皇帝的皇后孝惠章皇后，也是蒙古科尔沁人。有些蒙古王公要求娶后金宗室的女儿，皇太极也尽量满足他们的要求。

　　皇太极对婚礼仪式很重视，亲自接见，给以祝福。崇德七年，明崇祯十五年（1642）九月七日，蒙古科尔沁部东果尔的儿子多尔济偕其妻，亲自送女儿出嫁，欲嫁给多罗郡王阿达礼之弟勒克德浑为妻。皇太极谕命阿达礼、勒克德浑等，皇太极本人设宴欢迎他们。东果尔因为到沈阳来祝贺皇太极征明四城大捷，先期到达，也谕命一同参加欢迎宴会。于是，阿达礼率勒克德浑，进清宁宫，朝见清太宗皇太极，行三跪九叩首礼。又以同

————————

　　① 《清太宗实录》，第9卷，第24页。

样的礼节，叩拜了皇后。皇帝、皇后接见完毕，诸贝勒大臣集中到阿达礼府，大宴成婚。皇太极对于同蒙古联姻给以特殊的礼遇，使蒙古王公非常感动。

第三，馈赠赏赐。蒙古是游牧民族。他们盛产牛羊等畜牧产品，但缺乏很多生产资料和生活资料。许多生产资料和生活资料的取得，或靠贸易，或靠掳掠，或靠馈赠，或靠赏赐。清太宗皇太极深知，对蒙古贵族的馈赠和赏赐是联合蒙古的必要手段。为此，皇太极利用各种场合和机会，对蒙古贵族大量地馈赠和赏赐。

努尔哈赤时期，对来归的蒙古将士给以优厚的待遇。一个典型的事例是，天命六年，明天启元年（1621）十一月，蒙古喀尔喀部台吉古尔布什、莽果尔，率民六百户并驱畜产来归，努尔哈赤给以高度礼遇。《清太祖高皇帝实录》第八卷记道："上御殿，二台吉朝见毕，大宴之。各赐：貂裘三，猞猁荪（狲）裘二，虎裘二，貉裘二，狐裘一，貂镶朝衣五，镶獭裘二，镶青鼠裘三，蟒衣九，蟒缎六，缎三十五，布五百，金以两计者十，银以两计者五百，雕鞍一，沙鱼皮鞍七，玲珑撒袋一，撒袋兼弓矢者八，甲胄十，童仆、牛马、房舍、田亩及一切器具等物毕备。上以女妻台吉古尔布什，赐名青卓礼克图，给以满洲牛录一，凡三百人，并蒙古牛录一，授为总兵。又以族弟济白里杜济获安，妻台吉莽果尔，亦授为总兵。"①

努尔哈赤对来归的蒙古贵族的赏赐非常丰厚，包括华服、缎匹、金品、雕鞍、撒袋、弓矢、牛马、房舍、田亩、童仆等，还有名号、官爵、牛录，甚至爱女。从中可以看出，努尔哈赤为了征服明朝的远大目标，能够舍得一切。

皇太极也是如此。皇太极优待来归的蒙古贵族的信息四处散播，因此来归的蒙古贵族很多。他们往往是一小股一小股地来投奔，皇太极都是耐心地对待。天聪元年，明天启七年（1627）六月，蒙古察哈尔林丹汗的部下欲叛逃，派人询问皇太极他们来了能够安置在什么地方。皇太极答复："尔等来归我国，我国可居之地，任尔居之。"他们到来后，皇太极做了妥善的安排。到了十一月，察哈尔贝勒昂坤杜棱率众来归，皇太极"命迎宴

① 《清太祖高皇帝实录》，第8卷，第62页。

抚辑之"。原先八月，蒙古察哈尔部的贝勒，"率所属户口、乘马四十五匹来归，宴之。赐庄田、户口、牛羊、金银、衣裘器用具备"。这个消息传出，到了十二月，又有察哈尔部的"贝勒多尔济伊勒登携妻子，率众来归，御殿受贺，设宴"。这个欢迎蒙古贵族来归的策略，对与他为敌的察哈尔部起到了瓦解的作用。

皇太极对待蒙古的政策，使蒙古变成了他的盟友，为他获得了一个稳固的后方。这对皇太极未来征明的大战略，是个很好的铺垫。

他随即将目光移向了东邻朝鲜。皇太极想要教训一下朝鲜，使它远离明朝，成为自己的盟友。

二、征朝鲜迫其结盟

终努尔哈赤之世，朝鲜同后金都没有发生重大的战争。但是，朝鲜对这个日益武装起来的虎视眈眈的近邻，始终保持着高度的警惕。努尔哈赤袭占抚顺后，朝鲜的大臣分析道："今者，吞灭忽温，威服诸种，凶焰日强，无复顾忌。袭破抚顺，仇我大邦（明朝），知我国不可得而和也，故投书遥喝，胁之以分击，欲使我国帖然退伏，不敢为明朝之援。其为桀骜何如哉！"

朝鲜看得很清楚，后金投下国书的目的是恐吓，"不敢为明朝之援"，使朝鲜不敢出兵援助明朝。他们之间的和平只是暂时的、脆弱的。朝鲜表面上对明朝和后金实行等距离外交，实质上是暗中帮助明朝。这有两点可以证明。

其一，朝鲜容留转移"逃人"。所谓"逃人"，是指辽东不堪忍受后金摧残而越境逃跑到朝鲜避难的大量汉人，后金将这些逃跑的汉人称为"逃人"。后金向朝鲜索要这些"逃人"，以进行严厉惩处。后金让朝鲜将"过江汉人，不必纳之，尽数驱回"。朝鲜没有照办，而是将这些"逃人遣送给了明朝"。这引起了后金的不满。

其二，朝鲜允许明兵驻扎。明朝军官毛文龙率领明兵，常年驻扎在朝鲜的皮岛。皮岛今称椵岛。"辽民来投者日众，前后数十万口，分置铁山、蛇梁等处。"朝鲜还在经济上援助毛文龙，无偿捐助粮食一万石。解决了毛文龙的燃眉之急。毛文龙以皮岛为根据地，不断向后金腹地发起进攻，骚扰后金后方，使努尔哈赤如坐针毡。

努尔哈赤和朝鲜的关系极度恶化，运用武力解决双方矛盾的问题就提上了议事日程。

天聪汗皇太极继位不到三个月，就决心发兵攻打朝鲜，解决后顾之忧。

天聪元年（1627）正月初八日，皇太极命二贝勒阿敏、贝勒济尔哈朗、阿济格、杜度、岳托、硕托等统三万大军，往征朝鲜。皇太极谕曰："朝鲜屡世获罪我国，理宜声讨，然此行非专伐朝鲜也。明毛文龙，近彼海岛，倚恃披猖，纳我叛民，故整旅徂征。若朝鲜可取，则并取之。因授以方略，令两图之云。"[1]

皇太极像

皇太极的目的是一举两得，一个是朝鲜，一个是毛文龙，即"并取之"。

下面是二贝勒阿敏等大军征伐朝鲜的进军日程表。

正月十三日，大军前锋进入边境地带，总兵官楞额礼偕叶臣、雅荪、蒙安，率兵八十人，乘黑夜袭击了明军哨所，消灭全部六个哨位，大军进入了朝鲜。

正月十四日，乘夜晚，大军靠近朝鲜义州城，竖立云梯，猛攻城堡。巴图鲁爱湍率领八旗精锐军首先攻城，总兵官楞额礼偕阿山、叶臣，率八十人继之，前仆后继，奋勇齐进，占领了义州城。斩杀府尹李莞等，判官崔鸣亮自尽，尽歼城中兵卒，俘虏其居民。是夜，分兵蹈袭毛文龙所居的朝鲜铁山，铁山是毛文龙后勤囤粮重地。斩杀明军无算，毛文龙逃进了皮岛，"未获"。

正月十五日，派大臣八位、兵一千人，留守义州城。大军进攻朝鲜定州，斩杀宣川副使奇协，俘获定州牧使金搢，"尽降其民"。

① 《清太宗实录》，第2卷，第2页。

皇太极

正月十八日，大军至郭山城，招降官兵，官兵不降，攻克之。俘获郡守朴由健，歼其兵卒，"我军未伤一人"。"生擒守道一员，参将一员，游击三员"。

正月十九日，派大臣四员、兵五百人，留守郭山城。大军自定州渡嘉山江，驻营，准备向朝鲜王旧居平壤进发。

正月二十日，大军抵达安州城下，"招降不从"。此时，阿敏略感兵力不足，急忙派人返回沈阳报告军情，请求发兵前来义州城、郭山城保护粮食，抽出兵力前进。

《清太宗实录》记载阿敏信曰："至于我兵，蒙天眷佑，不必忧虑。俟至平壤，遣使往朝鲜王处，乘便侦探。若内有消息可乘，即进趋王京。其义州城，留大臣八人，兵千人；郭山城留大臣四人，兵五百人，守之。今恐兵力不敷，请发在外移营蒙古兵及在内分管蒙古兵，驻守义州，以便调取大军前进。如蒙皇上允发，乞遣一贤能大臣统领之，于冰未解时速来。恐其侵扰义州粮食户口也。至各处归降之人，已皆令薙发矣。"①

皇太极得报，大喜过望，立刻发出上谕："蒙天眷佑，尔出师诸贝勒，所致克捷。朕闻之，不胜嘉悦。前进事宜，尔当详加审酌。可行则行，慎勿如取广宁时，不进山海关，以致后悔。如不可行，亦勿强行。尔等在行间，宜仰承天眷，保惜声名，凡事相机图之。倘邀天佑，朝鲜事渐有定局。一切事宜，有当请命者，尔行间诸贝勒，公同议定。遣使来奏，我据所奏裁定。我在都城，何能遥度耶？"②

于是，皇太极调遣在外移营蒙古兵及在内分管蒙古兵并家属，驰往朝鲜义州城驻防。皇太极又给予前线统

清满洲贵族使用的透雕玉把皮藤马鞭

---

① 《清太宗实录》，第2卷，第14页。
② 《清太宗实录》，第2卷，第14页。

帅"便宜行事"的决定权。于是,二贝勒阿敏等决定进攻安州城。

正月二十一日,阿敏率大军渡江。黎明攻城,安州很快拿下。斩杀郡守张撖、副使全尚毅、县令安图南等。"安州牧使金浚、兵使南以兴,赴火死。"城中居民及守兵,各令安业。守城朝鲜兵二万,"既克后,不戮一人,各令还家完聚"。八旗军不杀俘虏、不杀降民的策略传开,为以后顺利进军打下很好的基础。

大军在安州城休整四天,秣马厉兵,养精蓄锐。

正月二十五日,大军自安州起行。

正月二十六日,大军进抵平壤。"城中巡抚、总兵以下各官及兵民等,皆弃城走。"二贝勒阿敏的大军,一路势如破竹,风卷残云。大军渡过大同江。

正月二十七日,大军驻扎在中和。以中和为驻地,部队一边进行休整,一边对朝鲜进行外交活动。阿敏等特派使臣到朝鲜国王李倧驻地,进行联络,未能如愿。

此时,朝鲜派遣使臣两人,携带书信到达中和。这两位使臣,原是有来历的。他们分别是先前后金国阵获的朝鲜元帅姜宏立之子及参将朴兰英之子。此时,姜宏立与朴兰英都在八旗军中效力,尚未回归朝鲜。两位使臣恭敬地叩见了诸贝勒,亮明了自己的真实身份。阿敏等见状,就让他们父子相见,"以示优待之意"。这是一个完全人性化的安排。两位使臣送来了朝鲜国王李倧的书信,质问后金:"贵国无故兴兵入我内地,我两国原无仇隙。自古以来欺弱凌卑,谓之不义;无故杀害人民,是谓逆天。若果有罪,义当遣使先问,然后声讨。今急返兵,以议和可也。"①

朝鲜国王的话似乎有理。但军前统帅阿敏针对此信,提出了攻打朝鲜的七条理由,即所谓朝鲜的七条罪状,予以严肃驳斥。书曰:"尔谓我等无故兴兵,试言其故。向者我军往取我属国无尔喀时,尔国无端出境,与我军相拒,一也;乌喇贝勒布占泰之屡侵尔国也,尔以乌喇属我姻戚,求释于我。我为劝谕息兵,尔曾无一善言相报,二也;我两国原无仇怨,尔于己未年,发兵助明,合谋图我。幸蒙天鉴,明兵败衄。尔之帅卒,为我阵擒。我不忘旧好,故不加诛戮,且豢养之。纵令返国,至于再三。尔不遣一介来谢，三也；天以辽东赐我，辽东之民，我民也。尔国容匿毛文龙，潜据海岛。致我辽东百姓，被其侵扰，听其引诱。我曾令尔缚送毛文龙，复成两国之好，尔竟不从，四也；辛酉年，我军攻剿毛文龙，惟明人是问。亦望尔惠顾前好，不以一矢相加。尔国究无一善言相报，五也；文龙系明朝之将。明且无粮饷给与，尔乃予以土地，导其耕种，资之糗糒（qiǔ bèi，粮食），赡其军实，六也；尔云何故杀我何通事？我军进取广宁后，禁绝奸细。潜来窥探之人，不杀何待？我皇考上宾，明方与我为敌，尚遣使来吊，兼贺新君即位。我皇考与尔朝鲜，素相和好，毫无嫌隙，何竟不遣一使吊问，七也；尔如此负恩搆怨，难以悉数，我用是统率大军，声罪致讨。尔尚自以为是，与我为敌耶？抑将悔祸之延，抒诚引咎，申盟土地，重修和好耶？我且留师五日以待。惟好是图，果欲议和，速行遣使。如违约不至，我军即鼓行而前矣。"①

这就是所谓的对朝鲜的七大恨书。二贝勒阿敏站在后金国皇太极的立场上，无端指责朝鲜国王，为其侵略朝鲜张本。朝鲜处于明朝和后金两国之间，暗中支持明朝，明里与后金虚与委蛇。朝鲜支持毛文龙，实际上是支持明朝。这引起皇太极的极大不满。阿敏此信威胁道："我且留师五日以待。惟好是图，果欲议和，速行遣使。如违约不至，我军即鼓行而前矣。"

随后，二贝勒阿敏特派阿本、董纳密，偕同朝鲜来使，赍书前往朝鲜国王李倧处投送。还没等朝鲜国王复信，阿敏又特派备御扎弩、巴克什科贝再一次致书朝鲜国王。书曰："我惟理直，故得蒙天眷佑。尔若引咎自责，修好求宁，可速遣亲信之人来。议既成，我即旋师。我非为土地人民兴师至此也。"

遣使赍书之后，八旗大军在中和，续留七日。

二月初五日，大军进抵黄州城，城中军民悉逃散，大军即驻扎其地。

第二天，朝鲜国王李倧，仍然派遣姜宏立、朴兰英之子，以及另外两位使臣来到后金军驻地。来使说道："吾王闻贝勒之言，已遣一亲信大臣来矣。令我先来驰告。"

此时，二贝勒阿敏表现异常。"颇怀异志，凡事不与众谋，指麾自专，

---

① 《清太宗实录》，第 2 卷，第 15 页。

欲率大军前进。"这时，前线司令部内部，发生了激烈的争论。

诸贝勒和总兵官李永芳相互议论说道："我等奉上命，秉义而行。若自背前言，不义。前书已有言，朝鲜若遣亲信大臣来，负罪请和，盟誓天地，即行班师。今盍暂驻于此，待其大臣至，听其言辞，再议。"

这个议论，被阿敏听到了。他很是恼怒，对李永芳愤怒地说道："我岂不能杀尔蛮奴，尔何得多言！"面对这位一意孤行的军前统帅，李永芳只能保持沉默。阿敏意在杀鸡儆猴，其他诸贝勒见状，也不敢再说话了。

于是，按照阿敏的意愿，大军继续前行，驻扎于平山。此地逼近朝鲜都城汉城。朝鲜国王李倧大惧，偕后妃、皇子逃往江华岛，城内军民多逃散。

二月初七日，大军起行，继续前进。路遇前来议和的朝鲜大臣进昌君，令其随行。大军占领瑞兴，在此地扎营。阿敏之弟贝勒济尔哈朗，决定扎营于平山城，等待议和。阿敏是努尔哈赤三弟舒尔哈齐第二子，济尔哈朗是舒尔哈齐第六子。

二月初八日，朝鲜使臣进昌君与阿敏进行议和谈判。

在强大的军事压力面前，几经折冲，李倧不得不表示屈服，最终同意正式议和。此时，朝鲜国王李倧，急忙派遣其族弟原昌君李觉，并侍郎一员和官吏四员，同后金国总兵官刘兴祚一起，来到了驻地平山，拜见诸贝勒。

"时八旗诸将齐列，阿敏坐榻上。五贝勒分翼列坐。令李觉自角门入，行一叩头礼，抱阿敏膝相见。又依次见五贝勒。李觉进马百、虎豹皮百、绵绸苎布四百、布万五千。诸贝勒待以优礼，设宴宴之。"①

议和盟约即将签订，前景看好。

贝勒岳托满怀希望地说道："吾等来此，事已成矣。我国中，御前禁军甚少。蒙古与明，皆我敌国。或有边疆之事，不当思预备乎？况我军中俘获甚多，宜令朝鲜王盟誓，即可班师。"

但是，阿敏却有他自己的小算盘，他阴阳怪气地说道："汝等欲归者，自归耳。吾则必到王京。吾常慕明朝皇帝及朝鲜国王，所居城郭宫殿，无因得见。今即至此，何不一见而归乎？我议至彼近地再议。如不从，即屯

---

① 《清太宗实录》，第2卷，第22页。

种以居。至吾等怀念妻、子，度有不遣来完聚者乎？”

阿敏满脑袋胡思乱想，想要看看汉城的亮丽宫城，想要在朝鲜“屯种”驻扎，想要把妻儿老小搬来“完聚”，真是一派胡言乱语。诸贝勒听了瞠目结舌，但因其是前军主帅，也不敢得罪他。

三月初三日，在朝鲜的江华岛，朝鲜国王李倧同后金国的代表总兵官刘兴祚、巴克什库尔缠签订了盟约。《清太宗实录》记道：“三月初三日丑刻，李倧焚书盟誓。寅刻，朝鲜国议政判书等官八员，亦焚书盟誓。刑白马乌牛，焚香，设酒、肉、骨、血、土，各一器，告天地。满洲誓词一，朝鲜誓词一，读毕焚之。誓词内书大贝勒阿敏、固山额真纳穆泰、达尔哈、和硕图、顾三台、拖博辉、车尔格、喀克笃礼、博尔晋，朝鲜国王李倧及其臣吴云乾、李廷桂、金瑬、李逵、沈静正、沈正玉、黄吕钟、邵完等名。和礼告成。馈我使臣币帛皮张等物，饯送而还。”①

这是此次战争第一个盟约。因代表后金同朝鲜签订和约的是级别较低的两位官员，前线统帅二贝勒阿敏很不满意，他想亲自同朝鲜签订和约。

为此，他不顾其他贝勒的反对，一意孤行，继续进兵。

这时还有一个小小的争论。

二贝勒阿敏心有未甘地向诸贝勒说道：“朝鲜王虽然已经盟誓，但是，我等并未亲身参与，就当不知道这件事。部队返回时，可以让军士随意掳掠。”

贝勒岳托及诸贝勒闻听此言，大吃一惊，纷纷表示反对，严肃地说道：“盟约誓词里，我等都已经写上名字，对天地盟誓了，怎么能说不知道呢？已经结盟宣誓，又纵兵大肆劫掠，恐怕不是义举。况且，此次军事行动，俘获已经很多了。在和议未成之前，军士掠取，尚有情可原。和议既成，再行掠取，过错岂不在我们吗？”

二贝勒阿敏不听，一意孤行，“复令八旗将士，分路纵掠三日，财物牲畜，悉行驱载”。可以想见，这个阿敏是一个如何我行我素、不计后果、性情暴躁、独断专行的人。他是“将在外君命有所不受”，早已忘记皇太极所颁发的军纪了。随后，大军抵达平壤，即在此地迫使朝鲜盟誓。这就产生了第二个盟约。《清世祖实录》记道：

① 《清太宗实录》，第2卷，第23页。

于是，借朝鲜王弟李觉及同来侍郎，复誓天地，刑白马乌牛，焚香，设酒肉、骨血、土，各一器。统兵诸贝勒及诸将以下，俱撮甲胄，行九拜礼。诸誓书毕，焚之。

誓书曰：大满洲国大贝勒阿敏、固山额真纳穆泰、和硕图、顾三台、拖博辉、达尔哈、车尔格、喀克笃礼、博尔晋，朝鲜国王弟李觉、吴云乾、李廷桂、金垄、李遽、沈静正、沈正玉、黄吕钟、邵完等。

自盟之后，朝鲜国王李倧应进满洲国皇帝礼物。若违背不进，或不以待明朝使臣之礼，待满洲国使臣，仍与满洲结怨，修筑城池，操练兵马；或满洲俘获编入户口之人，逃回朝鲜，容留不行遣还；或违王所言，与其远交明朝，毋宁近交满洲之语。当告诸天地，征伐之。天地谴责朝鲜国王，殃及其身。朝鲜国王若不违誓词，共相和好，满洲国大贝勒阿敏，无故加兵，殃及如之。两国永遵誓词，天地垂佑，历祚延长。①

于是，以平壤之盟既定，阿敏大军出朝鲜境，秋毫无犯。沿着大路，肃武而还。这个盟约有两个特点：其一，签约官员级别高；其二，签约具体条文多。这是一个不平等条约，这个联盟是在刺刀逼迫下的城下之盟。

这次战争历时两月余。战争的性质，是一次后金侵略朝鲜的战争，给朝鲜造成了巨大的灾难。皇太极迫使朝鲜暂时屈服，结成了虚假的"兄弟之盟"。但是，皇太极对朝鲜还是不放心。他颁布上谕，明令在朝鲜的义州和后金的镇江两处驻兵，"加意巡防"。谕曰："义州，留满洲兵一千，蒙古兵二千。于楞额礼、达朱户、图尔格、阿山、舒赛、叶克书、屯布禄、叶臣等，每旗下派满洲官二员、蒙古官一员驻防。镇江（今辽宁丹东），留满洲兵三百，蒙古兵一千，派满洲官四员，蒙古官四员驻防。俱令一大臣统领之。所留满洲兵，须令牛录额真具保。选留精壮堪用者，勿留疲弱贫乏之人，更当选良夫给之。其统领驻防之大臣，令各屯扎义州、

① 《清太宗实录》，第2卷，第27页。

镇江城楼上，加意巡防，毋致疏忽。"①

这是长期驻军。这两处驻军，旨在监视朝鲜，防备其从背后对后金展开攻击。在朝鲜义州的驻军，是国外驻军，旨在监视朝鲜的一举一动。在后金镇江的驻军，是国内驻军，目的是防范朝鲜的轻举妄动。

在朝鲜义州的驻军，皇太极于天聪元年（1627）九月之前，就主动撤出。朝鲜国王对此表示感谢，特派使臣朴兰英赍书来谢，书曰："自江上撤兵，深知贵国重约誓、敦邻好之盛意，私心叹美。"

以上是皇太极首次征讨朝鲜的情况，皇太极取得了暂时的脆弱的后方稳定。

但是，朝鲜并没有真正屈服。此后，后金不断地压迫朝鲜按照自己的意愿办事，朝鲜一直同后金虚与委蛇，这表现在四个方面：

一是追讨"逃人"。后金向朝鲜追讨逃到朝鲜的辽东汉人，这些汉人在朝鲜已经成家。李倧不忍遣返，一再推托。

二是勒索财物。皇太极不断向朝鲜勒索财物，尤其是粮食，以转嫁后金的经济困难。

三是迫要贡物。盟约规定每年春秋两季和元旦，朝鲜要向后金缴纳贡物。贡物要求逐年增加，朝鲜不堪其累，一再敷衍。皇太极大怒，迫令朝鲜如数缴纳。但是，朝鲜依然如故。这引起皇太极的极大不满。

四是压朝断明。皇太极极其关注朝鲜同明朝的关系，这是他最想解决的问题。他压迫朝鲜同明朝断绝关系，使朝鲜变成他的一个盟友。朝鲜国王李倧坚持明朝为君、后金为兄的外交原则，把明朝摆在第一位，后金摆在第二位。

朝鲜继续坚持同明朝的友好关系，为明朝大开方便之门。他允许明朝在皮岛继续驻兵，还允许明军登岸，在铁山一带耕种。同时，调拨五十只船给明军使用，每年春秋两季供给米二万六千包。与此相反，后金向朝鲜借船借粮，一概不借。

后金同朝鲜的关系愈益激化，几乎破裂。此时，皇太极欲称帝，迫使朝鲜加入拥戴皇太极称帝的行列，矛盾由此激化。天聪十年（1636）二月初，后金八和硕贝勒和外藩蒙古四十九贝勒，遵照皇太极的谕旨，致书朝

---

① 《清太宗实录》，第 2 卷，第 25 页。

鲜国王李倧，请"王可即遣亲近子弟来此，共为陈奏"，共同"推戴"，奉上"皇帝"尊号。皇太极派出了一个一百七十人的庞大外交代表团，出使朝鲜，团长为户部承政英固尔岱。名义上是将拥戴称帝的事通知朝鲜，实质是压迫朝鲜承认皇太极称帝的合法地位。

消息传来，朝鲜上层一片抵制声。大臣玉堂愤怒地说："金虏称帝是窃伪号，我国将成为他的属国，向他称臣，这是以堂堂礼仪之邦，俯首于犬羊之虏。"他甚至主张将使臣拘禁起来，不准其进入京城。太学生致书国王，请求"斩虏使，焚虏书，以明大义"。气氛顿时紧张起来。

英固尔岱的代表团一到京城，就被监视起来。他们住的馆舍也派兵把守，名为保护，实则监控。英固尔岱大怒，感到在此滞留，凶多吉少，"英固尔岱等，率诸使者于朝鲜城中，夺马乘之，突门而出。至途，朝鲜国王遣人持报书，追付英固尔岱"。朝鲜国王派人持书，快马追上了英固尔岱，将书信交给了他。英固尔岱回到沈阳，将此信呈交皇太极。

皇太极看罢信，知道朝鲜决意断绝和好。但皇太极还想等一等，就再派使臣致书李倧，要他把自己的儿子和大臣送到沈阳作为人质，以表明诚意，否则议兵。

等了三个月，到了四月。皇太极接受皇帝尊号，群臣行三跪九叩礼，唯独朝鲜使臣参议罗德宪、参判李廓不行跪拜大礼。后金大臣建议杀掉来使，皇太极不准，说道："朝鲜使臣无礼处，难以枚举，是皆其国王有意构怨，欲朕先戮其使臣，加朕以背弃盟誓之名。"皇太极没有杀其使臣，将其放回，并带去书信一封。

不久，朝鲜国王李倧致书皇太极，皇太极拒绝看信。李倧也没有交来儿子或大臣为质。于是，双方关系彻底破裂。皇太极决定讨伐朝鲜。

崇德元年（1636），十一月二十九日，清太宗皇太极颁行讨伐朝鲜军律，严厉约束部队。十二月初一日，外藩蒙古诸王贝勒各率兵来会。皇太极亲率大军征讨朝鲜，命礼亲王代善、睿亲王多尔衮、豫亲王多铎、贝勒岳托、豪格、杜度等随征，管旗大臣分左右翼，率领诸军。

十二月初四日，驻军安州。

十二月初九日，在距离镇江（今丹东）三十里处扎营。

初十日，大军渡过鸭绿江，进入朝鲜境内，扎营义州城南。

十二日，驻扎郭山城。城中军民投降。清太宗谕曰："尔等既降，勿逃匿山谷，各在家保全妻子。我军于降民，从不妄取一物也。"

十三日，定州亦降。

先是于十二月十三日，别派一军，进攻朝鲜国都王京。十四日，攻抵王京城下。王妃及二子逃入江华岛。朝鲜国王李倧偕长子来不及逃入江华岛，只得逃进南汉山城。同日，另一支后金军进抵平壤，平壤城巡抚弃城逃走。

十二月三十日，王京陷落。

崇德二年（1637）正月，皇太极致书朝鲜国王李倧，劝其投降。李倧心中无数，不敢投降。为了迫使李倧投降，皇太极派兵首先攻占了江华岛，俘获了朝鲜国王妃及其王子，优待之，随后命大军包围了南汉山城。

满洲八旗

正月二十八日，清太宗皇太极发出上谕，勒令朝鲜国王李倧投降，上谕曰：

朕览来奏，知尔欲保全宗社，束身来归。且述二十日之诏旨，欲求信实。朕诏已出，宁肯食言。既尽释前罪，将永定规则，以为子子孙孙、君臣世守之信义。尔若悔过自新，不忘恩德，委身归命，子孙世守信义，则当去明朝之年号，绝明朝之交往，献纳明朝所与之诰命册印，躬来朝谒。尔以长子并再令一子为质，诸大臣有子者以子，无子者以弟为质。尔有不讳，则朕立尔质子嗣位。

从此，一应文移，奉大清国之正朔。其万寿节及中宫千秋、皇子千秋、冬至、元旦及庆吊等事，俱行贡献之礼。并遣大臣及

79

内官奉表。其所进往来之表及朕降诏敕，或有事遣使传谕，尔与使臣相见之礼，及尔陪臣谒见，并迎送馈使之礼，毋违明朝旧例。

朕若征明朝，降诏遣使，调尔步骑、舟师，或数万，或刻期会处，数日限期，不得有误。朕今移师攻取皮岛，尔可发乌枪、弓箭手等兵船五十艘。大军将还，宜备礼献犒。军中俘获过鸭绿江后，若有逃回者，执送本主。若欲赎还，听从两主之便。盖我军以死战俘获之人，尔后毋得以不忍缚送为词。

尔与内外诸臣，缔结婚媾，以固和好。新旧城垣，毋许擅筑。尔国所有瓦尔喀，俱当刷还。日本贸易，听尔如旧，当导其使者来朝。朕亦将遣使，与彼往来也。其东边瓦尔喀，有私自逃居于彼者，不得复与贸易往来。尔若见瓦尔喀人，便当执送。尔以既死之身，朕与生存，保全尔之宗社，复还所获。尔当念朕再造之恩，后日子孙，毋违信义，则邦国永存矣。

朕见尔国狡诈反复，故降兹诏谕，每年进贡一次。其方物数目：黄金百两，白银千两；水牛角二百对，豹皮百张，鹿皮百张，茶千包，水獭皮四百张，青黍皮三百张；胡椒十斗；腰刀二十六口；顺刀二十口；苏米二百斛，大纸千卷，小纸千五百卷，五爪龙席四领，各样花席四十领，白苎布二百匹，各色绵绸二千匹，各色细麻布四百匹，各色细布万匹，布千四百匹，米万包。①

清太宗要求李倧：在朝鲜废除明朝的年号，断绝同明朝的关系，献上明朝所给敕印，以大清为宗主国；将李倧之长子、另一子和诸大臣之子或弟，送往沈阳为质子；后金征调朝鲜的军队，要听从调遣；后金军俘获之人一旦逃回，朝鲜应即执送后金；李倧和大臣应该与后金缔结婚姻；朝鲜的城堡，不得擅自修筑城墙，使朝鲜变成不设防的国家；每年进贡一次，规定了进贡物品的品种和数量。

在武力威胁下，李倧只得屈服，全部同意了这些严苛的条件。

正月三十日，朝鲜国王李倧，"于是，弃兵器，服朝服，率文武群臣，

———————
① 《清太宗实录》，第33卷，第30页。

皇太极

献上明朝所给敕印，自南汉山城来朝见"。礼臣在汉江东岸三田渡筑坛，架设黄幄，清太宗在这里举行了受降仪式。《清太宗实录》记道：

> 上于辰刻出营，旗纛森列，奏乐，渡汉江，登坛端坐，设卤簿如常仪。将士皆擐甲列队。李倧率文武群臣，离南汉山五里许，步行来朝。上命户部承政英固尔岱、马福塔等，迎于一里外，指示礼仪，引至仪仗下立。
>
> 上离座，率李倧及其诸子文武群臣拜天。上还座，李倧率群臣伏地请罪，求我国诸臣代奏于上曰：皇帝天心，赦臣万罪，生已死之身，存已亡之国，俾得重立宗社。缘臣罪过多端，故加之罚。今臣服罪，来谒皇上。自兹以后，改过自新，世世子孙，不忘厚泽。

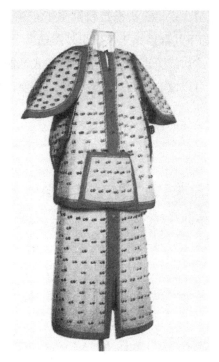

八旗骁骑棉甲

> 于是，我国诸臣，以其言转奏。
>
> 上谕曰：朝鲜国王，既知罪来降，朕岂有念旧恶苛责之理。今后一心尽忠，不忘恩德可也。前事毋再言及。
>
> 李倧及其群臣闻言大悦，曰："皇上万岁恩德，小邦不胜顶戴。"①

于是，"李倧在前，诸子及群臣以次列于后，行三跪九叩头礼"，举行大宴，正式结盟，确定了后金与朝鲜的宗主国与附属国的关系。

---

① 《清太宗实录》，第33卷，第32页。

二月初二日，做收尾工作。皇太极命大臣英固尔岱、马福塔护送李倧妃及其第三子，并家口七十六人，群臣妻子家口百六十六人，回到王京城。

清太宗皇太极携带朝鲜国王李倧的长子、次子作为人质，班师回京。"李倧率其群臣出王京十里外跪送"。

这次战争进行了两个月，彻底征服了朝鲜。清太宗从而消除了后顾之忧，可以放心地西向去对付他的主要目标——大国明朝。

第五章 书信博外交 宁锦再失手

一、与明朝五封书信

即位后的皇太极，对南方的明朝展开了外交斗争。在外交斗争中，又多次采用书信的方式。皇太极致书明朝，书信多达五封。现在逐一加以介绍。

第一封书信。这封书信是由明朝派出吊唁外交使团引起的。明朝宁远巡抚袁崇焕，乘太祖努尔哈赤病逝之机，为了探听后金国内部虚实，特派了一个外交使团赴后金国吊丧。刚刚即位的皇太极，明知他们是来侦探后金国军政实情的，但仍接纳了这个外交使团。这就有了之后双方的外交博弈。《清太宗实录》记道："（天命十一年十月丙辰）明宁远巡抚袁崇焕遣李喇嘛及都司傅有爵、田成等三十四人来吊太祖丧，并贺上即位。因潜窥我国情形。"①

外间传言努尔哈赤病逝，袁崇焕不知真伪，故想出一招，特派外交使团前

明朝名将袁崇焕像

---

① 《清太宗实录》，第 1 卷，第 15 页。

来吊唁。天命十一年（1626）十月十七日，李喇嘛等的外交使团到达后金国。李喇嘛名李锁南，又名镏南木坐，是一位真正的喇嘛和尚。这个外交使团规模不小，拥有三十四人。交战的敌国，派出吊唁使团，皇太极很感意外。皇太极深知，他们的目的是"潜窥我国情形"。但是，既然他们打着"来吊太祖丧，并贺上即位"的友好旗号，那就应该以礼相待。

在这个时期，富有远见的皇太极邀请他们参与了两次重要的外事活动，不露声色地借机向他们展示了后金国的军威。这其实是一种外交斗争艺术。

第一次外事活动。十月二十七日，出征喀尔喀巴林部的副将楞额礼、参将阿山还自巴林，俘获甚多。皇太极率领诸贝勒大臣，并明使李喇嘛及官四员，出沈阳城十五里迎接。皇太极赏赐了出征将士。此外，又赏赐给了"李喇嘛驼一，马五，羊二十八"。① 皇太极邀请李喇嘛及四名明朝官员，参与欢迎凯旋将士的活动，其目的是向明朝使臣显示后金国的军威。

第二次外事活动。这一次是欢迎远征喀尔喀扎鲁特部的凯旋重兵，比前一次的活动还要盛大。天命十一年（1626）十一月初二日，皇太极从沈阳出发，在铁岭驻扎，等待大贝勒代善率领的重兵凯旋。明使李喇嘛等奉命随行。十一月初四日，皇太极在临时行在黄幄内，接见了凯旋诸贝勒大臣。君臣相见，行抱见礼。"嗣明使李喇嘛等见上，又见三大贝勒。于是，以凯旋行饮至礼。"② 此次，明使李喇嘛等亲眼目睹了凯旋大军的军容，并又第一次见到了威名远扬的三大贝勒：代善、阿敏、莽古尔泰。同时，参与了凯旋仪式，行饮至礼。

这两次外事活动给李喇嘛等留下了深刻的印象。

在李喇嘛等居留一段时间后，皇太极命他们返回明朝。《清太宗实录》记道："乙酉（十一月十六日），遣明使李喇嘛还。令方吉纳、温塔石并七人偕往，因遗书曰：'大满洲国皇帝致书于大明朝袁巡抚。尔停息干戈，遣李喇嘛等来吊丧，并贺新君即位。尔循聘问之常，我亦岂有他意？既以礼来，当以礼往，故遣官致谢。至两国和好之事，前皇考（努尔哈赤）往宁远时，曾致玺书与尔，令汝转达。至今尚未回答。汝主如答前书，欲两

---

① 《清太宗实录》，第 1 卷，第 16 页。

② 《清太宗实录》，第 1 卷，第 17 页。

国和好，我当览书词以复之。两国通好，诚信为先。尔须实吐衷情，勿事支饰也。'"①

这就是皇太极致明朝的第一书。这里是说，李喇嘛等返回明朝，我皇太极亦令方吉纳、温塔石等七人前去，送达我的书信，以表示友好。"既以礼来，当以礼往。故遣官致谢。"至于谈起书信，父汗努尔哈赤曾致书于你，"令汝转达"。不过，"至今尚未回答"。"汝主如答前书"，"我当览书词以复之"。皇太极在这里只是表示一个态度而已，"欲两国和好，我当览书词以复之"，但并没有期望得到正面回书。

李喇嘛等回国后，将在后金国所见所闻报告巡抚袁崇焕，并递上皇太极书信一封。袁崇焕将此信的处理情况，奏报明天启帝明熹宗。《明熹宗实录》记道："庚申（十二月二十二日），崇焕又奏：奴遣方金纳（方吉纳）、温台什（温塔石）二夷奉书至，臣恭顺和顺，三步一叩，如辽东受赏时。书封称大人，而犹书大金字面，一踵老酋故智，臣即封还之。潜侦其意，则深悔奴之悖逆。来文差误者，窃念兵连十载，中空外竭，鬼怨神愁。乘此逆夷厌兵之时，而制其死命，俾不得再逞，以休息天下，亦帝王所不废也。"②

袁崇焕致明帝的这个奏折，显然隐瞒了皇太极致书的具体内容。他所叙述的书信内容同皇太极的书信，根本不沾边。什么"臣恭顺和顺，三步一叩"啦，什么"深悔奴之悖逆"啦，什么"中空外竭，鬼怨神愁"啦，等等。都是袁崇焕的编造，是为了搪塞明熹宗朱由校的。

于是，在十二月二十八日，使臣方吉纳、温塔石等自宁远带回皇太极的原书，并口述袁崇焕的话说："大明朝、大满洲国字样并写，不便奏闻，故不遣使，亦无回书。"③ 这句话倒是真实的。这就是说，皇太极给明帝的书信并没有送达，而是被袁崇焕原书退回了。原因是袁崇焕并不承认后金国的真正存在，不承认大满洲国为同他们平等的国家。

对此，皇太极极为愤怒。他感觉受到了莫大的侮辱，精神遭受重创，实在不能咽下这口气。他必须有所行动，用实力教训妄自尊大的明帝，迫

---

① 《清太宗实录》，第1卷，第18页。

② 《明熹宗实录》，第79卷，天启六年十二月庚申。

③ 《清太宗实录》，第1卷，第20页。

使明朝皇帝同他对话，承认后金国的存在，承认天聪汗的存在，承认皇太极的存在。

第二封书信。这就产生了皇太极致明朝的第二书。愤怒之余，皇太极再次向袁崇焕致书，发泄胸中积愤。《清太宗实录》记道："（天聪元年正月）丙子（初八日），遣方吉纳、温塔石遗书明宁远巡抚袁崇焕。"书曰：

满洲国皇帝致书袁崇焕。吾两国所以构兵者，因昔日尔辽东广宁守臣高视尔主，如在天上。自视其身，如在云霄。俾天生诸国之君，莫得自主，欺藐陵轹（lì，音立；欺压），难以容忍。是用昭告于天，兴师致讨。惟天不论国之大小，止论理之是非。我国循理而行，故仰蒙鉴佑。尔国违理之处，非止一端，可为尔言也。

如癸未年，尔国无故兴兵，害我二祖，一也。

癸巳年，叶赫、哈达、乌喇、辉发与蒙古无故会兵侵我，尔国并未我援。幸蒙上天以我为是，师行克捷。后哈达复来侵我，尔国又不以一旅相助。己亥年，我出师报哈达，天遂以哈达畀我。尔国乃庇护哈达，逼我释还其人民。及还哈达人民，复为叶赫掠去，尔国则置若罔闻。尔既称为中国，宜秉公持平，乃于我国则不援，于哈达则援之，于叶赫则听之。此乃尔之偏私也，二也。

尔国虽启衅，我犹欲修好，故于戊申年，勒碑边界，刑白马乌牛，誓告天地云：满汉两国之人，毋越疆圉，违者殛之。乃癸丑年，尔国以防卫叶赫，发兵出边，三也。

又曾誓云：凡有越边者，见而不杀，殃必及之。后尔国之人，潜出边境，扰我疆域。我遵前誓，诛之。尔乃谓我擅杀，缧系我广宁使臣纲古里、方吉纳，且要我杀十人于边境，以逞报复，四也。

尔以兵防卫叶赫，俾我国已聘叶赫之女，改适蒙古，五也。

尔又发兵，焚我累世守边庐舍，扰我耕耨，不令收获。且展立石碑，置沿边三十里外，夺我疆土。其间人参、貂皮、五谷、材用产焉。我民所赖以为生者，攘而有之，六也。

甲寅年，尔国听信叶赫之言，遣使遗书，种种恶言肆行侮慢，七也。

我之大恨，有此七端。至于小愤，何可悉数？陵逼已甚，用是兴师。

今尔若以我为是，欲修两国之好，当以黄金十万、白金（白银）百万、缎匹百万、布匹千万相馈，以为和好之礼。既和之后，两国往来通使。每岁我国以东珠十、貂皮千、人参千斤遗尔；尔国以黄金一万、白金十万、缎匹三十万报我。两国诚如约馈遗，以修盟好。则当誓诸天地，永久勿渝。尔即以此言转达尔主。不然，是尔仍愿兵戈之事也。①

这封书信，文字很长，其实内容很少。只说了两件事：

第一，重申"七大恨"。"七大恨"是父汗努尔哈赤的发明。早在天命三年，明万历四十六年（1618）四月十三日，努尔哈赤率领十万八旗兵征讨明朝。此时，努尔哈赤发布了著名的"七大恨"告天书，与明宣战。现在是天聪元年（1627），事过九年，皇太极重申其父汗的"七大恨"，给人以老调重弹之感。

究其七大恨之内容，实际只包括三项，即误杀二祖、包庇叶赫及边境纠纷。这些事情随着时间的流逝，都已经过去了。

关于误杀二祖。此事早已无法挽回。明朝首先赔礼道歉，其次进行物质补偿，最后授以努尔哈赤官职。明朝以敕书三十道、马三十匹赐予努尔哈赤，并让努尔哈赤袭领其祖、父明朝建州左卫都指挥使世职。现在还旧事重提，给人以纠缠不休的感觉。

关于包庇叶赫。努尔哈赤四征叶赫，已经于天命四年（1619），彻底灭掉了叶赫。叶赫问题已经得到解决。回顾一下，努尔哈赤统一女真诸部分为三个阶段。

第一阶段，统一建州女真。从万历十一年（1583），举兵攻克尼堪外兰的图伦城开始，标志着努尔哈赤踏上了统一建州女真的征程。到万历十六年（1588），努尔哈赤先后攻克了苏克苏浒河部、董鄂部、哲陈部、浑

---

① 《清太宗实录》，第 2 卷，第 2 页。

河部及王甲部，统一了建州女真本部，耗时五年。到万历二十一年（1593），又先后夺取了长白山纳殷部、朱舍里部及鸭绿江部三部。明朝建州左卫都指挥使努尔哈赤，用时十年，将环绕满洲而居的建州女真各部，全部削平，建州女真达到了真正的统一。

第二阶段，统一海西女真。海西女真又称扈伦四部，包括叶赫、哈达、辉发和乌拉。万历二十一年（1593），努尔哈赤打败了九部联军，取得了古勒山大捷。万历二十七年（1599），努尔哈赤吹响了征服海西女真四部的号角，首先灭掉了哈达。万历三十五年（1607），努尔哈赤征服了辉发。万历四十一年（1613），努尔哈赤攻占了乌拉城，乌拉灭亡。天命四年（1619），灭掉叶赫。至此，努尔哈赤从1599年到1619年，用了二十年的时间，先后征服了海西女真四部，统一了海西女真。

第三阶段，统一野人女真。野人女真分为两大部分，一为东海女真，一为黑水女真。努尔哈赤首先要解决的是东海女真。从万历二十六年（1598）起，到天命十年（1625）止，用长达二十八年的时间，发动了十二个战役，努尔哈赤终于统一了东海女真。以后又部分地解决了黑水女真的问题。

总之，到1627年的天聪元年，叶赫问题早已不成问题了。现在重提叶赫问题，实在是毫无道理。

关于边境纠纷。这里提到的边境纠纷，都是早期努尔哈赤还没有成气候时期的事件。现在已今非昔比，是明朝不敢得罪后金。

从以上分析，不难看出，皇太极的旧话重提，已经毫无意义。

第二，漫天大要价。"今尔若以我为是，欲修两国之好"，即你们想

满族萨满腰鼓

要同我和好，就要出钱出物，而且是巨款重物。皇太极狮子大开口："当以黄金十万、白金百万、缎匹百万、布匹千万相馈，以为和好之礼。"这还不算，还必须每年"尔国以黄金一万、白金十万、缎匹三十万报我"。我国每年给你们的东西就是土特产："每岁我国以东珠十、貂皮千、人参千斛遗尔。"皇太极如此漫天大要价，并不急于得到明朝的同意。这是皇太极对明朝的一场外交斗争。皇太极还没有准备好，需要时间。他在拖延时间。

这第二书，皇太极的使臣方吉纳、温塔石，正式送达明朝宁远巡抚袁崇焕了。方吉纳、温塔石在宁远城一直等待袁崇焕的回音。直到将近两个月后的三月初五日，才好不容易拿到袁巡抚的回书。袁巡抚命使臣杜明忠偕方吉纳、温塔石一同返回后金，送达他的回书。

袁崇焕巡抚的答书，《清太宗实录》记道：

（天聪元年三月）壬申（初五日），方吉纳、温塔石偕明宁远使臣杜明忠等赍袁崇焕、李喇嘛书各一函至。

袁崇焕书曰：辽东提督部院，致书于汗帐下。再辱书教，知汗渐息兵戈，以休养部落，即此一念好生，天自鉴之。将来所以佑汗而强大之者，尚无量也。往事七宗，汗家抱为长恨者，不佞（我）宁忍听之漠漠。但追思往事，穷究根因，我之边境细人，与汗家之部落，口舌争竞，致起祸端。汉过不先，满过必后。满过肯后，汉过岂先。作孽之人，即逭（huàn，音唤；逃避）人刑，难逃天怒。不佞不必枚举，而汗亦所必知也。今欲一一开晰，恐难问之九原。不佞非但欲我皇上忘之，且欲汗并忘之也。然汗家十年战斗，皆为此七宗，不佞可无一言。今南关、北关安在？河东、河西死者，宁止十人？毗离者宁止一老女？辽沈界内之人民已不能保，宁问田禾。是汗之怨亦雪，而意得志满之日也。惟我天朝，难消受耳。今若修好，城池地方，作何退出；官生男妇，作何送还，是在汗之仁明慈惠，敬天爱人耳。然天道无私，人情忌满，是非曲直，原自昭然，各有良心，偏私不得，不佞又愿汗再思之也。一念杀机，起世上无穷劫运；一念生机，保身后多少吉祥。不佞又愿汗图之也。

89

若书中所开诸物，以中国之大，皇上之恩养四夷，宁少此物，亦宁靳此物。然往牒不载，多取违天，恐亦汗所当自裁也。方以一介往来，又称兵于朝鲜，何故？我文武兵将，遂疑汗之言不由中（衷）也。兵未回，即撤回；已回，勿再往。以明汗之盛德，息止刀兵。将前后事情，讲析明白。往来书札，无取动气之言，恐不便奏闻。若信使往来，皇上已知之矣。我皇上明见万里，仁育八荒，汗只顾坚意以事我皇上，宣扬圣德，料理边情，凛简书以绥夷夏。则有边疆之臣在，汗勿忧美意不上闻也。交好交恶，夷夏之常，原不断使命，汗更有以教我乎！①

等了将近两个月，等到的就是这样一封内容空洞的答书。内容并不复杂。

其一，劝说皇太极忘记七恨，展望未来。"不佞非但欲我皇上忘之，且欲汗并忘之也。"我希望我皇忘记七恨，也希望天聪汗你也一并忘记它。"不佞"是我的意思。

其二，提出皇太极归还"城池人民"。"今若修好，城池地方，作何退出；官生男妇，作何送还，是在汗之仁明慈惠，敬天爱人耳。"就是说，皇太极如果"仁明慈惠，敬天爱人"，就应该归还"城池人民"。这个要求，显然脱离实际，很难兑现。

其三，声明皇太极要价太高，脱离实际。"往牒不载，多取违天。"你要这么多东西，过去没有记载，也违背天意。至于多少合适，请你自己决定，"恐亦汗所当自裁也"。

这封回书，除归还"城池人民"的不可能兑现的要求外，全为搪塞之词，空洞无物，言不及义。有它不多，无它不少。

同一天，方吉纳、温塔石也带来了李喇嘛的答书。《清太宗实录》记道：

李喇嘛书曰：我自幼演习秘密，朝礼名山，上报四恩。风调

① 《清太宗实录》，第 2 卷，第 8 页。

雨顺，天下太平，乃我僧家之本愿也。上年，袁巡抚闻老汗去世，念其存日美意，宽释杜明忠，不肯坏他，又来宁远，以礼致书，故特遣我至沈阳上纸。承汗及各王子供养美馔，并赠礼物，铭刻五内。及回，又遣人远送。且差方吉纳、温塔石等，同我来谢。

　　我至宁远，将汗及各王子美意，俱已备述，袁巡抚甚喜。因文书内字样不妥，未经开拆。至第三次换来格式，差已妥协，随经拆视，内有七恨及往来修好之礼。是汗所应言者，只有仍愿兵戈之句，碍难转奏，恐朝廷见之不喜，虚汗美意。谅汗及各王子俱有福智，心地明白人。我佛教法门，慈悲为体，方便为用，众生苦乐，一切往因，皆由自作。法界有亲登彼岸者，根于觉悟。如来有戒定慧三等，乃臻上乘。圣人离四相，绝百非，因得见王子身，见宰官身，须要救济众生，消除嗔恨，以成正果。我佛家弟子，身虽贫，道不贫，难行处能行，难忍处能忍，解度为体，劝化为用。我佛祖留下这三个法门，只有欢喜，更无烦恼，只有慈悲生人，更无嗔恨损物。

　　若汗说七宗恼恨，固是往因。然天谴不爽，再一说明，便可放下。袁巡抚是活佛出世，有理没理他心下自分明。所说河东地方人民诸事，汗当斟酌。良时易遇，善人难遇。有我与王喇嘛二僧在此，随缘解说，事到不差。烦汗与各王子，放得下，放下了。难舍者，舍将来。佛说，苦海无边，回头是岸。干戈早息，即是极乐。我种种譬喻，无非为解怨修善，演我如来大乘慈悲至教也。敬修寸楮（chǔ，音楚；纸张）。①

　　这封答书，更是空洞无物。李喇嘛身为佛教高僧，运用佛学理论，借机劝说皇太极"须要救济众生，消除嗔恨，以成正果"。又说"烦汗与各王子，放得下，放下了。难舍者，舍将来。佛说，苦海无边，回头是岸。干戈早息，即是极乐"。让皇太极将七恨"放得下"，只要"放下"，就一切怨恨都"了"啦，所谓"放下了"之谓也。他试图对皇太极进行思想政

---

①　《清太宗实录》，第2卷，第10页。

治工作。这位李喇嘛纯粹是袁巡抚的政治工具。

第三封书信。天聪元年（1627）三月初五日，后金使臣方吉纳、温塔石偕明宁远使臣杜明忠等，携带袁崇焕、李喇嘛书信各一函，回到后金都城沈阳。天聪汗皇太极接受并阅看了巡抚袁崇焕和使臣李喇嘛的上述回信。经过认真研究，一个多月之后，皇太极也给巡抚袁崇焕与李喇嘛分别各自回信。并于四月初八日，派遣明朝来使杜明忠携带书信，

盛京东塔

返回锦州。这就是皇太极致明朝的第三和第四封书信。

第三封答复袁崇焕巡抚之信的内容，《清太宗实录》记道：

> 答袁崇焕书曰：皇帝致书袁崇焕。观尔来书，以事属既往，欲我消释七恨。尔先世君臣，欺陵我国，召怨积衅，致起干戈。我念战争不息，生民何辜。故遣使同李喇嘛致书于尔，使两国是非晓然，以修和好。我若犹怀七恨，欲相攻伐，则前后遣使，亦何为哉？
>
> 来书乃云：今若修好，城池地方，作何退出；官生男妇，作何送还。夫理直在我，蒙天眷佑，赐与城池官民，今日退还，是不愿讲和，有意激我之怒也。
>
> 又云，若还所取城池官民，是在汗之仁明慈惠，敬天爱人耳。我国仁明慈惠，敬天爱民，久为远近稔悉。尔国土地人民，归我之后，悉已奠定安集，若举以还尔，是违天而弃人矣。
>
> 又云，所开诸物，往牒不载。我考之旧典，视此数多者有之，少者亦有之。彰彰往牒，何云不载乎？
>
> 又云，方以一介往来，又称兵于朝鲜，何故？我文武兵将，

遂疑汗之言不由中也。夫我岂无故而征朝鲜乎？我与朝鲜，素无嫌隙。庚子年，我兵东征，收我边境属国。师旋时，朝鲜以兵阻我，我军击败之。歼其将卒，然亦未尝因此宿怨朝鲜也。其后，乌喇贝勒布占泰取其城邑，朝鲜以布占泰属我姻戚，遣使来告求为劝阻。我遂谕止，布占泰因而罢兵。乃朝鲜忘我大德，于己未岁，无故称兵来犯，旋即败去。所俘将卒，我不忍诛，留之豢养，寻亦释回，冀仍修好。而朝鲜无一善言相报，反自尊大，肆言轻我。又纳我逃亡而赡济之。自始自终，与我为难。我犹迟之数年，彼卒不悔罪求和，我乃兴师致讨。惟天意是我，而非朝鲜，故我军所至克捷。今天诱其衷，已令两国和好矣。然自李喇嘛通使以来，我亦未尝有不征朝鲜之说也。有何言不由中（衷），而尔疑之。尔诡言修好，仍遣哨卒侦视我地，收纳逃亡，逼处近界，修葺城堡，是尔之言不由中（衷）也。我国将帅，实以此疑尔矣。

又云，息止刀兵。将前后事情，讲析明白。此言是也。

乃又云，往来书札，无取动气之言，恐不便奏闻。夫是与非，必明为剖析，而后和好可成。故前书历叙原委，详悉事机，使尔国君臣信我坦白。若匿其意而不言，徒以无取动气之语相抑，恐难于议和也。似此欺慢之词，与前辽东广宁碌碌诸臣何异哉？

又云，汗只顾坚意以事我皇上，宣扬圣德，料理边情。尔君之德，尔自宣扬。我国之人，何由知悉。至于疆界既分，各君其国。尔之边疆，则尔理之；我之边疆，则我理之。我奈何为尔代理也。不讲两国修好之言，而出此轻人之语，何为耶？尔洞察前后，熟谙机宜，乃不思何以至太平，何以利国家，为息兵修好之语。而徒肆大言，岂大言遂可制胜乎？尔虽轻我，我岂因尔言而轻，轻之重之，惟天所命。因尔书中有慢词，故亦以此相答。至两国和好，尔或怀疑，我无疑也。若果和好，未有不誓诸天地者。人或可欺，天可欺乎？

又云，先开诸物，所当酌裁。夫讲信修睦，藉金帛等物，以成礼耳。我岂贪多而利此者。设尔国力有不支，则初和之礼，可酌减其半。我国亦以东珠、人参、貂狐皮等物，酌报之。既和以后，两国往来之礼，则仍如前议。若如此定约，以修和好，永息兵争，两国之福也。至尔等于我，实渐加轻慢。

尔前来书，尊尔皇帝如天。李喇嘛书中，以我邻国之君，列于尔国君臣之下。如此君臣倒置，皆尔等私心所为，非义理之当然也。夫人君者，代天理物，上天之子也。人君者，生杀予夺，听命于君者也。今以小加大，以贱妨贵，于分安乎？我揆以义，酌以礼。书中将尔明朝皇帝，下天一字书。我下尔明朝皇帝一字书。尔明朝诸臣，下我一字书。已为允协。以后尔凡有书来，当照此书写。若尔国诸臣与我并书，我必不受也。①

此信包含四个要点：

其一，驳斥"犹怀七恨"之说。你的来信，"欲我消释七恨"。既然想同你议和，"我若犹怀七恨，欲相攻伐，则前后遣使，亦何为哉"？显然皇太极在强词夺理，既然没有内怀七恨，又何必在信中大谈特谈七恨呢？

其二，驳斥袁崇焕信中的八条内容。袁崇焕答书中，说到了八个方面的内容。皇太极逐项加以驳斥，主要驳斥了退还"城池人民"的说法。"来书乃云：今若修好，城池地方，作何退出；官生男妇，作何送还。"这是明目张胆地威胁我，必须退还获取的"城池人民"。也就是说，我后金国占领的辽东大片土地人民，都必须退还给明朝。这完全是痴心妄想，我正告你："夫理直在我，蒙天眷佑，赐与城池官民，今曰退还，是不愿讲和，有意激我之怒也。"城池人民是上天赏赐给我的，你袁崇焕提出这个无理要求，是想惹我恼怒呀？

此外，还驳斥了袁崇焕的其他七条说法。但是，这些内容都空洞无物，没有分析的必要。

其三，提出"初和之礼，可酌减其半"。想要议和，必须给我们送礼。"设尔国力有不支，则初和之礼，可酌减其半。"考虑到明朝现在"国力有不支"，给点面子，照顾一下，"初和之礼，可酌减其半"。但是，仅限于"初和之礼"。"既和以后，两国往来之礼，则仍如前议。"议和达成之后，

① 《清太宗实录》，第3卷，第1页。

两国正常往来之礼，还是不能减少，"则仍如前议"，还是要送给我们重礼的。

其四，提出书信内双方君主的写法。"书中将尔明朝皇帝，下天一字书。我下尔明朝皇帝一字书。尔明朝诸臣，下我一字书。已为允协。"皇太极郑重声明："以后尔凡有书来，当照此书写。若尔国诸臣与我并书，我必不受也。"

这第三封书信，仍然没有触及议和的实质内容。

第四封书信。四月初八日，皇太极在给袁崇焕复信的同时，也给明朝使臣李喇嘛一封复信。

《清太宗实录》记载了这封答李喇嘛书，文曰：

> 观来书，以佛门弟子为介绍之人，所言皆欲成两国之好。尔喇嘛博通理道，明哲人也。我两国是非，洞然明白。曲在我，则规我；曲在彼，则规彼。宜无偏袒之心。故我以衷言相告。自古以来，或兴或废，何代无之，焉可枚举。如大辽天祚，无故欲害金太祖而兵起。大金章宗，无故欲害元太祖而兵起。万历无故侵陵我国，偏护叶赫，而我两国之兵起。我师既克广宁，诸贝勒将帅，咸请进山海关。我皇考太祖，以昔日辽金元不居其国，入处汉地，易世以后，皆成汉俗，固欲听汉人居山海关以西，我仍居辽河以东，满汉各自为国，故未入关，引军而返。彼时意汉人或来议和也。迟之四载，明人乘间，修葺宁远，伺隙构兵，我因出师以攻宁远。时适严寒，兵士劳苦，用即班师。及皇考太祖升遐，尔喇嘛来吊，此天欲我两国和好之时矣。故具书议和，遣官偕往。又以书词不合，封还至再。今尔喇嘛书内又云，有仍愿兵戈一语，难以转奏。夫我以衷言致书于明，明朝皇帝亦以书报我，彼此通达明析，和好可成。若不使直吐衷情，止令顺从彼意，欲议和好，得乎？袁巡抚来书，欲将天赐我之城池官民退还，尔喇嘛亦轻听其语，劝我舍而还之。
>
> 又将袁巡抚书于上，邻国之君书于下，强相陵制，是不欲成两国之好也。袁巡抚书内云，所开诸物，往牒不载，多取违天。我稽之史籍，辽金于宋，取予俱有可考。既蒙古之取于明者，亦

有定规。此皆天之所赐，何谓违天乎？尔来书云，良辰易遇，善人难遇。我因尔喇嘛以修好来，其意甚善，我是以遣使相报。若不以尔为善人，何使命往来，不惮烦乎！又云，苦海无边，回头是岸。此言是也。然向我言之，亦当向明朝皇帝言之。若肯回头，同臻极乐，岂不甚善。尔喇嘛既深通佛教，明达道理，何独向我喋喋耶？从前辽东广宁诸臣，妄肆欺陵，启衅召兵，自贻伊戚，今犹未鉴前车，而不自醒悟乎。

至通问礼物，袁巡抚欲我酌裁，今已裁减。若复不与，更出大言。我两国和事不成，仍使兵连祸结，则二喇嘛讲和盛心，徒托空言矣。语云，人相敬，则争心自息。若徒事欺陵，不惟新好难成，即旧好必败，此无俟予言，尔二喇嘛岂不知之？尔更有何指陈，我当伫听。①

皇太极在这封信中，驳斥了李喇嘛来信的种种说法。

第一，驳斥关于"城池官民退还"之说。"袁巡抚来书，欲将天赐我之城池官民退还，尔喇嘛亦轻听其语，劝我舍而还之。"你李喇嘛居然听信袁巡抚的话，"劝我舍而还之"，这是办不到的。

第二，驳斥"所开诸物，往牒不载"之说。"我稽之史籍，辽金于宋，取予俱有可考。既蒙古之取于明者，亦有定规。"我考察了历史典籍，向你们明朝索要礼物，是有历史依据的。辽国向宋朝、金国向宋朝、蒙古向明朝，这些国家之间的礼物馈送，都是确凿的历史依据。

第三，驳斥来信书写格式藐视后金。"又将袁巡抚书于上，邻国之君书于下，强相陵制，是不欲成两国之好也。"袁巡抚只是一个臣子，信中书写名字居然在"邻国之君"之上，这是"强相陵制"，是对我国的藐视。

皇太极以后金国君主之尊，居然给明朝一个低级别的外交使臣复信，这多少令人感到意外。皇太极此举是否意在显示，自己同明朝的议和是出自真心呢？但是，这其实是皇太极的一个外交作秀。

历史记载，此两封书信写毕，刚想遣使送出，恰好有两个人从明朝逃来。他们报告说，明朝正在抓紧修筑塔山、大凌河、锦州等城，以防后金

---

① 《清太宗实录》，第3卷，第5页。

国的攻击。不仅如此，又有察哈尔部使臣来到沈阳，也报告说明朝在修筑这几座城池。皇太极听罢，很是气愤，决定不再派遣使臣赴明朝了。只是将缮就的书信，交给明朝使臣杜明忠，让他带回明朝去。这就有了皇太极致明朝的第五封书信。

第五封书信。《清太宗实录》记道：

> 与袁崇焕云：皇帝致书袁崇焕。项报尔之书，已经缮毕，方欲遣使，会尔国两次有人逃来，言尔修筑塔山、大凌河、锦州等城。又察哈尔使臣至，所云亦然。因是停止遣使。即将报书，付尔使者杜明忠赍回。兹因尔筑城之故，再为尔言之。若果两国议和，先须分定疆域，以何地为尔国界，何地为我国界，各自料理。今尔遣使议和，又修葺城垣，潜图侵逼，得毋以前宁远城冻，攻之未堕，自以为得志，诈称和好，乘间茸城，为战守计乎？不愿太平，而愿争战，恐非善事。尔纵能保守一二城，他处之城，人、田亩、禾黍，能尽保耶？倘争战不息，蒙天眷佑，我师长驱而入，以燕京予我，尔主南奔，身败名裂，为何如也？自古以来，尔等文臣，往往如妇女之在闺中，徒大言，以致丧师殃民，社稷倾覆。从前尔国，任用非人，故将河东河西之地尽失，兵将俱亡。今尚以未足，而欲动兵戈耶？①

皇太极此信意在告诫袁崇焕，要诚实守信，真心议和。不能表面议和，而"修葺城垣，潜图侵逼"。你们的想法，我是清楚的，"自以为得志，诈称和好，乘间茸城，为战守计"。这一小小的伎俩，岂能瞒得过我。你们这些文臣，"往往如妇女之在闺中"，只能说些大话，不会有什么作为。难道你还想做什么，"而欲动兵戈耶"？还想动刀动枪吗？

自此，皇太极致明朝五封书信，告一段落。皇太极与袁崇焕之间的书信往还，实质是一场外交博弈。他们都有各自的目的，那就是为下一次的军事冲突争取时间，预做准备。

天命十一年（1626）八月十一日，努尔哈赤病逝。宁远巡抚袁崇焕听

---

① 《清太宗实录》，第3卷，第8页。

盛京大南门德胜门

到消息，欲遣使赴后金以探虚实。《明熹宗实录》记载了袁崇焕的奏报："再行，而回乡络绎，皆云奴酋耻宁远之败，遂蓄愠患疽，死于八月初十日。夫奴屡诈死懈我，今或仍诈，亦不可知。若臣正惧奴之死，盖老奴残暴失人心，多疑不轻发。其诸子则凶性横溢，不啻豺狼。拒一虎易于拒八狼也。无已乘其位置未定，并大耦尊之时，图为之间，投之骨必噬。臣正与经督及内臣谋其能往者。万一此道有济，贤于十万甲兵，且乘势以觇彼中虚实。"①

袁崇焕听到努尔哈赤死亡的消息，不知是否有诈，急想派人打进后金内部探听虚实。他将这个设想奏报给明熹宗，明熹宗认为可行。袁崇焕认为这个举措可能产生重大作用："万一此道有济，贤于十万甲兵。"于是，就派出了一个以李喇嘛为首的外交吊唁团。这个吊唁团于十一月十六日回到明朝，同时偕往的有后金使臣方吉纳、温塔石等七人。李喇嘛获得了"奴死的耗及奴子情形"，得到了努尔哈赤死亡的确切消息及努尔哈赤诸皇子的详细情报。这是他们派出吊唁团的真正目的。这个目的他们达到了。

关于通信的目的，袁崇焕在向明熹宗的奏报中，表露得极其直白。《明熹宗实录》记道："（天启七年五月）辛卯（二十六日），巡抚辽东袁崇焕奏：奴子妄心骄气，何所不逞。我欲合西房（蒙古）而厚其与，彼即攻西房而伐我之交；我借鲜（朝鲜）为牵，彼即攻鲜而空我之据；我借款（议和）愚之，乘间亟修凌（大凌河）、锦（锦州城）、中（中屯所）、左（中左所）以扼其咽，彼则分犯鲜之兵，而扰我之筑。着着皆狼，而着着

① 《明熹宗实录》，第 76 卷，天启六年九月戊戌。

皇太极

不后。"①

袁崇焕说，皇太极狂妄自大，气焰嚣张，无所不逞。我国想要和西虏蒙古联合加厚友谊，而后金就进攻西虏蒙古，切断我国同西虏的交往；我国想要借助朝鲜牵制后金，而后金就派兵进攻朝鲜，控制了我们的属地；我国想要借助议和蒙蔽他们，乘机加紧修筑大凌河（锦县）、锦州城、中屯所、中左所，用以扼住后金进攻我国的咽喉。而他们则分出侵犯朝鲜的部队，来骚扰我方的建筑。他们后金着着皆狠，而且着着都不落后。

这里的"我借款愚之，乘间亟修凌、锦、中、左以扼其咽"，就暴露了袁崇焕运用通信的方法，借以拖延时间，修筑城墙，准备再战的真实意图。

聪明绝顶的皇太极早已识破袁崇焕的阴谋，只不过同他虚与委蛇而已。当皇太极发现袁崇焕在加紧修筑宁锦城池时，就对袁崇焕发动了突然的闪电袭击。

二、攻宁锦无功而返

天命十一年（1626）正月二十七日，袁崇焕打败了努尔哈赤的进攻，取得了固守宁远城的胜利。这场战役的失利，给努尔哈赤以极大的刺激。努尔哈赤对诸贝勒说道："朕自二十五岁征伐以来，战无不胜，攻无不克。独宁远一城不能下耶？"心情沮丧，情绪恶劣。精神的刺激终于导致身体伤病的复发。八月十一日，努尔哈赤背疽突发死去，终年六十八岁。

明朝宁前兵备佥事袁崇焕，监山海关外军，不以打败努尔哈赤而沾沾自喜，深知守城任务艰巨，不敢稍有懈怠。宁远之战后，袁崇焕在辽西构筑了一道坚固的防线。它以山海关为最后一道屏障，关外层层布防。围绕宁远、锦州，修复了锦州城、大凌河（锦县）、中左所诸城，派遣军队驻守。同时，袁崇焕大兴屯田，以田养战，以田招民。在军事上，袁崇焕贯彻"以辽人守辽土，以辽土养辽人，守为正着，战为奇着"的主张，积极部署。

天聪元年，明天启七年（1627）五月六日，三十六岁的皇太极发兵攻

---

① 《明熹宗实录》，第 84 卷，天启七年五月辛卯。

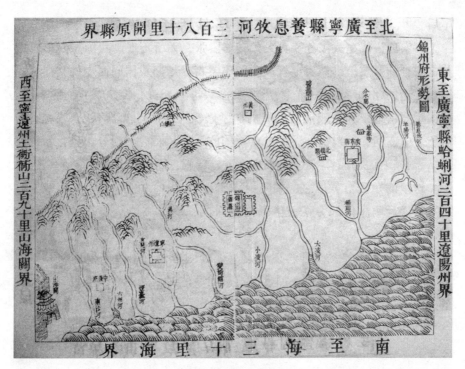

锦州府形势图

打锦州。当时，皇太极听说明人抓紧修筑锦州、大凌河、中左所等城，担心一旦修好，易守难攻。因此，急发大兵征明。清太宗皇太极与大贝勒代善、二贝勒阿敏、三贝勒莽古尔泰亲率大军出征。

袁崇焕修筑锦州等三城是真实的。宁远巡抚袁崇焕对于关外一线之防务极为关注，拥有自己独特的战略思维。他将自己的策划向明熹宗奏报，强调加紧修筑宁前三城的极端重要性。奏报曰："袁崇焕题：……故修筑锦州、中左、大凌三城，而拓地一百七十里之不可以已也。自中左所以东渐宽，锦州、大凌南北而东西相方四城完固。屯兵民于中，且耕且练，贼来我坐而胜，贼不来彼坐而困。此三城必筑者也。业已移兵民于三城之间，广开屯种。倘城不完而贼至，不得不撤回，兵民共保宁前，则一年屯种，恐以委敌。人失食而欲贫，年窘一年，宁前必不可守。是三城之完不完，天下之安危系之。此三城之不得不筑，筑而立刻当完者也。锦州三城若成，有进无退，全辽即在目中。乘彼有事东江且以款之说缓之，而刻日修筑，令彼掩耳不及，待其警觉而我险已成。三城成，战守又在关门四百里外，重障完全。此时，夷即来说款，而我更加重矣。"①

袁崇焕对修筑宁远之前的锦州、中左、大凌三城，极为重视。将修筑三城，提到"是三城之完不完，天下之安危系之"的高度。他提出三城不仅要修，而且要抓紧时间快修，即"筑而立刻当完者也"。只争朝夕，不可拖延。要乘同皇太极议和之机，"刻日修筑，令彼掩耳不及，待其警觉而我险已成"。议和是手段，备战是目的。

由于袁崇焕督促有力，很快三城工程告竣。袁崇焕报告说："夫筑锦、凌二城，秋而毕矣。收稼深秋，我城坐以待虏。"

锦州城内驻扎明军三万人。皇太极率两白旗两黄旗直趋大凌河城。大凌河城尚未修竣，明守城兵弃城逃走。"（八旗）前锋兵二十人驰击之"，直追击到锦州城下。"城门闭，溃兵不得入，越锦州城而逃，复遇我前头兵，尽杀之。"皇太极的各路大军都进逼锦州城下，在距离锦州城一里处扎营。

锦州城的明军统帅是太监纪用、总兵赵率教。他们坚守城池，与金顽战。但为了拖延时间，以待援军，于五月十二日派出两名使臣，即一名守备、一名千总，缒城同皇太极谈判。皇太极对他们说："尔等欲降则降，欲战则战。尔二太监可出城，面陈衷曲。我每以尔国边臣平日欺我之情，无由自白，欲见尔等言之。俾转达尔主。即尔等不愿出城见，或天佑我攻拔尔城，我亦决不诛尔二人也。尔可自立号记，别居他所，恐我兵误加伤害尔。今尔不亲来，乃别遣使至意，得无疑惧耶？我往征朝鲜时，抗者杀之，顺者抚之。及我军深入，朝鲜国王遣使相迎，亲自盟誓，以其弟来朝。我念其悔罪，尽还其归附人民。今获尔二千余人，亦皆不杀放还矣。"②

皇太极抓住机会，向明朝来使做劝降工作。他让来使转达口信，即或我攻下锦州城，对你们二位锦州首领也绝不加害。并以攻陷朝鲜为例加以说明，我的政策是"抗者杀之，顺者抚之"，只要投降，一定礼遇。同时，将俘获的明朝二千余人遣还，用实际行动证明我不杀俘虏的政策。并让来使带回一封劝降信，劝说太监纪用、总兵赵率教等投降。信曰：

---

① 王在晋：《三朝辽事实录》，第17卷，丁卯天启七年四月。
② 《清太宗实录》，第3卷，第17页。

大满洲国天聪皇帝谕锦州二太监。尔向遣李喇嘛讲和，并议书中高下行款，我已从尔言，将尔主高写一字。又谓议和之礼物过多，求我裁减，我亦从尔言减之。及遣杜明忠赍书来，将我书于尔宁远边臣之下，我独非邻国之君乎？何侮慢若斯之甚也。

夫两国和好，宜先议定疆界。某地属尔，某地属我，疆界既定，方得彼此宁辑。若以力相争，必致构兵不已。况尔之兵力，已屡经较量，岂犹不自知耶？乃侈然以退还辽东土地人民为言，是尔有意激怒我，愿事争战矣。我故谕杜明忠，有嗣后两国仍为敌国，我亦不复遣使之语。

今督率三军，亲至城下。尔等坐困孤城，外援莫至。将待势穷力屈，俯首就戮耶？抑事识几先，束身归命耶？夫讲信修睦，共享太平，岂不甚美？乃既不能相敌，而又愿事战争，是徒驱尔生灵毙之锋镝也，于心奚忍哉？

我为敌国，见尔民死伤者众，心犹恻然。昨日将二千余人，尽已释还。乃尔等不以朝廷为念，不悯百姓死亡，乐事兵争，不思和好，而固执此妄谬之辞，我甚不解也。今或以城降，或以礼议和，惟尔两太监酌议而行之耳。太监为朝廷近臣，虽在城中，不亲战御，可出城观我军威。以一人住我行营，以一人往奏尔主。责尔边臣，尊我裁定礼物，诚心议和，我岂不从者乎？倘犹迟疑观望，我蒙天眷佑，一鼓而下此城，则山海关以西，非复尔国有矣。此皆尔国文臣，贻误尔主，以致丧师失地，非我之佳兵也。[1]

这封劝降书，指出"尔等坐困孤城，外援莫至"，已经"势穷力屈"，怎么办？是"俯首就戮"，抑或"束身归命"？我奉劝你们，还是"讲信修睦，共享太平"。即放下屠刀，立即投降。

太监纪用、总兵赵率教不为所动，拒绝投降，决心同后金军决一死战。当天，后金军整理攻城的工具，午刻就开始攻城。后金军兵分两路，

---

① 《清太宗实录》，第3卷，第18页。

用步兵和骑兵猛烈进攻城的西面和北面两角。在后金军的猛烈攻击下，城西一角就要突破。此时，明军三面的守城兵都来支援。"火炮矢石齐下"，后金军招架不住，遗尸城下，于是退回五里，暂时扎营。这场战斗，从早晨一直打到傍晚，长达十二个小时。皇太极攻城不利，感到兵力不足，迅速下令，急调沈阳驻军来援。

皇太极损失惨重，攻城受挫，就想到了谈判。五月十五日，派出使臣欲同明朝太监纪用议和，使臣三往，明朝使臣才来。明朝使臣说，后金可派来一名使臣面议。后来，几经周折，也没有谈

清太宗皇太极像

上。总兵赵率教立于城上大声喊道："胜败岂有常乎？总之，听天而已。"意思是说，我死战到底，胜负就靠天了。赵率教凭城坚守，拒不出战。面对坚固的城墙，皇太极束手无策，就想采用激将法，刺激赵率教出城交战。皇太极派人致书曰："尔敢援天出大言乎？我惟上天所命，是以沈阳、辽东、广宁三处，俱属于我。若尔果勇猛，何不出城决战？乃如野獾入穴，藏匿首尾，狂嚎自得，以为莫能谁何。不知猎人锹镢一加，如探囊中物耳。想尔闻有援兵，故出此矜夸之言。夫援兵之来，岂惟尔等知之？我亦闻之矣。我今驻军于此，岂仅为围此一城，正欲俟尔国救援，兵众齐集，我可聚而歼之，不烦再举耳。今与尔约，尔出千人，我以十人敌之。我与尔凭轼而观，孰胜孰负，须臾可决。尔若自审力不能支，则当弃城而去。城内人民，我悉皆纵还，不戮一人。不然，则悉出所有金币牲畜，饷我军士，我即敛兵以还。和好之事，不妨再议。尔云赏赉，我岂尔所属之人耶？若欲两国和好，宜结为兄弟，互相馈遗可也。"①

这是一篇诱敌出城的挑战书，充满心理战的意味。"今与尔约，尔出千人，我以十人敌之。我与尔凭轼而观，孰胜孰负，须臾可决。"即是说，

---

① 《清太宗实录》，第3卷，第20页。

你小子如果有种，就出城来试试，我十个人能打败你一千人。但是，太监纪用、总兵赵率教不受蛊惑，不为所动，依然固守，决不出城。

其时，固守宁远城的袁崇焕调兵遣将，支援锦州。袁崇焕派遣二人携带密信，潜赴锦州。不料，二人均被后金军擒获，杀一人，留一人。袁崇焕致太监纪用的密信，落到了皇太极手中。密信内曰："调集水师援兵六七万，将至山海，蓟州、宣府兵亦至，前屯、沙河、中后所（绥中）兵，俱至宁远。各处蒙古兵，已至台楼山。我不时进兵。锦州城中，火器俱备，兵马甚多，如加意防守，何能攻克。若遣使来，须亲书以防意外等语。"

密信泄露了袁崇焕军事行动的内情。皇太极根据掌握的内情，重新部署军事力量。命大贝勒莽古尔泰及贝勒济尔哈朗、阿济格、岳托、萨哈廉、豪格率领大军前往塔山，保卫运粮的部队。其前军八十人，与明军两万人遭遇。明军不明战况，"尽弃其马匹、甲胄，分路而逃"，皇太极虏获了大量的汉人和蒙古人。

五月十七日，皇太极下令，将御营迁移到距离锦州城二里的地方驻扎。并释放了大量虏获的汉人和蒙古人，让他们回到锦州城内，以显示优待俘虏的政策。

五月十八日，皇太极将劝降书绑在箭头上，射入锦州城内。内称："尔城内一应官吏军民等，与其饥困而死，不如缒（zhuì，音坠；用绳子拴着往下放）而出降，必纵尔归，令与尔父母妻子相见也。昨我军到时，台堡降众二千余人，悉令纵还。想尔等亦闻之矣。今我岂肯舍此垂陷之城而去。俟我攻城军士、云梯、挨牌、棉甲一到，即行攻取，玉石俱焚，噬脐何及？曷若于未攻城之前，缒城出降，我必使尔室家完聚。有官职者，自当优叙恩养。"①

锦州城内军民，拒绝投降，坚持固守。从五月十二日到五月十八日，一共攻打了八天，后金军损失很大，效果甚微。皇太极一筹莫展，只得在锦州城外，扫荡明军零散部队。

五月二十五日，大臣博尔晋、图尔格率援兵自沈阳抵达皇太极行营。皇太极攻城不下，坚持到五月二十七日，只得放弃攻打锦州，转而进攻宁远。

① 《清太宗实录》，第 3 卷，第 22 页。

包围锦州十四天，皇太极无功而退。皇太极目标转向宁远。但是，宁远（今辽宁兴城）岂是轻易能够攻取的？

皇太极深知，宁远城是一块难啃的硬骨头。头一年，父汗努尔哈赤就败在宁远城下，并因此忧郁入心，而最终丧失性命。这个痛苦的记忆，时刻萦绕在皇太极的心头。皇太极怀抱着复仇的烈火，留下部分部队包围锦州，率领主力移兵宁远。

五月二十七日，清太宗皇太极偕大贝勒代善、阿敏、莽古尔泰及贝勒济尔哈

兴城城墙

朗、阿济格、萨哈廉等，率领大军前往宁远，攻打袁崇焕兵。二十八日黎明，到达宁远城北冈。明朝游击两员，率领步兵二千余人，挖掘战壕，以车为营，排列火器，枕戈以待。皇太极率领诸贝勒将士，面城列阵，准备停当，发起攻击。明军的步兵不堪攻击，"不移时，尽歼之。"明朝的总兵满桂之兵和密云之兵，走出宁远城东二里，列阵于南，沿城环列枪炮，严阵以待。皇太极观察后认为，此地逼近城垣，若即进攻，难以奏效。可以稍退，以观察明军的动静。于是，退军越过山冈，全军待避。过了一段时间，明兵仍然"坚垒不动"。皇太极想要立即发起进击，阿济格要求紧跟。但是，代善、阿敏、莽古尔泰三大贝勒不同意进攻，认为距离城墙太近了，"劝阻甚力"。

皇太极不听。他命令近御诸将及侍卫等，"皆冠兜鍪"，整装以待，并严肃地说道："昔皇考（努尔哈赤）攻宁远不克，今我攻锦州又未克。若遇此野战之兵，尚不能胜，其何以张我国威耶？"①

---

① 《皇清开国方略》，第10卷，第14页。

说罢，皇太极亲率贝勒阿济格与诸将侍卫及护军等，疾驰进击。明军前队骑兵，招架不住，回马败走。大军追至宁远城下，尽杀明兵，"尸填壕堑"。他们的英勇行动感染了诸贝勒，诸贝勒都深感惭愧，"奋不及胄"，来不及穿上甲胄，就冲上了前线，"分击明步卒"。

城墙之上，袁崇焕发射威力强大的西洋大炮，轰击后金兵。并"凭堞大呼"，激励将士。后金兵纷纷倒下，死伤惨重。游击觉罗拜山、备御巴希被大炮炸死。济尔哈朗、萨哈廉及代善的第四子瓦克达也都受了伤，仍然力战。"明兵大败，委弃甲仗于路，其死伤者无算。"明朝总兵满桂身中数箭。

但是，后金军没能攻克宁远城。

皇太极审时度势，没有恋战，放弃了攻取宁远城，回师锦州。六月初三日，后金军准备攻城器械，对锦州做最后一次冲击。六月初四日，进攻锦州城的南端，但是"城壕深阔，难以骤拔"。同时，"时值溽暑，天气炎蒸"。皇太极"悯念士卒劳苦"，感到不能一次奏效，须从长计议，因此决定收兵回沈。六月初五日，班师回归沈阳。

关于六月初四日，皇太极最后一次进攻锦州城战败之情形，太监纪用上奏道：

> 逆奴围困锦州，大战三次，大胜三捷。小战二十五日，无日不战。奴贼于城外，以是初四日，奴贼数万蜂拥以战。我兵用火炮、火罐与矢石，打死奴贼数千，中伤数千。败回贼营，大放悲声。随于焚化酋长尸骸处，天堕大星如斗，其落地如天崩之状，众贼惊恐终夜。至五鼓撤兵东行，尚在小凌河扎营，留精兵殿后。臣即同总兵赵率教、左辅、朱梅等发精兵防哨。是役也，保六年弃遗之瑕城，一月乌合之众兵，获此奇捷，为此塘报。①

皇太极在锦州城进行了最后一次搏击，试图挽回一点面子。但是，他的目的没有达到。锦州守将没有给他任何机会，皇太极这次袭击锦州城，丧失了两员战将，即游击觉罗拜山和备御巴希。因拜山系觉罗，皇太极赐

① 王在晋：《三朝辽事实录》，第17卷，丁卯天启七年六月。

予人口、牛马六十，赐予巴希人口、牛马四十，以为抚恤。皇太极还亲自出席了两员战将的丧礼，并"酹酒哭之"。此文的"焚化酋长尸骸处"，大概是指此二人也。似乎老天也不站在他们一边，"天堕大星"以示警。

宁锦之战，皇太极无功而返。明朝称此次战役为"宁锦大捷"。袁崇焕自评道："人人敢死，大小数十战，解围而去，诚数千年未有之武功也。"这次战役明朝取得胜利，原因有二：一是凭坚固守。固守城池，不轻易出战。二是大炮政策。袁崇焕的"凭坚城用大炮一策"，立了头功。

皇太极轻视了明朝的抵抗力，认为只要依靠八旗兵就可以横扫一切。所以，一时兴起，发兵攻打锦州、宁远，可以看作一次不成功的军事试探。皇太极此次受挫，深感需要认真对待明朝的抵抗派了。

第六章　崇焕斩文龙　崇祯杀崇焕

一、斩文龙崇焕失策

这时，明朝的辽东前线发生了一件大事，就是袁崇焕斩杀了毛文龙。

明天启七年，天聪元年（1627）八月二十二日，明熹宗朱由校驾崩。二十四日，十七岁的明思宗朱由检继位，是谓崇祯帝，以明年为崇祯元年。崇祯帝迅疾地消灭了阉党魏忠贤集团。明崇祯元年，天聪二年（1628）四月，即命袁崇焕以兵部尚书兼右佥都御史，督师蓟辽，赐尚方宝剑。兼督登莱、天津军务，全面负责辽东战守事宜，给予袁崇焕辽东最高的行政军事指挥权。这说明崇祯帝对袁崇焕的信任和倚重。

七月，袁崇焕入都。崇祯帝兴奋地召见了袁崇焕，袁崇焕立下军令状："五年之内，东患可平，全辽可复。"这就是著名的"五年复辽"的诺言。赴辽之前，袁崇焕就表示："（毛文龙）可用，用之；不可用，杀之。"说明他对

明思宗崇祯帝朱由检像

如何处置毛文龙已经心中有数。

关于"五年复辽"的诺言是如何出炉的，历史记载颇耐人寻味。明崇祯元年，天聪二年（1628）七月，崇祯帝在北京紫禁城之平台召见新崛起的军事明星袁崇焕。袁崇焕时四十有五，正当血气方刚之年。刚刚即位的崇祯帝对袁崇焕寄予厚望。

拜见过后，崇祯帝对袁崇焕充满期待地殷殷问道："东兵跳梁，十载于兹，封疆沦没，辽民涂炭。卿万里召赴，忠勇可嘉。所有方略，具实奏闻。"袁崇焕不想让崇祯帝失望，望着崇祯帝期待的眼神，语气肯定地朗声答道："如果皇上给臣方便，五年之内，东患可平，全辽可复。"崇祯帝听到袁崇焕的答复，喜出望外，当即笑笑说道："五年灭寇，便是方略。朕不惜封侯之赏，卿当努力以解天下倒悬！"站在一旁的钱龙锡等四位大臣，听到袁崇焕的表态，以及崇祯帝的嘉许，也都随声附和地匆匆言道："崇焕肝胆义气，识见方略，种种可嘉，真奇男子也！"

"五年之内，东患可平，全辽可复"，这就是袁崇焕当着崇祯帝所作的"五年复辽"的保证，也是他许下的诺言。但是，袁崇焕说完此话之后，皇帝便下去休息了。意在休息过后，再深入探讨"五年复辽"的具体细节。

此时，喜欢穷根究底的给事中许誉卿向踌躇满志的袁崇焕问道："你答应五年收复辽东，采取什么具体措施呀？人力物力如何解决？其中的困难如何克服？"不料，袁崇焕却不以为然地答道："圣心焦劳，聊以是相慰耳！"就是说，看到皇帝为恢复辽东的事焦心积虑，姑且许诺他五年复辽，安慰一下罢了。许誉卿却不依不饶地说道："皇帝英明果决，励精图治，怎么能随便答对？如果不能按期收复辽东，皇帝怪罪下来，你将如何是好呀？"一听此言，袁崇焕才从热昏的状态中挣脱出来。他冷静思忖，必须把困难说足，得到皇帝的切实保证，才能实践自己的诺言。

休息过后，袁崇焕主动提出自己的要求。他如实奏道："东事本不易解决。臣约略五年，但五年之中须事事相应，第一钱粮，第二器械。户、工两部，都要悉心措置，以应臣手。"户部、工部两部尚书王家桢、张维枢赶忙答应。袁崇焕又乘机奏道："还要吏、兵两部都应臣手才行。所用与罢斥之人，都听臣便。"吏部、兵部两部尚书王永光、王在晋也马上表态，坚决支持。

崇祯帝对袁崇焕的要求一律答应，并"敕四部臣"，一切听从袁崇焕的，有要求，一概满足。同时，崇祯帝撤回王永光、满桂的尚方宝剑，只授给袁崇焕，以一事权。

于是，袁崇焕胸怀"五年复辽"的郑重诺言，携带皇帝赐予的尚方宝剑，回到了辽东前线。崇祯元年（1628）八月，袁崇焕到达辽东。他一边明里与后金和谈，一边暗中积极备战。七个月里，他集中了辽东四镇的指挥权，报请皇帝撤销了山东登莱巡抚一职，以便直接控制登莱、天津舟师。同时日夜操练军马，制造火炮，积存粮秣，征集战马，修缮城堡。锦州、大凌河、右屯、宁远诸城修缮完毕，完成了辽东四百里的防御。但在袁崇焕的防区，毛文龙居功自傲，不服节制。

毛文龙是明朝任命的东江总兵。毛文龙的简历，《明史纪事本末补遗》记道："文龙，钱塘人。少不羁，为乡曲所轻。走塞外，潦倒行间者十余年。天启初，遇丹阳诸葛云程，谈边事，知其能。荐于辽抚王化贞，授标下游击。化贞遣之东袭镇江，会广宁陷，文龙因驻兵须弥岛。当辽事破坏之余，从岛上收召辽人，牵制金（州）、复（州）、海（州）、盖（州），时时袭建州，颇有斩获，积功至左都督。渐骄恣，所上事，多浮夸。索饷又过多，岁百二十万，朝议多疑而厌之。"①

毛文龙（1577—1629），字振南，祖籍山西平阳，寄籍浙江钱塘。少年放荡不羁，乡里人很看不起他。三十岁时，来到辽东，转战边关二十余年。熟谙边情，热衷武事。辽东巡抚王化贞看他是个人才，授予他为标下游击。此时，他年已四十有四。这是他发迹之始。他的表现引起辽东经略熊廷弼的注意，熊廷弼上疏推荐他："管铁骑营加衔都司毛文龙，弃儒从戎，志其灭虏，设防宽（宽甸）、叆（叆阳）。凡夷地山川险阻之形，靡不洞悉。兵家攻守奇正之法，无不精通。实武弁中之有心机、有识见、有胆略、有作为者，岂能多得！"熊廷弼对他予以如此高的评价，亦非过誉。

明天启元年，天命六年（1621）三月，八旗军连下沈阳、辽阳及大小七十余城堡。五月，辽东巡抚王化贞派遣游击毛文龙，率领军丁二百余名，奔赴辽河以东，"招降叛逆，恢复疆土，许其便宜行事"。毛文龙深入敌后，在辽南一带打游击，突袭城堡，解救难民，取得了可观的战果。其

皇太极

---

① 《明史纪事本末补遗》，第 4 卷，"毛帅东江"。

影响最大的功绩是成功地攻陷镇江（今辽宁丹东）。史载："文龙率乌合之众二百人，涉海三千里，镇江即复，宽、叆一带城堡相继降。数百里之内望风归附，日扶老携幼至者百余人。"于是，升授毛文龙为参将。这次胜利使朝野为之一振。后因孤立无援，后金大队人马来夺，不得不退入朝鲜。得到朝鲜政府的援助，拨付皮岛让其驻扎。毛文龙以皮岛为根据地，屯田养兵，建城造械，招抚流民，扩建军队。同时相机派兵收复金州、复州，加上先前收复的广鹿、石城等（今属长海县诸岛），实际控制了一个千里海岸线。这个千里海岸线，西起旅顺，东到皮岛，巍然壮观。这个千里海岸线泛指东江镇，其指挥就是毛文龙。

明天启二年，天命七年（1622）五月，升授参将毛文龙为署都督佥事平辽总兵官。明朝兵部对毛文龙的作用给予积极评价："文龙灭敌则不如，牵敌则有余。"

正由于此，天启三年（1623）二月，明熹宗赐予毛文龙尚方宝剑，并玺书关防。授予其弟毛云龙锦衣卫职衔。其间，皇太极致书毛文龙，以议和的名义，劝其投降。后金额驸李永芳乘机致书手札毛文龙，"以文龙族属在辽者俱加优待，诱龙同叛，中分土地"。毛文龙立场坚定，旗帜鲜明，不为所动，拒绝投降。此事上达天听，明朝皇帝感到欣慰。于是，决定嘉奖毛文龙。

明天启四年，天命九年（1624）十二月，"上以毛文龙孤军海外，屡建奇功。顷又不从反间荧惑，特从优加左都督，仍赐蟒衣一袭，银五十两。凡将佐加秩有差，给粮二十万"。其中提到的"又不从反间荧惑"，是指后金国皇太极及李永芳的劝降活动，以失败而告终。

但是，毛文龙处境不妙，朝廷有人在算计他。后金国的劝降书说他"外当敌国之干戈，内御在朝之唇舌"，是对他艰难处境的真实写照。毛文龙数年之间，凭空鹊起。由一员小小的游击，超升为专制一方的高高在上的总兵。于是，流言繁兴，物议沸腾。说他作威作福，跋扈不臣，贪功冒饷，心怀叵测。

袁崇焕赴任之前，有一个重要的插曲。《明史纪事本末补遗》第四卷记道："崇祯元年（天聪二年，1628）秋七月，起袁崇焕督师辽东。时朝议忧皮岛毛文龙难驭，大学士钱龙锡被命入都，过华亭，征士陈继儒。继儒定策请诛文龙，龙锡颔之。至是，龙锡与崇焕言边事，崇焕答以从东江做起。龙锡曰：'舍实地而问海道，何也?'崇焕曰：'可用，用之；不可用，杀之。此崇焕所优为也。'遂定计去。"①

　　这是说，崇祯元年（1628）秋七月，起用袁崇焕督师辽东军务。当时朝廷议论，担忧守卫皮岛的毛文龙难以驾驭。大学士钱龙锡受命进京，路过华亭，征询士人陈继儒的意见。他的意见是运用计策，杀掉毛文龙，钱龙锡点头，表示同意。现在，钱龙锡与袁崇焕议论边疆问题，袁崇焕回答要从边疆做起。钱龙锡不解地问："舍弃实地而向海道，这是为什么?"袁崇焕果断地说："毛文龙可以用，就继续用；不可以用，就杀掉他。这是我袁崇焕首先考虑的。"于是，袁崇焕定下计策离开。事实上，袁崇焕在到达辽东之前，就做好了诛杀毛文龙的思想准备。

　　在袁崇焕看来，毛文龙在以皮岛为中心的东江镇，俨然一个独立王国。毛文龙实际成为一个土皇帝，拥兵自重，欺上瞒下，草菅人命，作威作福。明熹宗、明思宗两朝都对毛文龙无法辖制，只得不断给他加官晋爵，予以笼络。袁崇焕认为，欲收复辽东，必先收服毛文龙。袁崇焕对毛文龙的所谓种种劣迹，了如指掌。这在他斩首毛文龙后，给崇祯帝的奏疏里写得很清楚。

　　崇祯二年（1629）六月二十一日，袁崇焕给崇祯皇帝的题本，列举了他斩毛文龙的十二大罪状：一、毛文龙夜郎自雄，专制一方，不受节制；二、捕杀零星降夷和辽东难民，捏称阵获，诳报冒功；三、声称"牧马登州，取南京如反掌"，进行谋逆；四、克扣兵饷，侵盗钱粮，每岁饷银数十万，无分毫给兵，每月只给散米三斗五升；五、在皮岛自开马市，私通外夷；六、令部下官弁数千员改为毛姓，培植私人爪牙；七、劫夺商人货物银两，赃私无算；八、收部将之女为妾，民间妇女有姿色者掠夺役使，好色海淫；九、拘留逃难辽民，不许渡海，日给米一碗，强令至夷地挖参，遭杀无算，听任饿死；十、交接近侍，请内臣出镇，拜魏忠贤为父；十一、奴酋攻破铁山，杀辽人无算，文龙逃窜皮岛，掩败为功；十二、开镇八年，未复辽东寸土；等等。

　　这十二条罪状，是袁崇焕阵斩毛文龙的原因。

　　袁崇焕因为在天启六年（1626）正月的宁远大捷打败了努尔哈赤，复

　　① 《明史纪事本末补遗》，第4卷，"毛帅东江"。

于天启七年（1627）五月在宁远、锦州打败了皇太极，增强了他复辽的决心。

袁崇焕诛杀毛文龙至少有两个版本。

第一个版本。明崇祯二年，天聪三年（1629）五月底，袁崇焕乘舟泛海到达皮岛附近的双岛，名义是检阅兵马。毛文龙在六月初一日由皮岛来到双岛，以下属的身份晋谒，后又陪袁崇焕上了皮岛。袁崇焕此行做了两手准备，先软后硬，先礼后兵。遂向毛文龙提出了三项要求：一、更令营制，核实兵数，设道臣监督查核；二、东江饷道原由登莱发行改由宁远发行，以杜绝海上走私；三、旅顺以东行东江印信，旅顺以西行督帅印信。

袁崇焕苦口婆心与毛文龙谈了三天，并让其下属进行劝说，甚至暗示毛文龙可激流勇退，返乡养老，能顺利体面收场，等等。但毛文龙狂妄恣肆，拒不接受，并说："关宁兵无用，止用东江兵二三千人，藏云隐雾，一把火烧了东夷。"这些话近于癔语。

至此，袁崇焕已经做到仁至义尽。看到争取毫无希望，若放归，后必为乱。在忍无可忍的情况下，六月初五日，袁崇焕终于动了杀机。他预先在一座山上设置大帐，并在帐中埋伏了亲兵。接着，他邀毛文龙前来，一起上山。在袁崇焕的营帐中，当着毛文龙的诸多亲信，袁崇焕历数十二大罪名，用尚方宝剑取了毛文龙的首级，收回毛文龙的将军印和尚方宝剑，同时收编了毛文龙的部队。这是第一个版本。

第二个版本。根据《明史纪事本末补遗》第四卷的记载，内容略有不同。此书记道（白话译文）：

> 最初，天启年间，袁崇焕巡抚辽东，派喇嘛僧人镏南木坐前往建州主持谈判。正赶上自己罢免回归，未能成行。现在再次复出，没有实现"五年复辽"的诺言，于是又想到谈判议和问题。建州方面说道："果真想要议和，就先把毛文龙的头送来。"袁崇焕完全相信了他们的话。同时，他又害怕毛文龙泄露袁崇焕同后金议和谈判的事。袁崇焕就亲自出马，到海岛引诱毛文龙到场。犒赏吏卒，给饷十万。毛文龙果然前来进见。袁崇焕的慰劳，十分周到热情。并约定日期，检阅骑射。袁崇焕坐在大帐房内等

待，毛文龙前来致谢，双方坐着谈论很久。袁崇焕诚恳地说道："明天你不能回去，国家把海外的重任托付给你，应该受到我的郑重一拜。"施礼完毕，互相约定，减少随从人员，前往游猎。

袁崇焕指挥各营兵在四面设置围场，将毛文龙的众兵放在外层，只带亲兵百余人护从。袁崇焕好奇地询问东江各位官员的姓名，不料都回答姓毛。袁崇焕笑着说道："你们如都姓毛，你们都是壮士，就应该为朝廷效力。但是，你们白白地在海外受罪，粮食不能按时发给，实在是可怜。你们也应该接受我袁崇焕的一拜。"施礼完毕，众将官都感动得流泪了。

此时，袁崇焕突然变脸，接着追问毛文龙道："东江的粮饷自宁远运输到这里，也非常方便。将军为什么非要折换成金银，在登州、莱州采买呢？而且根据移镇定营制，分别旅顺东西两个部分，按规定发饷。这已经申报了，可是将军坚决不回来。这不是冒领饷银，欺君罔上，又是什么呢？"说完话，向西叩头，遥请皇上谕旨，褫夺毛文龙的官服衣帽，一一列数他的罪状："你有该杀的十二大罪。夜郎自大，专制一方，罪一；冒功欺君，无汗马之劳，罪二；在登州、莱州牧马，没有人臣的礼节，罪三；兵马钱粮，不经查核，每年侵吞贪污数十万，罪四；私开马市，同岛上夷人暗中来往，罪五；随意赐予毛姓，在朝廷范围内，胡乱任命，滥发委任状，罪六；劫掠商船，身为盗贼，罪七；部将之女，收为妻妾，民间之女，没入为奴，罪八；逃难辽民，禁止渡海，命令就地挖掘人参，在岛上饿死，草菅人命，罪九；拜魏忠贤为父，迎天子冕旒于海岛上，罪十；铁山的辽东人，逃到皮岛，掩盖失败真相，虚报冒功，罪十一；开辟东江镇八年，没有恢复寸土，观望不前，养虎遗患，罪十二。"

毛文龙听后想要抗辩，袁崇焕急忙说道："我至今五年没有收复辽东失地，愿用尚方宝剑结束你的生命。"又面对毛文龙的部下说道："毛文龙不应该杀，你们就杀了我。"事发突然，每个人都惊慌失措，不敢应对。袁崇焕立即命令旗牌官，用尚方宝剑斩杀了毛文龙。于是，划分原毛文龙的东江兵四万八千人为四协，副总兵毛承禄、中军徐敷奏、游击刘兴祚、副总兵陈继盛，分别统率一协。东江镇的行政事务由陈继盛暂时负责。第二天，袁崇焕祭奠毛文龙时流下眼泪。接着，收回兵符印信，从旅顺回到宁远。就此上奏毛文龙的罪状，并以未加请示便宜行事自责。皇上认为毛文龙狂妄自大，袁崇焕处理得当，没有罪过，反而上谕嘉奖了他。①

两个版本，大节大致不差，细节互有异同。

这里有一个原则问题，就是毛文龙是否该杀？抛开袁崇焕，当时人对毛文龙究竟是如何看待的，这也至关重要。山东总兵杨国栋因与毛文龙的驻军近在咫尺，对其行径多所了解。他竟然也向明帝弹劾毛文龙。明崇祯元年，天聪二年（1628）八月，山东总兵杨国栋即疏劾毛文龙十大罪状，内容如下："一、专阃海外八年，靡费钱粮无算。今日言恢复，明日言捣巢，试问所恢复者何地？所捣者谁巢？二、设毛文龙于海外，原为牵制，不敢西向，数次过河，屡犯宁锦，全不知觉，牵制安在？三、东接朝鲜，原为辅车相依，乃日以采参掘金，扰害朝鲜。四、铁山既失，鲜半入敌，伤残属国。五、难民来归，冒充兵数，任填沟壑，掩败为功。六、皮岛孤悬海中，非用武之地，请饷百万，竭民膏血。七、零星收降，捏报献俘，欺诳朝廷。八、私通粟帛，易敌参貂，以为苞苴，为安身之窟。九、坑害商货至百万余，怨声载道，死亡相继。十、不满三万，欲冒皇赏十五万，侵扣钱粮，不计其数……至如奉旨移镇，竟若罔闻，奉旨回话，绝无回话。"②

袁崇焕列举毛文龙十二大罪状，杨国栋列举毛文龙十大罪状。他们列举的罪状，大部分内容可以重合。可见，在明朝决策高层，对毛文龙的不法行径，似乎已经形成了某种共识。袁崇焕自行斩杀毛文龙，应该是有舆论基础的。

不管怎么说，杀掉毛文龙是自毁长城。清代昭梿的评说极为中肯："文龙守皮岛多年，虽有冒饷抗拒诸状，然其兵马强盛，将士多出其门……使留之以据大兵，不无少补。崇焕乃不计其大事，冒昧诛之，自失

---

① 《明史纪事本末补遗》，第4卷，"毛帅东江"。

② 《崇祯长编》，第9卷，崇祯元年八月庚戌。

其助。遂使孔定南诸将，阴怀二心，反为本朝所用。此明代亡国三大机。"①

毛文龙再有何等罪状，也应从大局考虑，留之不杀。杀掉毛文龙是一个战略错误。杀掉毛文龙，明朝就失去了一个牵制后金的有生力量。这为皇太极毫无顾忌地从长城西线大举进攻北京，制造了一个难得的契机。皇太极围攻北京，引起崇祯帝对袁崇焕的疑忌，终于导致袁崇焕被杀的历史悲剧。

处理完东江的善后事宜，袁崇焕返回宁远。斩首大将，必须说明原委。袁崇焕立即上奏朝廷，崇祯帝看到奏章，十分惊诧，"意殊骇"，感到十分震惊。但是，木已成舟，崇祯帝只能承认这个现实。然而，他的内心深处不能不对袁崇焕怀有芥蒂，袁崇焕的后来被杀，与此很有关系。袁崇焕毕竟是一介书生，对于复杂的朝廷内部斗争缺乏了解，也没有必要的防身手段，终酿成杀身之祸。

明朝的袁崇焕在千方百计地筹划"五年复辽"，而后金的皇太极却处心积虑地谋划远征北京。天聪汗皇太极终于攻入关内，逼近北京，巧施反间计，导致崇祯帝错杀了袁崇焕。

二、杀崇焕崇祯中计

皇太极的战略目标是其南部的北京，这同乃父努尔哈赤完全一致。皇太极早在天聪三年，明崇祯二年（1629）六月，就已决定攻打北京。《清太宗实录》记道："（天聪三年六月）乙丑（十二日），上谕诸贝勒大臣曰：战争者，生民之危事；太平者，国家之祯祥。从前遣白喇嘛向明议和，明之君臣，若听朕言，克成和好，共享太平。则我国满汉蒙古人等，当采参开矿，与之交易。若彼不愿太平，而乐于用兵，不与我国议和，以通交易。则我国所少者，不过缎帛等物耳。我国果竭力耕织，以裕衣食之源，即不得缎帛等物，亦何伤哉？我屡欲和而彼不从，我岂可坐待。定当整旅西征。师行时，勿似先日，以我兵独往。当令蒙古科尔沁、喀尔喀、扎鲁特、敖汉、奈曼诸国，合师并举。夫师徒既众，供亿浩繁。陆运糗

皇太极

---

① 昭梿：《啸亭杂录》，第10卷。

粮，恐不能给。必将轻舟挽载，至河西西宁堡，方无遗误。宜预采取木植，广造舟楫，以备军行之用。此朕意也。但一人所见，未必悉协于众，询谋金同，乃克有济。满汉蒙古中，有谋略素裕，可裨益于军政者，各以所见入告，朕将择而用之。"①

这是说，皇太极决定进攻明朝。其一，议和不成，决定攻明；其二，联合蒙古，合师并举；其三，广造舟楫，以备军用。这一次攻打北京，不是仅仅动用后金的军队，而是联合蒙古军队，一起参与。这是此次攻打北京的一个特点。

富于想象的皇太极经过深思熟虑，提出了一个超常的想法。鉴于在辽西走廊，后金的征宁远和征宁锦两次战役都无功而返，皇太极感到不能采取碰硬攻坚的战略，必须攻打明朝的薄弱环节。明朝的薄弱环节就是山海关以西的长城一线。"山海关以西塞垣颓落，军伍废弛"，防守脆弱。于是，皇太极提出了通过内蒙古突破长城口的战略主张。

天聪三年，明崇祯二年（1629）十月，皇太极发动了首次入关征明的战争，目标直指北京。是年为农历己巳年，故当时明人称为"己巳虏变"，清人则称"己巳之役"。

先是，二月十一日，降金汉官高鸿中曾上奏皇太极，劝请进兵明朝。皇太极对高鸿中的奏本很是欣赏。他认为："劝朕进兵勿迟，甚为确论。"皇太极发动的宁锦战役，遭受重大挫折，后金国内人心浮动。此时，只有不停顿地发动对明朝的进攻，才能使后金官兵得到物资上的满足，有利于稳定民心、军心，所以皇太极赞成高鸿中的主张。

九月二十三日，皇太极下令"召外藩蒙古部长，各率兵来会"。

十月初二日，秋收过后，皇太极"亲统大军伐明"。这次进兵，皇太极大胆地选择了从未走过的内蒙古路线，假道蒙古科尔沁部，然后自北向南，突破长城，横扫华北，直奔北京，意图给明朝的心脏以狠狠的一击。

这次进兵由蒙古喀喇沁台吉布尔哈图为向导，因其熟识路径。自沈阳出发向西北行，经都尔鼻（今辽宁彰武县）转向西行，进入今内蒙古科尔沁地。初五日，驻扎阳什穆河，赐宴在此会师的奈曼部、扎鲁特部、巴林部等部酋长。初九日，到达纳里特河，受降了察哈尔部来投的五千人，队

---

① 《清太宗实录》，第5卷，第16页。

伍壮大了。十一日，抵辽河扎营。

十五日，大会师。这一天，就有蒙古科尔沁国土谢图额驸奥巴、洪果尔（贝勒莽古斯弟）、图美（奥巴从弟）、武克善（莽古斯孙）、巴达礼（奥巴子）、达尔汉等二十三位贝勒台吉各率兵来会。皇太极"驾迎之三里许，还御行幄，宴之"。

在这里，关于进兵的指向，皇太极征求诸贝勒大臣及外藩归降蒙古贝勒的意见。他说："明朝屡背盟誓，蒙古察哈尔国，暴虐无道，皆当征讨。今大兵既集，所向宜何先？尔等其共议之。"①

诸贝勒大臣意见不一，众说纷纭。有的认为，距察哈尔国路途辽远，人马劳苦，应当退兵；有的则认为，大军"千里而来，群力已合"，应当征讨明朝。其实，清太宗皇太极心中有数，他肯定了征明之议，于是统率大军向明朝边境进发。行军五日，备极艰苦，到达喀喇沁之青城。这时，对于伐明，队伍中出现了不同的声音。大贝勒代善、三贝勒莽古尔泰，于傍晚来到了皇太极的御幄，反映情况。他们谨慎地"止诸贝勒大臣于外，而先入密议"，同皇太极讨论了是否继续伐明的问题。

代善和莽古尔泰同皇太极议论完，刚从御幄出来，岳托、济尔哈朗、萨哈廉、阿巴泰、杜度、阿济格、豪格等贝勒马上进去，看到皇太极默然而坐，表情不快，气氛一时很紧张。岳托最先打破沉默，开口问道："大汗与两大贝勒商议了什么大事，请向臣等示知。现在诸将官都集合在外面，等待大汗的谕旨呢！"

皇太极十分失望地说："可令诸将各归帐。我谋既隳，又何待为？可勿宣布所发军令！"看起来，问题很严重。岳托和济尔哈朗迫不及待地提出："我们不明白为什么要这样做，请大汗向我们明说吧！"皇太极牢骚满腹地说："我已定策，而两兄不从。谓我兵深入敌境，劳师袭远，若粮匮马疲，何以为归计？纵得入边，而明人会各路兵环攻，则众寡不敌。倘从后堵截，恐无归路，以此为词，固执不从。伊等既见及此，初何为缄默不言，使朕远涉及此耶？众志未孚，朕是以不怿耳。"

至此，大家才明了皇太极"不怿"的原委。这时，岳托、济尔哈朗及诸贝勒纷纷表态，坚决支持皇太极继续伐明的主张，"皆劝上决计进取"。

---

① 《皇清开国方略》，第12卷，第7页。

皇太极

但是，皇太极没有独断专行，而是命管旗八大臣前去与大贝勒代善和三贝勒莽古尔泰商议定夺。他们很是慎重，"夜半议定"。皇太极得到了大贝勒、三贝勒和诸贝勒的支持，就颁发了进军伐明的上谕："朕仰承天命，兴师伐明。拒战者，不得不诛；若归降者，虽鸡豚勿侵扰；俘获之人，勿离散其父子、夫妇；勿淫人妇女；勿掠人衣服；勿拆庐舍祠宇；勿毁器皿；勿伐果木。如违令杀降、淫妇女者，斩；毁庐舍祠宇、伐果木、掠衣服及离大纛入村落私掠者，鞭一百。又勿食明人熟食，勿酗酒。闻山海关内多有鸩毒，更宜谨慎。马或羸瘦，可量煮豆饲之；肥者止宜秣草。凡采取柴草，须聚集众人，以一人为首。有离众驰往者，拿究。如有故违军令者，与不行严禁之管旗大臣及领队各官，并治罪弗贷。"[1]

皇太极极其注意部队的纪律。这个上谕实际是一篇军队纪律的宣言。其内容详尽，条理清晰，要求明确，处分严厉。这里提到要求部队做到"九勿"，规定得十分具体。这"九勿"是：若归降者，虽鸡豚勿侵扰；俘获之人，勿离散其父子、夫妇；勿淫人妇女；勿掠人衣服；勿拆庐舍祠宇；勿毁器皿；勿伐果木；勿食明人熟食；勿酗酒。如违反军纪，特别强调，杀降和淫女都要处斩。其他的违规，也要鞭刑一百。同时，特别规定了连带罪，即士卒犯罪，要追究领队各官，甚至管旗大臣的责任。这个军纪"九勿"，实际是努尔哈赤军纪思想的重申。这就保证了军纪的执行。

十月二十日，皇太极率领大军自喀喇沁之青城开拔。行四日，到达老河（老哈河）。皇太极召集诸贝勒大臣，"各授以计，分兵前进"。命贝勒济尔哈朗、岳托率右翼四旗兵及右翼蒙古诸贝勒兵，于二十六日夜半，进攻大安口关，至遵化城合军。令贝勒阿巴泰、阿济格率左翼四旗兵及左翼蒙古诸贝勒兵攻龙井关。于是，皇太极与大贝勒代善、三贝勒莽古尔泰及众贝勒率大军，向洪山口关进发。

十月二十六日，贝勒济尔哈朗、岳托等，乘夜率军前进，夜半二时左右，攻克长城大安口关，摧毁其关口水门，挥军前行。是日，自辰迄巳，共败敌兵五营。明马兰营张姓参将，败走入山，城降后来归。马兰营、马兰口、大安营，三城俱降。民间秋毫无犯。

十月二十六日同一天，左翼四旗兵攻克龙井关。明朝副将易爱、参将

---

① 《皇清开国方略》，第12卷，第7页。

王遵臣闻听炮声，从驻地汉儿庄率兵来援。后金军击败明朝骑兵三队、步兵两队的进攻，斩杀易爱、王遵臣，全歼了这股援兵。后金军攻至汉儿庄城下，守城副将标下官李丰见抵抗无望，遂率城内民众剃发出降。后金军"大军登城，驻营，秋毫不扰"。部队遵纪守法，这是政治思想先期教育起了作用。

后金军军纪"秋毫不扰"，造成示范效应，榜样迅速传播，很快见到效果。莽古尔泰派人赴潘家口招降。潘家口守备金有光，派遣中军旗鼓范民良、蒋进乔携带投降书来降。莽古尔泰赏赐范民良、蒋进乔各缎一匹。三贝勒莽古尔泰奏请批准，守备金有光升为游击，旗鼓范民良、蒋进乔升为备御。其三人都发给敕书，并让他们上任。

十月二十七日，皇太极率军入边，攻克洪山口关，驻师城内。将降人方遇清提升为备御，给予备御敕命，令其守卫洪山口。"招集流亡，尽心供职。俟后有功，不次擢用。"又将率百人执械来降的千总升为备御，将把总升为千总。

皇太极命总兵扬古利率先锋军，直逼长城之内的遵化城。三十日，皇太极率领大军从洪山口出发，亦抵达遵化，距城五里扎营。三贝勒莽古尔泰率左翼兵自汉儿庄来此会师。贝勒济尔哈朗率右翼兵来会。三路大军齐集遵化城下，将遵化城死死围住。皇太极向遵化巡抚王元雅发出劝降书。《皇清开国方略》记其书曰："我国为尔国侮慢侵凌，致成七恨，乃告天兴师。幸蒙上天垂鉴，以我为直，举辽东广宁诸地，悉以畀我。我犹欲罢兵息民，屡遣人致书议和。尔君臣妄自尊大，且不容我书过山海关。爰整师旅，大举而至。自喜峰口迤西，大安口迤东，拒敌之兵，悉已诛戮。归顺人民，秋毫无犯。今尔等，若输诚来降，功名富贵，当与共之。尝闻良禽择木而栖，俊杰相时而动。尔等可不深念耶？至民人皆我赤子，来归之后，自当加以恩养。尔等可速自审处，毋贻后时之悔。"①

此劝降书，还有另一个完整的版本。《清太宗实录》记道："满洲国皇帝致书于王巡抚。我两国本相和好，后因尔国侮慢侵凌，致成七恨。我乃告天兴师。幸蒙上天垂鉴，不计国之大小，止论理之曲直，以我为直。故举山海关以东，辽东广宁诸地，悉以畀我。我犹欲息兵，与尔国共享太

① 《皇清开国方略》，第12卷，第9页。

皇
太
极

120

平。屡遣人致书议和。尔君臣妄自尊大，自视如天上人。且卑视我，不以我书转达，我深恨之。因完固城池，重兵留守。爰整师旅，大举而至。凡我兵所向，自喜峰口迤西，大安口迤东，拒敌之兵，悉已诛戮。其汉儿庄一带归顺人民，秋毫无犯。但取刍糗，饱我士马。今尔等若输诚来降，功名富贵，当与共之。尝闻良禽择木而栖，俊杰相时而动。尔等可不深念耶？至于民人，皆吾赤子，来归之后，自当加以恩养。昔辽东之民，既降复叛，我曾杀之，良用自悔。今图治更新，仁恩遐布，尔等当亦闻知，无俟予言也。我既大举兴师，岂肯中止，尔可速自审处，毋贻后时之悔。"①

书写劝降书，是皇太极的拿手好戏。这里的"拒敌之兵，悉已诛戮。归顺人民，秋毫无犯"，可以看作皇太极进军明朝的基本政策。"尝闻良禽择木而栖，俊杰相时而动"，这句汉人耳熟能详的名句，很具蛊惑力。"若输诚来降，功名富贵，当与共之"，这不是随便说说的，前面数个城关降顺的官员，都一律得到了提升。"昔辽东之民，既降复叛，我曾杀之，良用自悔。今图治更新，仁恩遐布"，这是对努尔哈赤时期辽东杀降错误政策的公开检讨。

后金军大举攻入长城以内，逼近遵化城。消息迅速传到驻守宁远的袁崇焕耳中。明朝督师袁崇焕焦急万分，急派山海关总兵赵率教救援遵化。赵率教亲率刘姓、王姓副将及参将游击九员，以精兵四千人，三昼夜急驰三百五十里，救遵化之危。贝勒阿济格等率左翼四旗兵及蒙古兵，与明兵恶战，赵率教被后金贝勒阿济格斩于马下，副将参游等官俱就戮。明援军大败。三贝勒莽古尔泰生擒明中军臧调元，来见皇太极。皇太极说道："可收养之。养人，后必有效。"于是，下令凡是剃发放下武器的兵士，都一律收养，并放他们回原籍。罗文峪关之守备李思礼携带粮册来降，将其升为游击。总之，后金军极为注意俘虏政策的落实。

皇太极对遵化巡抚王元雅进行劝降，王元雅坚不投降。皇太极决定攻城。攻城之前，制定了详细的攻城方略。《皇清开国方略》记道："太宗召集贝勒大臣，定议攻城，授以方略。正黄旗攻北面之西，镶黄旗攻北面之东。正红旗攻西面之北，镶红旗攻西面之南。镶蓝旗攻南面之西，正蓝旗

---

① 《清太宗实录》，第5卷，第29页。

攻南面之东。镶白旗攻东面之南，正白旗攻东面之北。"①

十一月初三日黎明，皇太极下令攻城。八旗兵从八个方向勇猛地进攻城堡。正白旗兵萨穆哈图英勇顽强，首先登上城墙，"诸军继之"。经激烈战斗，"遂克其城"。巡抚王元雅走入官署，"自经死"。皇太极命以棺木装殓其尸体，以示尊重。城中官兵人民等抵抗者，"尽杀之"。占领了遵化，就打开了进攻北京的通道。

攻占遵化城后，皇太极驻扎于此，进行短暂休整。在此，皇太极做了三件事。

第一件事，探视伤员。十一月初四日，皇太极听说副将伊逊攻打城堡时，敌炮伤到了他的手部，伤势颇重，特意亲自探视。

第二件事，再发上谕。皇太极又听说，罗文峪关被从征的蒙古军所扰害，很是气愤。当即决定用蒙古字、汉字双字体，急切传达上谕，告诫从征蒙古军遵纪守法。谕曰："朕会师征明，志在绥定安辑之。凡贝勒大臣，有掠归降地方财物者，杀无赦；擅杀降民者，抵罪；强取民物者，计所取之物，倍偿其主。朕方招徕人民，若从征之人，横行扰害，是与鬼蜮无异。此而不诛，将何以惩。贝勒大臣等，尚其仰体朕心，广宣德义焉。"②

皇太极作为统帅，总是把军队纪律放在极其重要的地位。其中"朕方招徕人民，若从征之人，横行扰害，是与鬼蜮无异。此而不诛，将何以惩"，将违反军纪者等同"鬼蜮"，说明皇太极对其极端痛恨，决心断然诛之。

第三件事，奖励将士。攻占遵化，皇太极非常高兴，他说："我军年来，皆怯云攻城。此城较前所攻之城更坚，萨穆哈图奋勇先登，殊可嘉也。"其先，努尔哈赤攻打宁远，皇太极攻打宁锦，都无功而返。这次攻打遵化，终于如愿以偿。皇太极出了一口恶气。他决定抓紧时间，在前线对攻城将士予以嘉奖。《皇清开国方略》记道：

> 喀克笃礼，造攻具如法，且亲督本旗兵先登，由三等总兵官擢为二等总兵官（即今二等子）。

① 《皇清开国方略》，第 12 卷，第 9 页。
② 《皇清开国方略》，第 12 卷，第 9 页。

巴笃礼，指麾本旗兵，攻城有方，由三等游击擢二等游击（即今二等轻车都尉）。

和勒多初袭其兄攸德赫参将职，后以罪革。至是，以署参将攻遵化城，善射，使所属兵先登。令仍袭其兄参将职（即今一等轻车都尉）。

绥和多，率兵先八旗兵进，由备御擢三等游击（即今三等轻车都尉）。

萨穆哈图，先八旗兵登城，授为备御（即今轻车都尉）。世袭罔替，有过失，俱行赦免。家贫即周恤之。赐号巴图鲁，与喀克笃礼、巴笃礼并。亲酌以金卮，赐蟒缎及驼马。

扈什布，第二登城，亲酌以银卮。与第三登城之多礼善合授备御（两人共管一佐领下人户）。

茂巴礼第四登城，并赐段（缎）布马牛。

乌鲁特蒙古阿海先登，因后兵不继阵亡，授其父阿邦为备御，赐蟒缎一，段（缎）十九，布二百，马牛各十。①

《清太宗实录》记载此事，更加详尽。其文记道：

己丑（十一月初八日），上集诸贝勒大臣，论克遵化城功，分别升赏。

正白旗固山额真三等总兵官喀克笃礼，造攻具如法，且亲督本旗兵先登，擢二等总兵官。上召至御前，亲酌以金卮。赐骆驼一，蟒缎一，缎九。

三等游击巴都礼，指麾本旗兵，攻城有方，擢二等游击。上亲酌以金卮。赐缎五。

贺尔多（和勒多）先袭其兄尤德赫（攸德赫）参将职，后以罪革。尤德赫幼子承袭。至是，贺尔多以署甲喇同攻遵化，因善射，使本甲喇兵先登，令仍袭其兄参将职。上亲酌以金卮。赐缎五，布二十。

---

① 《皇清开国方略》，第12卷，第9页。

备御随和多（绥和多），率本甲喇兵，先八旗兵进，擢三等游击。上亲酌以金卮。赐缎十，布五十，马一，牛一。

伊拜牛录下萨木哈图（萨穆哈图），先八旗兵登城。上召至御前，亲酌以金卮，以白身授为备御。子孙世袭不替。有过失，俱行赦免。家贫即周济之，赐号巴图鲁。赐骆驼一，蟒缎一，缎十九，布二百，马十，牛十。

伊拜牛录下扈什布，第二登城，酌以银卮。赏蟒缎一，缎十四，布一百五十，马八，牛八。

多礼善，第三登城，赏蟒缎一，布一百，马六，牛六。

扈什布、多礼善二人，共授一备御职。

伊拜牛录下毛巴礼（茂巴礼），第四登城，赏缎二，布二十，马二，牛二。

蒙古兀鲁特部落明安贝勒下阿邦子阿海先登。因后兵不继阵亡。赏蟒缎一，缎十九，布二百，马十，牛十。授其父阿邦为备御。①

这里嘉奖的除军官外，还突出地奖励了士兵，树立了四位战斗英雄，即巴图鲁，巴图鲁就是英雄、勇士的意思。第一登城的萨穆哈图、第二登城的扈什布、第三登城的多礼善、第四登城的茂巴礼，都受到特殊重奖。既有精神奖励，也有物质奖励，都一律从士兵提升为军官，同时给予优厚的物质奖赏。尤其是第一登城的萨穆哈图，除提升为备御外，更是破格予以"世袭罔替，有过失，俱行赦免。家贫即周恤之"的待遇。同时，授予勇号巴图鲁，同二等总兵官喀克笃礼和二等游击巴笃礼之勇号并列。皇太极认为，榜样的力量是无穷的。他在伐明的初期，就有意识地树立多谋善断的军官和英勇善战的士兵典范，供广大官兵学习效法。

对于第一号战斗英雄萨穆哈图，皇太极牢记于心，并一直予以关注。据史载，在皇太极攻占永平县后，曾就萨穆哈图再一次冲上前线，勇敢战斗的安全问题，作了明确的具体指示。谕曰："（天聪四年二月辛亥朔）贝勒大臣曰，昨攻取永平城副将阿山、叶臣与猛士二十四人，冒火奋力攻

皇太极

———————————

① 《清太宗实录》，第5卷，第34页。

城，乃我国第一等骁勇人。蒙上天眷佑，幸俱无恙，朕甚爱惜之。前以巴图鲁萨穆哈图，攻遵化城先登，骁勇出众，已有旨，后遇攻城，勿令再登。及攻昌黎县，萨穆哈图又复预焉。朕心怆然。自后此等骁勇建功之人，但当令在诸贝勒大臣左右，督众并进。如彼欲率先攻城，当阻止之，以副朕爱惜材勇之意。"①

皇太极是真心爱惜、爱护人才。不仅有嘉奖，还有惩处。"攻遵化竖梯时，有二兵退回，为后队督阵官所获，奏闻。上命斩以徇。"对待临阵退缩的后金两名士卒，皇太极痛下决心，命令斩杀。

嘉奖完毕，皇太极动情地即席发表了演说。上谕群臣曰："顷因克遵化，各旗大臣至登城士卒，俱以次赏赉者，非以大臣等身自登城也。嘉其督率尽善、备具坚固耳。嗣后视此为例，朕与尔等，经历险远，艰苦至此。已蒙天佑，克奏肤功。诸臣尤宜加意约束所属人员，爱士卒，如子弟。则所属士卒，亦视尔等如父母。平时克遵教令，临阵必竭诚效命，不违纪律矣。倘各旗大臣不加训饬，以致妄行不诛，则纪律废弛，而为恶者益炽。诛之，则曾经效力之兵，而以无知蒙罪，又实可悯。尔等有管兵之责者，当勤加教训，以副朕意。"②

这里说明嘉奖军官是因为"督率尽善、备具坚固耳"，是指挥得法，准备到位，不是因为你亲自登城。军官需要的是智慧，而不仅仅是勇气。并进一步强调军纪的重要性，军官要"尤宜加意约束所属人员"，除平时的政治思想教育，即"勤加教训"外，还要对违反军纪者，量罪"诛之"。二者不得偏废。

皇太极严格军纪、优降俘虏的政策，再次显示出巨大的威力。十一月十一日，长城重要关口喜峰口降顺。《皇清开国方略》记道："壬辰（十一日），明喜峰口参将千总二员、把总二员，赍降书至。给敕谕及令旗，禁戒蒙古扰害汉人。赐参将段（缎）二十，把总各段（缎）一。从者各段（缎）袍一。"③

不费一枪一弹，轻松地拿下喜峰口关。这是皇太极优降俘虏政策的又

① 《皇清开国方略》，第13卷，第5页。
② 《皇朝开国方略》，第12卷，第10页。
③ 《皇清开国方略》，第12卷，第10页。

一次胜利。

十一月十一日，皇太极亲率大军，向燕京进发。先是，命令参将英固尔岱、游击李思忠、文馆儒臣范文程，统备御八员、兵八百人，留守遵化。皇太极率军在距离遵化二十五里处扎营。

十一月十三日，大军至蓟州。以书信谕蓟州城内官民投降，蓟州降。

十一月十四日，大军抵三河县。擒获一名汉人，让他持书入城招降。

十一月十五日，命左翼三贝勒莽古尔泰及贝勒多尔衮、多铎、杜度、萨哈廉、豪格等，率兵三千先赴通州，探视通州河之渡口。皇太极随后自三河县起营，行走二十里，前哨捕获一名汉人，送到皇太极前。经审问，得知宣府、大同两镇总兵，现在都在顺义县。这是一条重要情报。皇太极立即命令贝勒阿巴泰、岳托，率领左翼两旗及蒙古两旗兵，前往截击，以免他们救助北京。经过一场激战，击败了总兵满桂、侯世禄之军队，俘获马千余匹，驼百余头。顺义知县知道抵挡不住后金八旗兵的攻势，"率众来降"。

自此，八旗军顺利攻占了遵化、蓟州、三河、顺义、通州诸地。于是，皇太极至通州，渡河，驻扎在通州城北。通州距北京近在咫尺，对北京构成巨大威胁。此时，皇太极发动了政治攻势，发布谕旨，传谕各城曰：

满洲国皇帝，谕绅衿军民知悉。我国素以忠顺守边。叶赫与我，原属一国。尔万历皇帝，妄预边外之事，离间我国，分而为二。曲在叶赫，而强为庇护。直在我国，而强欲戕害。屡肆欺凌，大恨有七。我知其终不容也。用是昭告于天，兴师致讨。天佑我国，先赐我河东地。我太祖皇帝，思戢干戈，与民休息，遣人致书讲和，而尔国不从。既而，天又赐我河西地。我复屡次遣使讲和，尔天启皇帝、崇祯皇帝仍加欺凌，使去满洲国皇帝帝号，毋用自制国宝。我亦乐于和好，遂欲去帝称汗。令尔国制印给用，又不允行。以故我复告天兴师，由捷径而入，破釜沉舟，断不返旆。夫君臣者，非牧民之父母耶？尔明之君臣，视用兵为易事，漠然不以爱民为念，不愿和好，而乐兵戈。今我军至矣，用兵岂易事乎？凡尔绅衿军民，有归顺者，我必加抚养。其违抗不顺者，不得已而诛之。此非余诛之，乃尔君自杀之也。若谓我国偏小，不宜称帝。古之辽金元，俱自小国而成帝业，亦曾禁其称帝耶？且尔朱太祖昔曾为僧，赖天佑之，俾成帝业。岂有一姓受命，永久不移之理乎？天运循环，无往不复。有天子而废为匹夫者，亦有匹夫而起为天子者。此皆天意，非人之所能为也。上天既已佑我，尔明朝乃使我去帝号，天其鉴之矣。我以抱恨之故兴师。不知者，以为恃强征讨，故此谕之。①

皇太极的这道上谕，旨在强调其发动征明战争的合法性。其最大的理论根据，是上天的支持。他高扬的理论旗帜是"天运循环，无往不复"。不是我皇太极想要征服你们，是老天命我这样做，"此皆天意，非人之所能为也"。皇太极振振有词地反诘道："岂有一姓受命，永久不移之理乎？"又调侃地揭露说，"且尔朱太祖昔曾为僧，赖天佑之，俾成帝业。"其实，你们的老祖宗朱元璋，原先也只不过是一个秃头和尚而已。和尚能够夺天下，我们难道不如一个和尚吗？

十一月十七日，皇太极大军起行。一路势如破竹，很快占领了北京郊外二十里之牧马厂，扎营于此。其管马太监两名及三百余人出降。这两位管马太监，后来知道，就是马房太监杨春、王成德。他们二人不能小觑，由于他们的告密，导致大将袁崇焕的人头落地，从而祖大寿降清，历史改写。这乃是后话。

二十日，大军再次起行，逼近燕京，驻扎于城北土城关之东，两翼兵驻扎于城之东北。

皇太极对北京城虎视眈眈，北京城岌岌可危。

北京城俨然一个不设防的城市。城外大兵压境，城内乱作一团。崇祯帝宣布京师戒严，急调全国各地兵马来京勤王。并传谕袁崇焕"多方筹划"，以解倒悬。袁崇焕不敢懈怠，急调手中的兵马，从各个方面堵截后金军。他自己也率兵回返蓟州。但是，这个时候，北京城内却散布着一个败坏袁崇焕名声的传言，说他有意引导后金军进京。而袁崇焕在通州又没有同后金军交战，使人们更加怀疑袁崇焕的动机。谣言肆意传播，崇祯帝也对袁崇焕充满了戒备心理。然而，对此袁崇焕竟浑然不觉。

十一月十六日，袁崇焕生怕后金兵逼近京师，仅率领骑兵九千，以两

① 《清太宗实录》，第5卷，第38页。

昼夜行三百里的速度，由间道急抵北京城广渠门外扎营。此时，后金兵亦兵临城下。后金兵发起攻击，袁崇焕躬擐甲胄，督军力战。二十二日，皇太极率领诸贝勒，环阅北京城。二十四日，皇太极徙营屯南海子。二十六日，进兵距离城墙二里时，发现袁崇焕、祖大寿的部队，在城东南角扎营，竖立栅木为障碍，阻挡后金军。皇太极轻骑巡视说："路隘且险，若伤我军士，虽胜不足多也。"诸贝勒屡次请求攻打城堡，皇太极坚决拒绝，深情地说道："朕仰承天眷，攻城必克。但所虑者，倘失我一二良将，即得百城，亦不足喜。朕视将卒如子。尝闻语云：子贤，父母虽无积蓄，终能成立；子不肖，虽有积蓄，不能守也。此时正当善抚我军，蓄养精锐耳。"①

这就是皇太极的人才观。他视才如命，爱惜有加。于是，便停止了进攻。

袁崇焕是大名鼎鼎的抗战派，并握有强悍的武装力量，成为后金灭明的最大障碍。但此次率兵到京后，崇祯帝对他却心存疑虑，与其虚与委蛇。虽几次召见，赏赐御馔及貂裘，但却拒绝其部队入城休整。

与此相配合，后金汗皇太极却导演了一场无中生有的反间计，借敌人之手除掉自己的敌人。《清太宗实录》记载了这个反间计。记载的目的是为了宣扬皇太极反间计的成功。文曰："先是，获明太监二人，令副将高鸿中、参将鲍承先、宁完我、巴克什达海，监守之。至是还兵。鲍成先遵上所授密计，坐近二太监，故作耳语云：今日撤兵，乃上计也。顷见上单骑向敌，敌有二人来见上，语良久，乃去。意袁巡抚有密约，此事可立就矣。杨太监者，佯卧窃听，悉记其言。庚戌（十一月二十九日），纵杨太监归。后闻杨太监将高鸿中、鲍成先之言，详奏明主。明主遂执袁崇焕入城，磔之。锦州总兵祖大寿大惊，率所部奔锦州，掠夺民物，毁山海关而出。"②

这是说，先是，后金大军屯南海子时，俘虏了明朝提督大坝马房太监杨春、王成德，便指派副将高鸿中、参将鲍承先、宁完我、巴克什达海等监收。明末，太监受到宠幸，是皇帝的心腹。高鸿中、鲍承先按照皇太极

① 《皇清开国方略》，第12卷，第12页。
② 《清太宗实录》，第5卷，第43页。

的"所授密计",夜里回营,坐在两个太监睡觉的地方,故作耳语道:"今日撤兵,乃上计也。顷见上单骑向敌,敌有二人来见上,语良久,乃去。意袁巡抚有密约,此事可立就矣。"语言简短,含义深长。它暗示袁崇焕已与这位金国汗皇太极有密约,攻取北京"可立就矣"。太监杨春"佯卧窃听,悉记其言"。二十九日,高、鲍又故意放跑杨太监。杨太监回到朝廷,以重大军情晋见崇祯帝,把高鸿中、鲍承先说的话都详细地报告

北京故宫太和殿内景

了崇祯帝。崇祯帝朱由检,深信不疑。

十二月初一日,刚愎自用的崇祯帝以"议饷"的名义,再次召见袁崇焕、满桂、祖大寿等。袁崇焕急忙赶至平台。袁崇焕喘息未定,崇祯帝当即质问袁崇焕,以前为什么擅杀毛文龙,现在为什么进京逗留不战。因事发突然,袁崇焕毫无准备,一时语塞。崇祯帝当即下令将其逮捕,交付锦衣卫关押听勘。时逢阁臣成基命在侧,感到崇祯帝此时下令逮捕袁崇焕不妥,当即叩头犯颜直谏,请皇帝慎重而行。崇祯帝朱由检自负地说道:"慎重即因循,何益!"成基命深感事态严重,再次叩头,请皇帝三思:"兵临城下,非他时比!"崇祯帝执迷不悟,我行我素,还是坚持己见,逮捕关押了前方主帅袁崇焕。

接着,崇祯帝采取了一些补救措施,借以安定前线将士。令太监车天祥慰问辽东将士;命满桂统率各路援兵,节制诸将;谕马世龙、祖大寿分理辽东兵马。年轻的崇祯帝,自以为得计。

总兵官祖大寿眼见崇祯帝下令逮捕袁崇焕,如晴天霹雳,不知所以。他与崇祯帝虚与委蛇,表面答应。而后,他奔出险地平台,同副将何可纲

北京故宫中和殿

一起，率领辽东将士，毁弃山海关，杀回老家宁远。崇祯帝逼反了祖大寿。

接下来，崇祯帝发布谕旨，指责袁崇焕，谕曰："袁崇焕自认灭胡，令胡骑直犯都城，震惊宗社。夫关宁兵将，乃朕竭天下财力培养训成，远来入援。崇焕不能布置方略，退懦自保，致胡骑充斥，百姓伤残，言之不胜悼恨。今令总兵满桂总理关宁兵马，与祖大寿、黑云龙督率将士，同心杀敌。各路援兵，俱属提调。仍同马世龙、张弘谟等设奇邀堵。一切机宜，便宜行事。"

就这样，袁崇焕由昔日的殿上臣，变成今天的阶下囚。世事无常啊！

明崇祯三年，天聪四年（1630）八月十六日，明廷以"通虏谋叛""失误封疆"等罪名，悍然将率师入卫北京的袁崇焕处以磔刑，其家产没收入官，兄弟、妻子流放三千里。

袁崇焕之死实是一桩历史冤案。奸臣得势，忠臣被害。黑白颠倒，忠奸混淆。明朝崇祯时期，君昏臣奸，朝政紊乱。这给皇太极以可乘之机，使其反间计大行其道，最终导致明朝忠臣袁崇焕授首。这也反证了皇太极高度的智慧与高超的手段。袁崇焕冤死，奸臣当道，国事日非。清人评论说："自崇焕死，边事益无人，明亡征决矣。"

袁崇焕下狱，祖大寿大惊，急率所部毁山海关，奔锦州。袁军听此噩耗，顿时走散一万五千余人。北京永定门南，明朝军与后金军进行了残酷的肉搏战。明朝军以满桂、黑云龙、麻登云、孙祖寿四总兵率领的四万步骑兵，同后金军厮杀，满桂等三十余名军官战死，明朝军失败。这时，后金诸将争请攻打北京城。皇太极笑着说："城中痴儿，取之若反掌耳！但其疆域尚强，非旦夕可溃者，得之易，守之难，不若简兵练旅，以待天命可也。"

于是，皇太极留下一封答复崇祯帝的请和信后，率军离京东归，连下遵化、永平、滦州、迁安四城，留兵据守，其余众军返回沈阳。

不久，就发生了后金军围困大凌河城的攻坚之战。

袁崇焕冤死。但是，一年前，他下令杀了毛文龙。毛文龙的部下无所归依，终致星散。最著名的几个部下，几经周折，还是投降了后金国。这当然和天聪汗皇太极的优降政策有很大的关系。孔有德、耿仲明、尚可喜就是在这个正确的优降政策的感召下，投降后金国的。孔有德、耿仲明、尚可喜，后来成为三顺王。

但在这之前，天聪汗皇太极含泪处理了二贝勒阿敏的杀俘逃跑大案。这在后金国起到了意想不到的积极作用，为后金国的发展奠定了牢固的精神基础。

第七章　围困大凌河　坚持优降策

一、惩阿敏严肃军纪

天聪四年（1630），天聪汗皇太极惩处了后金国的第三号人物二贝勒阿敏。这是震动后金国高层的重大政治事件，其影响至为深远。

本书多次谈到阿敏，到底阿敏何许人也？

据《清史稿》记载，阿敏是一个复杂的人物，立过大功，闯过大祸。

阿敏，努尔哈赤三弟舒尔哈齐第二子。

万历三十六年（1608）春三月戊子朔（初一日），阿敏协助努尔哈赤并长子阿尔哈图土门贝勒褚英，率兵五千，征乌剌国。围其宜罕阿麟城，克之。斩千人，获甲三百，俘其众以归。这是努尔哈赤第一次征讨乌剌，阿敏立有战功。

万历四十一年（1613），努尔哈赤发兵三万再次远征桀骜不驯的乌剌。乌剌贝勒布占泰率兵三万来迎。显然，这是一场你死我活的决战。努尔哈赤没有足够的把握，心想避战。阿敏同其他贝勒一起，奋然请战道："我士饱马腾，利在速战。所虑者，布占泰不出耳！今彼兵既出，平原广野，可一鼓擒也。舍此不战，厉兵秣马，何为耶？"于是，努尔哈赤决定一战，结果大胜而还。这是努尔哈赤第二次征讨乌剌。阿敏此战表现突出，给努尔哈赤留下了深刻的印象。

于是，天命元年（1616），努尔哈赤建立后金国时，特授四大和硕贝勒，号"四大贝勒"，即大贝勒代善、二贝勒阿敏、三贝勒莽古尔泰、四贝勒皇太极，同努尔哈赤一起共执国政。阿敏以序称"二贝勒"。由此，二贝勒阿敏成为后金国炙手可热的第三号人物。

明万历四十七年，天命四年（1619）三月的萨尔浒大战中，二贝勒阿敏先是在攻打明军马林营的作战中，表现神勇；后来在抵御明总兵刘綎的战斗中，绝地厮杀，同大贝勒代善一起，阵斩刘綎。

其后，"寻从上破叶赫。天命六年（1621），从上取沈阳、辽阳。镇江（今辽宁丹东）城将陈良策叛附明将毛文龙，阿敏迁其民于内地。文龙屯兵朝鲜境，阿敏夜渡镇江，击杀其守将，文龙败走。天命十一年（1626），伐喀尔喀巴林部，取所属屯寨。伐扎鲁特部，俘其众"。①

但是，其后阿敏在战场上的表现，却不尽如人意。阿敏在天聪年间，受命主持征讨朝鲜的重大战役中，暴露出他灵魂丑陋的一面。前文对此已有详细论述，现在作一简要回顾。

天聪元年（1627）正月初八日，皇太极命二贝勒阿敏（舒尔哈齐第二子）、贝勒济尔哈朗（舒尔哈齐第六子）、阿济格（努尔哈赤第十二子）、杜度（贝勒褚英子）、岳托（大贝勒代善长子）、硕托（大贝勒代善第二子）等统率三万大军，往征朝鲜。二贝勒阿敏担任主帅。

正月十三日，征朝大军渡过鸭绿江，进入朝鲜境内。到三月初三日，在朝鲜的江华岛，朝鲜国王李倧同后金国的代表总兵官刘兴祚、巴克什库尔缠签订和约，历时一月有余。这是此次战争签订的第一个和约。因代表后金同朝鲜签订和约的是级别较低的两位官员，前线统帅

堂子庙

---

① 《清史稿》，第215卷，第30册，第8943页。

二贝勒阿敏很不满意。他想亲自同朝鲜签订和约。为此，他不顾其他贝勒的反对，一意孤行，继续进兵。同时，违反皇太极规定的严格的军纪，"复令八旗将士，分路纵掠三日，财物牲畜，悉行驱载"。竟让将士大肆抢掠三天，把掠获的财物牲畜，全部运载回来。

阿敏最严重的错误是，天聪四年（1630）弃置明朝北方四城的问题。天聪四年（1630）五月，皇太极攻占了明朝北方四城：永平、滦州、迁安、遵化。皇太极命二贝勒阿敏及贝勒硕托，将五千人驻守。阿敏驻永平，分遣其他诸将分守三城。明朝经略孙承宗督兵攻打滦州，阿敏只是派遣了一两百人赴援。既而，阿敏尽收迁安县守兵及居民，遁入永平府。明兵发红衣大炮猛轰滦州城垛，城楼焚毁。滦州守将纳穆泰、图尔格、汤古代等，力不能支，遂弃城奔永平。遇明兵堵截，后金军伤病号等阵没四百余人，其余的兵民逃进永平。时为天聪四年（1630）五月十三日。

永平守将阿敏、硕托，看到拥进永平的兵民，反应异常。《清太宗实录》记道："阿敏、硕托大惊，欲弃永平去。并令镇守遵化察哈喇等，亦弃遵化出境。于是，阿敏将永平城内归降汉官巡抚白养粹、知府张养初、太仆寺卿陈王庭、行人司崔及第、主事白养元、知县白珩、掌印官陈清华、王业弘、陈廷美、参将罗墀、都司高攀柱等，悉戮之。并屠城中百姓，收其财帛。乘夜弃永平城而归，出冷口。其镇守遵化察哈喇等，亦弃遵化，率兵突围，全军而还。"①

前方统帅二贝勒阿敏，屠杀官民，抢夺财物，弃置四城，全军逃回。这一天，皇太极还没有得到他们弃城逃回的消息，仍命贝勒杜度率官四十员、精兵千人，赴永平驻防。并敕谕二贝勒阿敏曰："大军若遇天雨连绵，致误进兵之期，则已。否则，必乘青草时速往。其永平、遵化、滦州、迁安等处，归顺之民，耕种田禾，宜严禁扰害。此四处降民，为汉人未降者所瞩目，岂可令其失望？又勿以形迹可疑，妄指平民为奸细。真奸细岂易查缉，恐反致官民惊骇不安耳。"②

皇太极的这个上谕，高瞻远瞩，具体而微，要求明确，设想周到。谆谆告诫："归顺之民，耕种田禾，宜严禁扰害。"意义重大："此四处降民，

① 《清太宗实录》，第7卷，第4页。
② 《清太宗实录》，第7卷，第5页。

为汉人未降者所瞩目，岂可令其失望？"皇太极想要以这四座城池为样板，大面积推广他的优待降民的俘虏政策。这是他征讨明朝的一个重要的战略思想。

盛京怀远门

阿敏率兵弃城逃归的消息，终于报告给了皇太极。皇太极极为震惊，极为气愤、失望。五月二十三日，皇太极在沈阳宫殿，召集诸贝勒大臣等，郑重发布上谕："前出兵时，每牛录甲兵或二十人，或十五人，毁明朝坚固边墙，长驱直入。又蒙天佑，拔其坚城。所号天下雄兵，在摧败。及天以遵化、永平、滦州、迁安与我，随令每牛录拨护军三名、甲兵二十名，驻守其地。兵数较前更多。特命贝勒阿敏、硕托、众大臣，为之统帅。及明兵来攻滦州，凡三日，用红衣炮，破垛口二座，城楼被焚。我兵少却。敌乘隙而上，我兵复击之。比城破，诸臣不复整兵，身先奔溃。众兵闻主将已出，或四五十人为队，或二三十人为队，奔走永平。敌兵四出遮击，我兵冲出重围，惟被创及染病者，未得脱耳。镇守永平阿敏、硕托，自入敌境，未见敌形，未发一矢。将永平、迁安归顺之民，尽杀之。天所与之四城，尽弃之，率众遽归。此皆贝勒不尽忠为国，诸臣复各顾其私，故至此耳。"①

皇太极说完这番话，胸中愤懑，心情沉痛，"嗟叹良久"，不能释怀。严厉痛斥阿敏、硕托："自入敌境，未见敌形，未发一矢。将永平、迁安归顺之民，尽杀之。"其弃城逃跑的行为，皇太极揭露是"此皆贝勒不尽忠为国，诸臣复各顾其私"。他们的罪行，"举国官员军士，无不痛愤"。

对阿敏一行，皇太极采取了以下五个步骤。

第一个步骤，没收赃物，查出入官。皇太极谕旨："前三次师还，因

① 《清太宗实录》，第7卷，第6页。

行间劳苦，凡有所获，悉听携回。此番将卒，弃我所得之城，杀我所养之民，将牲畜财物，尽载以归。徇私误国之咎，难以宽宥。其悉令查出入官，以昭国法。"①

盛京城的西北角楼

于是，特派固山额真额驸和硕图、额驸达尔哈、额驸顾三台及喀克笃礼四位官员，前往查处此事。镇守遵化诸臣及军士所获之物，有旨免于查抄，留给个人。其余弃置永平、滦州、迁安诸城，奔逃而还之诸贝勒大臣所得财物牲畜，悉行查处；军士所得金银、绸缎、布匹、衣服，皆查处入官。

第二个步骤，拒其入城，等待处罚。六月初四日，二贝勒阿敏败绩师还。皇太极下令，阿敏等诸贝勒大臣，不得入城。于沈阳十五里外驻营，只许士卒入城。

第三个步骤，分别审讯，辨别责任。六月初五日，皇太极亲赴马馆，对齐集于此的诸贝勒大臣严肃地说道："贝勒阿敏、硕托及诸将士，以天所与之城池土地，弃之而归。尔等试往问之。滦州陷于明人，尔守城诸将，果全师而来耶？镇守永平贝勒阿敏、硕托及诸将，果守城据战而后失永平耶？抑出城迎敌，对垒不胜而来耶？果尔，则情有可恕。乃明人曾未攻城，伊等未见敌形，未向敌兵张一弓、发一矢，而遽尔奔回，且不能全军殿后，致为明人所袭。是以明之金银、缎帛、人口为贵而携之，以我兵为贱而弃之也。可往讯其故。"②

皇太极特派总兵官以下、备御以上之官员，审讯阿敏、硕托等诸将，到底为什么弃城逃归？为什么那么重视财物、轻视士兵？为什么未见敌形、未发一矢，而遽尔奔回？诸臣查问过后奏报皇太极："贝勒阿敏，已自服罪。诸臣俱无辞。"阿敏认罪，诸臣无言，他们都知道自己犯有大罪。

第四个步骤，收监关押，严厉惩处。六月初六日，皇太极命令，"以镇守永平诸将败归，自总兵官以下，备御以上，俱系之"。皇太极盛怒之下，命令将败归诸将一律逮捕关押，并将他们召集起来，听自己训话。皇太极见到他们，想起身陷敌手的士卒，"恻然泪下"。他不解地说道："明兵两三月间，何遽如是之强耶？彼果有神术欤？如有神术变化，尔等力不能支，其来亦宜。岂所付尔等之兵寡欤？抑尔等诸臣皆懦弱欤？夫汉人之兵，我等岂未见其伎俩耶？图尔格、纳穆泰，朕以尔二人为能，故用尔为帅。谓战则必克，谋则必成。朕实嘉奖尔等。今不死彼处而归，何厚颜至此。

"……

"纵谓敌势强盛而归，归斯已耳。但尔等既能将人口、财物、牲畜携之而归，何不收我士卒，与之俱归耶？彼士卒何辜，忍令其呼天抢地，以就死地耶？朕言念及此，何以为心。"①

说到这里，"上感伤落泪。大小诸臣见之，无不流涕"。

第五个步骤，分清优劣，甄别好坏。皇太极盛怒过后，平静下来，"复谕诸臣，察奔还诸将中，有摧锋陷阵者，可一一俱奏"。命令在奔还诸将中，鉴别出勇敢善战者。对他们，解除管束，恢复自由，照旧重用。《清太宗实录》记道："于是，以阿尔津、库尔缠、觉善，于滦州城内力战既出，复能杀敌；图赖、阿山、吴拜、邦素、伊勒木，夜入敌营，击败敌兵，遂令释其缚。阿拜因曾劝谏贝勒，贝勒不从，非其罪，亦命释之。以镇守迁安两旗官，固守城池，击退敌兵，亦释之。其镇守永平三旗裨将，只听从贝勒大臣驱使，非能主其事，虽劝谏必不见听，亦俱释之。又巴都礼、张什八、阿福尼、爱通阿、翁阿岱等，曾往救滦州，突围入城，亦释之。"②

从奔还诸将中，甄别出"摧锋陷阵者"，可见皇太极具有很高的政策水平，对他们不是一律看待，而是分别处理。优者释之，劣者关之。"其

———

① 《清太宗实录》，第7卷，第9页。
② 《清太宗实录》，第7卷，第10页。

余镇守滦州三旗大臣及驻守永平三旗大臣，俱押赴所司听堪"，关押了有问题的大臣。

至此，经过五个步骤，在三天之内，即六月初四日至初六日，皇太极对奔还诸将做了初步处理。但是，此时还没有处理前线统帅二贝勒阿敏。

六月初七日，专门处理阿敏问题。这一天，皇太极将诸贝勒大臣召集到宫殿，命他们集中揭发、集中讨论阿敏的问题。诸贝勒大臣经过认真揭发、讨论，归纳出阿敏的十六条罪状，并上奏给皇太极。皇太极命贝勒岳托宣示于众。全文较长，内容具体，信息丰富，十分重要，故特逐字引述。《清太宗实录》记道：

> 其议曰：阿敏怙恶不悛，由来久矣。阿敏之父（努尔哈赤三弟舒尔哈齐），上之叔父行也。当太祖在时，情敦友爱。乃阿敏唆其父，欲离太祖，移居黑扯木地，令人伐木，备造房屋。太祖闻之，以擅自移居坐罪。既而，欲宥其父而戮其子。诸贝勒奏请，谓既宥其父，祈并宥其子。彼虽无状，不足深较。太祖于是仍加收养。及其父既殁，太祖爱养阿敏，同于己出。俾得与闻国政，并名为四和硕大贝勒。曾见太祖之待阿敏，因其为弟所生之子，而爱养有殊乎？及太祖升遐，上嗣大位，仰体太祖遗爱，仍以三大贝勒之礼待之。曾见上之待阿敏，因其为叔父之子，而爱养又殊乎？而阿敏忘恩背德。其罪一也。
>
> 昔朝鲜与我国相好，后助明图我。又容留我辽东逃民，因昭告天地，往征其国。时命阿敏、济尔哈朗、阿济格、杜度、岳托、硕托等及八大臣，率重兵前往。蒙天眷佑，克彼义州。其郭山、安州，亦相继攻拔。所克城池，留兵屯守。大军直趋王京。朝鲜国王闻之，弃城窜入海岛，遣使来恳撤兵。即当归降，岁贡方物。时诸贝勒大臣议，欲其国王与执政大臣，俱设盟誓，并令其亲信大臣前来面定。既申信义，即可归报于上。是遣官与其国王、执政大臣等，共相约誓。复携其王弟来为质。岳托言：朝鲜既已订盟，我等统朝廷重兵，不可久留于外。且蒙古与明，皆敌人也，宜急归防御。阿敏独言：朝鲜业已弃城，遁入岛中。汝等不往，我将与杜度往住王京。杜度不从。岳托谓阿敏之弟济尔

哈朗曰：汝兄所行逆理，汝盍谏止之。朝鲜王京，阻江为险。江岸置木栅枪炮，兵马环列。且闻冰已解，亦恐难渡。汝欲去则去，我自率我二旗兵还。若两红旗兵还，两黄旗、两白旗兵，亦随我还矣。济尔哈朗以此言力谏，阿敏方回。是阿敏心怀异志，已于彼时见之。其罪二也。

及师还之东京，有俘获之女，阿敏擅欲纳之。岳托谏曰：俘获妇女，当借以闻于上，何可私取？阿敏谓岳托曰：汝父往征扎鲁特部落时，不常取妇人耶？我取之何为不可？岳托曰：吾父之所以取者，因出征所得。上以分赐出征贝勒，我父得一人，汝亦得一人。今汝欲擅纳，则不可。后朝鲜之女，既入内廷。阿敏复令副将纳穆泰求之，纳穆泰于次日入奏。上曰：未入宫之先，何不言之？今已入宫中，如何可与？阿敏因不遂其请，常在外觖望（觖，jué，音决；觖望，因不满意而怨恨）于座次有不乐之色，复退有后言。上闻之曰：为一妇人，乃致乖兄弟之好耶？遂赐总兵官楞额礼。是阿敏悖行无忌。其罪三也。

阿敏又于众中言曰：我何故生而为人，不若为山木，否则生高阜处而为石。山木之属，虽供人伐取为薪；大石之上，虽不免禽兽之溲渤（sōu bó，大小便），然之于我，犹为愈也。其语言乖谬如此。初土谢图额驸奥巴，为察哈尔所侵，赴诉于我。言我等既通好为一国，当为我复仇。上因是往征察哈尔。乃奥巴背所约之地，从他道入，复不待我兵先回。上怒，因下谕曰：土谢图既议同征，不至所约之地，使我与察哈尔构怨。而彼实与察哈尔通好，是欺我也。因谕诸贝勒，永勿遣使往彼。彼使至，勿容进见。且厉词切责之。乃阿敏未抵家之前，即遣人遗以甲胄、鞍辔。且以上责备之语，属使者尽告之。奥巴闻之大惊，遂以书遗阿敏曰：此事惟贝勒周旋之。又奏上书一通。及使至，上不容晋见。阿敏私留其使于家。又匿其书不呈上览，违背上旨。其罪四也。

又上曾降旨诸贝勒，凡诸贝勒大臣，子女婚嫁，必尽奏于上。乃阿敏竟不奏闻，惟贪牲畜，私以女与蒙古贝勒赛特尔。赛特尔辞以已娶二妇，阿敏复强与之。及宴会，始奏请上幸其第。

上曰：初许嫁时，未尝俱奏。此时何遽请幸其第耶？遂不往。后又擅娶赛特尔女为妻。阿敏又奏于上云：吾女嫁赛特尔甚苦，祈向赛特尔言之。上曰：吾国之女，下嫁于他国者，何尝失所？汝女方许嫁时，不奏于我。今女不得所，何必来奏。汝自向彼言之可也。阿敏因此常怀怨愤，违背上命。其罪五也。

太祖时，守边驻防，原有定界。后因边内地瘠，粮不足用，遂展边开垦。移两黄旗于铁岭，两白旗于安平，两红旗于石城。其阿敏所管两蓝旗，分驻张义站、靖远堡。因地土瘠薄，与以大城之地。彼乃越所分地界，擅过黑扯木地开垦。彼时曾定阿敏一旗罪，将所获之粮入官。后又弃靖远堡，移驻黑扯木地。上见其所弃，皆膏腴良田，谕阿敏曰：防敌汛地，不可轻弃。靖远堡地，若不堪种，移于黑扯木地犹可，今皆附近良田，何故弃之？大贝勒代善、莽古尔泰责之曰：汝违法制，擅弃防敌汛地，移居别所，得无有异志耶？阿敏不能答。若此举动，殆欲乘间移居黑扯木，以遂其异志。其罪六也。

阿敏曾告叔父贝和齐曰：吾梦被皇考篝楚，有黄蛇护身。此即护我之神也。心怀不轨，形之寤寐。其罪七也。

上出征，令阿敏留守。大军行后，阿敏于牛庄、张义站，屡次出猎。又私自造箭，复欲行猎，不思急公，不守城池，惟耽逸乐。其罪八也。

岳托、豪格两贝勒出师先还。阿敏迎至御马馆，略无款曲之言。乃令留守大臣，坐于两侧，彼坐居中，俨若国君。令两贝勒遥拜一次，近前复拜一次，方行抱见礼。至上统率诸贝勒在途，及班师之后，皆无一言恭请圣安。凡诸贝勒大臣，出师还时，上亦乘马出迎。及御座，方受跪叩。阿敏自视如君，而欺凌在下诸贝勒。其罪九也。

初，永平既下，留济尔哈朗、阿巴泰、萨哈廉三贝勒暨八大臣，率兵镇守。上还沈阳，因修理军器，劝督农业，及有外国蒙古来朝诸事，期整顿就绪，以秋后复往。乃命阿敏、硕托，率兵六千，往代镇守永平之三贝勒。阿敏请与其弟济尔哈朗同驻。上曰：彼驻守日久，劳苦可念。宜令之还。濒行，贝和齐、萨哈尔察往送之。阿敏言：皇考在时，尝命吾弟与我同行。今上即位，乃不令与我同行。吾至永平，必留彼同驻。若彼不从，当以箭射之。贝和齐等曰：尔谬矣。何为出此言？阿敏攘臂言曰：吾自杀吾弟矣，将奈我何？灭伦狂悖。其罪十也。

阿敏入永平时，镇守诸贝勒，率满汉官来迎，张一盖。阿敏怒云：汉官参、游，尚用两盖。我乃大贝勒，何为止张一盖？遂麾之，策马入城。不思御驾行时，止张一盖。且有不张盖、不警跸之时。阿敏乃妄自尊大。其罪十一也。

及至永平，深恨城中汉人。因上抚恤降民，心甚不悦。言吾往征朝鲜时，克安州城，城中人民，释而不杀者，不过令其国人闻之，为攻取王京之先声耳。今汝等攻明燕京，既不克而还。及攻克永平，何故亦不杀其人民？时时怨谤，以己所行为是，以人所行为非。又向众兵言：我既来此，岂令尔等不饱欲而归乎？誉己谤上。其罪十二也。

彼前略地时，有榛子镇归降。阿敏令众兵，尽掠降民牲畜、财物。又驱汉人至永平，分给八家为奴。我国之法，不惟归顺者不扰，即攻取之永平，何尝有犯秋毫？此皆众所共见者。今故意扰害汉人，隳坏基业，使不仁之名，扬于天下。其罪十三也。

镇守永平诸贝勒还时，永平官员俱有忧色。言诸贝勒既去，我等皆愿同往。恐去后，新来镇守贝勒，不能抚我。我等身家难保。及额驸达尔哈还，阿敏竟无一义理之言相告。但出怨言云：闻上欲议我罪。我思阿济格杀伤旗人，尚未坐罪。莽古尔泰屡有罪，亦未曾坐。我若有过，止可密谕。况我乃为上尽力之人，有何罪乎？怙非文过，怼怨君上。其罪十四也。

阿敏镇守永平时，遣人往喀喇沁部落求婚。喀喇沁以无女为辞。复遣人往云：前尔进上与诸贝勒，何以有女？今于我独无，何也？遂强胁喀喇沁，娶其二女。恃强逼婚。其罪十五也。

五月初十日，明兵围攻滦州，阅三昼夜。阿敏拥五旗行营兵及八旗护军，坐守观望，听其城陷兵败。既不亲援，又不发重兵，止遣一二百人往。徒令单弱之兵，死于敌人之手。是其心直欲城破兵尽，坚不肯援。若系彼镶蓝旗兵，必出力以援之矣。彼

141

以三旗精兵，非其所属，可委敌人而不顾，止率本旗兵回。故当滦州失守，我兵败归，彼既不往迎，复不待后军之至。遂于滦州失守之十三日，旋令兵还。又其时欲尽屠永平、迁安官民，硕托、众大臣谏曰：何故因失一城，而骤弃天所与之三城，并以上所抚养之人民，杀之而去乎？彼不从其言，竟尽屠永平、迁安官民，以俘获人口、财帛、牲畜为重，悉载以归。以我兵为轻，竟置不顾。且彼不听正言，止与其子洪科退及部下阿尔代、扈什布、席林、额孟格、德尔得赫等，私相定议，遽然而返。不思太祖在时，凡有所谋，必与执政诸贝勒大臣共议。今彼止与猥鄙之子洪科退私议。彼洪科退，当太祖时，使果有智略，太祖必早举而任之矣。岂至今始成人乎？又何曾得与会议之列？彼乃偏听其子及部下人之言而归。若果明兵攻永平，不能御敌，以致失城而归；抑或平原交战，以致败北而归。其情犹有可原。今未见敌人之旌旗，未发一矢以加敌，不以是所留成精兵，遣之往援；不以天所与四城疆土，悉心防守；不以上所抚养之官民，加恩安抚。心怀嫉妒，故欲毁坏基业，伤残军士，丧失城池。其罪十六也。①

这十六条罪状，条理清晰，逻辑严谨，有理有据，证据确凿。阿敏的罪状可以概括为四点。

第一，心怀异志，背恩忘德。这是追诉阿敏在太祖时代所犯下的罪行。这就要提到舒尔哈齐之死。阿敏的父亲是舒尔哈齐，舒尔哈齐乃努尔哈赤之亲弟。他是清显祖宣皇帝塔克世的第三子，与努尔哈赤同为宣皇后喜塔拉氏所生。努尔哈赤和舒尔哈齐是血缘上的同父同母的真正兄弟。舒尔哈齐比努尔哈赤小五岁，死于万历三十九年（1611），时年四十八岁。

舒尔哈齐是怎么死的？这与前文其罪一里提到的"移居黑扯木地"有很大的关系。据李荣发教授考证，即今清原县黑石木。黑石木、北三家子城、下苏沟为三条沟岔。可能舒尔哈齐即驻在这个黑石木。

关于移居黑扯木地，《清史稿》里有明确记载，其文曰："自是上不遣舒尔哈齐将兵。舒尔哈齐居恒郁郁，语其第一子阿尔阿通、第三子扎萨克

① 《清太宗实录》，第7卷，第11页。

图曰：'吾岂以衣食受羁于人哉？'移居黑扯木。上怒，诛其二子。舒尔哈齐乃复还。岁辛亥（明万历三十九年，1611）八月，薨。"①

这里记载的"移居黑扯木"，文字简略，内容抽象。对此，《满文老档》

东京陵舒尔哈齐墓丘

有较详细的记载，可以弥补《清史稿》记载的不足。《满文老档》记道："聪睿恭敬汗（努尔哈赤）之弟舒尔哈齐贝勒，因系同父同母所生之弟，故凡国人、贤良僚友、敕书、阿哈，以及一切诸物，皆同样使之承受专主。虽使之如此同享国人、僚友及一切物品，然弟贝勒于出征之时，向无殊功，于大国之政道，亦未进一善见，令然才能矣。然虽无才能，因系汗之惟一亲弟，诸凡物品皆同样给予养之。如此供养，弟贝勒尚不知足，成年累月，怨其兄长。兄聪睿恭敬汗曰：弟，汝之所得家业及国人、僚友，非我等之父所遗留之国人、僚友，乃为兄我所赐也。斥其过恶之后，弟贝勒悍然曰：此生有何可恋，不如一死。遂背弃使其同等承受专主国人僚友之兄，偕其部众，出奔他路，异乡以居。聪睿恭敬汗怒，遂于己酉年（明万历三十七年，1609），聪睿恭敬汗五十一岁，弟贝勒四十六岁，三月十三日，尽夺昔赐与弟贝勒之国人、僚友及一切物品，使为孤子之身，斩不谏其弟并挑唆弟贝勒之族人阿萨布，焚杀大臣乌尔昆蒙兀。如此羞辱弟，使其孤立后，弟贝勒自责曰：多蒙兄汗赡养，吾欲另住，洵属狂妄，实乃我之过也。于是幡然归来。聪睿恭敬汗乃于是年将夺去之国人、僚友悉数归还弟贝勒。然弟贝勒不满足于兄聪睿恭敬汗之恩养，不憪于安享生计之天恩，辛亥年八月十九日，弟贝勒卒，享年四十八岁。"②

---

① 《清史稿》，第215卷，第30册，第8942页。
② 《满文老档》，第1卷。

这里提到的"遂背弃使其同等承受专主国人僚友之兄，偕其部众，出奔他路，异乡以居"，就是说，舒尔哈齐背弃其兄努尔哈赤，异乡以居，移居到黑扯木。

这里明确地记载了舒尔哈齐犯的一个严重错误，就是"偕其部众，出奔他路，异乡以居"。他不是只身移居他处，而是偕带臣子和军队出走，脱离中央，另立山头，大闹独立。这是分裂努尔哈赤女真国的不可饶恕的极为严重的错误，近乎犯罪。

对于舒尔哈齐的这个严重错误，努尔哈赤的反应非常激烈，痛下重手："上怒，诛其二子"，"斩不谏其弟并挑唆弟贝勒之族人阿萨布，焚杀大臣乌尔昆蒙兀"。努尔哈赤没有因为他是自己的亲弟弟而手软，而是坚决地剥夺了他的一切特权，并且杀掉了他的两个儿子及他周围出坏主意的近臣阿萨布及大臣乌尔昆蒙兀。并将舒尔哈齐彻底地孤立起来，"使为孤子之身"，以免他再惹是生非。

舒尔哈齐是一颗危险的种子。如果处理不当，很可能酿成大患。因为他的身份特殊，他是努尔哈赤的亲弟弟。除了努尔哈赤，任何人都奈何不了他。在这种无可奈何的情况下，舒尔哈齐才服软，并从分裂之地黑扯木归来，"舒尔哈齐乃复还"。舒尔哈齐回来后，努尔哈赤念及他有悔改的表现，就恢复了对他的待遇。

其实，对这个不大成器却野心很大的亲弟弟，努尔哈赤一直是苦心诱导和耐心教育的，只是舒尔哈齐总是不满意。"如此供养，弟贝勒尚不知足，成年累月，怨其兄长。"努尔哈赤果断地处理了这个还没有来得及酿成大祸的亲弟弟，表现了他政治家的风度。但是，后来舒尔哈齐的表现仍然令人担心。努尔哈赤担心其再出现其他问题，才下令软禁了舒尔哈齐。舒尔哈齐死在软禁之中。至于在软禁中，是他杀、自杀或病死，则正史无记载。《清史稿》说是"薨"，《满文老档》说是"卒"，看起来，都不是努尔哈赤下令诛杀的。自杀的可能性也很小，最大的可能是病死。从努尔哈赤平等地对待舒尔哈齐的六个儿子来看，也可以印证舒尔哈齐是病死的。

但是，这次的事件揭发出了一个新的细节，就是阿敏在这个移居黑扯木事件中的表现。这里说道："乃阿敏唆其父，欲离太祖，移居黑扯木地，令人伐木，备造房屋。"这是说，舒尔哈齐移居黑扯木，是阿敏出的主意，即"乃阿敏唆其父"。一个"唆"字，道出了这个事件的源头。努尔哈赤当年是了解这个情况的，所以想要治罪阿敏，"太祖闻之，以擅自移居坐罪。既而，欲宥其父而戮其子"。想要宽恕父亲舒尔哈齐，杀掉出坏主意的儿子阿敏。此时，诸位贝勒上奏努尔哈赤，请求宽恕父亲，也要宽恕儿子。"诸贝勒奏请，谓既宥其父，祈并宥其子。"并说："彼虽无状，不足深较。"这里的"状"，是"好样子"的意思。即是说："他们的表现不像样子，但是不要同他们计较了，毕竟是一家人。"

努尔哈赤听从了诸贝勒的建议，"于是仍加收养。及其父既殁，太祖爱养阿敏，同于己出。俾得与闻国政，并名为四和硕大贝勒"。

接下来的是几个诘问："曾见太祖之待阿敏，因其为弟所生之子，而爱养有殊乎？及太祖升遐，上嗣大位，仰体太祖遗爱，仍以三大贝勒之礼待之。曾见上之待阿敏，因其为叔父之子，而爱养又殊乎？"结论是"背恩忘德"。

第二，违背上旨，讨好外国。这主要是指阿敏对待蒙古土谢图贝勒奥巴的态度。起初，土谢图额驸奥巴贝勒，被察哈尔侵犯，打不过人家，就求救于后金国，对天聪汗皇太极哀求道："咱们既然是一家一国，你就应当替我报仇。"皇太极答应了他的请求，于是往征察哈尔。但是，奥巴贝勒却违背了当初互相约定的两军会合的地点，从其他道路进入阵地。而且，奥巴军又擅自行动，没有等待与后金军会合，就撤离了战场。

这种做法，实际上是出卖了后金国。这使皇太极极为愤怒。于是，皇太极发下谕旨："上怒，因下谕曰：土谢图既议同征，不至所约之地，使我与察哈尔构怨。而彼实与察哈尔通好，是欺我也。"于是，"因谕诸贝勒，永勿遣使往彼。彼使至，勿容进见。且厉词切责之"。

但是，阿敏对皇太极的最高指示置若罔闻，我行我素。随军的贝勒阿敏在未抵家之前，就秘密特派使臣将甲胄、鞍辔等贵重物品，赠送给了额驸奥巴，并且把皇太极责备奥巴的话偷偷地尽数告诉了他本人。奥巴听后大惊，于是暗中致书阿敏说："这件事，只有依靠你老兄帮忙周旋了。"同时，奥巴又向皇太极上一奏疏，欲为自己的行为辩解，并特派使臣拜见皇太极，想要缓和气氛。使臣到后，请求皇太极接见。皇太极怒气未消，拒绝接见。阿敏私自将奥巴的使臣留在家里，并将奥巴呈送皇太极的奏疏暗自藏匿起来，没有呈送给皇太极。

第三，胆大妄为，类比君主。罪状中许多都涉及阿敏的胆大妄为、类比君主的问题。阿敏虽然贵为后金国的第三把手，但是对自己的地位还是很不满意。他常在众人中散布，他的处境，不如山木与巨石。"阿敏又于众中言曰：我何故生而为人，不若为山木，否则生高阜处而为石。山木之属，虽供人伐取为薪；大石之上，虽不免禽兽之溲渤，然之于我，犹为愈也。"这是说，山木虽然被人伐取当柴火烧掉，巨石虽然经常有禽兽在其上便溺，也比我阿敏的处境要好，"然之于我，犹为愈也"。这是一个很成问题的心态，这个心态暴露了自己对第三把手的地位，很是不满，很是不服。

同时，阿敏相信他原非凡人，有神灵在护卫他。这个神灵就是蛇神黄蛇。"阿敏曾告叔父贝和齐曰：吾梦被皇考箠楚，有黄蛇护身。此即护我之神也。"在心理上，阿敏自视高人一等，在现实中他也类比君主。

这在其拜见君主和接见贝勒时，多有表现。"岳托、豪格两贝勒出师先还。阿敏迎至御马馆，略无款曲之言。乃令留守大臣，坐于两侧，彼坐居中，俨若国君。令两贝勒遥拜一次，近前复拜一次，方行抱见礼。"这是说，阿敏自比国君，其他贝勒拜见他，他的表现比国君还要牛。而对国君，阿敏的表现比国君还牛。"至上统率诸贝勒在途及班师之后，皆无一言恭请圣安。"阿敏根本没有把国君皇太极放在眼里，"皆无一言恭请圣安"。

还有一个非常典型的例证，可以证明他没有把国君放在眼里。他居然同皇太极争抢一位朝鲜妃子。事情的经过是这样的。先是，阿敏率军从朝鲜回师，俘获了一名朝鲜女子，阿敏想要擅自纳为妾。大贝勒代善的长子贝勒岳托谏阻道："俘获妇女，应当奏报国君。怎么能够私自据为己有？"二贝勒阿敏居然诘问岳托道："你的父亲过去征讨扎鲁特部落时，不也经常纳娶妇人吗？我纳娶为妻有何不可？"岳托据理辩驳说："我老爹代善之所以纳娶那名女子，是出发征战分配得到的。你忘了？天命汗努尔哈赤分别赏赐出征贝勒，我老爹得一人，你也得一人。现在你想擅自将她据为己有，那可不行。"阿敏对直言敢谏的岳托不敢发火，只得罢了。

后来这名朝鲜女人，进入内廷宫中。阿敏不死心，居然命其副将纳穆泰向皇太极要求，将这名朝鲜女子赏赐给他为妻。纳穆泰无法，硬着头皮，于次日入奏。皇太极惊讶地说道："未入宫之先，何不言之？今已入宫中，如何可与？"由于皇太极没有答应阿敏的无理要求，阿敏十分恼怒，怨恨满腹。上殿时，满脸不悦，还经常散布不满言论。皇太极听到他的不满反映，叹息道："为了一个女人，竟然闹得咱们兄弟不和！"于是，干脆将这名朝鲜女人赏赐给了总兵官楞额礼。皇太极心想，咱们俩谁也别要了。阿敏竟然敢于同国君皇太极争女人，这就不难看出他的胆大妄为，不可一世。

第四，屠杀降民，落荒逃跑。这是最严重的罪行。这是清算阿敏诸般罪行的启爆点。皇太极即位后，非常注意军纪。皇太极是一位具有远大抱负的政治家。他的所作所为，都是基于富于远见的战略思维。他极其反对短期行为，主张长期思维。优待战俘，是他长期思维的重要组成部分，是他一再宣传的俘虏政策。后金国内部，尤其是高层领导，对此都应该是耳熟能详的。

但是，二贝勒阿敏对此居然充耳不闻，视如敝屣，一意孤行，胡作非为。

天聪元年（1627）正月初八日，皇太极命二贝勒阿敏等往征朝鲜。前线统帅阿敏不顾其他贝勒的劝阻，违反军纪，下令"八旗将士，分路纵掠三日，财物牲畜，悉行驱载"。竟令将士大肆抢掠三天，把掠获的财物牲畜，全部运载回来。

天聪三年，明崇祯二年（1629）十月，皇太极发动了首次入关征明的战争，目标直指北京。这次战争一开始，皇太极就大张旗鼓地重申了约束部队的军纪"九勿"。这个著名的"九勿"是：若归降者，虽鸡豚勿侵扰；俘获之人，勿离散其父子、夫妇；勿淫人妇女；勿掠人衣服；勿拆庐舍祠宇；勿毁器皿；勿伐果木；勿食明人熟食；勿酗酒。军纪"九勿"，内容具体，词句简短，要求明确，处分严厉。其中特别指出"如违令杀降、淫妇女者，斩"，处以极刑。违反其他军纪，也要"鞭一百"。

但是，阿敏公然顶上，肆无忌惮地挑衅"九勿"军纪。天聪四年（1630）五月，皇太极攻占了明朝北方四城：永平、滦州、迁安、遵化。皇太极命二贝勒阿敏及贝勒硕托，率兵驻守四城。并谆谆告诫阿敏："其永平、遵化、滦州、迁安等处，归顺之民，耕种田禾，宜严禁扰害。此四处降民，为汉人未降者所瞩目，岂可令其失望？"这是说，皇太极要把此四城作为明朝降顺的样板，大面积推广他优待降民的俘虏政策。这是他征

147

讨明朝的一个重要的战略思想。

然而，阿敏遇到明朝的进攻，惊慌失措，决定逃亡。在逃跑前，大开杀戒，大肆掠夺。将降顺的汉官，"悉戮之"，"并屠城中百姓，收其财帛"。

综上所述，经诸贝勒大臣的揭发检举，二贝勒阿敏心怀异志、背恩忘德、违背上旨、讨好外国、胆大妄为、类比君主、屠杀降民、落荒逃跑。其罪状昭著，性质严重，"于是，众贝勒大臣等，合词请诛，以彰国法"。

皇太极对阿敏没有处以极刑，而是从宽处理。对阿敏及其子洪科退的处分，《清太宗实录》记道："上不忍加诛，从宽免死，幽禁之。夺所属人口、奴仆、财物、牲畜及洪科退所属人口、奴仆、牲畜，俱给贝勒济尔哈朗。止给阿敏庄六所，园二所，并其子之乳母等二十人，羊五百，乳牛及食用牛二十。给洪科退庄二所，园一所，满洲、蒙古、汉人共二十名，马二十四。"①

对镇守滦州及镇守永平的贝勒诸臣，也分别治罪。《清太宗实录》记道："又定镇守滦州及镇守永平贝勒诸臣罪。以硕托当阿敏执意还军时，不能力行劝止，如岳托之在朝鲜，力阻阿敏。乃徒以流涕相劝为辞，遂革硕托贝勒爵。夺所属人口，给其兄岳托。止给硕托在外一牛录人，及食口粮牛录下奴仆。其余器物，俱免籍没，令随其兄行。又汤古代出城时，不于所约之地相待，乃弃两旗兵前进。以致军行失道，陷敌者众。罪应死，免死，革职，夺所属人口。总兵官纳穆泰，坐敌攻本旗汛地，不率两旗诸将击敌。及至永平，不能全军以归，且不力劝阿敏，罪应死。免死，革职，籍其家。巴布泰不能如图尔格拒敌，使明兵竟逼城下。及明兵薄城，复不能出击。革职，追夺赐物。图尔格力拒敌人，不使逼城下。且出城击走敌兵，师旋复能殿后。但不能力劝阿敏。削一等总兵官职，解固山额真任。雍舜身为固山额真，当阿敏欲归，不能与硕托力行劝阻，且与阿敏私自商议。以致阿敏惟听其言，不从众大臣之谏，罪应死。免死，革职，解固山额真任。夺所属人口。固山额真拖博辉病未从征，以子达赉代父管固山额真事。令其侦探，乃竟无一言劝阻阿敏。以庸懦弗罪，释之。备御松俄图避敌不战，及出城，遇敌辄败走。罪应死，免死，革职。籍其家，鞭

① 《清太宗实录》，第 7 卷，第 22 页。

一百为奴。游击恩特微受炮焰，遂托伤卧病，擅离汛地，以致敌兵前进陷城。罪应死，免死，革职。籍其家，鞭一百为奴。爱木布路率先奔永平，罪应死，免死，革职。籍其家，鞭一百，并妻为奴。参将布山，诸事不自引咎，牵连诸将。且出城时，不收集本甲喇兵，遁归。革职，追夺赐物。备御黑勒不收集本甲喇兵，遁归。革职，追夺赐物。备御尼马察失期先逃，以致我军途遇伏兵，损伤甚众。革职，追夺赐物。备御郎什，攻城时微有中伤，遂规避离伍，致敌进城穴地，城陷。及出遇敌伏，复大损我兵。革职，追夺赐物，鞭四十五。德尔得赫原非议事大臣，妄劝贝勒班师，鞭五十，释之。"①

以上对镇守滦州及镇守永平之贝勒诸臣分别情况，一律予以定罪处分。涉及贝勒硕托、固山额真汤古代、总兵官纳穆泰、理黄旗事巴布泰、图尔格、固山额真雍舜、固山额真之子达赉、备御松俄图、游击恩特、爱木布路、备御黑勒、备御尼马察、备御郎什、德尔得赫等，计十四名。

在此作一说明，大贝勒代善有八个儿子，其中获得爵位的是七个儿子，依序为：岳托、硕托、萨哈廉、瓦克达、玛占、满达海、祜塞。可见，岳托是硕托的哥哥。固山额真汤古代是努尔哈赤第四子。巴布泰是努尔哈赤第九子，理正黄旗事，此次革掉的就是这个职务。即是说，在受到处分的十四名官员中，有三名是皇太极的至亲，即硕托、汤古代、巴布泰。硕托是现任后金国第二把手大贝勒代善的第二子，是皇太极的亲侄。汤古代是皇太极的哥哥，巴布泰是皇太极的弟弟。皇太极一视同仁，并不因为是自己的亲戚，而有丝毫手软。

处分完毕，皇太极还有一个心事未了。他惦记着被屠杀的降顺汉官妻、子的命运。《清太宗实录》记道："先是，上所养永平、迁安官民，阿敏尽杀之。其妻、子分给士卒。至是，上闻之曰：朕留养官民，已被屠戮。何忍复令其妻、子为奴耶？命籍孤子、嫠妇，编为户口，给以房舍、衣食，俾无失所。"②

拥有悲天悯人情怀的皇太极，惦记着被无辜杀害的永平、迁安官民的妻、子的命运。这些弱势人口，已经被无端地分配给士卒当奴隶了。皇太

① 《清太宗实录》，第7卷，第22页。
② 《清太宗实录》，第7卷，第24页。

极闻听此事，大为愤怒，斥道："朕留养官民，已被屠戮。何忍复令其妻、子为奴耶？"你们杀害了他们的男人，还将他们迫为奴隶，真是是可忍，孰不可忍？皇太极当即下令，对他们予以甄别，拯救他们于水火，"命籍孤子、嫠妇，编为户口，给以房舍、衣食，俾无失所"。

至此，处理阿敏事件告一段落。这是在后金国高层展开的一次大树立、大揭发、大处分、大教育的活动。皇太极意图通过这次活动，树立个人权威，整顿高层作风，严肃军队纪律，打击颓废情绪。这一切，都是为了迎接攻打明朝的更大的挑战。可以说，这是一次大的战役前的必要准备。

关于大树立，是树立皇太极的个人权威。先是天聪汗皇太极即位以后，其在宫殿内不是个人独自面南而坐，而是同三大贝勒一起面南而坐。如《清太宗实录》记道："天聪元年（1627）正月……上御殿，诸贝勒大臣、文武群臣朝贺，各按旗序，行三跪九叩头礼。大贝勒代善、阿敏、莽古尔泰命列坐左右，不令下坐。凡朝会之处，悉如之。"这就是说，皇太极给予三大贝勒以特殊的优渥，即在朝会、庆典、盛宴、出征和迎宾等重大的活动中，大贝勒代善、二贝勒阿敏和三贝勒莽古尔泰同天聪汗皇太极一起面南并列而坐，同时接受其他诸贝勒和大臣的三跪九叩礼。此外，天聪汗也免去三大贝勒的君臣礼，而对他只行兄弟之间的抱见礼。这种礼仪是十分特殊的，是同封建的集权制相抵触的。

这个礼仪的存在，实际上削弱了君权的力量。阿敏的诸多目无君上的表现，就说明了树立皇太极个人权威的必要性。在处理阿敏事件的过程中，多次提到阿敏藐视君权，欺君罔上。这在舆论上有助于树立皇太极的君主权威。事实上，经过了不长的时间，就取消了三大贝勒面南而坐的礼仪，只剩下皇太极面南而坐了。

关于大揭发，皇太极处理阿敏事件，没有个人独断专行，而是动员诸贝勒大臣集体参与，让他们集中揭发、集中讨论。最后，由诸贝勒大臣概括提炼出阿敏的十六条罪状。这个十六条罪状，内容具体，证据确凿。

关于大处分，这次不仅处分了二贝勒阿敏这个后金国的第三号大人物，而且处理了一大批犯有错误的官员。所涉官员层次高，数量大，标准严，量罪准。处分的基本精神是批判从严、处理从宽、一个不杀、全部不抓。即以阿敏的处分而言，完全可以杀掉，但皇太极不仅没杀，还给予了一定的物质待遇，使他仍然享有有限的个人尊严。

关于大教育，这个事件的处理，皇太极把它当作一个极好的教育活动。这里包括君权教育、纳谏教育、劝谏教育、军纪教育、优俘教育、勇敢教育、人权教育、外交教育等，内涵丰富，意义深远。即以人权教育而论，后金国已经由奴隶制社会转变为封建制社会，但是仍然存在奴隶制社会的残余。奴隶制社会的一个基本标志是把人不当作人，而是当作物。奴隶主对奴隶可以随意杀戮。任意杀俘，就是奴隶制社会的残余。此次，不准杀俘的教育，就是一个尊重人的生命的人权教育。这一点，显然取得了成功。

天聪四年（1630）六月，处理二贝勒阿敏的过程，实际上成为一个震摄高层官员灵魂的严肃活动。也可以说，皇太极因势利导，把处理阿敏的事件变成了一个对后金国高层树立君权、整顿作风、严肃军纪、挽回颓势的成功的教育活动。自此，后金国的权力精英们，可以轻装前进了。

下一步，皇太极密切注意着明朝山海关外的动态。

二、围大凌大寿降顺

天聪四年，明崇祯三年（1630）三月初二日，皇太极率领部将从迁安县东北的冷口出关，返回沈阳。先是皇太极亲率大军，自天聪三年十月至天聪四年二月，已经转战关内一百三十余日，辛苦备极，现在命令班师。下令贝勒阿巴泰、济尔哈朗、萨哈廉偕侍卫索尼等驻守永平、迁安、滦州、遵化四城，并谆谆告诫诸贝勒大臣曰："明之土地人民，天已与我，即我之土地人民也。以我之人民而虐害之，则已收之疆域，将非我有。他处人民亦无复有来归者矣。尔等宜严饬军士，毋虐害归顺之民。违者治罪弗贷。"[①]

这是皇太极告诫驻守关内四城将士的最高指示，是严格的军事纪律。

回到沈阳的皇太极考虑到前方将士已极疲惫，于三月初十日，派遣二贝勒阿敏、贝勒硕托等率兵五千，前去换防。皇太极嘱咐二贝勒阿敏"诸事勤慎"，这就包括了皇太极一贯的爱民主张。三月二十四日，二贝勒阿

---

① 《皇清开国方略》，第13卷，第7页。

明大学士兵部尚书孙承宗像

敏之部队进入冷口，与驻守永平的贝勒阿巴泰等换防，驻守永平、迁安、滦州、遵化四城。

皇太极率大军东归不久，明朝兵部尚书、大学士孙承宗督理军务。五月初一日，大学士孙承宗率明朝大军誓师，决心收复失地。孙承宗挥军，十二日攻克滦州，十三日收复迁安，十四日收复永平，十五日收复遵化。只用了不到十天的工夫，孙承宗军就收复了后金兵占领的遵化、永平、滦州、迁安四城。

此后，孙承宗于明崇祯四年，天聪五年（1631）正月，东出巡关。孙承宗提出，当务之急是首先修复大、小凌河两城，以接连松山、杏山、锦州等城。在山海关外，形成一条防务链。崇祯帝旨准，先行修复大凌河城（今辽宁锦县）。该城全称为大凌河中左千户所，位于锦州东三十余里，周长三里，属锦州守备管辖。在明清战争中，它是锦州的前哨阵地，几经战争破坏。这年七月，总兵祖大寿、副将何可刚及十余员战将，率兵正式动工重建。

皇太极一直在关注大凌河城修筑的信息。他先后派兵三次侦察大凌河修筑的情况。

第一次侦察。天聪五年五月，皇太极命大臣纳穆泰、图尔格派兵一千余人征讨该城，俘获甚众，得知"筑城事虚"。大凌河筑城的消息是明朝张士粹等三人报告的。后来查明，此三人原系奸细，系诛之。

第二次侦察。六月，命备御叶努等十六人侦察，得知"明筑大凌河城未果，止于四隅造台云"。

第三次侦察。直到七月十八日，已派备御叶努等十六人的侦察小分队，从该城生擒两人，才得到确信，知道"明总兵祖大寿与何可纲等副将十四员，率山海关外八城兵并修城夫役，兴筑大凌河城，欲乘我兵未至时竣工，昼夜催督甚力"。这是一个重要情报，得知明朝在积极抢修大凌河城。为此，皇太极当机立断，决定迅速攻取该城，不给明军以任何修筑该

皇
太
极

城的喘息之机。他深知，明朝"精兵尽在此城，他处无有"。攻下此城，也就等于消灭了明朝在关外的有生力量。

七月二十六日，皇太极集合众臣，进行战前动员，宣布征讨决定。上谕曰："盖闻古来用兵征伐，有道者昌，无道者废。上天应感之理，昭然不爽。故自恃其力，而恣行杀夺，未有不败者也。克尽其道，而力行仁义，未有不兴者也。天运循环，但易其君，不易其民。若天意所与，则敌国之民，即我民也。今日天心所向，岂能预知？朕惟欲体仁行义，制敌养民而已。尔诸臣当申明法纪，教诫士卒，恪遵训谕，切识于心。务期力行正道，无作奸邪。不然，为奸为慝，肆行悖乱，则或责或诛，皆自取之。至俘获之人，勿离散其夫妻父子，勿掠取其衣服。尔诸臣以及士卒，各宜凛遵。"①

皇太极阐明战争意义，强调严守军纪：至俘获之人，勿离散其父子夫妻，勿掠取其衣服。他嘱咐诸将，为将帅之道，在于申明法纪，教诫士卒，恪遵训谕，切识于心。

盛京太庙山门

---

① 《清太宗实录》，第9卷，第17页。

天聪五年（1631）七月二十七日，皇太极拜谒堂子（家庙）完毕，即亲率诸贝勒将帅及大军向西进发。翌日，大军顺利渡过辽河。此时，皇太极又召集诸将，再次讲话，鼓舞士气，强调军纪。谕曰：

沈阳、辽东之地，原非我有，乃天所赐也。今不事征讨，坐视汉人开拓疆土，修建城郭，缮治甲兵，使得完备，我等岂能安处耶？朕是以不惜财帛，及与朝鲜通市所得货物，尽与蒙古，易其马匹，兴师致讨。

此行倘荷天佑，克奏厥功。凡得获之人，勿离散其父子夫妇，勿掠取其衣服。当加意拊循，以副朕戡乱宁人之意。尔诸臣与各军士，宜谆切晓谕。若止于传谕时，唯唯听命，退而遂忘，自不免生事横行，致干罪戾矣。今不自暇逸，躬率大军前往，或彼被困而降，或天垂佑而制胜，饮至休兵，三军解甲，定有其时。

自征明以来，攻城野战，所向必克。彼明朝屡战屡败，势同枯朽。而我常有惧心者，以彼虽不长于骑射，而于战阵之时，晓习文武法律故也。昔金伐宋，遇宋将宗泽，金兵十三战皆败。随有宋一将，率兵来援。欲战，有城守将沮之曰：当此六月酷暑，挥扇纳凉尚不能堪，岂能擐甲而战乎？诸兵闻之，皆无斗志，宋兵遂溃。一言之失，而城竟为金所得。如贝勒阿敏驻守永平时，曾以我兵为弱，曰：如此安能克敌？彼贝勒之言若此，孰肯用命？

又如额驸顾三台，朕非以其临阵怯懦、不能称职，革固山任也。当进攻昌黎时，本旗一卒被伤至死，以绳系其足，曳之而归。夫战则用之，而死不加恤，谁复效死直前耶？必也死则恤之，伤则临视调治之，乃可为主帅。固山额真果能体恤士卒，则人皆效死，愿授命于主将之前矣。我军总计随众，若固山额真、梅勒额真、甲喇额真、牛录额真，各就所属而诚谕之，不难遍及。要在申明法令，爱惜士卒，则人人竞奋，建立功名，岂不美乎？①

① 《清太宗实录》，第9卷，第18页。

皇
太
极

皇太极的这篇战前讲话，包含四层意思。其一，此次征讨，"天所赐也"。其二，严守军纪，谆切晓谕。其三，坚定信心，此战必胜。其四，申明法令，爱惜士卒。皇太极相信政治宣传的力量，相信思想动员的力量，相信心理鼓舞的力量。

八月初一日，大军驻扎旧辽阳河。蒙古各部贝勒率兵来会，举行盛大酒宴，为其洗尘。皇太极针对蒙古军队的参与，再次强调军纪，提出具体要求。谕曰："朕荷承天眷，尔诸国遵约会师。师出以律，不宜有异。今此次伐明，倘蒙天佑，得入其地，惟拒敌者则戮之，慎勿擅杀良民。俘获之人，不得离散其父子夫妇，不得掠取其衣服。违者夺其所获，仍依定例鞭责。管兵将领，各于所属，详明晓谕。士卒不得擅离部伍，恣行搜掠。其悉遵军令勿违。"①

在这里分兵两路：一路由贝勒德格类、岳托、阿济格等率兵两万，经由义州，进屯于锦州与大凌河之间；一路由皇太极率领经由白土场，趋广宁大道。约定初六日，两军会于大凌河城。

八月初六日，两路军如期到达大凌河城。"见城墙已完，雉堞完其半。"俘获一人，审讯得知，筑城已经半个月了。城内有总兵祖大寿及副将八员，参将、游击约二十员，马兵七千人，步兵七千人，工役三千人，商贾二千人及其他。全城约有三万人。

当日夜，两路后金兵开始围城。皇太极总结以往的教训，认为目前攻坚不是后金的长处，应该围而不攻，迫使城内粮尽援绝而投降。他的作战方针是"围点打援"。皇太极用重兵铁桶般地包围了大凌河城。

八月初七日，皇太极召集诸贝勒大臣，下令攻城。皇太极说："攻城恐士卒被伤，不若掘壕筑墙以困之。彼兵若出，我则与战。外援若至，我则迎击，于计为便。"据《清太宗实录》记载，其兵力部署如下："正黄旗固山额真楞额礼率本旗兵围北面之西，镶黄旗固山额真额驸达尔汉率本旗兵围北面之东，贝勒阿巴泰率护军在后策应；正蓝旗固山额真觉罗色勒率本旗兵围正南面，莽古尔泰、德格类两贝勒率护军在后策应；镶蓝旗固山额真宗室篇古率本旗兵围南面之西，贝勒济尔哈朗率护军在后策应；蒙古固山额真吴纳格率本旗兵围南面之东；正白旗固山额真喀克笃礼率本旗兵

---

① 《清太宗实录》，第9卷，第20页。

围东面之北，额尔克楚虎尔贝勒多铎率护军在后策应；镶白旗固山额真伊尔登率本旗兵围东面之南，墨尔根戴青贝勒多尔衮率护军在后策应；正红旗固山额真额驸和硕图率本旗兵围西面之北，大贝勒代善率护军在后策应；蒙古固山额真鄂本兑率本旗兵围正西面，镶红旗固山额真叶臣率本旗兵围西面之南，贝勒岳托率护军在后策应。蒙古诸部落贝勒，各率所部兵围其隙处。总兵官额驸佟养性率旧汉兵，载红衣炮、将军炮，当锦州大道而营。诸将各固守汛地，勿纵一人出城。于是，诸将各遵谕旨，分赴汛地。又环城四面掘壕，深广各丈许。壕外筑墙，高丈许。墙上加以垛口，墙内距五丈余地，又环掘壕，广五尺，深七尺五寸。壕上铺秫秸，覆以土，营外亦掘壕，深广各五尺许。防守既固，城内城外之人，遂不能通出入矣。"[1]

蒙古贝勒明安等各率本部兵于空隙处，列兵扎营。

城四周部署主攻与策应，实际上等于安置了两层包围圈。而蒙古兵为机动，居间策应。

"总兵官额驸佟养性率旧汉兵，载红衣炮、将军炮，当锦州大道而营。"这里提到了红衣炮和将军炮。红衣大炮和将军大炮是当时杀伤力最大的武器。这次后金军掌握了相当数量的大炮。这就大大提高了后金军的战斗力，初步改变了过去被动挨打的局面。从这年开始，后金在额驸佟养性的指挥下，已经能独立制造红衣大炮了。《皇清开国方略》记道："天聪五年（1631）春正月壬午（初八日），铸红衣大炮成。先是，我国未备火器。造炮自此始。镌曰：天佑助威大将军。天聪五年孟春吉旦造。督造官总兵官额驸佟养性、监造官游击丁启明、备御祝世荫、铸匠王天相、窦守位、铁匠刘计平。"[2]

这里明确地记载了后金国铸造红衣大炮的时间、命名、人员。其人员包括：督造官、监造官、铸匠和铁匠。这些内容全都镌刻在红衣大炮上，确凿无误。督造官为总兵官额驸佟养性，此人实际上是一位军事制造方面的专家。这门大炮就是由他主持以外国大炮仿制的。

先是，在天聪五年（1631）七月十八日，皇太极下令专门成立炮兵

---

① 《清太宗实录》，第9卷，第21页。
② 《皇清开国方略》，第14卷，第1页。

皇太极

营，由总兵官佟养性统领。皇太极命曰："其随营红衣炮、大将军炮四十位及应用挽车牛骡，皆令总兵官佟养性管理。"这就组建了后金国的第一支炮兵部队。后金国初期竟然能够组建一支炮兵营队，说明后金军的战斗力大为提升。

红衣大炮具体是怎样的呢？《中国军事史》记载了此式大炮的具体形制。文曰："红夷炮。公元一六二二年（明熹宗天启二年）开始仿制红夷炮，并封为大将军。崇祯十一年造的一尊，口径二寸半，长六尺，炮身有'红夷大炮一位，重五百斤，装放用药一斤四两，封口铁子重一斤，群子九个……'的铭文。清代改称红衣炮，重一千五百斤至五千斤，长六尺六寸至一丈零五寸，装置在三轮炮车上。装药二斤六两至七斤八两，铁子五斤至十五斤。红夷炮在明、清战斗中，起了很大作用。"①

后金军的红衣大炮除自己制造的以外，还有从明兵手中夺取来的或降兵带过来的，大炮已经具有相当数量。为此，清太宗皇太极在各旗分别成立一个炮兵营，各营配备红衣炮和将军炮计四十门。这次围大凌河城，皇太极首次携带大炮，命令额驸佟养性率领汉军炮兵营，在通往锦州的大道上驻扎，堵截明朝援兵。

以上各旗绕城及侧重西面防明锦州援兵，共扎营盘四十五座，周围绵延50里。他们各在自己的防区，环城挖掘三道壕堑并建成一道城墙：一道深宽各丈许；一道环前道壕再挖一条宽五尺、深七尺五寸的壕沟，铺秫秸，盖浮土；据此壕五丈远的地方筑墙，高丈余，墙上加垛口，远看如一道城墙；各旗还在自己营地周围挖掘一道拦马小壕，深宽各五尺。

皇太极发布命令：各固守阵地，勿纵敌出。皇太极亲自登上城南山冈，观察敌方动静。

此后，大凌河城明兵屡有小股试探出击，寻找出路，但都被击退。因城内粮食、柴薪奇缺，亦有出城收禾者、采樵者，也被擒获。也有少量军民投降的，皆妥善接纳。

《皇清开国方略》记道："庚戌（八月初九日），明骑兵百余出城。参将布延图、谭拜，率兵追斩三十余人，获马二十四。辛亥（八月初十日），

---

① 中国军事史编写组编：《中国军事史》，第 1 卷，解放军出版社 1983 年版，第131 页。

明步骑兵约五百出城。额驸达尔汗率八十人击败之，追至城壕而还。复有出城刈禾者，布延图率兵四十人击之，斩三十人。贝勒莽古尔泰、德格类属下护军斩十八人。贝勒济尔哈朗属下护军斩十五人。总兵官马光远招降城南一台内，百总一、男子五十、妇女四口。游击范文程招降城西一台内生员一、男子七十二、妇女十七口，命各付光远、文程赡养之。"①

这里需要注意的是，后金军俘获的明朝官民，无论男女，一律加以优待恩养。很明显，皇太极的战前教育和谆谆告诫起了作用。

大凌河城内明军的实力，皇太极心中有数。他说："山海关内明兵之强弱，朕所素悉。其善射精兵尽在此城，他处无有也。"

皇太极除试探攻城外，又施展了他的劝降术。八月十一日，皇太极命"系书于矢"，射入城内劝降。大凌河城内有蒙古驻军，皇太极此书专门对他们进行劝降。劝降书谕城内诸蒙古人曰："我满洲与尔蒙古，原系一国。明则异国也。尔等为异国效死，甚无谓。予甚惜之。尔等之意，恐我诱降复杀，故不相信耶！予不惟不杀，尔蒙古之人，即明人为我仇敌，其拒战而被杀者则有之，来降者无不恩养之。肆行屠戮，予所不忍。一体推恩，是予素志。惟善养人，故人皆归附。予之善养与否，尔辈岂不稔闻？若谓予言为诈，人可欺，天可欺乎？"②

蒙古守军不为所动，顽强固守，坚不投降。

八月十二日，明军引诱后金军接战，双方互有伤亡。不料，后金军伤亡了军官，皇太极很是气愤。先是皇太极向护军主帅杨善、巩阿岱、苏喇嘛等，密授御敌方略，告诉他们必须暗藏在战壕的后方，等待敌人越过壕沟。只要敌人企图越过壕沟，就同他们接战。此时，图赖、南褚、哈克萨哈等军官站立在两旗之间，恰逢明军追逐我国的采樵人，就去追击明朝军了。明兵出城引诱后金军出战，图赖最先冲入敌阵。额驸达尔汗见状，随即率领本旗兵继续追赶。四面军士见之，也各自出战。两蓝旗兵直接赶至城壕附近，舍弃战马，进行不熟悉的步战。将明兵赶入战壕。这时，壕岸上的明兵和城墙上的明兵，从两个方向发炮，"炮矢齐发"，打退了后金军的进攻。这次双方短兵相接，后金损失惨重。据统计："是役也，副将孟

---

① 《皇清开国方略》，第14卷，第11页。
② 《清太宗实录》，第9卷，第24页。

坦、原任副将屯布禄、备御多贝、侍卫戈里及士卒十人，殁于阵。我军追杀，明兵堕壕死者百余人，获马三十匹。时墨尔根戴青贝勒多尔衮，亦率护军冲入。"此战，图赖也受伤了。

皇太极得知图赖轻信参战，造成伤亡，愤怒地斥责道："图赖为敌所诱，冒昧轻进，众军因而争往。诸贝勒有不奋身力战者乎？朕弟墨尔根戴青（多尔衮），亦冲锋而入。倘有疏虞，必将尔等加以严刑，断不宽宥。夫朕之兵，朕岂不能用。然进止有节，不可轻举。此城既已被围，敌兵如狐处穴中，更将安往？朕之兵，乃上天所授，皇考所遣，实欲善用之，勿使劳苦耳。孟坦，我旧臣也，死非其地，岂不可惜。图赖虽被创，尔诸臣毋得往视。"①

皇太极严厉斥责了战将图赖，批评他"冒昧轻进"，以致造成重大伤亡，失去爱将孟坦等。反复强调"朕之兵，乃上天所授，皇考所遣，实欲善用之，勿使劳苦耳"，爱护将士的心情，溢于言表。

对犯了错误并受伤的图赖，皇太极气愤之余，命令诸臣不得探视。但是，额驸扬古利和巩阿岱不听，偷偷地前去探视。不料，被皇太极知道了。皇太极见到巩阿岱，啐了一口，并责备他俩道："图赖违命轻进，奈何往视？尔等大臣，不惟不可往视，正宜往责之。凡动不以义，或死或伤，甚无足惜。唯朕与诸贝勒，委之以事者，死则哭之，伤则存问。此乃为上恤下之道也。"②

皇太极在前线，对士卒的命运亦十分关注。八月十四日，总兵官额驸佟养性部下一个士兵，在进攻城台时中炮，脚部受伤。皇太极后来知道了，立刻派遣医生前去治疗。但因时间拖得太长而耽搁了，伤势加重。皇太极听到奏报，心情沉重，对大臣惋惜地说道："若此者，尔当亲视医疗。若不能治，何不早奏于朕？朕遣医治之。今已日久，恐治之无益矣。尔等亦闻，古良将之待其士卒乎？于行兵之处，有遗箪醪者，虑不能遍饮，遂投醪于河，使士卒共饮其流。三军遂无不效死。又吴起为将，一卒生疽（jū，音居，毒疮），起亲为吮之。后兵卒感激战死。此前事，皆尔等所知也。凡士卒有伤，则调治之，病则慰问之。如此，则士心皆愿效死于主将

---

① 《清太宗实录》，第9卷，第26页。
② 《清太宗实录》，第9卷，第27页。

之前矣。"①

"有遗箪醪者。"遗，读 wèi，赠予之意；箪，dān，盛饭的容器；醪，láo，浊酒，带糟的酒；箪醪，一壶浊酒。全句是说："有人赠送了一壶浊酒。"古代大军行进时，士兵干渴，有人送上了一壶浊酒。带兵的将军考虑酒很少，不能每个人都喝到，就干脆将这一壶浊酒，全都倒在了河水里。这样士卒就都能喝到带有酒味的河水了。于是，三军无不拼死力战。大将吴起率兵打仗，一个士卒身上生了毒疮。吴起亲自用嘴将脓血吸吮出来，此兵终于康复。后来此兵感激吴起救命之恩，奋勇杀敌，不幸战死。皇太极用古代将领爱护士兵的故事，教育他的军官，使军官懂得爱惜士卒的道理。

这一天，总兵官佟养性用红衣大炮轰击城西南角的一个守台，射穿雉堞，击毙一人，守台兵惊惧，就投降了。

八月十四日，皇太极第二次致书祖大寿，假意求和。书曰：

> 满洲国皇帝致书祖大寿将军。曩（nǎng，从前）李喇嘛、方吉纳等往来时，朕心实欲讲和……尔大国岂无智慧之士？当权时度势，乃执胶柱鼓瑟之见乎？夫征战岂我所愿，乃不得已而为之。朕今厌兵戈，愿太平。②

祖大寿见书，知道是假，不予理睬。

整个八月，双方都是小规模接触。明军探明，要想突围是没有可能的，只好等待援兵。

明朝十分重视，也确实派了几次援兵。

八月派了两次援兵。第一次，明朝派援兵两千人，自松山赴援。被后金军击败，斩百余人，获三杆大旗。第二次，明朝锦州两副将、十游击率兵六千人来援，被阿济格打败。

九月派了两次援兵。第一次，九月十六日，明军七千人自锦州来援，皇太极"遂擐甲渡河，直冲敌阵"，明军七千人"悉溃遁"。第二次，九月

① 《清太宗实录》，第9卷，第30页。
② 《清太宗实录》，第9卷，第31页。

二十四日，明太仆寺卿监军张春与总兵吴襄等，率大兵四万余，浩浩荡荡来援。明军将帅齐整，部伍森严，大有来头。皇太极告诫部下："敌壁垒严整，不宜轻战。"二十七日，明军起程，趋大凌河城十五里。皇太极率兵两万往击，双方交战。经过激战，明军还是败了，张春等三十三员军官被俘。

从此，明朝再也没有派出援兵。

大凌河城被围近两月，城内一片死寂。

此时，皇太极加紧劝降活动。政治的和军事的，双管齐下。

九月十八日，皇太极第三次致书祖大寿，这次是真诚劝降。书曰：

> 满洲国皇帝致书于祖大寿将军。兵，凶器也；战，危事也。人未有不愿太平，而愿战争者。即战而获胜，岂若安居之乐乎？我屡遣使议和，尔君臣自视如在天上，而卑视我，竟无一言相报。我是以忿而兴师。自古以来，两国构兵，不出战与和二者。今和议既绝，故留兵居守，亲率大军深入，幸遇将军于此，似有宿约，深惬我仰慕将军宿志。意者天欲我二人相见，以为后图乎？心窃庆慰，是用遣使申悃。朕之所以爱将军者，因我起自东陲，但知军旅之事。至于养民驭兵之道，实所不知；山川地势之险夷，实多未谙。倘得倾心从我，战争之事，我自认之。运筹决胜，惟将军指示。休戚与共，富贵同享。此朕之愿也。朕前向银住言，尔安得乘间劝尔主帅与我同谋。将军若不信，银住可问也。倘以朕言为是，幸速回音。今闻城内士马亡毙殆尽，甚为可惜。惟将军熟思而独断之，勿惑众言。①

祖大寿仍然不为所动，坚持固守。但是，大凌河城内明朝军民，危殆至极。据九月二十三日情报，"敌困惫已甚。有出城樵采者，我军追之，皆仆，不能奔。擒而讯之，言城中谷穗半堆，以汉斛约计之，不过百石。原马七千，倒毙殆尽，尚余二百。其堪乘者，止七十匹。夫役死者过半。其存者不过以马肉为食耳。柴薪已绝，至劈马鞍为炊"。

---

① 《清太宗实录》，第9卷，第38页。

十月初七日，命阵获锦州的二十三名文武官员，各自书写一封劝降信。皇太极又书写了三封劝降信，分别致送明将祖大寿、何可纲、张存仁。由明朝降将千总姜桂携往大凌河城。祖大寿率众官出城来见。姜桂跪见祖大寿，祖大寿问姜桂从何处来。姜桂告之曰："我兵三万来援，俱被满洲大军截杀。今被擒众官各修书，令我送至。"祖大寿赐之食后，顽强地说："尔不必再来，我宁死于此城，不降也。"这次劝降又失败了。

十月初九日，皇太极第四次致书祖大寿等曰：

满洲国皇帝致书祖（大寿）、何（可纲）、张（存仁）、窦四大将军。姜桂还，言尔等恐我杀降，故招之不从。夫我国用兵，宜诛者诛之，宜宥者宥之。酌用恩威，岂能悉以告尔？至辽东人被杀，是诚有之。然心亦甚悔。其宽宥者悉加恩养，想尔等亦已闻之矣。现在恩养之人，逃回尔国者亦少。且辽东、广宁各官，在我国者，感我收养之恩，不待命令，自整汉兵，设立营伍，用火器攻战，谅尔等亦必知之。至于永平攻克之后，不戮一人，父子夫妇不令离散，家属财产不令侵夺，加恩抚辑，此彼地人民所共见者。只因我二贝勒阿敏，胸怀异志，紊乱军纪，滦州被围三日，竟不遣兵救援。杀我已抚之官民，弃我已得之疆土。二贝勒坐此幽禁。想尔等亦必闻之也。至我之杀蒙古顾特也，因其要杀降我之人，逃向尔国，显为仇敌。是以遣兵蹑其迹，执而诛之。岂尝以计诱杀之耶？我若无故诛戮良善，则如察哈尔汗之兄弟、敖汉、奈曼兄弟、兀鲁特五卫、喀尔喀成吉思汗之弟四王贝勒，何以皆率其属国归我？亦因我恩养之故，斯望风来附耳。即今日之役，各蒙古贝勒及科尔沁土谢图汗，每部落拨兵百名从征，余俱留守。如心不相信，岂肯随我出师乎？不惟顺我者宽宥，即阵获蒙古贝勒塔布囊等，并尔国麻登云、黑云龙等官，一经归顺，我即加恩养。尔等岂未之闻耶？

今大凌河孤城被困，我非不能攻取、不能久驻，而出此言。但思山海关以东智勇之士，尽在此城。或者荷天眷佑，俾众将军助我乎？若杀尔等，与我何益？何如与将军共图大业？故以肝膈之言屡屡相劝，意者尔等不愿与我共事，故出此支饰之言耶？倘实欲共事，可遣人来，我当对天盟誓。我亦遣人至尔处莅盟。既盟之后，复食其言，独不畏天地乎？幸勿迟疑，伫俟回音。①

这是一篇十分重要的劝降书。皇太极借劝降之机，阐明了三件大事。

第一件，就努尔哈赤杀人事件，表示忏悔。书云："至辽东人被杀，是诚有之。然心亦甚悔。其宽宥者悉加恩养，想尔等亦已闻之矣。"所谓"辽东人被杀"，悉指努尔哈赤晚年在辽东实施的大屠杀政策。皇太极承认"是诚有之"，承认这是事实。皇太极表态："然心亦甚悔。"表明忏悔之意。作为一个封建汗王，能有这样的表示，亦已殊属不易。皇太极申明："其宽宥者悉加恩养，想尔等亦已闻之矣。"即这是我现在的俘虏政策，我一定照此办理。

第二件，就二贝勒阿敏杀降事件，做出解释。书云："只因我二贝勒阿敏，胸怀异志，紊乱军纪，滦州被围三日，竟不遣兵救援。杀我已抚之官民，弃我已得之疆土。二贝勒坐此幽禁。"皇太极表示，二贝勒阿敏永平杀降，完全出乎我的意料，违背我的本意。"杀我已抚之官民，弃我已得之疆土"，令人气愤，我已经处分了二贝勒阿敏，将其幽禁。永平杀降影响恶劣，在此处皇太极做了公开的解释，以消除明朝将士的疑虑。

第三件，就诛杀蒙古顾特贝勒事，予以说明。因为顾特杀掉了"降我之人"，故"执而诛之"。顾特先行背叛，故而将其诛杀。

皇太极就此三件大事，做了解释，以期消除祖大寿等的疑虑。看到来书，祖大寿等没有动摇，仍然坚持固守。但是，这封劝降书确实起到了动摇军心的远期效应。这在以后就逐渐显露出来了。

皇太极继续执行对宁远围而不打的策略，但却着意剪除其周边的军事力量。十月初十日，皇太极派遣图尔格、纳穆泰率兵千人，进攻锦州、松山，擒获明朝守备一员、兵十六人；获骆驼二、马十六、骡三、牛九十二、驴十三。

这一天，大凌河城有一明兵王世龙"踰城来降"。他透露了宁远城内的悲惨现状："城中粮绝，夫役商贾悉饥死。见（现）存者，人相食。马匹仆毙殆尽，止余三十骑而已。"

---

① 《清太宗实录》，第10卷，第2页。

163

天气渐冷，前线将士急需衣服。后金国满达尔汗、喀木图从后方沈阳取来衣服到前方，并带来留守贝勒杜度、萨哈廉、豪格等的奏折。奏折言道："闻上此行，荷天眷佑，不胜欣庆，尤愿速闻克城捷音。至于进取之事，皇上睿虑周详，无俟臣等计议。但宜审时乘机为上，机会不易得。伏惟上裁。"①

这时，皇太极没有停止攻击。十月十二日，特派佟养性等携红衣大炮六门、将军炮五十四门，往攻鱼子章台。这个台子，"峙立边界，垣墙坚固"。佟养性连发大炮三天，击毁台垛，炸死五十七人，明兵不支。于是，"鱼子章台参将王景，偕男子二百三十九名、妇女幼稚三百三十九口、牲畜七十来降"。这是一个不大不小的胜利，皇太极赏赐给参将王景貂裘、貂帽，以示恩宠。

最坚固的鱼子章台攻下，其余各台守兵闻风，"近者归降，远者弃走。所余粮糗充积，足供我士马一月之饷"。后金军得到了明朝方面的战利品，解除了粮食短缺的困扰。这个胜利，是红衣炮、将军炮起到了至关重要的作用。《清太宗实录》对此有精辟的分析："至红衣大炮，我国创造后，携载攻城自此始。若非用红衣大炮击攻，则鱼子章台，必不易克。则其余各台，不逃不降，必且固守。各台固守，则粮无由得。即欲运自沈阳，又路远不易至。今因攻克鱼子章台，而周围百余台闻之，或逃或降，得以资我粮糗。士马饱腾，以是久围大凌河。克成厥功者，皆因上创造红衣大将军炮故也。自此，凡遇行军，必携红衣大将军炮云。"②

十月十三日，"翟家堡降。获人百，牲畜五十，守台百总一员，生员一人。朝见毕，上擢百总为千总，赐狐裘、貂帽，赐生员狐裘"。

至是，皇太极又调后方一千六百名旧汉兵增援前方，前方士气大增。

此时，大凌河城内情况更加悲惨。"大凌河城内，粮绝薪尽，军士饥甚，杀其修城夫役及商贾平民为食，析骸而炊。又执军士之羸弱者，杀而食之。"出现了兵杀民、兵杀兵的人吃人的惨象。

祖大寿欲要突围，但防守严密，一个人也跑不了。外面的援军，也被后金军打败。"在城诸将，力竭计穷。"

① 《清太宗实录》，第10卷，第5页。
② 《清太宗实录》，第10卷，第5页。

皇太极

十月二十三日，皇太极"系书于矢，射入大凌河城内"。这是皇太极第五次致书。书曰："满洲国皇帝谕军民人等：尔国大臣众官，保惜功名，顾恋妻子，以致累及尔等，牵连陨命于此。尔等小人，死亦何名？朕甚悯之。今城内悉为饿殍，攫人而食，与鬼魅何异？岂不思尔既杀人以食，他人独不食尔肉乎？同罹惨祸，事在须臾。尔等宁不知变计耶？或因误听尔官长诳言，以为降我，亦必被杀。夫既降我，即我之臣民，何忍加以诛戮？况诱杀已降，我岂不畏天耶？官员降者，子孙世袭罔替；小民杀官吏来归者，量功授职；子身来降者，恩养之；率众来降者，量人数多寡，亦计功授职。朕不食言。尔等勿疑。"①

从以后事态的发展来看，这封劝降信起到了一定作用。

十月二十四日，"有张翼辅者，怀人肉，自大凌河城内逃至。讯之，言二十五、二十六两日，欲突围遁走。城内人竟杀工役而食。今杀各营兵丁食之。军粮已尽，惟官长余米一二升耳"。大凌河城内陷入更为悲惨的境地。

此时，祖大寿才决心投降。十月二十五日，总兵官祖大寿命其侄子祖泽润"以书二函，系之于矢，自城内射出"，说明决定派遣副将石廷柱，前往面议。这两封书信，其一是给皇太极的；另一是给副将石廷柱的。此两封信没有马上奏报给皇太极。

十月二十六日，皇太极特派副将石廷柱、巴克什达海、库尔缠、觉罗龙什、参将宁完我等为使，前往大凌河城南台下。又遣阵获千总姜桂进入大凌河城。很快，姜桂偕城内游击韩栋及从者一人出得城来，拜见石廷柱等。韩栋言道："我祖大寿总兵，希望石廷柱副将过壕，祖总兵将亲自告诉他心里的话。"巴克什达海答道："未奉上命，不敢擅自令石副将前往。"韩栋听罢，信誓旦旦地说道："如果还不相信我说的话，可以让一人跟随我一同回去。我们就把祖大寿的养子祖可法送来为质。"不久，韩栋果然将祖可法送到后金军营，作为人质。

一见面，祖可法欲拜，贝勒济尔哈朗、岳托都起立，扶住祖可法，不让他下拜，真诚地说道："我们前此对垒是仇敌，现在已讲和，都是兄弟，何必拜？"遂行满族最高的礼节抱见礼。他们不解地询问祖可法："你们死

---

① 《清太宗实录》，第10卷，第8页。

守空城，是何意？"祖可法据实答道："天赐与你辽东永平军民，若不加屠戮，则天下之民，闻风归顺。因屠戮降民，是以人皆畏缩耳。"岳托说道："前杀辽东民是当时事势使然，我们也不胜追悔。后杀永平兵民是二贝勒阿敏干的。因其违命妄杀，已将阿敏论罪幽禁，削夺了他的属员。这些事与今汗无涉，现国汗敦行礼义，治化一新，抚养黎民，爱惜士卒，仁心仁政，想你们是知道的。"祖可法说："皇上于贫困者赈给衣食，富饶者秋毫无扰。宽仁爱民之德，亦尝闻之。然我国之人，见尔等先年杀戮，肝胆俱丧。今虽言养人，而人犹不信者。职此故也。"

既然祖可法已到，后金贝勒当即派遣副将石廷柱过壕沟，进入大凌河城，会见祖大寿。祖大寿见到石廷柱，道出了积压于心的肺腑之言："人生天地间，岂有不死之理？但为国、为家、为身，三者并重。我等既不能尽忠朝廷，报效国家，惟惜此身命，决意归顺于上。然身虽获生，妻、子不能相见，生亦何益？尔等果不回军，进图大事，当先设良策，攻取锦州。倘得锦州，则吾妻、子亦得相见。惟尔等图之。"祖大寿让石廷柱将他的话转达皇太极，他等待回音。

石廷柱回到后金驻地，祖可法亦被以礼送走。

石廷柱等以祖大寿的话奏闻皇太极，同时将祖大寿从子（侄子）祖润泽的两封书函一并奏报。这两封书函，其第一封是祖润泽奏皇太极书，书曰：

> 招练营副将祖润泽叩秉汗麾下：前遣人来招降时，难以一言立决。盖众官不从者甚多。或云：汗非成大事之人，诱降我等，必仍回军。或又云：此特诱降而杀之耳。是以宁死不肯归顺。我对众言曰：前日汗所遗书，明言向曾有所杀戮，今则概与安全，此人所共知者。今不信此言，摇惑众心者，惟何可纲、刘天禄、祖泽洪三人。何可纲云：汗非成大事之人。得永平先回，又屠永平人民。我等若降，纵不杀，亦必回军，我等安归？平彝营祖泽洪诱诳众蒙古，使不降汗。又有逃来人，言汗于敌国之人，不论贫富，均皆屠戮。即顺之，不免一死，以此众议纷纭。虽有归顺之意，一时难决。且祖总兵又以其次子在燕京为念。汗可令石副将来，祖总兵将以心腹事告之。前石副将来时，祖总兵即欲相

见，众官不从。今润泽在内调停，大事似有五六分可成。是以系书于矢射出。汗可遣能言者来，此乃机密事，城中人疑我者多。我书到时，望汗密藏，毋令阵获官员及往来传语之汉官员见之。与我同心者，副将四人，不便举名，故不书。

又与石廷柱书曰：

前日兄来见总兵官时，总兵官亦欲相会。因众官议论不一，未获面晤。其持异议者谓：汗非成大事之人。既得永平，旋即回师，且屠戮永平人民。今即得我等，亦必回兵。我等宁死城中，何为使妻、子罹祸也？议论纷纷，一言难决。我独力不能胜众口。窃思弟与兄，不啻同胞，故以心腹事相告。如汗果欲图大事，大军前进，即可招降众人。如汗不前进，诱降我等，班师回国。众人岂不谓为我所误耶？兄当实以告我。否则中止而已。如汗果欲成大事，我等甘心相助。若能设策，将燕京舍弟救出，足见吾兄全我祖氏之大恩。此书览毕，可焚之，勿赐回音。若得相晤面订，大事有五六分可成。兄可亲来与总兵官言之。①

这两封信是祖大寿的侄儿祖润泽写的。此中透露了大凌河城内的许多秘密。祖润泽以祖大寿侄儿的身份，道出了祖大寿等的三个担心：其一，担心降后无故遭到屠杀；其二，担心在燕京的祖大寿的次子会遭不测；其三，担心攻占城堡后，皇太极会自动撤军。一旦撤军，我们降兵怎么办？与此同时，祖润泽又大胆地提出了一个建议，即"若能设策，将燕京舍弟救出，足见吾兄全我祖氏之大恩"。祖润泽建议设计计策，施展谋略，设法救出身在燕京的祖大寿之子。

皇太极阅毕来书，并听到石廷柱的奏报："尔等果不回军，进图大事，当先设良策，攻取锦州。倘得锦州，则吾妻、子亦得相见。"知道祖大寿想要设计拿下锦州。于是派遣石廷柱再次进入大凌河城，传话道："尔等欲定计取锦州，可遣大员来议。"当晚，城内派遣祖可法等来，告知祖大

---

① 《清太宗实录》，第10卷，第12页。

寿的想法。石廷柱将其想法上奏。皇太极第三次派遣石廷柱往谕："我既招降尔等，复攻锦州，恐我兵过劳，难图前进。尔等降后，锦州或以力攻，或以计取，任尔等为之。不然，尔坐守城中，我惟有驻兵围困而已。"皇太极给予祖大寿很大的自由，对锦州或力攻或智取，他可以自己做主。

十月二十七日，祖大寿派遣施中军来传话："我降志已决。至汗之待我，或杀或留；我降后，或逃或叛，俱当誓诸天地。我欲令一人潜入锦州，侦吾弟消息。倘被执讯，诘出虚实，为之奈何？或我亲率兵，诈作逃走之状，何如？惟汗睿裁。"祖大寿提出了双方应该对天地盟誓，各守承诺，又顺便提出了一个诈作突围的计策，将球踢给了皇太极。不知皇太极做何处理。

经过信使往来谈判，解除了祖氏父子和诸将的疑虑，有关投降之事都已谈妥，只有副将何可纲反对投降。

二十八日，祖大寿命将其逮捕，让两名士兵把他架出城外，当着后金诸将的面斩首，何可纲"颜色不变，不出一言，含笑而死"。

然后，祖大寿派四员副将、两员游击到后金营，代表他和副将刘天禄、张存仁等三十九名军官，与皇太极及诸贝勒举行盟誓。誓词内容是祖大寿首先拟好，然后由其部将携给皇太极。《清太宗实录》之誓词曰："明朝总兵祖大寿，副将刘天禄、张存仁、祖泽润、祖泽洪、祖可法、曹恭诚、韩大勋、孙定辽、裴国珍、陈邦选、李云、邓长春、刘毓英、窦承武，参将游击吴良辅、高光辉、刘士英、盛忠、祖泽远、胡弘先、祖克勇、祖邦武、施大勇、夏得胜、李一忠、刘良臣、张可范、萧永祚、韩栋、段学孔、张廉、吴奉成、方一元、涂应乾、陈变武、方献可、刘武元、杨名世等，今率大凌河城内官员兵民归降。凡此归降将士，如诳诱诛戮，及得其户口之后，复离析其妻、子，分散其财物、牲畜，天地降遣，夺吾纪算。若归降将士，怀欺携诈，或逃或叛，有异心者，天地亦降之遣，夺其纪算，显罹国法。如遵守此盟，天地垂佑，寿命延长，世泽久远，安享太平。"①

降将计三十九名，全部进入了后金国的候补干部名单。其中，祖泽洪是祖大寿的儿子，祖泽润、祖泽远是祖大寿的"从子"，即侄儿，祖可法

---

① 《清太宗实录》，第10卷，第15页。

是祖大寿的养子。

此后，祖大寿等誓曰："祖大寿等，率众筑城，遇满洲国兵，围困三月，军饷已尽，率众出降，倾心归汗，毫无猜疑。归顺以后，官军人民家口，俱获保全。若大寿等违心背盟，天地鉴之，殃及其身，死于刀箭之下，倘汗以计谋诈害，亦惟汗自知之。"①

盟誓完毕，皇太极急忙派人询问祖大寿："既经盟誓天地，当用何策以取锦州？"祖大寿表示要亲自到皇太极前，商议此事。

当晚，祖大寿亲自到皇太极御营见面。皇太极特别高兴，派诸贝勒出迎一里。皇太极则出御幄外迎接，不让祖大寿跪见，而行抱见礼，还让他先入幄，他不敢。谦让后，皇太极和他并肩入幄，极示尊敬之意。

御幄内盛宴摆开，欢迎贵宾。皇太极热情地亲自捧金卮给祖大寿斟酒，祖大寿请皇太极先饮，皇太极请大贝勒代善替饮。然后，祖大寿又借国汗的酒，回敬皇太极。皇太极饮毕，赏赐给祖大寿御用的黑狐帽、貂裘及金玲珑鞓带、缎靴、雕鞍、白马等宝物，祖大寿至为感动。祖大寿请求允许他回去设计，智取锦州。皇太极当即同意。

十月二十九日，后金军配合明朝降军，实施计取锦州计划。皇太极命令贝勒阿巴泰、德格类、多尔衮、岳托等几员大将，率领梅勒额真八员、官四十员、兵四千人，全部穿着汉装，伪装成汉军，以配合祖大寿的行动。祖大寿率所属三百五十人。两军合作一处，当夜做溃奔状，借机袭取锦州。

当晚二更，大凌河城内炮声不绝。祖大寿兵如约起行，阿巴泰军亦如约前往，准备两军会合，共同行动。不料，正赶上天下大雾，对面不相识，"军皆失队伍"，互相走散。无法，只得各自守兵，等到天亮而还。这个计划就失败了。但是，"是夜，锦州明兵闻炮声，以为大凌河人得脱，分路应援，复为我军击败"。后金军同锦州军确实交手了。这为祖大寿设计得脱提供了一个极好的契机。

这次行动失败，引起皇太极的深思。十一月初一日，皇太极召集诸贝勒共同商议，并提出自己思考的结果，深沉地说道："朕思与其留大寿于我国，不如纵入锦州，令其献城，为我效力。即彼叛而不来，亦非我等意

---

① 《清太宗实录》，第10卷，第16页。

料不及而误遣也。彼一身耳，叛亦听之。若不纵之使往，倘明朝别令人据守锦州、宁远，则事难图矣。今纵还大寿一人，而先携其子侄及其诸将士以归，厚加恩养，再图进取，庶几有济也。"①

这是皇太极深思熟虑的结果，是深谋远虑，绝不是一时心血来潮。祖大寿既已降顺，留在后金国，不如让他回到锦州。回到锦州，他就握有献城的机会，能发挥更大的作用。如果放他回到锦州，他要叛而不回，怎么办？"彼一身耳，叛亦听之。"如果他真的叛变了，那就听之任之。但是，一定要善待其子侄与其诸将士，"厚加恩养，再图进取"。这是皇太极的战略思维。他要在明朝内部埋下一颗定时炸弹，放长线，钓大鱼。长期埋伏，到时收获。此前，对袁崇焕，皇太极采用的是反间计；现在，对祖大寿，皇太极采取的是埋伏计。

诸贝勒大臣都同意皇太极的看法，遂"议定"。皇太极随即派人问祖大寿："今令尔至锦州，尔以何策入城？既入，又以何策成事？"祖大寿胸有成竹地答道："我但云昨夜溃出，逃避入山，今夜徒步进城。彼未有不令入城者。锦州军民，皆我所属。但恐为邱巡抚所觉耳。若我兵向我，则邱巡抚或擒或杀，亦易事也。皇上既以礼待我，天令我忘，即忘之耳；若我自忘之，岂不畏天耶？如初二日闻炮，则知我已入城。初三初四日闻炮，则我事已成。皇上可以兵来矣。"

皇太极认为祖大寿的计策很好，"上许之"。特派士兵二十六人，并授给马匹，协助祖大寿行动。当晚，祖大寿一行，渡过小凌河，然后舍骑，徒步去锦州。祖大寿顺利地进入锦州城，安排发炮，向皇太极报告他已经入城。但以后就没有机会再发炮了。

十一月初二日，祖大寿走后，后金兵开进大凌河城。原先全城兵民三万多人，"战死饿死者几半"，只存一万一千六百八十二人，马只剩三十二匹。

是日，皇太极举行盛大宴会，招待大凌河城归顺将官。宴后，令他们校射。

十一月初四日，祖大寿有信了。他自锦州特派史名显来，传语大凌河城之副将、参将、游击、都司等官说道："我前日仓促起行，携带人少，锦州兵甚众，未及举事，将从容图之。尔诸将家属，我已潜使人赡养，后会有期。倘有衷言，即遣人来，无妨也。" 这是给投降后金的大凌河城军官，报送平安的传话。

十一月初九日，祖大寿派遣张有功自锦州送来书信，奏报皇太极。书曰："总兵官祖大寿奏书于御前：先蒙圣意，常识于心。独相约之事，昼夜踌躇，难以骤举。且所携心腹人甚少，各处调集之兵甚多。众心怀疑，不胜恐惧。巡抚、巡按，防御甚严。又有陈二等三人，自大凌河逃回，几事渐露。是以迟误至今。王有名赍来上谕，有兵难久留，姑暂反旆等语。望皇上悯恤归顺士卒，善加抚养。众心既服，大事易成。至我子侄等，尤望皇上垂盼。俟来年相会，再图此事。吾心惟天可表，断不为失信之人也。重任羁绊，无暇悉书，鄙意难尽，望皇上原谅焉。"①

皇太极阅罢祖大寿来书，当即给祖大寿回书，书曰："将军行时，一切事机，已尽言之，无容再赘。相约之事，将军不能速成，意寡不敌众故耳。徐为图之，尚须勉力。我欲驻此，端候好音。奈刍粮匮竭，难以久留。且携大凌河各官，暂归沈阳，牧养马匹，整饬器械，以候将军信息。至于将军计之成否，又何必言。惟速与回音，以副予望。将军子弟，我自爱养，不必忧虑。"②

皇太极此信，极为得体。对祖大寿的处境十分理解："相约之事，将军不能速成，意寡不敌众故耳，徐为图之，尚须勉力。"目前你"寡不敌众"，希望你"徐为图之"。我对你非常信任，不必为你现在的做法过多解释。"至于将军计之成否，又何必言。"你放心吧，"将军子弟，我自爱养，不必忧虑"，我会善待你的子弟的。

当然，皇太极低估了祖大寿的情商和智商。实际上，祖大寿确实是脚底下抹油——溜走了。他欺骗了皇太极，一去不复返。现在是天聪五年（1631），直到崇德七年（1642），皇太极再次攻打锦州，围困锦州一年后，祖大寿才出城投降。这已经是十余年后的事情了。但是，祖大寿毕竟投降了。这说明皇太极长期埋伏的计策，取得了成功。

十月初九日当天，皇太极下令班师。八旗将士满载战利品，凯旋沈

①《清太宗实录》，第10卷，第22页。
②《清太宗实录》，第10卷，第22页。

阳。撤军前，后金军摧毁了大凌河城墙。

这次战役从天聪五年（1631）七月二十六日誓师开始，八月初六日围困大凌河城，到十一月初二日后金军夺取并开进该城。此次战役，时间长达三个月，获得了完全的成功。此役消灭了明在关外的精锐，歼灭了明朝的有生力量。同时，皇太极耐心地招降了刘天禄、张存仁等三十九名明将。他为得到一批人才而感到心满意足。

这次战役，皇太极的招降政策深入人心。这变成了皇太极的一笔巨大的精神财富。这把政治的利剑与另一把军事的战刀，成为了皇太极开疆扩土的有力武器。从此，他加大了征讨的步伐。

皇太极优降政策的成功，还突出地表现在三顺王的归附上。

三、降后金三王归附

皇太极优降政策的成效，在明朝将领即后来的三顺王孔有德、耿仲明、尚可喜的身上得到了充分的体现。

毛文龙死后，其部下如丧考妣，失魂落魄，走投无路。孔有德、耿仲明原来是明朝总兵毛文龙的部校，"文龙善遇之"。毛文龙被袁崇焕所杀，其副将陈继代领职务。孔有德感到同陈继"不足共事"，就和耿仲明一起投奔了登州巡抚孙元化。"登州人犹以毛氏称之"，登州人习惯地将他们二位称为姓毛的。孙元化认为"辽人可用"，奏授孔有德为管步兵左营参将，耿仲明亦为参将。

天聪五年（1631），后金军围攻大凌河城，明朝急调山东兵赴援。登莱巡抚孙元化派遣参将孔有德率八百骑增援，预计兵出山海关，直奔锦州。但粮饷不济，孔有德心中不满。部队抵达吴桥县（河北吴桥），遇大雨雪天，士卒饥渴难耐，没有供应，"众无所得食，则出行掠"。孔有德遇到参将李九成，两人私下密议，"遂叛明"。孔有德、李九成为首，同陈继功、李尚友、曹得功等五十余人，率兵数千，掉转马头，掠夺陵县、临邑、商河、齐东、德平、青城、新城六县，杀援兵数千，获马匹、器械甚多。

天聪六年（1632）正月，孔有德率兵直趋登州，包围了它。老搭档参将耿仲明率辽东官陈光福、杜承功、曹德纯、吴进兴等十五人做内应，里应外合，内外夹攻，顺利地攻破了登州城。因巡抚孙元化有恩于他们，将其放走，"纵使航海去"。收辽人三千余。耿仲明自称总兵官。时旅顺参将陈有时、广鹿岛副将毛承禄也背叛了明朝，渡海到登州来会合，俱自称为总兵官，"兵势益盛"。

他们以登州为据点，集体举事。大家推举孔有德为王，孔有德推辞道："我等方起事，何敢遽膺王号?"在大家的推举下，孔有德自称都元帅，李九成为副元帅，耿仲明、陈有时、毛承禄、陈光福自称总兵官。"遂铸印登坛，宣告于众"，四处攻略，"屡败明兵"。他们甚至攻破了黄县、平度州，就要攻下莱州。"残破各处地方，山东扰乱。"

此时，明廷大惊，立派大军来剿。崇祯帝命侍郎朱大典督师讨伐孔有德，孔有德战败，急退守登州城。明朝以保定、天津、昌平诸镇兵会剿，"逾年弗能制"。又调总兵祖大弼等数万大军来剿，副元帅李九成阵亡。

登州城东西南三面皆山，北面临海。城北有一片水域通向大海。明军包围了登州城的东西南三面，构筑工事围困孔有德军。双方相持五个多月，登州城告急。明军援兵屡至，孔有德军弱不能支。于是，孔有德商议撤退。决定集合战舰，由海道遁走。登州城的北门是通向大海的水门。孔有德"三遣其裨将"，通过此水门乘船渡海，到后金国"纳款"，表示归顺。

十一月，明兵急攻登州城，在城墙下"穴地"，在城墙外"发火器"，城陷。孔有德率兵万余，携带家眷，分乘数百只战船，乘夜强渡大海，欲攻旅顺口，攻不下，转屯双岛龙安塘。在此地困守，食物殆尽，走投无路。

天聪七年（1633）三月二十五日，都元帅孔有德又派游击张文焕、都司杨谨、千总李政明率男妇一百余人，乘船渡海到盖州（辽宁盖县）登岸。向盖州后金城守副将石国柱、游击雅什塔具述"今将前来归附"之意，于是城守上奏，"具言其故，且食尽穷迫，愿归圣朝"。天聪汗"诏抚辑之"。

三月二十七日，皇太极特派吴赖、范文程、白格、塞古德等前往盖州，探明究竟。皇太极因"尚未深信"，"故特遣人前往探焉"，探明是真。于是，皇太极郑重下达命令，接待孔有德等。

五月初六日，皇太极特派文馆觉罗龙什、爱巴礼、敦多惠传谕诸贝勒曰："登州都元帅孔有德、总兵官耿仲明及众官等，航海来归，宜先赏给马匹。朕出内厩之马。尔诸贝勒各出上等鞍马一，空马四，约计四十匹。满洲、蒙古、汉人，按世职，每十备御出马一，约计百匹。选其良者，赏大帅。余马付有德等，按品级散给各官。"①

皇太极考虑问题十分周密，知道当下孔有德急需马匹。赏赐归附官员马匹，是急人所急，济人所需。

五月初九日，皇太极特派文馆游击范文程、罗硕、刚林，细心接待新附元帅孔有德、总兵官耿仲明等，谕曰："孔有德、耿仲明可令统领旧部，驻扎东京（辽阳）。号令、鼓吹、仪从，俱仍其旧。惟用刑、出兵二事，当来奏闻。所属人民，俱住盖州、鞍山，如或不愿，令住东京邻近地方。"②

皇太极考虑得十分周到，接待的原则是一切照旧，一切不变。由此，给都元帅孔有德等指定一处安身之地。在这里，孔有德军实行原来的制度，使他们有兵有民、有职有权。但是，明确说明"惟用刑、出兵二事，当来奏闻"，即皇太极收回处治、调兵之权。

五月二十一日，孔有德、耿仲明等，自镇江（今辽宁丹东）遣副将曹绍宗、刘承祖等，奏报起程日期。皇太极命督修岫岩、通远堡、碱场三城。又命贝勒济尔哈朗、阿济格、杜度率兵到镇江（丹东），欢迎孔有德的大队归顺人马。满腔热情，完全信任，设想周到，关怀备至。

先是五月，孔有德率大军乘船欲从镇江登岸。但是，后有明朝的追兵，前有朝鲜的截兵，情势危殆。此时，皇太极派出的欢迎大军，也适时地抵达了镇江。贝勒济尔哈朗、阿济格、杜度率领的大军，"列阵江岸，势强盛"。明朝兵和朝鲜兵，"见我军势强盛，度不能敌，遂退"。于是，孔有德等率众登岸，孔有德带来的枪炮辎重全部搬运上岸。"部众家口，兵器枪炮数百艘，尽运江岸，不遗一物。"济尔哈朗等派兵守卫。对于千里来归的孔有德等大军，"诸贝勒设宴飨之"。同时，将皇太极拨发的二千匹战马发给孔有德等，让其乘赴东京辽阳。路途"备设供帐"，照顾备至。

皇太极考虑到他们备极艰苦，急传谕旨："尔等身皆劳顿，宜暂休息，

① 《清太宗实录》，第 14 卷，第 2 页。
② 《清太宗实录》，第 14 卷，第 5 页。

从容来见。"让他们在辽阳好好休息，不必急于来沈阳相见。

跟随孔、耿归附后金的副将、参将、游击等将官共一百零七人；精壮官兵三千六百四十三人，他们的家属共七千四百三十六人；水手壮丁四百四十八人，其家属六百二十四人。以上统共一万二千二百五十八人。

这支归顺大军的到来，说明了皇太极优降政策的成功。

六月初二日，在孔有德等起程赴沈阳前，皇太极又针对归顺大军，专门颁布谕旨，告诫贝勒群臣曰："向者我国将士，于辽民多所扰害，至今诉告不息。今新附之众，一切勿得侵扰。此辈乃攻克明地，涉险来归，求庇于我。若仍前骚扰，实为乱首。违者并妻、子处死，必不姑恕！"①

皇太极针对孔有德军回归问题，特别颁发一道十分严厉的上谕。皇太极严格申明："若仍前骚扰，实为乱首。违者并妻、子处死，必不姑恕！"这一次强调要处以连坐罪，"违者并妻、子处死"，且"必不姑恕"！

六月初三日，文馆儒臣龙什、范文程、敦多惠等自东京辽阳，引导孔有德、耿仲明等和他们的部将官员，抵达沈阳郊区。天聪汗皇太极亲率诸贝勒大臣，驾出德胜门十里，来到浑河岸边，举行盛大的欢迎仪式。中间设一座黄色大帐篷，左右各设五座青色帐篷。太宗与大贝勒代善和诸贝勒偕孔有德、耿仲明及各官首先谢天，行三跪九叩首礼，然后就座。

这时，大家讨论皇太极接见孔有德等的礼节。皇太极想以满族最隆重的礼仪抱见礼接见。诸贝勒提出"皇上恐不宜抱见，但以礼相待，可耳"。皇太极不同意他们的见解，谕曰："昔张飞尊上而凌下，关公敬上而爱下。今以恩遇下，岂不善乎！元帅、总兵曾取登州，攻城略地，正当强盛。而纳款输诚，遣使者三，率其兵民，航海冲敌，来归于我，功孰大焉！朕意当行抱见礼，以示优隆之意。"②

皇太极驳斥了诸贝勒的说法，坚持对孔有德等实施满族最高的礼节抱见礼。

议决之后，孔有德、耿仲明率各官，以次序立。他们二人先行汉族礼，复至御座前叩头，双手抱太宗膝，行抱见礼。接着，孔有德等与代善和诸贝勒一一行抱见礼。孔有德、耿仲明行礼毕，各官上前行三跪九叩头

---

① 《清太宗实录》，第14卷，第10页。
② 《清太宗实录》，第14卷，第11页。

礼。皇太极命孔有德、耿仲明坐在御座上他的身边，以示尊重。

孔有德、耿仲明进献金银，并金玉器皿、彩缎衣服等物，皇太极高兴地收下了。

大宴开始了。皇太极亲自手捧金卮，向孔有德、耿仲明敬酒。宴会结束，向孔有德、耿仲明各官，赏赐蟒袍、貂裘、撒袋、鞍马等物品，以示恩宠。

六月初五日，皇太极特别召见孔有德、耿仲明及众官入宫，赐宴。命孔有德、耿仲明坐于御座侧面，宴之，以示亲近。大贝勒代善设宴，热情款待孔有德、耿仲明等。之后，各位和硕贝勒也轮番宴请。总之，后金国的上层认真地贯彻执行了皇太极的优降政策。

六月十三日，天聪汗皇太极谕旨，封孔有德为都元帅，耿仲明为总兵官。颁发官印，孔有德、耿仲明跪迎。同时宣谕，与你们共同归顺的诸将，"宜察其功之大小，用印给札"。宣谕完毕，皇太极亲率诸贝勒登上御楼，举行高层宴会，宴请孔有德、耿仲明及归附众官，予以庆贺。席间，宣读了事先准备好的敕文。《清太宗实录》卷十四记载了全文：

> 朕惟任贤使能，崇功尚德，乃国家之大典；乘机遘会，达变通权，诚明哲之芳踪。尔元帅孔有德，原系明臣，知明运之倾危，识时势之向背，遂举大众，夺据山东，残彼数城，实为我助。且又全携军士官民，尽载甲胄器械，航海来归。伟绩丰功，超群出类。朕深嘉尚，用赞王猷。给都元帅敕印，功名富贵，远期奕世之休；带砺河山，永无遗弃之义。凡有一切过犯，尽皆原宥。尔宜益励忠勤，恪共乃职，勿负朕命。钦哉！①

发给耿仲明一道同一内容的敕文，也当众宣读。

皇太极评价其贡献曰："伟绩丰功，超群出类。"这是以书面的形式，对孔有德、耿仲明的壮举，给予高度的评价和充分的肯定，使其传诸后世，永远铭记。皇太极又以汗王的身份，赐予他们超出法律界限的特权："凡有一切过犯，尽皆原宥。"

---

① 《清太宗实录》，第 14 卷，第 16 页。

六月十九日，皇太极命后金军征讨旅顺口。旅顺口是明朝在辽东半岛的最后一个据点。征讨大军由三个部分组成：管兵部贝勒岳托、管户部贝勒德格类、大臣楞额礼、叶臣、伊尔登、昂阿喇率领的八旗左右翼兵；石廷柱率领的旧汉军；都元帅孔有德、总兵官耿仲明率领的新附兵，合计步骑一万余人，很快就攻破了旅顺口城。明朝守城总兵黄龙战败，英勇自杀。

七月十四日，贝勒岳托、德格类派遣音达户齐、华木拜奏报捷音。"俘获人口五千三百有奇，马、牛、骡、驴数百，金二十二两，银二万一千二百两，人参八箱，裘服、皮张、段（缎）疋、器具无算。"俘获颇丰，士气大振。此战，孔有德、耿仲明率领的新附兵起了很大的作用。

此次征战，皇太极有令，要厚待孔有德等。前线主帅岳托、德格类领会皇太极的深意，放宽对孔有德新附兵的限制，让他们感受到一定的自由。贝勒岳托、德格类奏道："又蒙谕令，厚待孔元帅、耿总兵二人。臣等自思，亦极力优待之矣。但当返城时，其所属将士俱入城内，凡官员房屋及富民列肆，皆为所占取。俘获人口，多指称亲戚，挈之而去。臣等虽微有不平之意，未尝少露。"岳托等对孔有德等新附兵的过激行为，采取了适度容忍的策略。

先是孔有德由于车马颠覆而受伤，后痊愈。八月二十三日，皇太极遣官慰问，传谕都元帅孔有德曰："都元帅远道从戎，良亦劳苦。且行间所行事宜，实获朕心。至于赞襄国事，招抚山民，尤大有裨益。不谓劳顿之身，又遭衔橛之失，适闻痊可，大慰朕怀。特谕。"①

衔橛，衔，马嚼子；橛，车的钩心。衔橛之失，指车马颠覆。天聪汗皇太极对受伤痊愈的孔有德特殊传谕，加以慰问。这是对孔有德等的特殊关爱。

九月二十一日，明朝登州都司蔡宾率二十四人来归。原来是登州副将因为蔡宾是辽东人，怀疑蔡宾有二心，派百总姚世忠解送蔡宾至宁远。蔡宾等中途杀掉姚世忠，而归顺后金。皇太极命将蔡宾交到孔有德名下，并说道："蔡宾之归我也，亦为元帅故耳。朕嘉其来，赐以狐裘一，马一，

---

① 《清太宗实录》，第15卷，第12页。

平南王尚可喜像

银百两。其或厚加恩养，或升以官爵，悉听尔酌量行之。"①

蔡宾的主动归顺，看出了孔有德、耿仲明的榜样作用。

天聪汗皇太极对孔有德、耿仲明的归顺极为重视。除授予孔有德都元帅、耿仲明总兵官的官职外，又在政治上给予特殊待遇。天聪八年（1634）正月初一，皇太极率诸贝勒大臣谒堂子，"望天焚楮，行礼还宫"。拜神完毕，皇太极御殿。"命大贝勒代善坐右侧，以都元帅孔有德、总兵官耿仲明输诚归顺，命与八和硕贝勒同列，行止与俱。有德、仲明辞曰：如此洪恩，已不克承，何敢与诸贝勒同列？上命勿辞。诸贝勒遂率有德、仲明于第一班行礼，上命列坐左右。"八和硕贝勒乃是后金国的国家精英，与他们"行止与俱"，同班论列，这是皇太极给予他们的最高的政治待遇。

孔有德等归降之后，明朝副将尚可喜也归降了。天聪七年（1633）七月，后金军攻克旅顺口。明朝总兵官黄龙战死，其副将尚可喜据守鹿岛。皇太极派遣官员携带自己的亲笔信，去招降尚可喜。尚可喜动心了，特派部下卢可用、金玉奎来联系归顺事宜。皇太极回书，让他们"速来归附"。

于是，天聪八年（1634）二月，明朝广鹿岛副将尚可喜，率广鹿、长山、石城三岛共二千余户，由洪水堡来归。皇太极命"诸贝勒暨积粟之家，出粮四千余石，给予赡养"。并"以旅顺口所获可喜亲戚，付之聚处海州"。皇太极谕曰："跋涉劳顿，缓期来朝。"

尚可喜亲赴沈阳拜见天聪汗皇太极。四月初十日，皇太极亲率诸贝勒出沈阳十里外迎接。行礼设宴的规格，一如迎接孔有德时。授尚可喜为总

① 《皇清开国方略》，第17卷，第10页。

兵官，并敕书曰："一切过犯原宥。"其随来的部校并授为参将。

孔有德、耿仲明和尚可喜都曾是毛文龙的部下。尚可喜的归附，使孔有德、耿仲明的榜样作用，再次得到了印证。

崇德元年（1636），皇太极接受尊号，为宽温仁圣皇帝。授孔有德为恭顺王，耿仲明为怀顺王，尚可喜为智顺王。他们得到了皇太极的高度信任和格外尊崇。

孔、耿、尚的相继叛明，使明朝用以牵制后金的辽东沿海防线，土崩瓦解。皇太极的优降政策爆发出巨大的威力，其政治影响迅速传播。这对后金军的正面战场，起到了意想不到的瓦解敌人的作用。

皇太极考虑的不光是军事斗争，他也在关注着中央的政治斗争。

第八章　国汗集大权　发兵攻漠南

一、集大权面南独坐

皇太极面南独坐有一个历史过程。这个过程历时五年。

天聪汗皇太极之所以荣登汗位，除他自身的优越条件外，是和三大贝勒代善、阿敏及莽古尔泰的忠心拥戴密不可分的。因此天聪汗对三大贝勒始终抱有感激之情。这最主要的是表现在座次的安排上，皇太极给予三大贝勒以特殊的优渥，即在朝会、庆典、盛宴、出征和迎宾等重大活动中，大贝勒代善、二贝勒阿敏和三贝勒莽古尔泰同天聪汗皇太极一起面南并列而坐，四人同时接受其他贝勒和大臣的三跪九叩头礼。此外，天聪汗也免去了三大贝勒的君臣礼，而对他只行兄弟之间的抱见礼。

皇太极同其他三大贝勒一起面南而坐，这种礼仪是十分特殊的，是同封建的集权制相抵触的。

如《清太宗实录》记道："天聪元年（1627）丁卯春正月己巳朔（初一日），黎明。上率诸贝勒大臣，诣堂子，拜天，行三跪九叩头礼，还。上御殿，诸贝勒大臣、文武群臣朝贺，各按旗序，行三跪九叩头礼。大贝勒代善、阿敏、莽古尔泰以兄行，命列坐左右，不令下坐。凡朝会之处，悉如之。"①

先是拜天、后是朝会，三大贝勒都是和皇太极并列面南而坐。

在野外扎营，归降的蒙古诸贝勒来拜见时，"上升御座，大贝勒代善、

---

① 《清太宗实录》，第 2 卷，第 1 页。

莽古尔泰坐于右，大贝勒阿敏坐于左"，接受蒙古诸贝勒的叩拜。迎宾时，三大贝勒也是与皇太极并列面南而坐。

其实，还有甚者，那就是代善居然有时居中而坐。《清太宗实录》就有这样的记载。天聪元年（1627）三月初八日，《实录》记道：

> （天聪元年三月）乙亥（初八日），上与诸贝勒游幸，次辽河岸。上遣人召大贝勒代善、莽古尔泰至，命代善中坐，莽古尔泰列坐，设宴。上曰：二兄偕至，朕愿各奉一骑。两大贝勒曰：上召则必至，每至辄受马，可乎？上曰：亦非率以为常也。今喜两兄至，故各以一骑相赠耳。因令乘之而还。[1]

这里要注意的是，皇太极"命代善中坐"，这是极不寻常的。固然从家庭排行来说，代善是二兄、莽古尔泰是五兄，皇太极是八弟。但是，现在皇太极已经身为国汗，乃为一国之君主。从国家角度来说，皇太极与代善、莽古尔泰的关系，是严格的君臣关系。中坐者毫无疑问的应该是皇太极。皇太极"命代善中坐"，这是一个特例。这个特例的出现，既反映了皇太极在座次问题上的民主意识及韬光养晦，也渗透出代善、莽古尔泰在这个问题上的缺乏检点与轻率无知。

当然，总的来看，四大贝勒南面并列而坐，这既反映了天聪汗皇太极对三大贝勒忠心拥戴的感激与答谢，也透露出天聪汗对三大贝勒强大实力的担忧和畏惧。这种做法实质是满族氏族社会朴素民主制的残余。这是同君主专制的封建社会的中央集权制格格不入的。因为这样做，是在突出王权、削弱君权，这对加强中央的权威是不利的。

有鉴于此，天聪汗便采取了一些做法，逐渐削弱王权，加强君权，以解决这个难题，除去这块心病。

他采取了一系列步骤：

第一步，增设官职。如前所述，皇太极即位的当时，协助其执政的有：大贝勒代善、二贝勒阿敏、三贝勒莽古尔泰；太祖第七子阿巴泰、第十子德格类、第十二子阿济格、第十四子多尔衮、第十五子多铎、贝勒舒尔哈齐第

---

① 《清太宗实录》，第1卷，第12页。

六子济尔哈朗；太祖长子褚英之子杜度、太宗长子豪格、大贝勒代善长子岳托、次子硕托、第三子萨哈廉。以上计十四人。他们共分为三个层次：

第一层次为三大贝勒，大贝勒代善、二贝勒阿敏、三贝勒莽古尔泰，计三人。

第二层次为努尔哈赤子侄辈，太祖第七子阿巴泰、第十子德格类、第十二子阿济格、第十四子多尔衮、第十五子多铎、贝勒舒尔哈齐第六子济尔哈朗，计六人。

第三层次为努尔哈赤孙儿辈，太祖长子褚英之子杜度、太宗长子豪格、大贝勒代善长子岳托、次子硕托、第三子萨哈廉，计五人。

实际可以视为，第一层次为常委级；第二、第三层次为委员级。

这就是皇太极即位时的全部高层的政治精英。这群政治精英，也是权力精英。通过出身分析，可以知道，他们全部是努尔哈赤的家族精英。也就是说，后金国的政权全部掌握在努尔哈赤家族的手中。

19世纪英国法律史家梅因在他的著述《古代法》中，如此概括人类历史的发展趋势："所有进步社会的运动，到此处为之，是一个从身份到契约的运动。"从人类社会发展的历史长河来观察，如果以人为基本视角，即以人为本，那么原始社会就是以部落为本位，中古社会就是以家族为本位，现代社会就是以个人为本位。在家族本位时代，个人的权力、地位、财产、荣誉，不是来自个人，而是来自家族。家族地位的天然悬殊，决定了个人之间不同的家族身份。这个家族身份可以光明正大地遗传，即所谓世袭。这完全是一个等级社会。

皇太极即位的当时，也完全是这种情况。协助皇太极掌握后金国政权的，全部是皇太极的兄弟和子侄。这个权力精英的核心

多尔衮像

是三大贝勒，即大贝勒代善、二贝勒阿敏、三贝勒莽古尔泰。后金国完全掌握在努尔哈赤家族的手中。

皇太极高屋建瓴，感到权力精英全部是家族精英，这不是一件好事。他必须突破这个局限，打破这个樊笼，让没有血缘关系的他方人才，加入到这个权力精英的队伍中来。这反映了皇太极的某种民主意识。因此，在他即位后的第八天，即天命十一年（1626）九月初八日，就颁布上谕，任命一批新的权力精英，加入到议政大臣的行列。

《皇清开国方略》记道：

> （天命十一年九月）丁丑（初八日），分设八旗大臣。初，太祖创制八旗，每旗设总管大臣（旧称固山额真，顺治十七年改称都统）各一，佐管大臣（旧称梅勒额真，亦称梅勒章京。顺治十七年改称副都统）各二（见乙卯年）。特设议政五大臣、理事十大臣（见天命元年）。后或即以总管一旗、佐管一旗者兼之，不皆分授。又有总兵官、副将、参将、游击、备御诸名，论功加授（见天聪五年）。
>
> 至是，太宗集诸贝勒，定议每旗仍各设总管大臣一（额驸扬古利前此，已授一等总兵官，其秩在贝勒之次，与额驸李永芳及总管蒙古军之吴纳格，俱不预此）。
>
> 正黄旗纳穆泰（扬古利之弟）、镶黄旗额驸达尔汗（此以正黄、镶黄、正红、镶红、镶蓝、正蓝、镶白、正白，自为序次。与顺治元年以后序次镶黄、正黄、正白、正红、镶白、镶红、正蓝、镶蓝不同）、正红旗额驸和硕图（何和里之子）、镶黄旗侍卫博尔晋、镶蓝旗额驸固三泰（顾三台）、正蓝旗托博辉（和洛葛晋城贝勒索长阿第四子龙敦之子）、镶白旗彻尔格（额亦都第三子，前已授三等总兵官）、正白旗喀克笃礼（初由那木都禄路来归，已授三等总兵官），是为总管旗务之八大臣。凡议国政，与诸贝勒偕坐，共议之。出猎、行师各领本旗兵行，一切事务皆听稽察（如前此之固山额真兼议政大臣）。①

---

① 《皇清开国方略》，第9卷，第4页。

183

固山，满语是旗的意思；额真，满语是主人的意思。固山额真，即旗之主。后称固山章京，入关后顺治十七年（1660）改称都统。每旗设立的总管大臣，就是先前设立的固山额真，就是每旗之主。皇太极现在任命的总管大臣为纳穆泰、达尔汗、和硕图、博尔晋、顾三台、托博辉、彻尔格、喀克笃礼等八位。他们的出身，除达尔汗、和硕图、顾三台为额驸外，其他均为大臣之子弟或归附的部落酋长及其子。可以说，全都是非爱新觉罗血统。

皇太极在这里给予他们的权力是："凡议国政，与诸贝勒偕坐，共议之。出猎、行师各领本旗兵行，一切事务皆听稽察（如前此之固山额真兼议政大臣）。"

这就是说，皇太极授予他们为八旗的总管大臣，掌握行政和军事实权。同时，全部进入议政大臣的行列，成为中央委员级的重要成员，同除三大贝勒以外的诸贝勒并列。这个改革非同小可。这个改革实质是在削弱诸贝勒，尤其是三大贝勒的权力。扩大总管大臣的权限，就是分散诸王贝勒的权力，分散三大贝勒的权力。这是皇太极抑制诸贝勒尤其是三大贝勒权力的一个重要举措。

第二步，添设六部。以六部分散诸王贝勒的权力。天聪五年（1631）七月八日，皇太极仿照明朝，在后金国中央设立六部。这六部是吏部、户部、礼部、兵部、刑部和工部。每部由一名贝勒管理，其下设满人承政二员、蒙古人承政一员、汉人承政一员。承政之下设参政八员。六部的最高长官为贝勒一级，全部是皇太极的至亲。管吏部事的贝勒多尔衮是皇太极的第十四弟，管户部事的贝勒德格类是皇太极的第十弟，管礼部事的贝勒萨哈廉是大贝勒代善的第三子，管兵部事的贝勒岳托是大贝勒代善的长子，管刑部事的济尔哈朗是贝勒舒尔哈齐的第六子，管工部事的阿巴泰是皇太极第七兄。这六位贝勒分别管理中央政府的六部事务，就在一定程度上分散、限制并削弱了三大贝勒的权力。这对加强皇太极的中央集权十分有利。

第三，免其轮值。天聪三年（1629），天聪汗以关心三大贝勒健康为由，削去他们每月轮流执政的特权，而交给年轻且听话的委员级贝勒去做。

《皇清开国方略》记道："（天聪三年正月）丁丑（二十一日），议增直（值）月理政贝勒。先是天命六年二月，太祖命太宗同大贝勒代善、二贝勒阿敏、三贝勒莽古尔泰，佐理国中政事，按月分直（值）。及太宗即位，仍令分月掌理。至是，传谕曰：向因直（值）月之故，一切机务辄烦诸兄经理，嗣后可令弟侄辈代之。如有疏失，咎坐。现直（值）者大贝勒等皆曰：善。遂以诸贝勒代理直（值）月之事。"①

这里是说，努尔哈赤时期，努尔哈赤下令命四大贝勒按月在中央政府轮流值班，这是一个极为重要的任务。努尔哈赤欲借此锻炼、培养四大贝勒的执政能力，自己也得到适当的休息。这个按月轮流值班的制度，从天命六年（1621）开始实施，到天聪三年（1629），已经实行了八年多了。

皇太极感到，这个按月轮值的制度，对于削弱三大贝勒的权力十分不利。为此，他以照顾三大贝勒的名义，下令将三大贝勒按月轮值的任务，转交给了年青一代的委员级贝勒去承担。这就名正言顺地削掉了三大贝勒的这一特权。

此外，他还根据三大贝勒的不同表现采取不同的方法削夺其事权。

天聪汗首先处治了久怀异志的二贝勒阿敏。天聪四年（1630）阿敏受命去保卫天聪汗攻下的明城永平、滦州、迁安、遵化等四城。在明将孙承宗围攻滦州时，阿敏惊慌失措，终致滦州失守。阿敏风声鹤唳，"未见敌人之旌旗，未发一矢以加敌"，即还没有见到明军的影子，便尽屠永平、迁安归顺的官民，抢掠人口、财帛、牲畜，悉载以归。

本来天聪汗在离开永平前，曾明确当面训谕诸贝勒："宜严饬军士，毋侵害归顺之民，违者治罪。"这是严肃的俘虏政策问题。但阿敏竟然视天聪汗的谕令如耳旁风，抗命不遵，血洗全城，给后金的优降政策造成极坏的影响。后来攻大凌河城时，因为前车之鉴，明军据城顽抗，拒不投降。因为他们已不相信天聪汗了。他们听说，"又有逃来人，言汗（天聪汗）于敌国之人，不论贫富，均皆诛戮，即顺之，不免一死"。

天聪汗十分恼怒，谕令诸贝勒大臣讨论如何处治阿敏。诸贝勒大臣纷纷揭发，议决阿敏十六条罪状，上奏天聪汗，请求诛杀阿敏。天聪汗不忍加诛，免其一死，处以幽禁。

----

① 《皇清开国方略》，第12卷，第3页。

这就一举解决了二贝勒阿敏的问题。

其次要解决大贝勒代善的问题。天聪五年（1631）元旦快到了，礼部李伯龙上奏："我国朝贺行礼时，不辨官职大小，常有随意排列，逾越班次者，应请酌定仪制。"

天聪汗抓住契机，发出上谕，故意提出莽古尔泰座次问题，让贝勒群臣议论："自朕即位以来，国中行礼时，（莽古尔泰）曾与朕并坐，今不与坐，恐他国闻之，不知彼过，反疑前后互异。"然后就座位问题，让大家研究之后，拿出个意见来。聪明的天聪汗把座位问题提出来，意在让大贝勒代善表态。

老于世故且谦恭谨慎的大贝勒代善，对天聪汗的心思洞若观火。他知道应该如何表态："我等既戴皇上为君，又与上并坐，恐滋国人之议。谓我等奉上居大位，又与上并列而坐，甚非礼也。礼本人情，人心所安，即天心所佑。各遵礼而行，自求多福，斯神佑之矣。自今以后，上南面中坐，以昭至尊之体。我与莽古尔泰侍坐上侧。外国、蒙古诸贝勒坐于我等之下，如此，方为允协。"诸贝勒皆曰："善。"此议奏上，正合天聪汗心意，立即照准。

此后御殿上，除天聪汗的御座外，在其侧面的两旁分设两个座位，命大贝勒代善和三贝勒莽古尔泰分坐。此二人不是面南而坐，而是一个朝西，一个朝东了。由四人并坐变为面南独坐，天聪汗用了五年的时间。

最后，又快刀斩乱麻地处治了三贝勒莽古尔泰。天聪五年（1631）八月，在围攻大凌河城前线阵地上，围绕着莽古尔泰与皇太极发生了一起震动朝野上下的露刃事件。这个露刃事件性质极为严重，莽古尔泰因此而最终获罪。事件的经过，《清太宗实录》记载甚详。因事关重大，兹全文照录，以供参阅分析。文曰：

> 是日（天聪五年八月十二日），上出营，登城西之山冈，坐观形势。与贝勒岳托营相近，岳托具宴以献。大贝勒莽古尔泰奏于上曰：昨日之战，我属下将领被伤者多。我旗护军有随阿山出哨者，有附额驸达尔哈营者，可取还否？上曰：朕闻尔所部兵，凡有差遣，每致违误。莽古尔泰曰：我部众凡有差遣，每倍于人，何尝违误？上曰：果尔，是告者诬矣。朕当为尔究之。若告

者诬，则置告者于法；告者实，则不听差遣者，亦置于法。言毕，上不怿（yì，音义；高兴，快乐）而起，将乘马，莽古尔泰曰：皇上亦从公开谕，奈何独于我为难？我止以推崇皇上，是以一切承顺，乃意犹未释，而欲杀我耶？遂举佩刀之柄前向，频摩视之。其同母弟贝勒德格类曰：尔举动大悖，谁能容汝？拳殴之。莽古尔泰怒詈之曰：尔何为殴我？手出佩刀五寸许。德格类推之出。时大贝勒代善见之，恚（huì，音会；怨恨）甚，曰：如此悖乱，殆不如死。上默然，遂不乘马，复坐，区处事务毕，还营。上谕众曰：莽古尔泰幼时，皇考（努尔哈赤）曾与朕一体抚育乎？因其一无所授，故朕每推食食之，解衣衣之。得倚朕为生。后彼潜弑其生母。幸事未彰闻，彼复希宠于皇考。皇考因令附养于贝勒德格类家，尔等岂不知耶？今莽古尔泰，何得犯朕，朕思人君虽甚英勇，无自夸诩之理。故惟留心治道，抚绥百姓，如乘驽马，谨身自持。何期莽古尔泰遂轻视朕至此耶？随责众侍卫曰：朕恩养尔等何用？彼露刃犯朕，尔等奈何不拔刀趋立朕前耶？昔人有云：操刀必割，执斧必伐。彼引佩刀，其意何为？尔等竟皆坐视耶？言毕，入帐，未坐即出。又曰：朕今罄所欲言，以示尔等。尔等曾忆皇考升遐时，共谓若见有作祟如鬼蜮者，必奋力除之，以雪仇恨。此言岂顿忘耶？今目睹人之犯朕，而竟默默旁观。朕恩养尔等，殊无益矣。怒责未已，时已薄暮。莽古尔泰率四人，止于营外里许，遣人奏曰：臣以枵腹（枵，xiāo，音肖；空虚。枵腹，饿着肚子），饮酒四卮，因对上狂言。言出于口，竟不自知。今来叩首请罪于上。上遣额驸杨古利（扬古利）、达尔哈传谕曰：尔于白昼拔刀欲犯朕，昏夜复来何为？时色勒、昂阿喇，与俱来。因并责之曰：尔等与尔贝勒偕来，必欲朕兄弟相仇害耶？尔等如强来，获罪愈重矣。拒不纳。①

这就是露刃事件的全过程。细审整个事件的全过程，似有几点应引起注意。

---

① 《清太宗实录》，第 9 卷，第 28 页。

其一，事件的起因。起因是一场看似并不重要的事情。三贝勒莽古尔泰向天聪汗皇太极奏请说道："昨天一战，我手下的将士有很多受伤了，目前感到兵力不足。可否将我旗先锋护军支援阿山部站哨的，还有支援额驸达尔哈营的，退还给我？"皇太极没有正面回答他的问题，却直接批评他道："我听说，你统领的部队，凡有差遣的事，经常有误。"莽古尔泰不服，语气生硬地顶撞道："我的部下，每逢差遣，都比别人多一倍，什么时候违误了？"皇太极听到顶撞的话，语气严肃地答道："如果像你所说，是报告者诬陷你，我一定为你纠诬。如果报告者诬陷你，就将报告者问罪；如果报告属实，那么不听差遣者，一样问罪。"说毕，皇太极很不高兴地站起来，要骑马而走。这就是说，皇太极虽然心里不痛快，面对五兄、身为三大贝勒之一的莽古尔泰，还是有节制的，不欲激化矛盾。所以说完话，就想礼貌地主动退出争论。但是不料，莽古尔泰不依不饶，居然拦住马头，气势汹汹地质问道："皇上应该将此事公开传谕。为什么唯独与我为难？我向来只知道推崇皇上，所以一切事都是顺从皇上。即便如此，也没能使你满意。怎么，你还想杀死我吗？"很清楚，事件的挑起者，是莽古尔泰。

　　其二，事件的经过。莽古尔泰质问皇太极过后，并没有息怒，反而采取了更为错误的举动。莽古尔泰举起随身携带的佩刀的刀柄，向前逼近，一边手摩挲着刀，一边瞪视着皇太极。这时，站在一旁的莽古尔泰的同母弟德格类，意识到事态严重，如不及时制止，将酿成大错，就厉声喝道："你的举动大逆不道，谁能容忍你！"说罢，就对其兄饱以老拳。莽古尔泰突然被殴，怒骂道："你为什么打我？"一边骂着，一边拔出佩刀五寸许。德格类吓坏了，怕造成不可挽回的后果，就坚决地将莽古尔泰推了出去。这个冲突的过程，大贝勒代善全都看到了，对莽古尔泰很是怨恨，气愤地说道："如此悖乱，还不如死了。"皇太极一言不发，沉默应对。事已至此，皇太极反而安静下来，也不乘马走了。他在这里处理完其他的事情，返回营地。这个"手出佩刀五寸许"，就记载来看，似乎不是针对着皇太极去的，而是针对着其同母弟德格类去的。但是，事件的起因，是由莽古尔泰挑起的，而且是在皇太极的面前拔出佩刀，这就犯下了极其严重的罪行。

　　其三，事件的余波。皇太极归营后，召集众人回忆起他和莽古尔泰幼

皇太极

时之事。那时，皇太极对莽古尔泰在生活上很是关照，"推食食之，解衣衣之"，衣食不分。莽古尔泰将这些皇太极对他的好处，全都忘掉了。不仅如此，莽古尔泰居然亲手杀死了自己的亲生母亲，毫无人性。这件事，父汗努尔哈赤不大清楚，对莽古尔泰照常重用。皇太极说道："我作为人君，严格要求自己，'留心治道，抚绥百姓，如乘驽马，谨身自持'。但是莽古尔泰以为我软弱可欺，竟然轻视我到了这个地步！"这个话里包含了忍让、屈辱、怨恨。

除此以外，皇太极反思了其近身卫队的问题，主要是他们反应迟钝。皇太极批评道："皇考努尔哈赤升天时，大家共同宣誓说，如果见到施展阴谋如鬼魅之类的人，必将奋力除掉他，以报仇雪恨。这个誓言，怎么就忘得一干二净了？现在目睹他人侵犯我，而你们竟然默然旁观。我养活你们，一点益处也没有呀！"说实话，侍卫一是没有想到事态升级如此迅速；二是面对皇太极的三兄也不知如何是好。这恐怕是侍卫没有及时出手的原因。

时近黄昏，莽古尔泰回去后，冷静下来，感到事态严重，极为后悔，赶紧带领四人，前来皇太极营地，在营外里许，派人奏报致歉："我肚子饿了，又空腹喝了四大杯酒，所以，对皇上口出狂言。说了些什么，自己都不知道。现在来叩头，请求皇上治罪。"皇太极没有原谅他。特派额驸扬古利、达尔哈传谕说："你在白天拔刀想要侵犯我，晚上又来，想要干什么？"意思是还想图谋不轨吗？

莽古尔泰不听天聪汗命令，傲慢无礼，肆意顶撞，甚至欲动佩刀。当他的同母弟上前劝阻他时，他竟然将佩刀拔出刀鞘五寸许，意欲行凶。这充分暴露了莽古尔泰对天聪汗的无礼与轻视。自尊心极强的天聪汗岂能容忍？

其四，事件的结局。大凌河城战役胜利结束后，议莽古尔泰御前露刃罪，《清太宗实录》记道："天聪五年（1631）十月癸亥（二十三日），大贝勒代善及诸贝勒等，以大贝勒莽古尔泰在御前露刃，议革去大贝勒，降居诸贝勒之列。夺五牛录属员，罚驮甲胄雕鞍马十，进上。驮甲胄雕鞍马一，与代善。素鞍马各一，与诸贝勒。又罚银一万两入官。定议时，上谕曰：此以朕之故治罪，朕不与议。于是，代善与诸贝勒等，公同定拟具奏。上从之。"[1]

---

① 《清太宗实录》，第10卷，第8页。

盛京凤凰楼

革去大贝勒称号，降为一般贝勒。这就一举解决了三贝勒莽古尔泰的问题。对莽古尔泰的处治，因事情涉及自己，皇太极声明"朕不与议"，不参加个人意见。而由大贝勒代善领头，集体研究，提出了处理意见。皇太极表示同意。对莽古尔泰的处治，皇太极还是很有节制的。议定的罪名为"御前露刃"，很有分寸。判定是"露刃"，而非"拔刀"。同时，只是"露刃"，没有提到刺杀的高度。莽古尔泰也确实不是想要刺杀，而是酒后失态，"露刃"实际是对着同母弟德格类的，也是一时暴躁。但无论如何，不管面对者为谁，只要是"御前露刃"，就是犯罪。莽古尔泰政治上降一级，由常委级降到委员级。自此，莽古尔泰就失掉了同皇太极南面同坐的资格了。皇太极对莽古尔泰的处分，还是照顾到了战功与亲情的因素。对莽古尔泰不是一棍子打死，而是留有余地。惩前毖后，治病救人。

由此，二贝勒阿敏、三贝勒莽古尔泰都因罪夺去大贝勒称号，现在只剩下一位大贝勒代善了。大贝勒代善虽然不同皇太极一起面南同坐了，但是他在重要场合还是始终享有座位的。这个座位是在皇太极座位的侧面。据《清世祖实录》记载，在皇太极病逝的前一天，代善在大殿上还是坐在西侧。文曰："（崇德八年八月己巳）上以第五女固伦公主下嫁内大臣和硕额驸恩格德尔之子索伦哈。和硕亲王以下，甲喇章京以上……俱朝服，列崇政殿。上御殿，和硕礼亲王代善入，上降阶迎之。复自中阶升御座，代善自西阶，坐于殿内西侧。"①

这里清楚地记道："代善自西阶，坐于殿内西侧。"这说明，皇太极对其二兄代善始终怀有敬意。这天是八月初八日，第二天皇太极即病逝了。

---

① 《清太宗实录》，第 65 卷，第 38 页。

《清太宗实录》记道："上即位以来，历五年所，凡国人朝见，上与三大贝勒俱南面坐受。自是年（天聪六年，1632）更定，上始面南独坐。"

天聪六年（1632），盛京皇宫中路的主要建筑基本完工，皇太极自此开始在正殿（崇政殿）之内南面独坐了。

这个座次的重新排列，说明了君臣之间实力与威望互有长消。天聪汗的实力和威望达到前所未有的高度，而三大贝勒的地位则明显下降。实际这也是天聪汗在逐步加强中央集权。

崇政殿内宝座

在处理座次问题上，可以看出天聪汗的大度与宽容。本来莽古尔泰犯有死罪，他不予深究，而是待之如初。对兄长代善，他更是以兄弟情谊为重，从不疾言厉色，而是爱护有加。

总之，在加强君权的过程中，天聪汗又向前迈了一步。天聪汗的目标绝不限于此。他胸怀着更远大的目标。目前，他时时考虑的是漠南蒙古林丹汗的问题。

二、发大兵进攻漠南

清史学者萧一山称，"蒙古乃中国北部诸游牧人之总称也。其称也，以人不以地。盖游牧行国，逐水草而居，水草尽，则他徙，不解耕稼，故一定之土地，非其所需"，"而游牧行国，又以沙漠为大界画"，"今蒙古各部汗王，环处于大漠。"即是说，蒙古各部的划分，是以浩瀚的戈壁大沙漠为中心的。

据此，萧一山将蒙古划分为四部分。漠南内蒙古，分两部：科尔沁，漠南蒙古；漠北外蒙古，亦称喀尔喀，分三部：车臣，土谢图，札萨克图；漠西厄鲁特蒙古，分四部：和硕特，准噶尔，杜尔伯特，土尔扈特；青海蒙古，和硕特部迁徙于此。

漠南内蒙古的东部与后金接壤，西部与明朝相连，成为后金和明朝争取的对象。本来蒙古地处明朝之北，是明朝的一个心腹之患。到了明朝末年，明朝为了实行"以西虏制东夷"的政策，每年送给漠南察哈尔部"抚赏银"八万一千两。后金把争取蒙古的工作，自然放在重要的对明朝斗争的战略地位上。对漠南内蒙古全面进行控制与利用，则是在皇太极继位之后。皇太极所遇到的重要对手是林丹汗。

林丹汗是漠南蒙古察哈尔的首领。他是元帝的后裔，按血统是元太祖成吉思汗的嫡系子孙。漠南蒙古与漠北蒙古之分，自元世祖七世孙达延可汗开始。达延八十岁卒。这之前，长子图鲁已先死，孙博迪（卜赤）嗣为可汗。博迪可汗专辖漠南蒙古东半，以其近长城，故称为察哈尔。察哈尔者，接近之意也。察哈尔，自博迪（卜赤）四传至林丹，自称"插汉儿王子"，又称虎墩兔憨，汉语即可汗，亦称胡土克图可汗或察哈尔汗，即《明史》所称虎墩兔者是也。林丹汗，士马强盛，财力雄厚，恣意扩张，横行漠南。

公元 17 世纪初年，称雄于漠南蒙古。察哈尔林丹汗强大之后，蚕食东蒙古的科尔沁蒙古诸部，与新兴起的后金发生冲突。努尔哈赤利用察哈尔蒙古之间的矛盾，与科尔沁、扎鲁特、喀尔喀诸部结成联盟，以对抗林丹汗。

明朝、察哈尔与后金国，三方角力。明朝欲以察哈尔抗击后金国，岁给银四千两，后来逐渐增加到岁给银四万两。林丹汗欲为明朝效力，骄横霸道，藐视后金，于天命四年（1619）十月，派遣使臣康喀儿拜虎，携带书信，致书努尔哈赤，威胁后金国，表示明朝的广宁城（今辽宁北镇）是其势力范围，不准后金兵攻占广宁，这使他和后金之间发生了直接的冲突。其书曰："统四十万众蒙古国主巴图鲁成吉思汗，问水滨三万人满洲国主英明皇帝，安宁无恙耶？明与吾二国，仇雠也。闻自午（尔）年来，汝数苦明朝。今年夏，我已亲往明之广宁，招抚其城，收其贡赋。倘汝兵往广宁，吾将牵制汝。吾二人，非素有衅端也。但以吾已服之城，为汝所得，吾名安在？若不从吾言，则吾二人是非，天必鉴之。先时，二国使者常相往来，因汝使臣谓吾不以礼相遇，构吾二人，遂不服聘问。如以吾言为是，汝其令前使来，复至我国。"①

林丹汗在这里挑衅地说道："统领大军四十万的蒙古国王勇士成吉思汗，向在水边拥有三万人的满洲国英明皇帝问候，你平安无事吧？明朝与我国和贵国，都是仇敌。听说数年以来，你屡次骚扰明朝。今年夏天，我亲自率兵去往明朝的广宁，招抚了该城，该城向我缴纳贡赋。如果你的部队前往广宁，我将武力牵制你。我们二人，不是向来就有仇隙的。但是，把我征服的城市，让你得到，我的盛名哪里去了？你如果不听我所说的话，那么，我们二人之间的是非，上天一定明鉴。"

此信蛮横无理，以势压人。看到这封充满挑衅语调的林丹汗的来信，后金国诸贝勒大臣极为愤怒。有人主张，杀掉来使；有人主张，将来使削鼻割耳放回。天命汗很是冷静，说这事"与使者无与，遣使者罪耳，姑留使者。俟遣归时，吾亦有以报之"。根据天命汗的指示，将使者关押起来。

天命汗努尔哈赤很快就致书林丹汗，答复他的无礼挑衅。天命五年（1620）正月十七日，天命汗特派使臣硕色巴吴什，携带书信，致送察哈尔林丹汗。书信中，努尔哈赤反击了林丹汗的挑衅。

后金国与察哈尔，双方虽然言辞激烈，但囿于自己的处境，终未互相动武。努尔哈赤时代，后金国与察哈尔之间处于僵持状态。这种相互观望的态势，给予了努尔哈赤以经营其他的时间，对努尔哈赤是相对有利的。

林丹汗问题的解决，是在皇太极时代。皇太极即位后，为了实现他的攻取全辽继而征服明朝的战略大目标，在解决东部朝鲜问题后，必须解决西部蒙古问题，以解除后金

蒙古文抄本《蒙古源流》

---

① 《清太祖高皇帝实录》，第6卷，第47页。

的后部威胁。实力强大的林丹汗是皇太极征服漠南蒙古的拦路虎，必须铲除。于是，就有了皇太极三征林丹汗。

一征林丹汗。天聪元年（1627），林丹汗发兵进攻喀尔喀部，使敖汉部、奈曼部迅速转向后金，请求庇护。天聪元年（1627）七月初五日，皇太极同奈曼部长衮楚克巴图鲁、敖汉部长索诺木杜棱、塞臣卓里克图等，在都尔弼山冈辽河岸旁，歃血为盟，誓言告天："惟无相违弃，天佑我等。"

喀喇沁部因不堪林丹汗的察哈尔兵的掠夺，遂联合鄂尔多斯、阿巴亥、阿苏特及喀尔喀诸部，组织了十万人的联军，在土默特部落赵城地方（呼和浩特地区）消灭了林丹汗的四万军队，但双方损失都很惨重。诸部怕林丹汗报复，遂遣使向皇太极求援，很快就通过盟誓，组成了以皇太极为盟主的军事联盟，以对抗林丹汗。

天聪二年（1628）二月，皇太极亲率精锐兵团在大凌河上游的敖木伦地方，击溃察哈尔所属的多罗特部，俘获一万一千余人。这年的九月六日，皇太极又一次以盟主的身份，征调了科尔沁、喀喇沁、敖汉、奈曼及喀尔喀诸部的兵马来会，"赐宴，却所献财币驼马，初来会者赐甲胄"。九月十九日，皇太极亲率大军西征察哈尔，克西尔哈、席伯图、英汤图等地，"选精骑追剿"，一直追至兴安岭，"俘获无算"。

二征林丹汗。天聪六年（1632）四月，皇太极下令征集各部蒙古兵，亲率大军第二次征讨林丹汗。这次出征目的在于捣毁林丹汗根据地，俘获林丹汗，统一蒙古。

先是，于天聪六年三月二十日，传谕各蒙古部长率兵来会，谕出征诸将曰："朕以察哈尔汗不道，亲率大军征讨。必纪律严明，方能克敌制胜。尔等当严谕所属军士，一出国门，悉凛军法，整肃而行。若有喧哗及擅离大纛（dào，音道；古代军队里的大旗）者，治罪弗贷。驻营时，采薪取水，务结队偕行。有失火者，论死。凡军器自马缰以上，俱书各人标识。马须印烙，并紧系字牌。启行日，若与纛远离，为守城门及守关门人所执者，贯耳以徇（xùn，音训；示众）。"①

皇太极严格申明军纪，禁止喧哗，禁止离队，禁止玩火，禁止晚归。要求军器"俱书各人标识"，战马必须烙印系牌。违反军纪者，处治从贯

---

① 《皇清开国方略》，第16卷，第1页。

耳示众到从重处死，很是严厉。

皇太极命大臣阿山、觉罗布尔吉，率兵六百，暂驻边界，防止逃跑。又命贝勒阿巴泰、杜度、额驸扬古利、佟养性留守沈阳。部署停当，大军起行。

天聪六年（1621）四月初一日，皇太极驾出抚近门，拜谒堂子，大军西发。初二日，驻扎辽河岸。时值辽河河水泛涨，皇太极与诸贝勒乘舟以渡，辎重人马涉水而过。初四日，驻扎都尔弼地。喀喇沁土默特部长，各率兵来会。初六日，驻营喀喇和硕。召集大凌河城归降诸将，设宴宴之，以示关怀，以表器重。

以下各路蒙古大军集结情形，《皇清开国方略》记载甚详，引述如下：

> （天聪六年四月）丙子（初九日），驻营锡喇穆抢河岸。喀喇车哩克部阿喇纳诺木齐（元太祖弟谔济因裔，即翁牛特部近族）、伊苏特部噶尔玛伊勒登（来朝见天聪四年十一月）、扎鲁特部内齐汗（来朝见三年四月）、色本玛尼（二人从征明有功，并见三年十一月）、喀巴海（见二年九月）、巴雅尔图（见三年五月）、桑阿尔斋（见二年十二月）、桑图岱青（二人并见三年十月）、尚嘉布（内齐汗子）、桑噶尔（色本子）、敖汉部班第（天聪元年七月来归，部长塞臣卓里克图子）、奈曼部衮楚克巴图鲁（见三年五月）等，各率兵来会。
>
> 己卯（十二日），驻营昭乌达科尔沁部。奥巴（见五年四月）、布达齐（见三年四月）、哈坦巴图鲁（见天命十一年十月）、洪果尔武克善（二人并见天聪三年十月）、阿噜部逊杜棱（元太祖弟谔济因裔，后封翁牛特部郡王）、栋岱青（逊杜棱弟）、本巴楚琥尔（栋岱青弟）、达赉楚琥尔子穆彰（后封阿噜科尔沁部贝勒）、巴林部色特尔（见三年十月）及北边蒙古诸部长，各率兵来会。
>
> 以次朝见，大宴之。赐鞍马、甲胄、服物有差。
>
> 辛巳（十四日），驻营博罗额尔吉，命图噜什劳萨率兵五百前行。[①]

---

① 《皇清开国方略》，第16卷，第2页。

以上记载的括号内的日期，都是各位部长归附后金国的具体时间。除个别的是天命年间归附的之外，绝大部分是天聪年间归附的。从中可见，皇太极招降归附政策的巨大成功。从以上记载不难看出，此次应召出征林丹汗的蒙古各路军队，领导挂帅，依令而来。这既可以看出天聪汗皇太极的号召力，也足以反映出蒙古各部对后金国的依附力。

　　集结完成后，癸未（十六日），召集各位蒙古部长，天聪汗皇太极颁布上谕。对来集结的诸部长，皇太极根据其表现，"今尔等所率兵多寡不齐，迟速亦异"，分别予以表扬和批评。

　　四月二十二日，大军绕过兴安岭，但没有发现林丹汗的军队。原来大军内有两个蒙古人，窃得六匹军马，先行逃回报信。林丹汗得到皇太极率兵来袭的情报，"闻之大惧，谕部众弃本土西奔。遣人赴归化城，驱富民及牲畜渡黄河。国人仓促逃遁，尽委辎重而去"。他们向青海逃去。

　　五月二十三日，大军追至木鲁哈喇克沁地方。由此兵分三路：左翼由阿济格所率蒙古兵一万，扫荡大同、宣府边外的察哈尔余部；右翼由济尔哈朗、岳托等率兵两万，进入归化城、黄河一带；皇太极与代善、莽古尔泰统兵压后。于二十七日，三路大军分别抵达目的地。皇太极也进入了归化城。林丹汗如惊弓之鸟，抢渡黄河西去。皇太极停止追击，遂回师，经宣府时与明朝巡抚等，举行了地方性的议和谈判。皇太极达到了远征的目的，下令班师。七月二十四日，顺利回返沈阳。此次远征，有一点必须提及，就是在进军前和进军中，皇太极多次强调军队纪律。皇太极对佛教非常尊重，对妇女注意爱护，强调"毁坏寺庙，取其器皿、财物及潜入人家，淫妇女者，并处死弗贷"。进入漠南蒙古地界，皇太极特别重申军纪："蒙天眷佑，我军已至敌境。今当深入，遇敌人弗拒战者勿杀，可俘以献。追敌勿至昏暮，日未落即止。凡降人，择为首者二三人，令原招降主将，率之而行。其余令各领家口随行。若离散人夫妇、淫乱人妇女者，处死。察哈尔部长奔逃所遗家业、牲牧、财物，主将拨人守之，察明收贮。凡所俘获，务与众均分。"①

　　这个军纪，再次强调对降人的尊重。同时，对察哈尔部林丹汗所遗家

　　① 《皇清开国方略》，第16卷，第3页。

业等如何处置，都作了详细的指令。这些俘虏政策，对皇太极的大军推进，起了重大的作用。也为后来林丹汗之妻儿的归顺，做了有力的铺垫。

皇太极又谕随征蒙古各部曰："凡遇敌临阵，非奉朕旨，毋得轻进。有旨令进，毋得退缩。违者罚夺部众。军士违者处死，妻、子为奴。如敌人乘夜劫营，可坚壁以御，勿喧哗，勿离汛地（军事驻地）。如潜袭敌境，勿举火，以致敌觉。"①

对参与其军事行动的蒙古诸军，皇太极提出特殊要求，以便约束部队。

此次万里远征，历时三个月又二十六天。将漠南蒙古的劲敌林丹汗赶出老巢，撵至青海，强大的察哈尔土崩瓦解，扫平了统一蒙古的障碍。皇太极又俘获了大批人马，同时锻炼了队伍。这次远征是皇太极取得的又一个重大胜利。

三征林丹汗。天聪八年（1634），皇太极西征宣府、大同时，已经得知林丹汗在青海出痘病死。但林丹汗的妻子苏泰太后和儿子额哲则下落不明。

天聪九年（1635）二月二十六日，为了收服林丹汗的余部，也为了侦察林丹汗之妻苏泰太后及其子额尔克孔果尔额哲的动向，皇太极遂派遣其弟二十三岁的和硕墨尔根戴青多尔衮、侄贝勒岳托、萨哈廉及子豪格等为统兵元帅，管旗大臣纳穆泰为右翼，吏部承政图尔格为左翼，率护军精骑一万，往黄河以西地方侦寻。

三月末，大军行至西喇朱尔格地方，遇到林丹汗之大妃囊囊太后及锁诺木台吉，率一千五百户部众来降，多尔衮以礼接见，设宴宴之。并派遣温泰率兵护送他们回沈阳。这次有了一个重要的收获，就是从囊囊太后的口中得知了额哲的驻地。

这里介绍一下囊囊太后。林丹汗拥有八位大妃或八大福晋。囊囊太后，乃第一大妃，号多罗大福晋、囊囊大福晋，史称囊囊太后，是林丹汗的正室大福晋，八大福晋之首。阿霸垓部博尔济吉特氏，名娜木钟，或名为德勒格德勒。蒙古阿霸垓郡王额齐格诺颜之女。天聪八年（1634），她生下林丹汗的次子，也是遗腹子阿布鼐（亦作阿布奈）。天聪九年（1635）

① 《皇清开国方略》，第16卷，第4页。

麟趾宫及后宫院内的梭罗杆子

三月，归顺后金国，改嫁皇太极。崇德元年（1636）七月封为麟趾宫贵妃，位居崇德五大福晋的第三位。顺治元年（1644）九月迎至燕京。顺治九年（1652）十月尊皇考懿靖大贵妃。康熙十三年（1674）十一月二十日薨；葬盛京昭陵贵妃园寝。她又为皇太极生下皇十一子和硕襄昭亲王博穆博果尔。又生皇十一女固伦端顺公主，下嫁蒙古阿霸垓部额驸博尔济吉特氏噶尔玛索诺木。又抚养一蒙古女，名淑济（疑为林丹汗之女），于崇德八年（1643）七月嫁济旺之子德参济王子噶尔玛德参（噶尔玛）。

五月二十七日，贝勒多尔衮等特派启心郎祈充格等，携带奏疏回到沈阳，报告大军的战果，疏曰：

臣等奉命率大军至西喇朱尔格地方，遇察哈尔汗妻囊囊太后、索姆诺台吉，率部下一千五百户来降。臣等以礼接见，设宴宴之。已遣温泰等引之见上矣。

臣等随率兵前进，至黄河造船。于四月二十日，大军渡河。二十八日，抵察哈尔汗子额尔克孔果尔额哲国人所驻托里图地

皇太极

麟趾宫后墙

方。天雾昏黑，额哲国中无备。臣等恐其警觉，按兵不动。遣叶赫国金台石贝勒之孙南褚及其族叔祖阿什达尔汗，并阿尔松啊、代衮同往。令先见其姊苏泰太后及子额哲，告以满洲诸贝勒奉上命统大军来招尔等，秋毫不犯。南褚等急驰至苏泰太后营，呼人出，语之曰：尔福晋苏泰太后之亲弟南褚至矣，可进语福晋。苏泰太后闻之大惊，遂令其从者旧叶赫人觇之，还报。苏泰太后恸哭而出，与其弟抱见。遂令其子额哲，率众寨桑出迎我军。于是，臣等命列旗纛，鸣画角，鼓吹以进。率额哲拜天毕，臣等以次与额哲交拜抱见，遂至苏泰太后营，苏泰太后迎入相见，设宴宴臣等。臣等私议，恐额尔克孔果尔及其群臣生疑，乃誓告天地云：我等若待额尔克孔果尔，若有异念，天地降谴。我等推诚敦信，如此盟誓，若伊等不从，包藏异心，伊等当被天地谴责。翌日，苏泰太后、额哲复设宴，送驼马、雕鞍、貂裘、琥珀、数珠、金银、彩缎等物，臣等却其驼马，余悉纳之。仍设宴答礼，赠以雕鞍马、黑貂裘等物。于是，额哲部下群臣额齐格、顾实等率其部民一千户归降。

当我军未至时，有鄂尔多斯部落济农（长官）来招额哲，令遵其约束，与之盟誓。诘旦已行。前军阿什达尔汗等，闻而追之。济农见臣等，臣等察其有异志，遂羁留之。因谓济农曰：凡察哈尔有遗物在尔国者，当悉送来。不然，我兵即前进矣。又谓察哈尔诸臣曰：鄂尔多斯处，凡有尔国遗物，可悉数报来。众以数开报，于是，遣人赍往鄂尔多斯部落，随以察哈尔额尔克楚虎尔妻及其部下人……等官，并其部民千余户及一切诸物，俱已送至。臣等荷蒙天眷，仰仗皇威，谨遵指授方略，进止以时，所有察哈尔苏泰太后母子及其部众人民，西夷招降归附。其囊囊太后同锁诺木台吉，率其部众人民，先已投诚。谅至国境矣。谨遣礼部启心郎祈充格，具奏以闻。①

贝勒多尔衮这个奏疏的核心内容，是报告顺利地找到并收降了林丹汗的妃子苏泰太后及其儿子额哲。额哲是察哈尔林丹汗的唯一继承人。找到并收降额哲，就等于最终降服了整个察哈尔部。

这位苏泰太后需要作一介绍。有人认为囊囊太后就是苏泰太后，这是不对的。苏泰太后，是林丹汗之第三大妃，即苏泰大福晋，史称苏泰太后，负责管理哈纳土门万户之内部事务，故又称哈纳土门福晋。叶赫那拉氏，名苏泰，叶赫部德尔赫礼台吉之女。子一，长子额尔克孔果尔额哲。天聪九年（1635）四月，归顺后金，改嫁努尔哈赤的三弟舒尔哈齐第六子贝勒济尔哈朗。她是济尔哈朗已去世的继福晋之姐姐。

收降林丹汗之子额哲的捷报传来，皇太极极度兴奋。就在接到捷报的前一天，皇太极上殿，满面笑容地对文馆诸臣说道："我回忆凡是左耳鸣叫，就一定有好事。右耳鸣叫，一定不是吉兆。今天左耳鸣叫，出师诸位贝勒一定有捷音传来。"果然，第二天传来了收降额哲的捷报。

此外，又意外得到了一个镇国之宝，就是人人关注的传国玉玺。多尔衮等贝勒听人说，这方传国玉玺在苏泰太后手里，就向她索要。苏泰太后二话没说，当即奉献出来。多尔衮得到传国玉玺，喜出望外，急忙派人驰报这一特大喜讯。皇太极得报，兴奋异常。关于这方玉玺，多尔衮的奏报

① 《清太宗实录》，第23卷，第17页。

作了详细介绍，书曰："收获历代传国玉玺。玺藏于元朝大内，至顺帝弃都城，携入沙漠，后崩于应昌府。玺遂遗失。越二百余年，有牧羊山冈下者，见一山羊，三日不啮草，但以蹄刨地。牧者发之，乃见，归于元后裔博硕克图汗。后为察哈尔林丹汗所破，玺归林丹汗。林丹汗亦元裔也。贝勒等闻玺

清太宗皇太极满汉文御宝

在苏泰福晋所，索之既得。视其文，乃汉篆"制诰之宝"四字。璠瑜为质，交龙为纽，光气焕烂，洵至宝也。"①

多尔衮非常高兴，说道："皇上洪福非常，天赐至宝，此一统万年之瑞也！"

九月间，多尔衮等率远征军回到沈阳，受到盛大而热烈的欢迎。

强大一时的察哈尔部林丹汗势力的败亡，在蒙古族历史上是一件大事。从此，漠南蒙古衰落了，漠南蒙古的各部贵族成为后金国的臣属。皇太极事实上统一了漠南蒙古。

意外获得传国玉玺，后金国朝野上下掀起了一股拥立皇太极称帝的热潮。但是，皇太极并没有被胜利冲昏头脑，他冷静地分析了形势，认为当务之急是处理好两个迫在眉睫的问题。

① 《皇清开国方略》，第20卷，第10页。

第九章 顺利降额哲 断案有分寸

一、降额哲重视联姻

这两个问题，一个是同察哈尔部联姻的问题；另一个是处治大贝勒代善的问题。这两个问题，皇太极是在欢迎贝勒多尔衮等凯旋大军后，才真正意识到的。

天聪九年（1635）九月，天聪汗皇太极十分高兴，因为远征察哈尔的大军即将凯旋。他在翘首以待。

文馆甲喇章京鲍承先奏道："天赐玉玺，乃非常之吉兆也。"他又建议，天聪汗采用此方玉玺，并把得此玉玺的经过和原因逐一写明，敕谕天下，颁行满洲、汉人和蒙古，使远近都深晓此事，从而使天下人了解到天聪汗得此传国玉玺是天命使然。天聪汗览奏后，受到很大启发，感到这个建议极妙，表示赞同。

天聪汗决定要好好地利用这枚玉玺。

和硕墨尔根戴青多尔衮（努尔哈赤第十四子）、侄贝勒岳托（大贝勒代善子）、萨哈廉（大贝勒代善子）及子豪格（皇太极长子）统率大军，自二

皇太极长子肃亲王章

月二十六日起程，至今已经过去六个月了。他们收降了林丹汗的儿子额哲并意外获得了一枚传国玉玺。备尝艰苦，功劳卓著。皇太极下令为贝勒多尔衮等大军的凯旋，举行高规格大场面的隆重而热烈的欢迎仪式。皇太极对这个欢迎仪式的安排，周到而细致。

八月初十日，皇太极命每旗官两员，护军各十名，每牛录骑兵一名，各以马三匹，载米一石，往迎出征贝勒及诸将士。皇太极又发出上谕：出征贝勒，久劳于外，兼得察哈尔全部人民及玉玺而还，不可不远迎。

八月二十八日，皇太极亲自率领大贝勒代善及阿巴泰、德格类、济尔哈朗、多铎诸贝勒，谒堂子（家庙）拜天。然后，向西行，出上谕林边墙，往迎大军。这时，凯旋诸贝勒特派四员先遣官员驰至，奏报大军的行程。大军于八月二十九日抵达扎哈地方纳赫特河，九月初五日以前将渡过浑河，拟于阳什穆河躬谒圣驾。

八月三十日，皇太极等渡过辽河，并率领诸贝勒大臣视察了所修筑的巨流河城址。当晚，皇太极驻跸阳什穆河岸，等待大军的到来。

九月初四日，皇太极命文馆大臣刚林、罗硕同章京八员，前赴会见贝勒大军，落实相见的时间地点。

九月初五日，按照约定，贝勒多尔衮等扎营于皇太极御营之右二里远的地方。

豫亲王多铎像

九月初六日卯刻（早五时至七时），皇太极容光焕发地走出御营，欢迎凯旋大军的年轻统帅们。凯旋诸贝勒率领归降的察哈尔林丹汗之子额尔克孔果尔额哲及其大臣等，驰马晋谒国汗。皇太极率领众贝勒大臣，在阳什穆河岸举行欢迎仪式。

在阳什穆河岸附近的御营南冈所筑祭坛上，设黄案，焚香，吹螺，掌号。天聪汗皇太极率众拜天，然后回到御座。

凯旋诸贝勒设置一案，上铺

以毛毡。诸贝勒郑重地将传国玉玺，置放于毛毡之上。命正黄旗大臣纳穆泰、镶黄旗大臣图尔格举案前进，诸贝勒率众遥跪以献。

皇太极神态庄严地接过凯旋贝勒献上的玉玺，紧紧地捧在胸前，并率领诸贝勒群臣再一次拜谢上天。礼毕复位，天聪汗充满感情地说："此玉玺乃历代帝王所用之宝，天以畀朕，信非偶然也。"

于是，和硕墨尔根戴青贝勒多尔衮进前跪拜，复近上前行抱见礼。然后，兵部和硕贝勒岳托、礼部和硕贝勒萨哈廉、和硕贝勒豪格，以次如前行礼。

这之后，察哈尔汗妻苏泰太后及其子额哲、察哈尔汗女弟泰松格格及其臣额尔克楚虎尔、锁诺木卫寨桑等，各以金印、玉带、诸色数珠、蟒缎、金银器皿、驼马等进献。苏泰太后率察哈尔汗二女弟及本国诸大臣妻，朝见皇太极。苏泰太后进前，皇太极礼貌地站起身来，走出御幄，热情而恭谨地与之相见。相见完毕，让苏泰太后坐于御座左侧之青幄内，以示尊重。

之后，天聪汗接见了察哈尔汗林丹汗子额哲及其国诸大臣。他们遥跪稍前，拜一次，复近前跪拜，行抱见礼。皇太极与诸贝勒相见完毕，命额哲坐于御座左侧。

此时，苏泰太后及其子额哲，为了表示亲近与诚服，端着斟满醇酒的玉杯，恭敬地跪献给天聪汗皇太极，皇太极半屈御体，谦恭地接过酒杯，缓缓地一饮而尽。

这是一个极为重要的礼仪，其深刻含义相当于战败国表示倾心认输。

其后的仪式分为两个部分进行。

一个部分是皇后宴请。"皇后三妃，率诸贝勒福晋等出营，迎苏泰太后，俱相见毕。皇后诸妃，率诸福晋还，坐黄幄内。苏泰太后既谒上，随诣皇后前行礼。遂设大宴，宴苏泰太后及察哈尔汗诸女弟并随从夫人。"

通过这次宴会，随同两位尊贵太后前来的林丹汗另两位侧室福晋伯奇福晋、俄尔哲图福晋及林丹汗的妹妹泰松格格等，都一并亮相。这是一道亮丽的风景。她们的到来，让皇太极和诸王贝勒浮想联翩，不能自已。因为这不但给他们送来了美女，还带来了可观的人口、牲畜及财帛等。于是，联姻问题便急不可耐地提上了日程。

另一部分是皇太极宴请。"上大宴凯旋诸贝勒及额哲与其诸大臣。"

皇太极在欢迎凯旋大军和苏泰太后的过程中,在积极地思考着。他深深地感到,必须首先处理好同归降的察哈尔君臣的关系,使他们有宾至如归之感。而在处理同归降的察哈尔君臣的关系的过程中,皇太极又发现,大贝勒代善原来及现在的问题,也应该一并加以解决。于是,皇太极就面临着两个急需解决的问题。

第一个问题,是联姻察哈尔高层。同蒙古联姻,是努尔哈赤既定的国策。努尔哈赤当年实行的同蒙古贵族的联姻就是多层次、广领域、高频率、大面积的。这种奇特的联姻方式,加强了同蒙古各部贵族的联系。皇太极深以为然,坚决地贯彻执行了这个高明的国策。这一次,皇太极决定同察哈尔部实行这种方式的联姻。

第一桩婚姻。丙辰(九月初九日),"大贝勒代善,闻察哈尔汗女弟泰松格格饶于财,奏欲娶之。上俞其请。于是,代善以娶泰松格格礼,于御营前设黄幄,旁各设青幄,又于上左侧为皇后、诸妃设黄幄。旁设二白幄。具盛宴献上。又献鞍马,不纳"。大贝勒代善婚娶了察哈尔林丹汗之妹泰松格格。

第二桩婚姻。"丁巳(九月初十日),上以第二公主许妻林丹汗子额哲。额哲行聘礼,设盛宴进献,复献蟒缎、黄金、金器、各色数珠、貂褂、衣服、甲胄、雕鞍、驼马。上酌纳之。赐额哲貂帽、貂裘、玲珑玉带、缎靴等物。"皇太极将自己的第二公主许配给额哲为妻,额哲成为皇太极的额驸。皇太极赐予额哲的礼品,全为御用之物,是皇权的象征,极为高贵。

第三桩婚姻。戊午(九月十一日),"贝勒豪格欲娶察哈尔伯奇福晋,贝勒阿巴泰欲娶察哈尔俄尔哲图福晋,奏闻。上命诸贝勒议,诸贝勒皆以为可,复奏,遂定议。令贝勒豪格娶伯奇福晋,贝勒阿巴泰娶俄尔哲图福晋"。"庚申(九月十三日),贝勒豪格娶伯奇福晋,设大宴,献雕鞍马,不纳。"伯奇福晋原为林丹汗之妃子。皇太极的长子、贝勒豪格娶伯奇福晋,这是第三桩婚姻。

第四桩婚姻。辛未(九月二十四日),"贝勒阿巴泰娶察哈尔俄尔哲图福晋,设大宴,献雕鞍马,不纳"。俄尔哲图福晋原为林丹汗之妃子。皇太极之七兄、贝勒阿巴泰娶俄尔哲图福晋。

第五桩婚姻。皇太极娶了囊囊太后。

第六桩婚姻。贝勒济尔哈朗娶了苏泰太后。济尔哈朗是努尔哈赤三弟舒尔哈齐之第六子，是皇太极的叔表弟。

这些联姻，是你情我愿的。后金国之男方，意料之外地获得了绝色美女。察哈尔部之女方，如愿以偿地找到了自己的归宿。察哈尔部，从襄襄太后，到苏泰太后及额哲，再到两位侧福晋，再到林丹汗之妹，都结束了草原漂泊的生活，在后金国的都城，找到了自己的家。这种联姻，是互利互惠的。他们可以终身扎根于此了。

第二个问题，是处分大贝勒代善。天命元年（1616），努尔哈赤任命了四大贝勒，即大贝勒代善、二贝勒阿敏、

肃亲王豪格画像

三贝勒莽古尔泰和四贝勒皇太极。四大贝勒是除努尔哈赤以外，后金国常委级的高级贵族官员。以后，随着时间的流逝，四大贝勒逐渐减少。天命十一年（1626），努尔哈赤病逝，皇太极即位，只剩余三位大贝勒了。天聪四年（1630），幽禁了二贝勒阿敏，只剩余两位大贝勒了。天聪五年（1631），革去三贝勒莽古尔泰的大贝勒名号，只剩余大贝勒代善了。

清朝三品官吉服冠

代善也许以为自己是天聪汗皇太极之兄长，也许以为自己是唯一一位常委级的高等贵族，也许以为自己是国汗之下万众之上的第一人，也许以为自己具有令人艳羡的拥戴之功，因此，其表现就有些自以为是，甚至自行其是。这就触怒了皇太极。在这次同察哈尔归降人士的联姻问题上，大贝勒代

善暴露的缺点尤为突出，主要有四件事，惹恼了皇太极。

第一件事：多尔衮等大军凯旋，皇太极欲亲自出沈阳远迎，询问诸贝勒是否合适。大贝勒代善奏道："皇考在时，遣征瓦尔喀者还时，曾迎至鹰儿河萨木唐阿地方。今亦应以礼迎之。此若不以礼迎，更无可礼迎者。"代善说得很好，但是到欢迎凯旋大军时，他竟然不跟随皇太极一同出行，而是提前三天，单独行动。这就是说，根本不把皇太极放在眼里。皇太极对此很是气恼。

第二件事：此次联姻，皇太极之长子豪格娶了林丹汗的妃子伯奇福晋，这件事激怒了皇太极之姐哈达公主。因为哈达公主之女，是豪格的妻子。哈达公主对皇太极吼道："吾女尚在，贝勒豪格何得又娶一妻耶？"话语恨恨的，心里愤愤的。面对自己的姐姐，皇太极也只得忍气吞声。可是，代善的表现却十分反常，似乎想在哈达公主身上再烧一把火。代善决定宴请哈达公主，先是派自己的福晋前去邀请，又再次亲自登门邀请。将哈达公主迎接到自己的营房里，宰牛杀羊，摆酒设宴，馈物赠财，而后将其欢送走。问题是，原来他们二人的关系本不相睦。这次听说哈达公主因豪格娶妻生气了，反而邀请馈赠哈达公主，代善此举是想要干什么？

第三件事：这件事更是让人啼笑皆非，非大贝勒此等身份之人应该做出来的。贝勒济尔哈朗之妻已经亡故。济尔哈朗此次见到苏泰太后，因苏泰太后是其原妻之妹。看到苏泰太后就像见到了原妻一样，于是，想要将苏泰太后娶为己妻。但不知是否合适，就提出来与诸贝勒商议。诸贝勒也拿不定主意，即奏报了皇太极。皇太极不想独断专行，就征求诸贝勒的意见，诸贝勒皆认为可行，皇太极就答应了济尔哈朗的请求。令人意想不到的是，大贝勒代善听说了这件事，不同意济尔哈朗的请求，自己却想娶回苏泰太后。即是"独违众论，而欲自娶"，并且当面询问皇太极。皇太极断然地答道："诸贝勒在此之前，已经先自定议，将苏泰太后许配给济尔哈朗了。你是不知道这件事而说的呢，还是明知道有这件事而故意要说的呢？"代善伪称自己事先不知道。但是，代善并不善罢甘休，以后还屡屡提出请求，利令智昏，色使胆肥，想要硬行婚娶，"欲强娶之"。皇太极很是气愤，质问道："世上有这个道理吗？"

第四件事：皇太极曾经派遣满达尔汗、祈充格两人正式谕示代善，令代善娶回囊囊太后，这是皇太极的一番好意。囊囊太后是林丹汗的第一大妃，地位崇隆，身份高贵。皇太极考虑，也只有大贝勒代善才有资格娶回囊囊太后。皇太极自己做媒，感到应该不成问题。不料，代善竟然拒绝。拒绝的理由十分可笑，居然是嫌囊囊太后贫穷而不娶。"令娶囊囊太后，彼以其贫而不娶。"代善此举，既违逆了皇太极的谕旨，又暴露了其灵魂之丑陋。

代善以上之四件事，使皇太极十分气恼。再加上代善以前所做的其他一些令人恼怒的事，皇太极忍无可忍，终于公开向代善发难。

九月二十四日，皇太极遣人到代善营，谴责了代善及其子贝勒萨哈廉。怒气未消，没和任何人打招呼，径自起驾返回都城沈阳。入宫，关闭大门，不许诸贝勒大臣进见。

九月二十五日，皇太极御内殿，召集诸贝勒大臣侍卫等，颁布长篇上谕，痛斥代善及其子贝勒萨哈廉。其中皇太极愤怒地说道："自古以来，有力强而为君者，有幼冲而为君者，有为众所拥戴而为君者，皆君也。既已为君，则制令统于所尊，岂可轻重其间乎？今正红旗贝勒等，轻肆之处甚多。大贝勒昔从征明燕京时，违众欲返。及征察哈尔时，又坚执欲回。朕方锐志前进，而彼则欲退归。所俘人民，令彼加意恩养。彼既不从，反以为怨。夫勇略者不进，不肖者不黜，则人无复肯向前尽力。今正红旗贝勒，于赏功罚罪时，辄偏护本旗。朕所爱者而彼恶之，朕所恶者而彼爱之。岂非有意离间乎？朕今岁托言巡游，欲探诸贝勒出师音耗，方以胜败为忧。而大贝勒乃借名捕蛏（chēng，音称；软体动物，可供食用），大肆渔猎，以致战马疲瘦。及遣兵助额尔克楚虎尔贝勒时，正红旗马匹，独以出猎之故，瘦弱不堪。倘出师诸贝勒，一有缓急，将不往应援，竟晏然而已乎？诚心为国者，固如是乎？"①

皇太极在这里，对着满朝贝勒大臣，痛快淋漓地斥责了大贝勒代善及其子贝勒萨哈廉。其中有的话说得很重，如："朕所爱者而彼恶之，朕所恶者而彼爱之。岂非有意离间乎？"并严厉地质问道，"诚心为国者，固如是乎？"

最后，皇太极怒气冲冲地说道："尔等悖乱如此，朕将杜门而居。尔等别举一强有力者为君，朕引分自守，足矣。"说完这些话，即进入宫殿，

———————

① 《清太宗实录》，第25卷，第11页。

关闭朝门，不复出宫。

听完长篇上谕的众臣，感到讲话甚好，"无不钦服"。于是，诸贝勒大臣、八固山额真及六部承政，共同认真审查评议此案，给大贝勒代善有关人等议定罪名。共同奏曰：

> 皇上命诸贝勒出师，必先议定，遵谕而行。大贝勒违背定议，征察哈尔国时，上遣孟阿图还，伊奏请于上，亦欲先还。自归化城还至张家口，浚壕驻守时，又以欲还，令贝勒岳托、萨哈廉奏请于上。试思太祖在日，大贝勒敢如此三次请还乎？如不宜进取，即当劝皇上率大军同还。而乃三次欲独还者何意？岂非轻慢皇上，故违法纪耶？罪一。
>
> 贝勒多尔衮等，征取孔果尔额哲，又无音耗。适有遣兵牧马之便，皇上躬巡边界，因以侦探。大贝勒故借捕蛏为名，奏请于上，往清河肆行渔猎，以致马匹疲顿。及令额尔克楚虎尔贝勒出兵锦州，侦探出师诸贝勒消息，大贝勒一旗，马独羸瘦，仅克数而行。大贝勒身为皇兄，皇上笃于友爱，凡所陈情，必勉强谕允。伊乃于军旅倥偬之际，奏请捕蛏，岂非不欲侦探贝勒多尔衮等消息，不欲随皇上同行，心怀异志，以致离众前行乎？罪二。
>
> 诸贝勒收复察哈尔国，携察哈尔汗之妻、子以来，报至。皇上遣人问大贝勒及诸贝勒，当亲出迎与否？大贝勒奏言：皇考在时，遣征瓦尔喀者还时，曾迎至鹰儿河萨木唐阿地方。今亦应以礼迎之。此若不以礼迎，更无可礼迎者。既而以礼出迎。大贝勒乃自违其言，不随皇上，独前行三日。又赐贝勒豪格成婚时，哈达公主怨望回家，乃大贝勒遣福晋等，往邀哈达公主。又复亲自出邀，迎入其营。宰牛羊，设筵宴，赠以财物而后遣之。大贝勒与哈达公主，原不相睦，闻哈达公主怨望皇上，乃反留饮馈赠。罪三。
>
> 济农在开原，先于哈达叶赫山上围猎。大贝勒云：此奴因另给地方居住，所以得肆行围猎。若以济农从人付我，我必射穿其胁也。及议济农第二次在哈达叶赫山围猎之罪，大贝勒复庇济农，忽变前言，谓彼未尝上山，实猎于野耳。辗转回护，反复不

常，罪四。

有此四罪，拟革大贝勒名号，并削和硕贝勒职。夺十牛录属人，罚雕鞍马十匹，甲胄十副，银万两。仍罚九马，以与九贝勒。①

以上就是诸贝勒大臣搜肠刮肚找出来的大贝勒代善的所谓四大罪状。

第一条罪，是说征讨察哈尔国时，代善三次请求回兵。但无论如何，代善是正式提出请求了，不是擅自离开。

第二条罪，是说代善的部队平时出外渔猎，以致马匹羸瘦，影响战斗。但是，部队出外渔猎，是经过奏请的，不是擅自外出。

第三条罪，是说欢迎凯旋大军，代善没有统一行动，而是提前三天，自己单独前往。还有就是不该宴请怨望皇太极的哈达公主。

第四条罪，就济农从人山上围猎一事，代善私下与公开场合表态完全相反，而指责代善"辗转回护，反复不常"。济农是蒙古贵族，哈达公主下嫁于他，济农遂成为额驸。努尔哈赤将开原地方赐予哈达公主，又编给他们满洲牛录，对他们至深至厚。这次指责他们的罪名是，在皇上幸猎的哈达叶赫山上，擅自两次行猎。诸贝勒建议"应割去济农之号，公主之名"。其实，这不算什么大事，且还是从人上山围猎。也许代善认为不应该为了这件小事而治人以罪，所以否认了私下的说法。这反而体现了代善为人的宽容。

总之，诸贝勒大臣给大贝勒代善拟定的四条罪状，实属勉强。这些罪状充其量也只能说明代善的行为，不能同皇太极始终保持高度一致。有时提前，有时落后，有时出格。但说代善心怀异志，证据不足。但是，代善自以为是、心高气傲，确实是有的。这一次的折腾，打一打大贝勒代善身上的傲气，这个效果是收到了。对萨哈廉也作了象征性的处罚。

拟定的处治条款："拟革大贝勒名号，并削和硕贝勒职。"显然过重，难以服众。皇太极的怒气已然发过，诸贝勒大臣的罪状也已拟出，教育目的业已达到。皇太极怒气已消，此时冷静思考，不能意气用事，必须面对大贝勒代善整个家族的势力。大贝勒代善及其子贝勒岳托、贝勒硕托、贝

---

① 《清太宗实录》，第25卷，第15页。

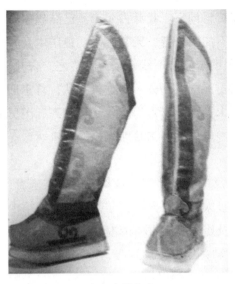

清朝官员朝靴

勒萨哈廉等，均为骁勇之战将、政治之精英，他们是皇太极坚强的后盾。皇太极不能自毁长城。因此，"上命从宽免革代善贝勒职，赏还代善十牛录属人，萨哈廉二牛录属人"，爵位官职照旧，只对他们作了象征性的物质处罚而已。

大贝勒代善及其子萨哈廉的政治地位，毫无改变。皇太极依然相信并依靠他们。

但是，无论如何，加强以皇太极为首的君权的目的是达到了。

皇太极圆满地解决了同归顺的察哈尔部联姻的问题，妥善地处理了大贝勒代善的问题。横在皇太极面前的两个棘手问题的顺利解决，使皇太极感到十分轻松。

但是，后金国高层突然揭发出一个令人震惊的大案。皇太极顿时陷入处理大案的旋涡之中。

二、判大案区别对待

这个大案事发突然，人们没有任何精神准备。天聪九年（1635）十二月初五日，天气晴朗，天空明净。官员冷僧机却心情郁闷，坐卧不宁。他心中埋藏着一个绝大的秘密。这个秘密一旦泄露，就会使自己及家族陷入灭顶之灾。他思想斗争了好几天，恐怕现在是向天聪汗皇太极揭发这个惊天大案的时候了。他感到，已经无路可走，只有揭发检举之一途，或许会争取主动。顾不了许多了，冷僧机做出了人生的一个正确的抉择。他向刑部走去。

冷僧机向刑部和硕贝勒济尔哈朗，揭发了莽古尔泰谋反一案。

《清太宗实录》记道："（天聪九年十二月）辛巳（初五日），先是莽古尔泰与其女弟莽古济及莽古济之夫敖汉部落锁诺木杜棱与贝勒德格类、屯布禄、爱巴礼、冷僧机等，对佛跪焚誓词言：我莽古尔泰，已结怨于皇上，尔等助我。事济之后，如视尔等不如我身者，天其鉴之。锁诺木及其妻莽古济誓云：我等阳事皇上，而阴助尔。如不践言，天其鉴之。未几，莽古尔泰中暴疾，不能言而死；德格类亦如其病死。冷僧机具状，首于刑部和硕贝勒济尔哈朗。时上方出猎，未奏。锁诺木亦首告于达雅齐、国舅阿什达尔汗，随以奏闻。比上猎还，和硕贝勒济尔哈朗亦以冷僧机所讦奏闻，上遣人告诸贝勒。"①

这就是冷僧机揭发的莽古尔泰谋反的全部事实。从揭发的事实来看，这应该是一个谋反集团。集团成员：皇太极第五兄莽古尔泰，皇太极第十弟德格类，皇太极第三姐莽古济公主及姐夫、额驸锁诺木杜棱（济农）及屯布禄、爱巴礼、冷僧机等。谋反行动：集体对佛宣誓，誓词内容反动。锁诺木杜棱及莽古济公主的宣誓，更加令人难以接受。誓词曰："我等阳事皇上，而阴助尔。如不践言，天其鉴之。"

平地一声雷，震撼了后金国高层。揭发的内容匪夷所思，令人惊诧。人们不禁要问：这是真实的吗？这里涉及的几个参与谋反的具体人物，需要加以披露。

被揭发的第一号人物是莽古尔泰。莽古尔泰，如前所述，努尔哈赤第五子，又称三贝勒，是四大和硕贝勒之一。其母继妃富察氏，名衮代。原有一子：昂阿喇；生子二：莽古尔泰、德格类；女一：莽古济格格。德格类是努尔哈赤第十子。

继妃富察氏这一支人，几乎全为悲剧角色。母亲富察氏，因被怀疑同大贝勒代善私通，而被努尔哈赤休离，就是被离婚。其亲生儿子莽古尔泰由于羞愤，竟然亲手杀死了自己的亲生母亲富察氏，以此而终生蒙羞。

莽古尔泰本来在战场上的表现，是可圈可点的。但是，在天聪五年（1631）八月，在围攻大凌河城前线的阵地上，莽古尔泰在同皇太极争执的过程中，有意无意地将自己的佩刀拔出五寸许。这就是著名的露刃事件。这个露刃事件性质极为严重。因为这个事件，莽古尔泰最终获罪，受到了处分，革去大贝勒称号，降为一般贝勒。从此，莽古尔泰结怨于皇太极。但是，天聪六年（1632）十二月，莽古尔泰病卒，似乎这个露刃事件

① 《清太宗实录》，第26卷，第5页。

の纠葛就尘埃落地了。然而，事过三年，冷僧机居然揭发了他生前的罪行。

被揭发的第二号人物是德格类。莽古尔泰的同母弟德格类的表现，原先也值得称道。他始终得到皇太极的信任。《清史稿·德格类》记道："德格类，太祖第十子。初授台吉……天聪三年（1629），偕济尔哈朗略锦州，焚其积聚。叙功，进和硕贝勒。五年，初设六部，掌户部事。从围大凌河，德格类率师策应，击破明监军道张春。十月，祖大寿降，偕阿巴泰等伪为明军袭锦州，击斩甚众。六年，偕济尔哈朗等略归化城。复偕岳托略地，自耀州至盖州迤南。七年，攻克旅顺口。八年，从伐明，抚定蒙古来归人户。克独石口。攻赤城，未拔。如保安州，会师应州，还。（天聪）九年（1635）十月，卒。上临其丧，痛悼之，漏尽三鼓乃还。设幄坐其中，撤馔三日。逾月，莽古尔泰既卒，为冷僧机所诘，以大逆削籍，德格类坐同谋，追削贝勒。"[①]

从这个记载来看，说德格类战功赫赫，毫不为过。其官至统摄户部和硕贝勒，很得信任，也很受重用。其实，在莽古尔泰制造的露刃事件中，德格类完全站在皇太极一边，甚至动手殴击了其兄莽古尔泰，制止他的胡来。这些皇太极都是看在眼里，记在心上的。天聪九年，他不幸病死。皇太极极为悲痛，亲临其丧，悲痛哀悼。"设幄坐其中，撤馔三日。"

《清太宗实录》记载："是夜二鼓，统摄户部和硕贝勒德格类，以疾薨。年四十岁，德格类，上之弟也。上闻之，痛悼。欲亲临其丧，诸贝勒劝止，不从，往哭之恸。诸贝勒大臣皆力劝，漏尽三鼓，上方还。于楼前设幄而居，撤馔三日，哀甚。诸贝勒大臣复进劝曰：修短皆系天数，彼考终而逝。不必过伤。恳切劝

满族女便帽坤秋

---

① 《清史稿》，第217卷，第30册，第9013页。

慰，上乃允其请，还宫。"①

这里有更加细微的记述，说明皇太极对失去这个弟弟是十分痛惜的。设幄哀悼，绝食三天，绝非空谈。

但是，让人意想不到的是，仅仅过了一个多月，莽古尔泰的部下冷僧机就揭发了莽古尔泰、德格类谋反的罪行。德格类参与其中，真是令人难以理解。

被揭发的第三号人物是莽古济公主。莽古济公主，是努尔哈赤之第三女，皇太极的三姐。先嫁给哈达贝勒孟格布禄之子武尔古岱，称哈达格格，又称哈达公主。后其夫亡故，改嫁蒙古敖汉部锁诺木杜棱（济农）。哈达公主是一个很有性格的女人，曾因皇太极批准其长子豪格婚娶察哈尔部林丹汗之伯奇福晋，而对皇太极大发雷霆。因为她的女儿现在还是豪格之妻。妈妈疼爱女儿，以致导致此举，可以理解。其实，哈达公主与皇太极，既是姐弟关系，又是儿女亲家。因此，皇太极对三姐哈达公主也没有什么特别的办法，只是提出了一个限制。谕之曰："嗣后一应亲戚之家，不许哈达公主往来。亲戚有私相往来者，被旁人举首，照哈达公主之罪罪之。"这只是一个象征性的惩罚措施。给其姐姐兼亲家的哈达公主一点软处罚，使双方都有面子。但是，这一次揭发的她的罪行，很是严重："锁诺木及其妻莽古济誓云：我等阳事皇上，而阴助尔。如不践言，天其鉴之。"哈达公主似乎对皇太极成见很深。额驸锁诺木杜棱及其妻莽古济公主，完全陷入了谋反集团之中，而且成为骨干。

这个谋反集团是否真的存在呢？从历史的延续来看，其揭发的事实大抵是真实的。

其一，成员首告。谋反集团的主要成员冷僧机，良心发现，首先告发。

其二，事实确凿。冷僧机揭发道："先是莽古尔泰与其女弟莽古济，及莽古济之夫敖汉部落锁诺木杜棱与贝勒德格类、屯布禄、爱巴礼、冷僧机等，对佛跪焚誓词言：我莽古尔泰，已结怨于皇上，尔等助我。事济之后，如视尔等不如我身者，天其鉴之。"其中，有人物，有情节，有言论，有目标。而且，这是共同焚香发誓，矛头直指天聪汗皇太极。

---

① 《清太宗实录》，第 25 卷，第 25 页。

其三，成员协告。在没有任何迹象的情况下，谋反集团中的另一个成员锁诺木杜棱也进行了告发。他是向达雅齐、国舅阿什达尔汗告发的。锁诺木杜棱是莽古济公主的丈夫，如果没有这个谋反事实，他的揭发，等于自毁身家性命。他的协告，使得谋反事实得到旁证。有首告，有协告。有主证，有旁证。

其四，发现真赃。后来搜查莽古尔泰家，发现了谋反的确证。据《清太宗实录》第二十六卷记载："后籍莽古尔泰家，复获所造木牌印十六枚。视其文，皆曰：金国皇帝之印。于是，携至大廷，召诸贝勒大臣及庶民俱至，以其叛逆实状晓谕之。"①

真赃确证，无容抵赖。

以上四条，足以证明莽古尔泰的谋反集团，确实是存在的。

听到如此令人震惊的消息，皇太极先是惊讶，后是相信，最后是冷静。冷静之余，皇太极对这个集团成员的处理，采取了十分谨慎的态度。他的主要做法是：

其一，区别对待。后金国之高层听到这个谋反的消息，立刻炸了锅，纷纷表态，对集团所有成员要处以极刑。礼部贝勒萨哈廉愤怒地说道："莽古尔泰、德格类，所行若此，宜其并遭天谴，相继而死也。伊等于皇上，敢图不轨，忍于悖乱，不知视我辈，又当何如？皇上视济尔哈朗、岳托、德格类三人，过于己子。恩养之厚，迥异众人。伊等成立，皆皇上之赐。是三人自宜感戴皇恩，不惜身命，以图报效。况皇上自嗣位以来，国势日隆，曾何所亏损于伊等，而做此悖逆事耶？"②

闻听此事，其他贝勒的反应也十分复杂。《清太宗实录》记道："贝勒阿巴泰（努尔哈赤第七子）、贝勒阿济格（努尔哈赤第十二子）、和硕额尔克楚虎尔贝勒多铎（努尔哈赤第十五子）闻之，皆怒。及告和硕贝勒岳托（大贝勒代善子）。岳托变色曰：贝勒德格类焉有此事？必妄言也。或者词联我耶？绝无忿意。"③

于是，诸贝勒大臣会议，研审确实，共同为其定罪。文曰：

---

① 《清太宗实录》，第 26 卷，第 10 页。
② 《清太宗实录》，第 26 卷，第 6 页。
③ 《清太宗实录》，第 26 卷，第 6 页。

莽古济、锁诺木，阴蓄逆谋，大逆无道，应寸磔。莽古尔泰、德格类，已伏冥诛，其妻、子，与同谋之屯布禄、爱巴礼，应阖门论死。冷僧机以自首免坐，亦无功。其莽古尔泰等之人口、财产，俱入官。①

这是一个极为严厉的极左的定罪。他们甚至认为首告者冷僧机，因为首告，也只是免坐，即免于连带治罪，但也毫无功劳，"亦无功"。对于协告的额驸锁诺木杜棱，也居然建议处以极刑。而且，对莽古尔泰、德格类之妻、子，与同谋之屯布禄、爱巴礼，也建议"应阖门论死"。因为是运动初期，人们盛怒未消，也想要表达激进、表现积极。于是，这些建议不免带有极左的味道。

对于诸贝勒大臣的这个定罪，皇太极保持冷静，未予旨准。皇太极说道："至于冷僧机，若不首告，其谋何由而知？今以冷僧机为无功，何以劝后？且锁诺木若不再首，则我等亦必不信冷僧机之言。似不应概予重刑，漫无分别也。"②

皇太极指出，"似不应概予重刑，漫无分别也"。要求诸贝勒大臣要根据轻重，区别对待。特别点明对冷僧机和锁诺木，要更加慎重处理。皇太极反问道："至于冷僧机，若不首告，其谋何由而知？今以冷僧机为无功，何以劝后？"这个反问十分有力。皇太极又继续推论道："且锁诺木若不再首，则我等亦必不信冷僧机之言。"

并提出让文馆罗硕、刚林、詹霸，召集文馆满汉诸位儒臣，提出处理意见。

满、蒙、汉文龙纹信牌

① 《清太宗实录》，第26卷，第6页。
② 《清太宗实录》，第26卷，第7页。

皇太极绕过高层的诸贝勒，而命文馆的满汉儒臣参与讨论，提出意见，是很聪明的做法。因为诸贝勒同莽古尔泰、德格类，都有千丝万缕的亲戚关系，容易带着感情处理问题，不免有失公允。

盛京文溯阁

经过诸位满汉儒臣的冷静议论，最后达成一致意见，奏报曰："莽古尔泰等负恩怀逆，倾危宗社，罪无可贷。莽古济，虽妇人，闻此乱谋，理应为国忧愤，从中力阻。乃反从逆同谋，犯上违国，不可逭（huàn，音焕；逃避）诛，按律，两贝勒妻、子，皆应论斩。若皇上必欲宽宥，亦当幽禁终身，否则何以惩叛逆而昭国法。至首告者，予赏。庶使效尤者，不得逞志。今若以冷僧机为无功，则人皆容隐。遇此等事无复告者，为后日计，则冷僧机宜叙其功。臣等又按锁诺木，曾佯醉痛哭而言曰：皇上何故唯兄弟是信？皇上在，则我蒙古得遂生；不则我蒙古不知作何状矣。皇上亦微喻其意。彼时皇上于莽古尔泰、莽古济，宠眷方隆。德格类亦被恩遇。锁诺木虽欲直言，岂容轻出诸口。今锁诺木先行举首，其心迹似有可原。应否免罪，伏候上裁。至屯布禄、爱巴礼，罪应族诛，法无可贷。"①

满汉儒臣的这个建议，接近于事实。于是，皇太极旨准。莽古济伏诛。屯布禄、爱巴礼，并其亲支兄弟子侄，俱磔于市。莽古济的长子昂阿喇，以知情处死。莽古尔泰之六子迈达里、光衮、萨哈联、阿克达、舒孙、葛纳海、德格类之子邓什库等，俱降为庶人。首告者冷僧机授为世袭三等梅勒章京，屯布禄、爱巴礼之家产给之，免其徭役。

这里的株连政策，显然是非常过火的，错杀了许多无辜者。

---

① 《清太宗实录》，第26卷，第7页。

其二，宽严有度。这里涉及莽古济的两个女儿。其长女为贝勒岳托妻，其次女为贝勒豪格妻。皇太极长子贝勒豪格说道："吾乃皇上所生子。妻之母，既欲害吾父。吾岂可与谋害我父之女同处乎？"不知这是什么逻辑。大概是要表现激进，表明态度，讨好父汗。于是，就无情地杀掉了自己的妻。其实，皇太极对豪格此举十分反感。

此事传到贝勒岳托的耳朵里，岳托向皇太极奏报说道："豪格既杀其妻，臣妻亦难姑容。"也要杀掉自己的妻。这似乎成为一个政治表态。皇太极明白其用意，立即表态，派人制止了这个可能蔓延的屠杀。岳托还是十分聪明的，他将这个球踢给了皇太极。

其三，适可而止。皇太极对莽古尔泰的处治，能够做到适可而止。这从他对待莽古尔泰骸骨的态度上，可以清楚看出。《清太宗实录》记载了这件事，文曰：

> （天聪十年正月）庚申（十四日），工部承政孟阿图奏言：罪废莽古尔泰、德格类二贝勒，殉葬金银器皿，臣等已经收取，当何以处之？上怫然（fú，音服；怫然，生气的样子）。命希福、刚林、罗硕、詹霸传谕诸贝勒曰：前者尔诸贝勒欲抛弃莽古尔泰、德格类二人骸骨。朕曾面谕尔等，伊二人自作罪恶，既分其旗人，降谪其子，国法已申。且天鉴厥辜，已阴殛之。今将已寒之骸骨，复行抛弃。彼岂因骸骨抛散而幽魂有所痛楚耶？殊属无谓。此等罪废之人，唯不守护、不祭奠而已。
>
> 当时之谕甚明。尔等乃违命抛弃其骨，意者以彼获罪于朕，故愤怒不已而出此耶？夫与其抛已寒之骨，以抒忠愤，何如自今以后，各殚实心，勤于政事，不至阳奉阴违，以是效忠于朕。庶有以慰朕之望耳！
>
> ……彼枯朽之余，朕若罪而弃之。是与死者为仇，非仁人所为也。即复葬之，则亦已矣。[①]

皇太极听说此事，"上怫然"，十分生气。皇太极反对挖墓抛尸的非人

---

① 《清太宗实录》，第27卷，第4页。

道之举，对大臣的如此行径进行了批评。质问他们："今将已寒之骸骨，复行抛弃。彼岂因骸骨抛散而幽魂有所痛楚耶？殊属无谓。"并冷静指示，"此等罪废之人，唯不守护、不祭奠而已。"皇太极毫不留情地揭露他们此举的内心活动，你们这是看我眼色行事，为了讨好我。"意者以彼获罪于朕，故愤怒不已而出此耶？"这种过火的行为，本质上是为了你们自己。你们别在这上面下功夫了，还是好好工作吧，说道："何如自今以后，各殚实心，勤于政事，不至阳奉阴违，以是效忠于朕。庶有以慰朕之望耳！"明确表态："彼枯朽之余，朕若罪而弃之。是与死者为仇，非仁人所为也。"命令他们重新埋葬，不准挖墓，"即复葬之，则亦已矣"。

皇太极干净利落地处理完了这件惊天大案。

现在时时萦绕在他心头的是，应该如何对待诸贝勒大臣的劝进书。

皇太极意识到，称帝改元似乎已经提到了议事日程上。

第十章　改元称大清　北进收版图

一、获玉玺改号大清

天聪汗深知，收降了难以顺服的察哈尔汗部，漠南蒙古终于归服，而在此之前，朝鲜又表示臣服，三个敌国只剩下一个明朝了。同时又发现了传国玉玺，这无疑是一个极好的兆头。人们相信，这是上天授命的表示。上天已把治理百姓的权力交给了天聪汗皇太极，即君权神授。

得到传国玉玺是一件大事，对此，许多臣子都纷纷递上奏章，阐明其意义及作用。

天聪九年（1635）九月十四日，都元帅孔有德熟知中国历史，他进一步奏道："窃观自古受命之主，必有受命之符。昔文王时，凤凰鸣于岐山；今皇上得传国宝玺，二兆略同。此宝实非寻常，乃汉时所传，迄今两千余年。他人不能得，惟我皇上得之。盖皇上爱民如子，顺时合

清太宗皇太极画像

皇太极

220

天，虽宝玺在千里之远，应运呈祥，是天启其兆。登九五之尊，而享天下之福，无疑也。不但臣一人喜而不寐，即中外闻之，莫不欢欣鼓舞，以为尧舜之治，今得复见矣，曷胜忭跃。分当赴阙拜贺，缘未奉命，不敢擅离职守。谨斋戒焚香，遥拜具奏。"①

同日，总兵官耿仲明奏道："夫玉玺者，乃天子之大宝，国家之上瑞。有天下者，所必用也。今皇上合天心，爱百姓，故天赐玉玺。可见天心之默佑矣。惟愿蚤（早）正大统，以慰臣民之望。"②

昂邦章京石廷柱率汉官生员进表贺云："恭遇皇上亲获玉玺，臣等诚欢诚欣，稽首顿首，谨奉表称贺者。伏以皇上兴顺天应人之师，获镇国传世之宝，祯祥已见，历数将归。"③

以上全为祝贺书信，尚没有提到实质性问题，即改元称帝之事。

当然，这些奏章天聪汗览后十分高兴，随即颁布谕旨："诸臣所言诚是。朕亦知上天眷佑，示以瑞兆，但虑朕才德凉薄，恐不能抚民图治，以答天心。自后当益加兢业，以祗承上天之宠命耳。"

天聪汗皇太极在此表了个态，权作回音。

这时，天聪汗有意识地召见朝鲜国来朝觐的使臣礼部侍郎朴鲁至崇政殿，让他瞻看玉玺，朴鲁惊异地贺道："真天赐之宝也。"

这是在进一步扩大关于玉玺的影响。

但是，关于传国玉玺到底可起何种作用，人们一时还看不清楚。

到天聪九年十二月二十一日，天聪汗亲率诸贝勒大臣到太祖陵祭奠，天聪汗说："至于历代帝王相传玉玺，久不知其所在。今已为我国得之，共称符瑞，谓得受命之征。"

皇太极利用各种方式强调玉玺的重要，他到底想要干什么？其真正用意何在？诸贝勒大臣都在猜测，否则为什么他一再提此传国玉玺呢？经过众议，他们才恍然大悟，天聪汗是在暗示臣下进尊号。但是，这已经上过奏章而被否定了。他们决定再上奏章。

于是，议决由文馆馆臣希福、刚林、罗硕和礼部启心郎祈充格上奏：

---

① 《清太宗实录》，第 25 卷，第 8 页。
② 《清太宗实录》，第 25 卷，第 9 页。
③ 《清太宗实录》，第 25 卷，第 23 页。

"言上功隆德懋，克当天心。四方慕义之众，延颈举踵，喁然向风。前者臣等广集众谋，合辞陈奏，请上进称尊号，乃上谦德弥尊，虚怀若谷，辞以未知天意，不允众请。必待上天眷佑，式廓疆圉，大业克成之时，然后郊禋践祚，躬受鸿名。臣等伏思，众望不可以久虚，大命不可以谦让。今察哈尔太子，举国来降，又得历代相传玉玺，是天心默佑，大可见矣。所当仰承天意，早正大号，以慰舆情。"①

天聪汗览奏后，立即颁下谕旨，予以否决："今虽诸国来附，兼得玺瑞，然大业尚未底定也。大业未定，预建大号，恐非所以奉天意。譬有一贤者于此，我将振拔之。彼则不待朕命而辄自尊大，亦朕所不许也。"②

天聪汗态度明朗，固辞不允。

、诸贝勒又派希福等再上奏章，再三陈请，天聪汗仍是不答应。

事情至此陷入僵局。诸贝勒束手无策，愁眉不展。

此时机敏的掌礼部事的贝勒萨哈廉出面了。萨哈廉是代善之第三子，通晓满、汉、蒙文，明达聪敏。"一切皇猷，多所赞助。"他不幸三十三岁就病死了。皇太极极爱之，病中亲临探视，死后"入哭者四，悲恸不已"。从中可见，他同皇太极之间有着常人不具备的特殊感情。因此，他对天聪汗的内心想法更为了解。他感到如想打开僵局，必须从诸贝勒下手。

他命希福等四人按他的意思再写一份奏章，强调诸贝勒必须宣誓，端正各自的行为，竭忠辅国，以开太平之基，天聪汗才能受尊号。奏曰："臣等屡次陈请，未蒙皇上俯鉴下忱，夙夜悚惶，罔知所措。伏思皇上不受尊号，其咎实在诸贝勒。诸贝勒不能自修其身，殚忠信以事上，展布嘉猷，为久大之图。徒劝皇上早正大号，是以皇上不肯轻受耳。如诸贝勒皆克殚忠荩，彼莽古尔泰、德格类辈，又何以犯上而作乱耶？今诸贝勒宜誓图改行，竭忠辅国，以开太平之基，皇上姑受尊号可也。"③

奏章呈上后，天聪汗满意地答道："善。"然后发表了一番议论："贝勒萨哈廉，开陈及此，实获我心。一则为朕深谋，一则欲善承皇考开创之业。其应誓与否，尔身任礼部，当自主之。诸贝勒果誓图改行，彼时尊号

---

① 《清太宗实录》，第26卷，第25页。
② 《清太宗实录》，第26卷，第26页。
③ 《清太宗实录》，第26卷，第27页。

之受与不受，朕当再思之。"①

　　皇太极对权力高层的表现，不甚满意。前者出现了大贝勒代善的自行其是的问题，后者出现了莽古尔泰的谋反集团的问题。给皇太极的感觉，是权力高层思想混乱，目光短浅，私心膨胀，不思进取。皇太极极欲对权力高层进行一次有效的思想教育活动。因此，皇太极对于贝勒萨哈廉关于让全体高层官员举行宣誓的建议，深表赞同。"开陈及此，实获我心"，意思是说到了他的心里。皇太极决定借此称号改元之机，结合莽古尔泰谋反事件，在高层官员中间兴起一个教育活动。这个教育活动，应该由礼部主持。"尔身任礼部，当自主之。"

　　当晚，贝勒萨哈廉遵旨，召集满洲、汉、蒙古诸文臣，皇太极命文馆重臣希福、刚林、罗硕等传达上谕曰："诸贝勒皆劝朕早正尊号，朕以土宇尚未统一，未审天意所属，大号不宜轻受。尔等以为何如？"

　　儒臣鲍承先、宁完我、范文程、罗绣锦、梁正大、齐国儒、杨方兴等对曰："人当顺天而行。天之欲皇上受此尊号也，岂必谆谆然命之乎？玉玺既得，诸国皆附，人心孝顺，是即天意所在也。今上宜顺天应人，早正尊号，以承大统。"②

　　文馆是皇太极的智囊宝库，文馆儒臣是皇太极的思想精英。他想听听思想精英的意见。思想精英的回答，是"今上宜顺天应人，早正尊号，以承大统"。

　　第二天，贝勒萨哈廉将诸贝勒召集上朝，对他们说："要想让皇上早正尊号，我们只有对天宣誓，端正

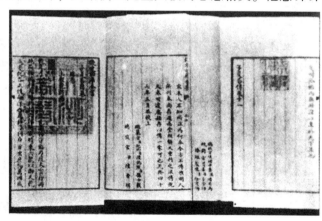

《四库全书》书影

①　《清太宗实录》，第26卷，第28页。
②　《清太宗实录》，第26卷，第28页。

行为，才能可行。"于是，诸贝勒照办，纷纷书写誓词，由萨哈廉奏报上去。

最后，权力高层纷纷宣誓。大贝勒代善的誓词甚具代表性，其誓词曰："代善誓告天地，自今以后，若不克守忠贞，殚心竭力，而言与行违，又或如莽古尔泰、德格类，谋逆作乱者，天地谴之，俾代善不得令终。若国中子弟，或如莽古尔泰、德格类，谋为不轨，代善闻之，不告于皇上者，亦俾代善不得令终。凡与皇上谋议机密重事，出告于妻妾旁人者，天地谴之，亦俾代善不得令终。若愚昧不知，以致或有愆尤者，亦惟天地鉴之。代善若能竭尽其力，效忠于上，则天地庇我，寿命延长。"①

大贝勒代善的誓词，结合平日的操守言行，结合莽古尔泰的谋反事件，结合子弟的日常表现，结合保密的基本要求，严格律己，对天发誓，效忠皇上。

大贝勒代善以地位之尊、威望之隆，尚且郑重宣誓，其他诸贝勒大臣更是积极宣誓，以表忠心。诸贝勒大臣誓曰："自今以后，若有二心于上。及己身虽不作乱，而兄弟辈有悖逆之事，明知隐匿；或以在上前所议国事，归告于妻妾，及不与议之闲员仆从，并云：我意原欲如此，因而谤讪者，天地谴责，夺其纪算。若能竭力尽忠，当荷皇上洪慈，天地庇佑，寿命延长。"②

纪算，乃年龄之谓也。"夺其纪算"，即夺取他的寿命。如果我不能遵守诺言，就遭"天地谴责，夺其纪算"。如果我能遵守诺言，就会"天地庇佑，寿命延长"。诸贝勒大臣以自己的寿命对天发誓，以示忠心。

皇太极所发起的宣誓教育活动，就这样收场了。从以后的事态发展来看，应该说，起到了一定作用。

天聪十年（1636）四月初五日，外藩蒙古十六部四十九位贝勒及都元帅孔有德等请皇太极接受皇帝尊号，特意来朝。

今天是个大喜的日子。四路纷至，八方沓来，精英俊杰，济济一堂。到会者有：

皇
太
极

---

① 《清太宗实录》，第26卷，第30页。
② 《清太宗实录》，第26卷，第31页。

大贝勒代善。

贝勒济尔哈朗、多尔衮、多铎、岳托、硕托、豪格、阿巴泰、阿济格、杜度。

额驸扬古利。

八旗大臣谭泰、宗室拜音图、叶克舒、叶臣、阿山、伊尔登、达尔汗、宗室芬古。

蒙古八旗大臣、六部大臣都元帅孔有德、总兵官耿仲明、尚可喜、石廷柱、马光远。

外藩蒙古贝勒察哈尔部额尔克孔果尔额哲（本年正月尚公主，为固伦额驸）、图巴济农（天聪八年来归）、科尔沁部土谢图济农巴达哩（奥巴之子）、卓里克图台吉武克善（敕封忠亲王，斋桑之长子）、秉图贝勒洪果尔（纳穆赛长子）、扎萨克图杜棱布达齐（奥巴之弟）、达尔汗巴图鲁满珠什哩（武克善之弟）、喇嘛什希（奥巴从弟图美之子）、穆斋（天聪三年，偕喇嘛什希来朝）、伊勒都齐栋果尔（明安之子）、扎赉特部达尔汗和硕齐蒙衮（奥巴之叔）、昂安伊勒都斋（来朝年月无考）、杜尔伯特部达尔汗台吉塞棱（奥巴从弟）、郭尔罗斯部哈坦巴图鲁固穆（奥巴近亲）、伊尔登布木巴（奥巴从弟）、敖汉部额驸班第（塞臣之子）、锁诺木杜棱（塞臣之子）、奈曼部衮楚克巴图鲁（额森伟征诺颜之子）、巴林部满珠什哩台吉（色特尔兄子）、阿玉什台吉（天聪二年随色特尔来归）、土默特部鄂木布楚琥尔（格根汉之孙）、默勒根台吉锁诺木（天聪三年来朝）、古英塔布囊赓格尔（天聪九年与奥巴同领喀喇沁旗务）、塔布囊善巴（诺木图之子）、扎噜特部达尔汗巴图鲁色本（都喇勒诺颜之子）、内齐（忠图汗之子）、瑚弼尔图（忠图汗之弟）、喀巴海伟征（天聪二年阵斩察哈尔台吉噶尔图，俘七百人来献，赐号伟征）、岱青（瑚弼尔图之子，天聪三年随父来朝）、际尔哈朗（色本族弟）、青巴图鲁鲁玛尼（色本之弟）、四子部达尔汗卓哩克图鄂木布（诺颜泰第三子）、默勒根台吉伊尔扎穆（诺颜泰第四子）、阿噜科尔沁部达赉楚琥尔（昆杜仑岱青子）、穆彰台吉（达赉之子）、翁牛特部逊杜棱（杜棱汗长子）、额尔德尼栋岱青（杜棱汗第三子）、班第伟征

225

（杜棱汗第四子）、达拉海宰桑（杜棱汗第五子）、喀喇车哩克部噶尔玛台吉（逊杜棱族弟）、阿喇纳诺木噶（噶尔玛之弟）、喀喇沁部古噜思希布（苏布地之子）、塞棱（左翼部长，随苏布地来归）、塞臣（来朝年月无考）、万丹伟征（苏布地之弟）、图里瑚马齐（苏布地之叔，天聪二年来朝）、乌喇特部图们达尔汗鄂木布（元太祖弟哈萨尔裔赖哈之孙）、伊勒登和硕齐塞棱（元太祖弟哈萨尔裔巴喇赛之孙）、额尔赫图巴（亦巴喇赛之孙，三人俱于天聪七年来归）等。①

细细品味这一长长的与会者名单，其中涵盖了满洲、汉人、蒙古三方的政治精英，尤其是蒙古的高层官员，足以说明后金国皇太极实力之强大、影响之深远。这个权力精英的名单，大大突破了家族精英的界限，这和皇太极的有意为之，是密不可分的。

此时，贝勒多尔衮捧上满文表文一道，土谢图济农巴达哩捧上蒙古表文一道，都元帅孔有德捧上汉文表文一道，率诸贝勒大臣文武各官跪进，恭请皇太极称皇帝尊号。

皇太极目睹这个盛大的场面，心旌摇荡，不能自已。他发自内心地说道："尔贝勒大臣等，以朕安内攘外大业渐臻，宜受尊号。两年以来，合辞劝进，至再至三。朕惟恐上无以当天心，下无以孚民志，故未谕允。今重违尔等，意坚辞不获，勉从众意。朕思既受尊号，当益加乾惕，忧国勤民。有所不逮，惟天佑助之。"②

天聪汗终于答应上尊号了。

天聪十年（1636）四月十一日，天聪汗皇太极，亲率诸贝勒大臣，祭告天地，接受宽温仁圣皇帝尊号，建国号曰大清，改元为崇德元年。自此以后，皇太极应称为崇德帝了。

那么，大清国的含义究竟是什么呢？有学者认为，"大清"一词，既非汉语，亦非满语，可能是满语中的一个蒙古语借词，即 daicing，大清国的意思是"上国"（即"至高无上之国"），或"善战之国"。

① 《皇清开国方略》，第21卷，第7页。
② 《皇清开国方略》，第21卷，第7页。

皇
太
极

盛京故宫大政殿

　　先筑坛于天坛之东，备大驾卤簿。此时，皇太极于中阶缓缓升坛，端坐金椅，礼仪开始。诸贝勒大臣左右序列，行三跪九叩头礼。

　　然后献宝。左班贝勒多尔衮、科尔沁部土谢图济农巴达哩捧宝一、贝勒多铎、豪格捧宝一；右班贝勒岳托、察哈尔部额驸额尔克孔果尔额哲捧宝一；贝勒杜度、都元帅孔有德捧宝一。各以此跪献，上受宝。于是，贝勒大臣捧三体表文，立于坛东，以皇太极称尊号建国改元事，宣示于众曰："我皇上应天顺人，聿修厥德，收复朝鲜，统一蒙古，更得玉玺符瑞昭应。鸿名伟业，丕扬天下。是以内外诸贝勒大臣，同心推戴，敬上尊号曰宽温仁圣皇帝，建国号曰大清，改元为崇德元年。"①

　　宣谕完毕，赞礼官宣布实施跪拜礼。既而，高呼跪拜，高呼叩头，如此复行三跪九叩头礼。但是，此时，出现了一个不和谐音符，就是朝鲜使臣罗德宪、李廓二人居然不拜。这真令人出乎意料。礼仪现场，一时出现

---

①《清太宗实录》，第28卷，第22页。

僵局。有人愤怒地说，赶快将这两个家伙抓起来杀掉算了。

崇德帝皇太极十分沉着冷静，语气平和地分析道："朝鲜使臣罗德宪、李廓无礼处，难以枚举。是皆朝鲜国王有意构怨，欲朕先起衅端，戮其使臣，然后加朕以背弃盟誓之名，故令其如此耳。不知朕之素行，从不逞一时之小忿，如此琐屑也。即两国已成仇敌，兵刃相加，争战之际，以事遣人，亦无即戮其来使之理。况朝会乎？其勿问。"①

皇太极正确地指出，这是朝鲜国王有意刁难，故意制造事端。我们必须冷静对待，低调处理，告诉臣下："其勿问。"就是别理他。但是，朝鲜处于大明朝与大清国两大政权之间，自有其难处。这是必须考虑到的。

同时，健全礼制，命名殿阁，走向正规。原来天命十年（1625）三月初三日，努尔哈赤将都城由东京辽阳迁到沈阳，在沈阳建筑宫殿。当时，努尔哈赤只建成了皇宫东路的大政殿和十王亭，就不幸病逝了。即位后的皇太极，加紧修建皇宫中路的听政场所和居住地点。天聪六年（1632）主要建筑竣工。但戎马倥偬，宫殿未及命名，只是按照所在位置和用途，将

盛京故宫崇政殿

① 《清太宗实录》，第28卷，第22页。

228

殿阁暂称作正殿、中宫、东宫、西宫、内楼等。此次，对殿阁加以正式命名。

确定宫殿名称，大门为大清门，东为东翊门，西为西翊门。大殿称笃恭殿（后称大政殿），正殿称崇政殿，中宫称清宁宫，东宫称关雎宫，西宫称麟趾宫，次东宫称衍庆宫，次西宫称永福宫，台东楼称翔凤楼，台西楼称飞龙阁。

丁亥（四月十三日），皇太极颁诏大赦，群臣上表祝贺。内院官员郑重宣读宽温仁圣皇帝敕谕，谕曰："朕以凉德，祇承丕绪，加以尊号，惧无以慰众望。尔等劝进再三，屡辞弗获。今敬告天地，允受尊号。尔诸贝勒大臣，当同心辅政，恪共厥职，以匡朕之不逮。正己率属，各殚忠诚，立纲陈纪，勿图小利。倘能建立功名，朕当隆以爵赏。尤须抚终恤民，君臣一德。庶几上合天心，下遂民志。如此，则明良喜起，政治咸熙，万民乐利，天益佑助之矣。布告天下，咸使闻之。"①

作为一名领袖级的政治家，时刻不忘对自己的部下进行思想教育。这里说到的"正己率属，各殚忠诚，立纲陈纪，勿图小利"，就是让部属臣下眼光放远，尽忠报国，建功立业，成就大事。

皇太极改元称帝的大事，圆满地结束了。

皇太极深知，改元称帝后，在大清国高层应该重新升擢任命一批高级干部。这里包括满洲、蒙古、汉人三个方面。为此，崇德帝皇太极进行了五批高级官员的任命。

第一批任命。四月二十三日，分别升擢诸贝勒子侄：册封大贝勒代善为和硕礼亲王，贝勒济尔哈朗为和硕郑亲王，墨尔根戴青贝勒多尔衮为和硕睿亲王，额尔克楚虎尔贝勒多铎为和硕豫亲王，贝勒豪格为和硕肃亲王，岳托为和硕成亲王，阿济格为多罗武英郡王，杜度为多罗安平贝勒，阿巴泰为多罗饶余贝勒，各赐银两有差。

代善为努尔哈赤第二子，济尔哈朗为努尔哈赤之弟贝勒舒尔哈齐第六子，多尔衮为努尔哈赤第十四子，多铎为努尔哈赤第十五子，豪格为皇太极长子，岳托为代善长子，阿济格为努尔哈赤第十二子，杜度为努尔哈赤长子褚英之子，阿巴泰为努尔哈赤第七子。计九位，其中努尔哈赤之子六

---

① 《清太宗实录》，第28卷，第38页。

盛京文德坊

位，努尔哈赤之孙三位。皇太极是努尔哈赤第八子，因此他们都是皇太极的兄弟子侄。也就是说，他们都是满洲的高等贵族，是努尔哈赤家族的家族精英，也是大清国的权力精英。

第二批任命。四月二十三日，分别升擢外藩蒙古诸贝勒：封科尔沁国巴达礼为和硕土谢图亲王，武克善为和硕卓礼克图亲王，固伦额驸额哲为和硕亲王，布塔齐为多罗扎萨克图郡王，满朱习礼为多罗巴图鲁郡王，奈曼部落衮出斯巴图鲁为多罗达尔汗郡王，逊杜棱为多罗杜棱郡王，固伦额驸班第为多罗郡王，孔果尔为冰图王，东为多罗达尔汗戴青，俄木布为多罗达尔汗卓礼克图，古鲁思辖布为多罗杜棱，单把为达尔汗，耿格尔为多罗贝勒。各赐雕鞍、甲胄、金银器皿、彩缎、文绮有差。

努尔哈赤设立的荣誉尊号及官职名称，有的就用蒙古语为之。尊号"卓礼克图"是"果敢"的意思，译为"笃义"。尊号"巴图鲁"是"勇士"的意思。尊号"达尔汗"是"荣誉的"意思。尊号"戴青"其意是"勇士""战士"。"达尔汗戴青"，即荣誉的战士。这些全为蒙古语。

第三批任命。四月二十四日，升擢汉人都元帅孔有德、总兵官耿仲明、尚可喜诸官：封孔有德为恭顺王，耿仲明为怀顺王，尚可喜为智顺王。赐宴崇政殿，并赐银两有差。其部下官员亦论功升赏有差。[①]

天聪七年（1633）五月，孔有德、耿仲明率众来归，孔有德授予都元帅，耿仲明授予总兵官，至崇德元年（1636），只有三年时间，他们即被授予王的尊贵称号。尚可喜是天聪八年二月来归，至今只有两年时间，也被授予王的尊贵称号。这说明崇德帝皇太极对于汉人来归的高度重视。

第四批任命。五月初三日，升擢内三院官员：升三等甲喇章京内国史院承政希福为二等甲喇章京，内弘文院大学士；三等甲喇章京内秘书院承

① 《清太宗实录》，第28卷，第52页。

政范文程为二等甲喇章京，
仍为内秘书院大学士；二等
甲喇章京鲍承先为内秘书院
大学士；举人内国史院承政
刚林为牛录章京，仍为内国
史院大学士。其顶戴服色及
随从人役，俱与梅勒章京
同。罗绣锦为内国史院学
士；詹霸仍为内秘书院学
士；胡球、王文奎为内弘文

盛京武功坊

院学士。其顶戴服色及随从人役，俱与甲喇章京同。

第五批任命。五月二十六日，命以大凌河各官为各院承政：张存仁为
都察院承政，祖泽洪为吏部承政，韩大勋为户部承政，姜新为礼部承政，
祖泽润为兵部承政，李云为刑部承政，裴国珍为工部承政。①

这六部一院的承政，相当于中央政府部长级干部。他们全部是天聪五
年（1631）十月的明朝大凌河城的降将，而且其中除姜新为刘家营参将
外，其余全都是明朝的副将。他们是那次降顺的三十九名将领的一部分。
降顺五年，他们得到重用，授予了承政（尚书）之职。这足以说明汉官在
大清国是完全有前途的。

这五批官员的任命，第一批是针对满洲的，第二批是针对蒙古的，而
第三批、第四批、第五批，则全部是针对汉人的。这说明了皇太极对汉人
的高度重视。皇太极意识到，统一未来的大明朝，这批高级干部，尤其是
汉人高级干部是他依靠的力量。

次年（1637），又在大清门前建造两座宫前的左右阙门，东侧称文德
坊，西侧称武功坊。至此，历经十二载，沈阳皇宫才算基本完工。

以上宫殿建筑是清朝入关之前的建筑，习称早期建筑。清太宗皇太极
于天聪八年（1634）将沈阳命名为盛京，故这些皇宫的早期建筑又称为盛
京皇宫。

乾隆年间，乾隆帝对盛京皇宫进行了大规模的改建与扩建，形成了故

---

① 《清太宗实录》，第29卷，第9页。

231

盛京故宫后花园

宫的西路建筑。至此,盛京皇宫,修建历时一百五十八年,占地六万多平方米,大小建筑一百多座。沈阳故宫成为名副其实的北方宫殿建筑群落。2004年,沈阳故宫被列入世界遗产名录。

更定国号,标志着一个新的大清国诞生了。这次更定国号,说明清太宗的政权更加巩固,民心更加稳定,国力更加强盛。

他们在秣马厉兵,准备进兵关内,攻取明朝。但是,清太宗皇太极感到八旗的兵力不足,他要挖掘汉族的潜力,编练汉军八旗。

二、添新力创汉八旗

随着战事的进展,清太宗皇太极惊讶地发现,仅靠辽东的满族来征讨幅员辽阔的明朝,兵源匮乏,后劲不足。这是横在军事统帅皇太极面前的重大难题。明朝将领孔有德、耿仲明、尚可喜等率众归顺,给皇太极点明了一条坦途。经过缜密思考,他发现明朝的汉族官兵有四大特点。

皇太极

232

1. 兵源充足。以汉族为主体的明朝地大物博、人口众多，辽东的汉人与明朝的汉人，都可以成为皇太极的兵源仓库。

2. 情况熟悉。从孔有德、耿仲明、尚可喜率领的军容严整的归顺大军，皇太极发现，这是一支不可忽视的重要力量。他们"谙水战，习地利"，征讨明朝可发挥他们的长处。

3. 人才齐备。汉族的文武官员，普遍文化高，能力强。人才济济，生机勃勃。只要指挥得法，就会产生巨大的能量。孔有德、耿仲明、尚可喜等，就是明证。因此，他"选用招降，以汉攻汉"。

4. 技艺娴熟。当时最先进的武器是西洋红衣大小炮，威力无穷。满洲八旗兵不会使用，只有汉族官兵能娴熟运用。

为此，英明的皇太极就动手建立新编汉军八旗。于是，天聪七年（1633）七月初一日，皇太极下令将原来满洲八旗，每户有汉人十丁者，抽一丁披甲入伍，共分出一千七百五十八户，抽出一千七百五十八人，组成一旗汉兵，由汉军额真马光远指挥。旗帜用黑色。这就是汉军八旗的雏形。

继而，皇太极进一步扩大汉军八旗的队伍。天聪七年（1633）八月初十日，皇太极对孔有德、耿仲明发布谕旨："尔都元帅、总兵官，久习攻占，军律素娴，何俟朕谕？但恐无知士卒，有私卖马步器械，致缺损者，宜急为修整。卿等携来红衣大小炮，已运至通远堡，即付卿等。与一切军器，令军士勤于演习，勿间断。旗纛（dào，音到；军队或仪仗队的大旗）俱用皂（黑）色，马匹各用印烙，系印牌，以满洲字书本主姓名及本管官衔，并多备绊索，乃便于野牧。凡军士甲胄及盔尾，俱以白布号带，书满洲字，缀之。师行之日，厮卒人等，各按

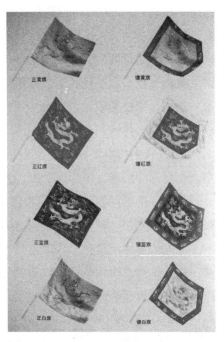

满洲八旗旗帜

233

部伍，毋或紊乱。"①

这里指示新附汉军，军旗用黑色，印牌书满字，号带亦书满字。这是把新附汉军编入了汉军八旗系列，利于识别，便于指挥。

再而，对汉军的旗纛和名称，做出更加明确的规定。天聪八年（1634）三月十八日，皇太极谕旨都元帅孔有德、总兵官耿仲明曰："旗纛乃三军眼目，不可不加分别。若用他色，恐与八旗旧纛相同。尔等之纛，当以白镶皂。尔所属营兵之纛，亦以白镶皂。如此，则采章有别，不致与八旗相淆。至于饰画之处，任从尔便。"②

同时，皇太极谕旨总兵官尚可喜曰："将军纛色，当于皂旗中，用白圆心为饰，以为识别。"并指示："马光远所管称汉军，孔有德、耿仲明所管称天佑兵，尚可喜所管称天助兵。"

进而，分立汉军为两旗。崇德二年（1637）七月二十九日，皇太极为了鼓励汉人"报效国家"，分立汉军为两旗。以石廷柱为左翼管旗大臣，以马光远为右翼管旗大臣，照满洲八旗的样式编壮丁为牛录。

又而，分两旗为四旗。《清太宗实录》卷四十七记载，崇德四年（1639）六月，皇太极再分两旗为四旗。每旗设牛录十八员，固山额真一员，梅勒章京两员，甲喇章京四员。

正黄、镶黄两旗，以马光远为固山额真，马光辉、张大猷为梅勒章京，戴都、崔应泰、杨名远、张承德为甲喇章京。

正白、镶白两旗，以石廷柱为固山额真，达尔汉、金维城为梅勒章京，金玉和、佟国荫、佟代为甲喇章京。

正红、镶红两旗，以王世选为固山额真，吴守进、孟乔芳为梅勒章京，金励、郎绍真、王国光、藏国祚为甲喇章京。

正蓝、镶蓝两旗，以巴颜为固山额真，李国翰、佟图赖为梅勒章京，张良弼、曹光弼、刘仲锦、李明时为甲喇章京。

原先两旗均用黑色，现改为马光远旗用蓝色镶黄边，石廷柱旗用蓝色镶白边，王世选旗用蓝色镶红边，巴颜旗则纯用蓝色。按清制，每一牛录以百名左右为满额，一旗含十八牛录，共计一千八百人左右。四旗合计共

① 《皇清开国方略》，第 17 卷，第 6 页。
② 《清太宗实录》，第 18 卷，第 9 页。

皇
太
极

七千人左右。

最后，四旗分为八旗。皇太极去世的前一年，崇德七年（1642）六月初六日，他将原四旗改编为八旗，称为八旗汉军。旗色、名称、官员设置一如八旗满洲之制。所不同的，前者的旗主可以由皇帝随时撤换任命，后者则是世袭。这次任命祖泽润、刘之源，吴守进、金砺、佟图赖、石廷柱、巴颜墨尔根、侍卫李国翰八人分别为管旗大臣固山额真。张大猷、马光辉、祖泽洪、王国光、郭朝忠、孟乔芳、郎绍贞、裴国珍、屯泰、何济吉尔、维城、祖泽远、刘仲金、张存仁、曹光弼为梅勒章京。①

同年八月二十七日，"恭顺王孔有德、怀顺王耿仲明、智顺王尚可喜、续顺公沈志祥奏请以所部兵随汉军旗下行走，上允其请。命归并汉军兵少之旗，一同行走"。② 他们虽然没有编入八旗，但应属于八旗汉军的一部分。这样，皇太极在去世前，终于完整地创建了汉军八旗。

八旗汉军与八旗满洲、八旗蒙古一起，构成了完整的八旗制度。八旗汉军的创建，起到了一石三鸟的作用。这一创建，发挥了汉族官兵的作用，增强了后金军队的力量，分散了满洲贝勒的权力。这一切，为征明战争的胜利打下了坚实的基础。

吴三桂、尚可喜、耿精忠像

---

① 《清太宗实录》，第 61 卷，第 7 页。
② 《清太宗实录》，第 62 卷，第 10 页。

不过，在征明的过程中，皇太极时刻关注着黑龙江故土的重归问题。

三、收版图四进龙江

富饶美丽的黑龙江流域，很早就属于我国版图。几个世纪前，我国少数民族女真人曾在这里崛起，跃马中原，建立过统治中国半壁江山的金王朝。明中叶以后，女真人再次崛起，涌现出了清朝第一帝努尔哈赤。努尔哈赤去世时，他已经恢复了辽东及领有东海部分地区的版图。清太宗即位，继续着力于东北版图的回归。

明代东北的疆域，阔大广博。它西起贝加尔湖，东濒日本海，南起旅顺，北抵外兴安岭。波涛汹涌的黑龙江、乌苏里江作为内河，流贯其中。从明初洪武年间，明朝就在这一广大土地上设置了大量的军政机构都司卫所，行使着国家主权。洪武四年（1371），先在辽阳置定辽都卫，六年置辽阳府县，八年改辽东都指挥使司；永乐七年（1409），于黑龙江口特林故元征东元帅府旧址，建奴儿干都司。

黑龙江赫哲族人

黑龙江赫哲妇女

努尔哈赤兴起，逐渐取代了明朝对东北的统治地位。努尔哈赤在取得黑龙江下游和乌苏里江以东滨海地区统治权的过程中，采用了武力征服及和平招抚的两手策略。这个两手策略很是奏效。但是，他使用的策略武力征服多于和平招抚，这给当地的各个氏族部落带来了灾难。

皇太极接受了这个教训，在收回东北版图的过程中，多采用和平招抚的策略。当然，这个和平招抚是以强大的武力基础为后盾的。为此，当和平招抚不奏效的时候，皇太极就毅然决然地采取了武力征服的手段。

皇太极对黑龙江、松花江流域一共用兵四次。

第一次进兵黑龙江。天聪八年（1634）十二月，清太宗皇太极派兵征讨黑龙江上游呼儿哈部。这是后金第一次用兵于黑龙江上游。《清太宗实录》卷十七记道："上召黑龙江地方来归之嘛尔干、羌图里入中殿，谕之曰：虎尔合（呼儿哈）慢不朝贡，将发大兵往征。尔等勿混与往来，恐致误杀。从征士卒，有相识者，可往见之。此次出师，不似从前兵少，必集大众以行也。"发大兵出征呼儿哈的原因，是呼儿哈有两年没有朝贡。朝贡是政治上臣服后金的表示，不只是经济上的问题。为此，皇太极决定对呼儿哈用兵。皇太极命管步兵梅勒章京霸奇兰、甲喇章京萨穆什喀率章京四十一员、兵士二千五百人出征。

霸奇兰、萨穆什喀率军经由科尔沁所属锡伯族的居地绰尔门（即绰尔城，今黑龙江泰来北）北行，直抵黑龙江沿岸。

此次出师，专"征黑龙江未服之地"，有向导引路，进展顺利。第二年初春，他们就派遣兵部启心郎额色黑和伊木布疾驰沈阳报捷。收服编户壮丁二千四百八十三人，包括老少妇女人口，总计七千三百余人，获马八百五十六匹，牛五百四十三头，各种珍贵毛皮三千一百四十余张。皇太极非常高兴，指令贝勒阿巴泰率众官前往蒲河山冈迎接，就地宰十头牛、二百只羊，犒赏出征将士。

天聪九年（1635）五月初六日，皇太极亲率百官召见刚刚凯旋的官兵和归附的呼尔哈人。他坐在龙椅上，对出征的将士们说："大臣们出征辛苦了！我愿抱见为首两大臣霸奇兰、萨穆什喀。"皇太极亲切地对霸奇兰、萨穆什喀施行了最尊贵的抱见礼。然后，诸贝勒也和他们二人施行了抱见礼。之后，随军归附的众多的呼儿哈人，也对皇太极下跪叩头，表示臣服。还有刚到沈阳朝贡的索伦部首领巴尔达奇和他的兄弟及随从三十人，也进行了拜见。

远征黑龙江取得辉煌的战果，呼尔哈人大批归附，皇太极深为赞许。他传令归附的呼尔哈军士举行射箭比赛，优胜者奖赏。这是明确暗示归附的呼尔哈人同其他满族人一样，社会地位是完全平等的。随之，"大宴之"。并对收降的七千三百余人，"俱赐房屋、田地、衣食、器皿等物"。

皇太极此次用兵黑龙江，在历史上具有特殊的意义。日本学者对此给予了公正的评价："可以认为，天聪八年清太宗征服呼尔哈，是清朝对黑龙江的最初用兵。这比俄国的玻雅科夫出现在黑龙江早了十年。"

其实，漫长的历史早已完全证明了黑龙江北岸至外兴安岭的土地，自古就是中国的领土。皇太极的这次远征再次证明了这个科学的论断。

第二次进兵黑龙江。崇德四年（1639）十一月，皇太极进行了对黑龙江博穆博果尔的远征，这是皇太极对黑龙江的第二次远征。

原因是索伦部部长博穆博果尔对清朝的叛变。索伦部是黑龙江上游诸部中最强大的一个部族。17世纪30年代，它开始向后金朝贡。博穆博果尔后来成为索伦部部长。他在崇德二年（1637）朝贡一次，第二年十月又朝贡一次，不久就发动叛变，从此断绝了同清朝的关系。

博穆博果尔很有领袖气质，很有号召力。因而受到当地各族人民的拥护，黑龙江上游南北两岸各村落屯堡都归附于他，接受他的统治。因此，博穆博果尔不只是索伦人的首领，而且也是这一地区各族人民的共同领袖。他们实行了部落联盟，并公推博穆博果尔为总首领。这个部落联盟实力强大，一次可以动员六千名各族联军同清军作战。博穆博果尔感到自己的力量很强，不愿臣服清朝。他只对清朝朝贡两次，这就清楚地表明他是何等的傲慢。这与索伦部的达呼尔首领巴尔达奇频繁朝贡，形成了鲜明的对比。对此，清太宗"虑其势盛不可制"，决定先发制人。

清太宗皇太极派遣萨穆什喀、索海等诸将率军北伐。这时，只有额驸巴尔达奇和他所在的多科屯仍然忠实于清朝，没有参与叛变，"坚壁待王师"。他带领本屯人于崇德五年（1640）三月十八日与清军会合，参加了平息博穆博果尔叛乱的战斗。但是，其他的部落都跟随博穆博果尔，参加了叛乱。形势对清朝十分不利。

博穆博果尔和他的兵力主要集结于雅克萨、铎陈、乌库尔、阿萨津、多金诸城堡连成一线的地带。清军从呼玛尔河分兵，疾驰四十日，抵达这些城堡，他们抗拒不降。清军首战雅克萨，力战攻克。接着，清军攻击其临近的乌库尔城。猛攻一天，占领该城。然后，清军转攻铎陈城，奋战一天未克。第二天，正要发动攻击，博穆博果尔率上游地区各村堡有各民族参加的六千人大军前来增援，兵锋甚锐。清军在阿里阐至铎陈之间设下伏兵。博穆博果尔中了埋伏，被清军击败，除了死伤，有四百人被俘。这一战役后，博穆博果尔又组织铎陈与阿萨津两处的兵力四百人横击清军。清军虽然阵前折将，但终因兵力强大，而连下果博尔等七城。这七城归入额驸巴尔达奇的管辖之下，清军第二次进兵黑龙江取得了胜利，但狡猾的博穆博果尔率余众逃跑了。

崇德五年（1640）四月，萨穆什喀、索海率大军凯旋，清太宗命礼部承政满达尔汉迎至十八里台，设宴慰劳，又命其侄儿贝勒杜度和七兄贝勒阿巴泰迎到平鲁台，设宴款待。清太宗本人也率诸贝勒大臣来到城西实胜寺北迎接。这次战役俘获壮丁二千七百零九人、妇女小孩二千九百六十四人，总共为五千六百七十三人。太宗把他们都编入八旗各牛录，赏给每人衣服布匹，还让青壮年男丁比赛射箭，选拔优胜者为牛录章京等官。不久，又有索伦部三百三十七户共壮丁四百八十一人前来投顺。清太宗命理藩院官员率八旗护军将士，携带大批蟒缎、素缎、布匹前去迎接，指示将他们安置在郭尔罗斯乌库玛勒等地耕种，任其选择方便之处居住。

但是，这场战役由于没有捉到博穆博果尔，使皇太极颇感不快。如果任博穆博果尔在外逍遥，终究是一大祸患。为此，皇太极就秘密地独自导演了一场捉拿博穆博果尔的轻喜剧。七月，清太宗命经过实地校射，从蒙古兵中挑选身体强健、头脑灵活、箭法精明的蒙古骑兵二百四十名，另选八旗护军四十名，组成一支精锐的轻骑敢死队。配备了精良的战马、优秀的骆驼、灵动的器械和充足的行粮，另派益尔公固、图哈纳、绰隆三人担任向导，以梅勒章京席特库、济席哈为主将，率领他们出征。清太宗秘密地向他俩面授机宜，他俩即率领这支敢死小部队消失在不知去向的远方。

同时，清太宗公开扬言将发大军牧马黑龙江畔，一定要擒获博穆博果尔。众贝勒大臣都不解其意，他也不说明。十二月中旬，席特库派人从遥远的黑龙江送来捷报。博穆博果尔和他的家属，还有他的弟弟一家都束手就擒，俘获其部众九百五十六人、牛马八百四十头。诸贝勒大臣听到这个消息都颇感惊异。太宗这才说破他的计谋。原来清太宗定计驱使博穆博果尔向北逃，以便擒获。所以，表面扬言清军将到黑龙江畔牧马，一定要捉到博穆博果尔，而暗中派席特库等率蒙古兵敢死队从蒙古北边追击。博穆博果尔果然中计北逃，终于被席特库追获。这就是清太宗导演的捉拿博穆博果尔的轻喜剧。

崇德六年（1641）正月十六日，席特库、济席哈率部队并押解博穆博果尔等凯旋沈阳。第二天，太宗举行召见仪式，分别给席特库以下各立功人员晋级、赏赐，宴会。到五月间，索伦部蒙塞尔尾代的儿子巴尔达奇率所属二百零四人来归，又有该部一万七千四百七十一人投顺。

整个索伦部即黑龙江上游地区，重新回到了清太宗的掌握之中。

第三次进兵松花江。松花江紧邻黑龙江。这次出兵松花江，也应视为进兵黑龙江流域之举。崇德七年（1642）九月，任命沙尔虎达为将，率兵征讨松花江呼尔哈部。该部居于呼儿哈河（牡丹江）和松花江两岸，有三大"喀喇"，即三大氏族：一是诺雷，天聪五年（1631）向后金朝贡；二是克宜克勒，于崇德二年（1637）朝贡；三是桔什哈里，于崇德三年（1638）朝贡。这三大氏族向清朝朝贡，说明他们已经归顺清朝。清太宗这次出兵的目的是为了扩大兵源而采取武装逼迁行动。

这次沙尔虎达率军进入松花江两岸，"招降"男妇幼小一千四百余人。

第四次进兵黑龙江。继这次出兵松花江之后，崇德八年（1643）二月，清太宗命护军统领阿尔津、哈宁噶等率将士往征黑龙江呼尔哈部落。这次征讨的地方，上一次已经用兵，但还有少数部落没有归降清朝，个别的部落则时顺时叛。清太宗不得不派兵远征。此次远征的人数史书没有明确记载，但凯旋时，从皇帝大赏从征将士得知，计兵士二千七百十一人，将领自阿尔津以下计五十五员，总计二千七百六十六人。阿尔津、哈宁噶率军越过黑龙江北岸，攻克波和哩、诺尔噶尔、都里三屯，招降小噶尔达苏、大噶尔达苏、绰库禅、能吉尔四屯。这里是索伦部聚居的地方，因"呼尔哈"与各地部族称呼混同，所以当时索伦部就被包括在"黑龙江呼尔哈"名称之内。阿尔津等二月出征，到五月二十五日就取得了胜利。

七月初，护军统领阿尔津、哈宁噶等率军回到盛京。俘获和归服的男女幼儿共二千五百六十八人，马牛驴四百五十余头，各种珍贵毛皮二千余张。清太宗谕旨，凡归附男人按丁披甲，编补各旗缺额。

一个月后，清太宗突然去世，这次远征呼尔哈，也就成为了他生前统

皇
太
极

一黑龙江的最后一次军事行动。

努尔哈赤从女真建国前就开始着手统一东海诸部及黑龙江下游直至乌苏里江流域，到皇太极在位十七年，多次招抚与用兵黑龙江流域，把原属明朝的奴儿干都司的地域，全部置于清朝的管辖之下。这是努尔哈赤、皇太极父子两代人，几十年努力奋斗的历史结晶。

对此，皇太极颇引以为豪。崇德七年（1642），皇太极感慨万千地回忆道："予缵承皇考太祖皇帝之业，嗣位以来，蒙天眷佑，自东北海滨（鄂霍次克海），迄西北海滨（贝加尔湖），其间使犬、使鹿之邦，及产黑狐、黑貂之地，不事耕种、渔猎为生之俗厄鲁特部落，以至斡难河源，远迩诸国，在在臣服。"①

这是他执政十七年来的一个自我总结，同时，也清楚地反映了东北的广阔疆域，已经完全纳入了清朝的版图。在四进黑龙江的过程中，皇太极时刻关注着征讨明朝的战略目标。

---

① 《清太宗实录》，第61卷，第2页。

第十一章　明朝面危局　清帝伐枝条

一、发大兵消耗明朝

皇太极先前两次征讨明朝。第一次为天聪三年（1629），第二次为天聪八年（1634）。此后，皇太极又发动了第三次、第四次征讨明朝的战争。第三次扫京畿，第四次荡冀鲁。

豫亲王多铎府透雕影壁

对明朝这样一个大国，皇太极深知不能一口吃掉它。皇太极接受了努尔哈赤的理论，即对明朝要"留干伐枝"，逐步进逼。皇太极知道，征服明朝必须采取"避实击虚、留干伐枝"的战略思想，消耗明朝的有生力量，掠获明朝的人口财富，逐步逼近消灭明朝的大目标。第三次扫京畿、第四次荡冀鲁，就是这个战略思想的具体实践。

第三次扫京畿之战。

崇德元年（1636）五月二十七日，太宗在翔凤楼召见出征统帅和将领。他们是：多罗武英郡王阿济格、多罗饶余贝勒阿巴泰、超品公额驸扬古利、固山额真宗室拜音图、谭泰、叶克书、阿山、图尔格、宗室篇古、额驸达尔哈。未参加出征的和硕睿亲王多尔衮、和硕豫亲王多铎、和硕肃亲王豪格、和硕成亲王岳托及汉军固山额真石廷柱等，一同召见。

亲王将领、贝勒大臣分列左右，听取太宗面授出兵方略。皇太极谆谆告诫："尔出征王贝勒大臣，凡师行所至，宜公同计议而行，切勿妄动。尔诸臣遇残破城池及我兵前所攻克良乡（今北京市良乡镇）、固安（北京南固安）等城，如欲进攻，度可取则取，不可取则勿取。各以所见，明确言之。倘不明言，恐日后追怨，辄私相议曰：'我曾如此言之，但言而不听耳！'夫初未明言，及事后而谓曾有是说，其谁信之？今若各抒所见，明确言之，而众人犹有争论不决之处，宜听武英郡王（阿济格）剖断，毋得违背。朕观凡人进兵时，多始慎终怠。所以有疏虞之患，能于此处念之不忘，庶乎其可矣。又我国新附之人甚多，先征大同、宣府时，每牛录分取男妇及牛，诸将互相争竞，以致所获不均。此行若多所俘获，每牛录派取男妇六人，牛二头。其附满洲牛录下蒙古贝勒之人及内外新编入牛录内者，亦照此派取。"[①]

这里皇太极主要强调了三点：一是"避实击虚"，强调"如欲进攻，度可取则取，不可取则勿取"；二是"各抒所见"，强调开诚布公，表明观点；三是有始有终，强调"不要始慎终怠"，要善始善终。同时，对具体问题也作了明确指示。

五月三十日，清太宗皇太极亲自为出征将士送行。皇太极出抚近门，先到堂子行礼。堂子外排列护军八纛，仪仗队吹海螺角和蒙古大号，太宗

① 《清太宗实录》，第29卷，第11页。

从堂子里出来，向天行三跪九叩首礼。然后，皇太极亲自送行至演武场，再次谆谆嘱咐出征将士，目送大军出征。

一个月后，清太宗估计阿济格率军已抵长城脚下，决定另派一支大军进攻山海关。他对诸王贝勒说："多罗武英郡王统兵往征明朝，今将出边，宜别遣大军往山海关进发。明朝知我兵至，恐山海关有失，必来救援，武英郡王庶得乘隙从容出边。"皇太极采取的是声东击西的战术。任命和硕睿亲王多尔衮、和硕豫亲王多铎、多罗贝勒岳托、豪格，以及固山贝子、诸大臣，率大军往征明朝。兵分两翼，于八月十二、十三日先后起行。皇太极明确指示，多尔衮率领右翼兵，由中后所入，逼近山海关；多铎率领左翼兵，由锦州入，逼近山海关。

阿济格率领八旗十万将士，兵锋指向明朝的京畿地区。七月十九日，他在给太宗一份战况奏疏中说，大军于六月二十七日分作三路入边，两黄旗自巴颜德木入，两白旗、正蓝旗自坤都入，两红旗、镶蓝旗自大巴颜入。入边的第八天，会合于京畿延庆州（今北京市延庆县），先攻取近处的长安岭堡、雕鹗堡两个城堡。败明军七次，俘获人畜一万五千二百三十。

清军经延庆入居庸关，取昌平，直逼京师。七月初七日，清军进抵昌平城下。城内的降人做内应，昌平城立时陷落。明总兵巢丕昌投降，他是这次战役中归附清朝的唯一的明朝高级将领。接着，清军自西山南趋良乡（北京房山县），两天后，移兵沙河、清河镇，昌平的降兵也一同抵北京西直门。

崇祯皇帝十分惊慌，"命文武大臣分守都门"。崇祯帝和他的大臣采取固守城池、伺机出击的作战方针。京师和战事波及的地方，基本上按兵不动，即便得到出击的机会，也多不敢一战。

此次战役，阿济格遵照清太宗皇太极制定的"避实击虚、留干伐枝"作战方针，暂时保留明朝京师这棵主干，而着力砍削其周边的枝杈。阿济格指挥大军，围绕京师，灵动自由，随机应变，展开了对明朝的消耗战。城池易攻则攻，难攻则弃。不胶着一地，不留恋一城。

基于此，清军迅速离开沙河和清河。于七月十五日，攻克宝坻，杀知县赵国鼎。二十一日，占定兴、克房山、略涿州、攻固安、入文安、略永清，扫荡了北京的西南；又分兵攻郭县（北京通县）、逐安、雄县、安州、定州。又转攻香河，直插北京东北的顺义，至怀柔，陷西和，兵锋又南指河西务。到八月十九日，清兵分屯密云、平谷。在一个多月的时间里，清军紧紧围绕京师，"遍蹂畿内"，凡城池堡镇无不攻击、抢掠。阿济格向太宗报告："我师所向，明人振詟，莫敢逆拒。遂直入长城，过保定府，至安州，克十二城，凡五十六战皆捷，生擒总兵巢丕昌等，俘获人口牲畜十八万。"

九月二十八日，清太宗在盛京隆重欢迎凯旋将士。清太宗出地载门十里迎接，率领凯旋的王贝勒大臣，列八纛，跪拜上天。然后，清太宗御黄幄，接受了阿济格捧献的奏捷表文。清太宗命大学士刚林宣谕，慰问出征将士。清太宗对阿济格施行了亲切的抱见礼，看到阿济格"体貌癯瘦，恻然泪下"。阵获总兵巢丕昌行跪拜礼。后设大宴，款待凯旋将士。

这次扫荡京畿，达到了预期的目的。

第四次荡冀鲁之战。

崇德三年（1638）八月二十三日，清太宗发布征明的命令。命睿亲王多尔衮为奉命大将军，统左翼军，以贝勒豪格、饶余贝勒阿巴泰副之；命贝勒岳托为扬威大将军，统右翼军，以安平贝勒杜度副之。分两路征明。他召集出征诸贝勒大臣等，"宣示军律"。据《皇朝开国方略》记载，清太宗严肃地说："尔等临阵，若七旗败走，一旗拒战者，七旗所属人员俱给拒战之一旗；一旗败走，而七旗拒战者，以败走一旗所属人员分给七旗；如一旗内，拒战者半，败走者半，即以败走者所属人员给本旗拒战者。屯驻他所者，免罪。若七旗未及整伍，而一旗拒战得功者，按其功次大小，俘获多寡，赏之。野战时，本旗大臣率兵下马立；王贝勒等率护军乘马立于后，当进止以时。如有越队轻敌，妄自冲突者，夺所乘马及俘获人口。两军相对，必整齐队伍，各按汛地从容前进。若擅离本队，随别队而行；擅离本汛，由他汛而入；及众军已进，而独却立观望者，或处死、或籍没、或鞭责、或黜革、或罚银，分别治罪。如敌人不战而遁，我军追之，当用骁骑，合力驰击。护军将领止宜领纛整伍分队，以蹑其后，毋得前进。倘追兵遇伏，或另有敌兵旁出，护军将领乃亲击之。凡大军起营时，务须整肃戎行。若有离队往来寻索遗物及酗酒者，俱贯耳；喧哗者，责惩。下营时，凡采薪汲水，务集众同行，失律者斩。军装器械，俱书姓名。马匹系牌印烙。隐匿他人之箭者，罚之；盗鞍辔者，罪之。马上行装

245

应整理者，本旗人俱立，以待之整饬乃行。入敌境，若有一二人私掠被杀者妻子，入官，仍治本管章京之罪。其以妄取粮草被杀者，罪与私掠同。大军所至，勿毁寺庙，勿杀平人。抗者戮之，顺者养之。俘获之人，勿褫其衣服，勿离其夫妇。有不遵者，依律治罪。"①

清太宗青年时便率兵出征，熟惯军旅。因此，大军出征前，他的训示就具体而微，细致周到。这番"宣示军律"，对旗伍军律、行军军律、追击军律、装备军律、行为军律、俘虏军律等，都要求明确，军纪严格。尤其是行为军律，严厉要求士卒，"勿毁寺庙，勿杀平人。抗者戮之，顺者养之。俘获之人，勿褫其衣服，勿离其夫妇。有不遵者，依律治罪"。总之，优者奖，违者罚，罪者斩。清太宗的军律意识，为他对明朝的军事战争的胜利奠定了必要的基础。

清太宗说完上述话后，意犹未尽，接着又语重心长地讲道："征伐非朕所乐闻也。朕常欲和，而明不从，是以兴师耳。其不抗拒我兵者，慎勿杀之；不便携归者，勿加扰害。前武英郡王（阿济格）于丙子岁（崇德元年，1636），克明昌平州（今河北昌平县）时，所领官兵如渔人入水捕鱼，擒之以手，挟之以胁，又复衔之以口。其时以贪取获罪者甚多。朕岂欲尔等犯法乐于加罪耶？惩其既往，正欲警其将来耳。常阅古史云，夏禹道遇罪人而泣。侍臣曰：此犯法有罪之人，王何为而泣也？禹曰：尧舜时，政教德泽宣布于民，故人无犯法。今我之泣，非为囚也。我之政教德泽不如尧舜，致有罪人，故泣耳！朕见尔等有罪，亦甚为恻然。尔等宜互相勉励，恪遵军令以行，勿或怠玩从事。今蒙古、汉人、朝鲜诸国，俱已归附，军容壮盛。尔等勿徒自逞勇力，以威慑人。盖尔等为众所观瞻，若能自处以礼，济之以和，则归附各国见我国，强而有德，勇而有礼，益加悦服矣。凡为主帅者，临阵时，当念国家付托之重，使徒为一己立功，而不念兵之死伤、军之败衄及国之声名有损，非主帅也。至军中议事，遇有意见乖谬者，即宜面为劝谕，毋得缄默不言，亦不得于当时故出微词，而事后托词自解。果明言于众，而众不从，始可于还时，申理其说也。"②

首先，这段话强调了兴师讨伐明朝的理由。说明道理在此，而不在

① 《皇清开国方略》，第 26 卷，第 2 页。
② 《清太宗实录》，第 61 卷，第 2 页。

盛京抚近门内侧匾额　　　　盛京抚近门外侧满文匾额

彼。其次，强调不能随意杀戮降顺的明朝官兵。说明掠获的人口财物，要适可而止，不要"贪取"。再次，强调"勿徒自逞勇力，以威慑人"，而要"强而有德，勇而有礼"。对自己的将士进行思想道德教育，以适应战争发展的需要。复次，对主帅提出希望，"当念国家付托之重"。最后，提倡当面提出意见。清太宗根据自己的经验教训，对出征将士提出了恰如其分的要求。实践证明，这些要求是适时而必要的。

过了四天，八月二十七日，扬威大将军贝勒岳托，率右翼军起行。清太宗亲自送出抚近门，谒堂子，拜纛，行礼。至演武场，清太宗赐岳托扬威大将军印，岳托率众行礼毕。清太宗复召至御前，亲授方略，赐茶。然后，步送里许。岳托得到了最高规格的欢送。

九月初四日，奉命大将军睿亲王多尔衮，率左翼军起行。清太宗也像欢送岳托一样欢送了他们。

两翼军出征之后，清太宗也与其配合行动。九月十三日，清太宗即向诸王大臣宣谕："明人闻我二路进兵，则山海关以东、宁远、锦州兵，必往西援。朕将率郑亲王济尔哈朗及贝子大臣等，亲率大军前往山海关一带，牵制其援兵。"这是说，此时清太宗已经决定出兵山海关，以牵制明军的军事行动。

此后，清太宗命令清军分三路，陆续开拔，向山海关一带进军。第一路，是三顺王大军先行。命恭顺王孔有德、德顺王耿仲明、智顺王尚可喜各携红衣大炮等起行；第二路，命汉军大臣石廷柱、马光远运炮位火器起行；第三路，于十月初十日，清太宗率济尔哈朗、豫亲王多铎等统大军向山海关进发。

大军一路战斗，于十月二十六日，绕过锦州，到达锦州南部。十一月初三日，大军向山海关挺进。十一月初四日，抵达连山堡（今锦西）。十一月初九日，清太宗统兵至中后所（今绥中）。明朝守将祖大寿收兵进入城内，不与出战。清太宗看到祖大寿龟缩城内，即派人送去一封书信，内称："自大凌河（今锦县）别后，今已数载。朕不惮辛苦而来，甚思将军出城一见。至于去留，终不相强。若曩则释之，今乃诱而致之，何以示信于天下乎？将军与我角胜，为将之道应尔。朕决不以此介意。将军亦勿以此自疑也。"①

这封信说的是七年前的事。七年前的天聪五年（1631）十一月初一日，坚守大凌河城的明朝总兵祖大寿，从该城逃往锦州。这本来是皇太极与祖大寿共同设计的圈套，目的是让祖大寿骗过明朝，混进锦州，以便为皇太极进攻锦州做内应。不料，祖大寿一去不返。到崇德三年（1638）十一月，已经七年了。皇太极的这封信，旧事重提，但没有勉强。皇太极从长远的战略角度考虑，耐心地等待着祖大寿的真正归顺。

清太宗没有恋战，十一月十二日，自中后所城班师。于二十八日，回到沈阳。

清太宗在将近两个月的时间里，在邻近山海关外的区域，同明军进行了多次小规模的战斗。这些战斗，目的是牵制山海关外的明军，使他们不能西顾关内。为两翼军扫荡冀鲁，创造有利的条件。这个目的是达到了。

岳托的右翼军一路进展迅速。扬威大将军贝勒岳托，率右翼军于九月二十二日，从明朝密云县东北的长城关口墙子岭口，拆毁边墙突入长城。此时，明朝总督吴阿衡率兵六千来援，见八旗兵已经进入边墙，即率数百人退入墙子岭口城堡。在城堡外，分步兵骑兵为三队，负岭立寨，同八旗兵对抗。

在城堡外，明军同右翼军起初打了三仗。第一仗，明朝一副将率兵二千，迎战谭泰部队，明兵战败；第二仗，明朝一守备率兵一千余，迎战贝勒杜度，杜度督率汉军击败了明军；第三仗，蒙古八旗兵喀喇沁部击败明兵一队。又追击溃兵，俘获一个哨卒，讯问得知，"墙子岭坚不易拔"。但是，又得知"惟岭东西两旁高处，可以越入"。这是一个极为重要的情报。

① 《皇清开国方略》，第26卷，第7页。

此三仗打击了墙子岭口外明军的有生力量，为进攻墙子岭准备了条件。同时，也得到了有效地攻破墙子岭城堡的重要情报。于是，杜度决定智取墙子岭，下令兵分四路：第一路由护军将领图赖率领，从岭之右侧，徒步跨越高峰。图赖迅速攻占了十一个敌台；第二路令阿岱、恩格图等率兵在距离岭五里自高山入；第三路命谭泰、都类两旗护军骑兵在距离阿岱等十五里处，于高峰无边墙处，同时攻入；第四路命巴特玛率本旗兵，会同蒙古八旗兵、汉军八旗兵，都从该边城东小门平坦处，举火炮，竖云梯，强行进攻。这一仗，明总督吴阿衡战败身死。清军攻入了墙子岭城堡。

多尔衮的左翼军亦战绩不俗。奉命大将军睿亲王多尔衮，率左翼军于九月二十八日，自东家口东二十里，青山关西二里许，徒步登上山冈，由边墙残破处，率兵进入边墙。青山关岭峻墙坚，易守难攻。此时，清军向当地人打探。当地人说，关内本来有明兵二百防守。听说清军在攻打墙子岭，已于二十五日去往增援，现在关内空虚。左翼军"乘其无备，毁墙而入"，占领了青山关。接着，又攻占了东家口、青山营。

右翼军和左翼军在进入长城之后，基本上没有遇到明军像样的抵抗。

崇祯帝面遇强敌，束手无策。十月，京师戒严，急调各路人马入援。崇祯帝召见大臣，询问应敌方略。大臣意见分歧，迟迟不能统一起来。面对铺天盖地的清军，崇祯帝只有龟缩在北京城内，祈求上天的保佑。崇祯帝的方针是，只管北京城的安全，其他各城只好听天由命了。

两翼军在通州河西会师，然后兵锋指向北方。由燕京北边绕过燕京西部，直插涿州。在涿州，两翼军为了在最短的时间内，取得最大的战果，便分兵八路，各自行动。一路向西，沿太行山行动；一路向东，沿运河行动；另外六路，在太行山与运河之间，长驱并进，机动扫荡。

睿亲王多尔衮的左翼军向"燕京迤西，千里之内，六府俱已蹂躏，至山西界而还"。又掉转马头，到达临清，乘船渡过运粮河，攻破山东济南府至天津卫之间的城堡。共攻克城堡四十余座，投降城堡六座，败敌十七阵，俘获人口二十五万七千八百八十人。

贝勒岳托的右翼军，从燕京西至山西界，南至山东济南府，共克城堡九座，投降城堡两座，败敌十六阵，杀明总督两名，及守备以上军官一百余名，生擒亲王一名，郡王一名，奉国将军一名。俘获人口二十万零四千四百二十三人，金四千余两，银九十七万七千四百两。

左翼军在取得胜利后，迅速东归。崇德四年（1639）二月，睿亲王多尔衮率左翼军到天津卫，渡过运河东归。三月，从迁安县凯旋，出青山关。于三月初七日全军越过边墙，回到辽东。

右翼军出明朝边墙青山口，遇到明军的阻击。经过激战，亦于三月十一日，全军越过边墙，安返辽东。

清太宗皇太极命睿亲王多尔衮、贝勒岳托率两翼军，第四次入关征讨明朝，对明朝是一个空前沉重的打击。清太宗天聪三年（1629），第一次率军进关，仅限于北京城及城北部分地区；天聪八年（1634），第二次入关，只到了宣府、大同地区；崇德元年（1636）五月，第三次入关，于京畿一带盘旋。唯有此次，是以广阔的中原地带为进兵目标，围绕北京，扫荡冀鲁，兵锋所向，横行无阻。"旌旗所指，无不如意。"入关达半年，"转掠二千里"。从而，极大地消耗了明朝的有生力量，极强地摧残了明朝的精神屏障。清军营造了一个战无不胜的神话。此时在精神上，明朝事实上已经缴械投降了。

但是，拿下山海关外的辽西四城，是皇太极的当务之急。

二、破松锦明朝危殆

清太宗在避开榆关、用兵关内方面，取得了很大的胜利。但是，在榆关之外的辽西走廊上，他却止步不前，毫无进展。清太宗在天聪元年（1627），曾经试探性地攻打过锦州，但却无功而返。虽然，清太宗在天聪五年（1631），攻破了大凌河城，但也止步于此。在辽西走廊上，清太宗后来没有明显的战绩。

这都是因为遇到了辽西四城的阻隔。辽西四城锦州、松山、杏山、塔山，是山海关外的四个重镇。从努尔哈赤时代开始，直到皇太极时代，长期以来，清军对这四座城池，都是束手无策。其原因大体有：

其一，四城形成了一个战术整体。以前沿锦州为核心，其正南方十八里是松山城，松山城西南十八里是杏山城，杏山城西南二十里是塔山城。这三座卫星城，紧紧地护卫着锦州城。它们形成了一个铜墙铁壁般的整体，互相支持、互相救助。

清太宗皇太极像

其二，四城实行坚壁固垒的战术。明军构筑坚固的城墙，墙外挖掘宽深的壕沟，城内囤积大量的粮食，军民全部进入战时体制。

其三，四城城墙上置放红衣大炮。这些威力很大的红衣大炮及其他火器，随时准备迎击来犯的清军。

基于以上原因，清军在很长的时间内，没有取得对四城的胜利。四城成为横亘在清军面前的一个难以逾越的屏障。史学家魏源分析道："以大军屡入塞，不得明尺寸之地，皆由山海关阻隔；而欲取关，非先取关外四城不可。"可谓中肯之言。

如何打破关外四城坚固的防御体系，清朝经过认真廷议，清太宗决定采取几个策略。

第一策，屯兵义州。义州（今辽宁义县）位于广宁（今辽宁北镇市）和锦州之间，离锦州比广宁更近。攻破四城，尤其是锦州，显然不能是一个简单的速决战，而是一个艰难的持久战。为此，必须作长远打算。清太宗于崇德五年（1640）三月十八日，命郑亲王济尔哈朗为右翼主帅，贝勒多铎为左翼主帅，率领官兵前往义州，修筑城堡，驻军屯田。并命山海关外，明军涉及的广宁、锦州等地方，"不得耕种"。很快，清军修城筑室完备，义州东西四十里之田地，"皆已开垦"。五月十五日，清太宗亲至义州，"阅视修筑城垣，建造房屋"。可见，清太宗对义州战略地位的重视。从而，义州成为攻打四城的最近的战略补给后方。

第二策，围困锦州。对前沿的锦州是攻打，还是围困，清太宗举棋不定。都察院参政、梅勒章京张存仁奏言："臣观今日情势，围困锦州之计，实出万全。但略地易以得利，而围城难以见功。必须旷日持久，将士不无苦难懈怠之心。愿皇上鼓励三军之气，坚持围困之策。截彼侦探，禁我逃亡，远不过一岁，近不过数月，自有可乘机会。虽云事成在天，而定谋未始不由于人。兵法曰：全城为上。盖贵得人得地，不贵得空城之意也……伏愿皇上以屯种为本，时率精锐，直抵锦城。布令于蒙古，以为间谍之计，再多擒土人兵卒，广布招抚敕谕，探祖帅（祖大寿）心事以招之，体文士性情以安之。言之透彻，彼必心动。未有不相率来归者。此攻心之策，得人得地之术也。"

张存仁认为"围困锦州之计，实出万全"，建议"坚持围困之策"，实行围困。这个建议得到了清太宗的首肯。

清太宗采取了一些有效措施，使围困锦州长期化。

其一，将城东、城北、城西的庄稼全部抢割完毕。命汉军携红衣大炮，扫荡锦州周围的明军台哨，彻底孤立城里的明军；其二，驻军于进城地方，一则切断明军的一切出入，一则便于接受投诚之人，一则乘便抢收庄稼。实行轮班更戍，以三个月为一期，避免将士疲劳，防止滋生懈怠之心；其三，采取夜伏、偷袭等战术，杀伤明军出城运粮、联络人员，断其后路；其四，崇德六年（1641）三月，清太宗采取进一步的措施，在锦州城四面各设八营，绕营挖一圈深壕，壕边修筑垛口。在两旗之间，再挖长壕。近城一侧设置逻卒哨探。

如此，锦州已经处于清军严密包围之中。

第三策，诱降蒙兵。锦州城的外城驻扎蒙古军队。他们登城外望，只见围城的清军队伍严整，包围严密。城上蒙古守军向城外的清军逻卒喊话道："我们城中积粟可支二三年，纵围困，岂可得耶？"逻卒自信地答道："无论二三年，纵有四年之粮，至五年后，复何所食？"这表明清军围困锦州的坚强决心。城内蒙古守军闻听此言，"知我军围城志在必得，皆惊恐"。于是，军心动摇，寻求出路。城中的蒙古贝勒诺木齐等十几人，"遂谋来降"。有一人听说了这件事，欲报告守城主帅祖大寿，被台吉武巴什等"幽杀之"，秘密杀掉了。于是，他们派遣两人，携带降书，缒城而下，"潜入我营"。其书曰："我等知王贝勒等至，早有归顺之心。今贝勒诺木齐、台吉武巴什等约誓，已定倡率众蒙古请降。至崇德六年（1641）三月二十七日黎明时，可遣兵四面来攻。诺木齐守东门，武巴什守南门。若不信我等，有上天在，圣主在，我等愿为编氓，纳职贡。若蒙鉴纳，幸赐回书。可举信炮三声为验。"

皇太极

252

　　郑亲王济尔哈朗对降书十分重视。他认真阅过，又仔细地询问了持书人，并与诸贝勒王大臣等慎重商议，最后得出结论，三月二十七日必须出兵。于是，"举信炮为验"。同时，派遣启心郎额尔克图持这封降书，驰奏清太宗，报告事件的原委。

　　但是，锦州守将祖大寿耳目聪敏，探知了这一将要爆发的重大事变。祖大寿不动声色，秘密部署，"遂整兵以待"。祖大寿决定提前行动，于二十四日傍晚，他率兵偷偷潜至外城门，并派一副将、一游击，设谋用计欲擒拿蒙古叛变贝勒。然而，警惕的武巴什等人，十分警觉，察知了来人并不是清军。于是，双方发生了激战。激烈的厮杀声远播城外，清军闻之，济尔哈朗、阿济格、多铎等率兵相继驰至城下策应。

　　关内蒙古士卒将绳索缒下城来，清军"陆续援绳而上"。登上城墙的勇士，在城楼上吹起进攻的号角，内外夹攻明军。明军败入城内。清军乘胜突入关内，占领了锦州外城。蒙古贝勒诺木齐等率领其官属兵丁等，尽数以降。都司、守备、把总等官八十六人，男妇孩童等共六千三百十一人。

　　清太宗对诺木齐等蒙古部队归顺，十分振奋。于三月二十九日，在京都盛京举行了盛大的欢迎仪式，热烈欢迎诺木齐等来归。亲迎，行礼，校射，大宴，赏赐，授官，编户。七月二十五日，又赏赐给诺木齐、武巴什部下等大量庄田、奴仆、财物、武器等。

　　清太宗的优降政策得到了贝勒大臣的贯彻落实。

　　第四策，截击援兵。锦州被严密包围，明朝十分担忧，急派援军解救。但是，清军防备甚严，多次击败明朝援兵。

　　第一次援兵。崇德五年（1640）六月十一日，明朝总督洪承畴率四总兵及马步兵四万，奔赴杏山城。在城外近壕处下营。睿亲王多尔衮率护军全军并骑兵一半，前往杏山征讨。双方激战，阻洪承畴兵于杏山城下，不能前进。

　　第二次援兵。崇德六年（1641）四月初四日，明军援兵自杏山出击，往松山靠拢。济尔哈朗等率右翼兵，阿济格等率左翼兵，两军配合，击败了明朝援兵，共俘获四千三百七十人。

　　第三次援兵。同年四月初五日，郑亲王济尔哈朗在恭顺王孔有德、智顺王尚可喜的配合下，一举击败了洪承畴的六万援兵，斩杀二千余级。洪

253

承畴的援兵自杏山赴锦州，中途驻扎在松山北冈，被阻于此。

第四次援兵。同年六月十七日，明军从松山出援锦州，被清军击败。

明朝的前几次援兵显然受阻，没有抵达锦州。崇祯帝下令，从全国征调大军前来解锦州之围。

第五次援兵。崇祯帝命蓟辽总督洪承畴统率大军赴锦州解围。洪承畴，福建南安人。明万历四十四年（1616）进士。崇祯四年（1631），升任延绥巡抚、陕西三边总督。洪承畴在对明朝末年农民起义军的战斗中，屡获佳绩，得到崇祯帝的信任。崇祯帝为其加太子太保、兵部尚书，兼督河南、山西、陕西、四川、湖广军务。洪承畴打败了李自成义军，创造了战场神话。崇祯帝将宝压在洪承畴身上，急盼他能解锦州之围。

皇太极讨伐明朝，逼近明都，崇祯帝想起了洪承畴。于是，急调洪承畴入卫京都。崇祯十二年（崇德四年，1639），授其蓟辽总督。这是在明朝危难之时，崇祯帝的一次重要任命。

洪承畴像

对于辽东战事，洪承畴有他个人的见解："自今设连营节制之法，凡遇警、守城及出战，惟总兵官号令是听，庶心齐军肃矣。"他要求得到前线专一的指挥权。崇祯帝给予了他这个权力。崇祯十三年（1640），总兵祖大寿以锦州围困告急，洪承畴出关驻宁远，疏请调兵请援。

松山城战略位置极端重要。松山处于锦州与杏山之间，为"宁锦咽喉"，是兵家必争之地。自然，松山成为双方争夺的焦点。

崇祯十四年（崇德六年，1641），崇祯帝命领兵总督洪承畴、巡抚邱民仰，并调八大将，十三万兵，四万匹马，集中赴锦。这八大将是：山西总兵李辅明、大同总兵王朴、密云总兵唐通、玉田总兵曹变蛟、蓟州总兵白广恩、前屯卫总兵王廷臣、山海总兵马科、宁远总兵吴三桂。尚有副将、游击二百余员。明朝大军，貌似强大，实乃乌合。八路军马，各怀私心，不能统一。

明军玉田总兵曹变蛟于松山城北乳峰山冈结营。其余诸军于乳峰山与松山城之间掘壕，立七营。其骑兵在松山东、西、北三面结营。十三万大军，将松山护卫得如铁桶一般。

清太宗得到了前方多尔衮的奏报，知道明朝十三万大军集结在松山，欲解锦州之围。清太宗预感到，一场空前规模的大战即将展开，他必须亲自出马了。于是，八月十一日，在得到前方要求增兵的奏报后，清太宗马上檄调各路军马"星夜进京"。命郑亲王济尔哈朗留守盛京。十四日辰刻，清太宗亲统大军出抚近门，谒堂子，行礼后，起行。十五日，渡辽河。

清太宗健康不佳，身患鼻衄，鼻血不止。前方战事甚紧，清太宗带病急行军。因驰逐太骤，鼻血更急，三日方止。诸王大臣奏请缓行，清太宗说："行军制胜，利在神速。朕恐敌人闻朕亲至，将潜遁耳！如不逃，破之，如纵犬逐兽，易于拾取。朕此时如有翼可飞，即当飞去，何可徐行。"于是，昼夜不舍，疾驰如飞。从盛京抵松山，只用了六天时间。是夜，驻跸松山之戚家堡。

当晚即下令，命睿郡王（因错降为郡王）多尔衮先陈师于松山。并继在松山与杏山之间，从乌忻河南山至大海，横截大路，绵亘驻营。自此，将松山严密包围。明军见清太宗率大军环松山而营，"大惧"。因为他们的军粮只够三天食用。眼看粮食断绝，他们一时神迷智乱，"文武各官，欲战则力不能支，欲守则粮已不继，遂合谋欲遁"。

八月二十日黎明，明朝八总兵率兵进犯清军前锋部队，清军追击，明军逃跑。清太宗命追至塔山而还。清军掠获笔架山囤积的粮食，派兵守护。并在松山与杏山之间，挖壕隔断。此时，明军预感不妙，将步兵七营撤到松山城近处扎营，便于及时退到城内。

八月二十一日，清太宗张黄盖，率数人从容往来指挥。明军见清朝皇帝亲自布阵，皆失魂落魄，披靡退遁。清太宗见此情形，恍然大悟，遂还营。

清太宗预见到明军今夜必然逃遁，沉着部署追击，说道："今夜敌兵必遁。左翼四旗护军统领鳌拜、巴图鲁阿济格，尼堪韩岱、哈宁噶等，可

吴三桂像

各率本旗护军，至右翼汛地排列。右翼四旗护军及骑兵前锋兵，俱比翼排列，直抵海边，各固守汛地。敌兵之遁者，有百人则以百人追之；千人则以千人追之。如敌兵众多，则蹑后追击，直抵塔山。"[1]

是夜，果如清太宗所料，敌人开始逃遁。明朝总兵吴三桂、王朴、唐通、马科、白广恩、李辅明等率马步兵，由前锋汛地，沿海潜遁。清军发现，相继追击。又在其前方"设伏遮击"。清太宗考虑，怕有乘夜色逃窜者，便根据具体情况，陆续派兵追击。"悉如睿算，掩击穷追，明兵窜走，弥山遍野，死者不可胜数"。

八月二十二日，清太宗命睿郡王多尔衮、武英郡王阿济格包围塔山四台，命汉军管旗大臣刘之源等携红衣大炮十尊，攻破塔山城墙。生擒台内副将王希贤等。明朝总兵吴三桂、王朴奔入杏山城。

八月二十六日，明朝总兵吴三桂、王朴，率兵自杏山城出奔宁远，清军追击。明兵败逃，吴三桂、王朴仅以身免。松山之战，清军大胜。斩杀敌众五万三千七百八十余人，获马七千四百四十四匹，骆驼六十六头，甲胄九万三千四百六十六件。"明兵自杏山南至塔山赴海死者甚众，所弃马匹、器械以数万计。海中浮尸漂荡，多如雁鹜。"清史记载："太宗神谋勇略，制胜出奇。破明兵十三万，如摧枯拉朽，指顾而定。"《清太宗实录》记道："上又计我军若于是夜一并遣发，虑敌人后复有遁走者。于是，相敌情形，陆续遣发。至黎明，诸将遵奉上命，各赴汛地，邀截敌兵。悉入睿算，掩击穷追。明兵窜走，满山遍野。自杏山迤南，沿海至塔山一路，

① 《清太宗实录》，第 57 卷，第 18 页。

皇太极

赴海死者，不可胜数。"①

此时，松山被清军严密包围。明军剩余的一万官兵龟缩城内。退守城内的明军将领只有总督洪承畴，巡抚邱民仰，兵备道张斗、姚恭、王之桢，同知张为民，总兵王廷臣、曹变蛟与祖大乐等。城内粮草已绝。清军又在城外挖掘外壕，断绝了明军逃跑出城的希望。

清太宗对城内的明军采取了劝降的策略。他向城内守军发出一封劝降信："朕率师至此，料尔援兵闻之，定行逃遁。遂预潜兵围守杏山，使不得入。自塔山南至于海，北至于山。及宁远东之连山，一切去路，俱遣兵邀截，又分兵各路截守。尔兵逃窜，被我军斩杀者，积尸遍野。投海溺死者，不可胜数。今尔锦州、松山援兵已绝，朕思及此，乃天意佑我也！尔等宜自为计。如以为我军止围松锦，其余六城，未必即困。殊不知时势至此，不惟六城难保，即南北两京，明亦何能复有耶？朕昔征朝鲜时，围其王于南汉山。朕诏谕云：尔降，必生全之。后朝鲜王降，朕践前言，仍令主其国。后围大凌河，祖总兵来降，亦不复杀，仍恩养之。谅尔等所素闻也。朕素以诚信待人，必不以虚言相诳，尔等可自思之。特谕。"②

这封劝降书，言简意赅，主旨鲜明，击中要害，说理透辟。分为四层加以劝说：第一层，不只松锦，其余六城亦被严密包围；第二层，不只关外，即或整个明朝亦危在旦夕；第三层，昔日征讨朝鲜，其国王投降，我即优降；第四层，近在眼前，祖大寿即曾降我，"仍恩养之"。总之，你们别无他途，只有投降。"朕素以诚信待人，必不以虚言相诳。"我保证优待俘虏，加以重用。

松山城内守军，不为所动。清太宗无法，继续围困。崇德六年（1641）九月初九日，清太宗命郑亲王济尔哈朗率兵包围锦州。

九月十二日，满笃里、穆成格从盛京匆匆赶来，奏报关雎宫宸妃身患重病。皇太极必须赶回，急忙重新部署对各个要地的围困。于是，皇太极召集诸王、贝勒、贝子、公、固山额真等，下达命令，严密包围各城。

命贝勒杜度、贝勒阿巴泰、固山额真谭泰、阿山、叶克书、准塔巴图鲁何洛会、马喇希、巴特玛等围守锦州；贝勒多铎、郡王阿达礼、贝勒罗

---

① 《清太宗实录》，第 57 卷，第 25 页。
② 《清太宗实录》，第 57 卷，第 31 页。

洛宏、额驸英俄尔岱、库鲁克、达尔汗、阿赖、恩格图、伊拜等围守松山；武英郡王阿济格、外藩科尔沁国卓礼克图亲王武克善、巴图鲁郡王满朱习礼等围守杏山、高桥。

部署停当，十三日清太宗车驾返还盛京。

此时，清军将明军分割包围在各自的驻地。明军奄奄一息，清军得到暂时休整。直到崇德七年（1642）二月，清军才得到机会，攻破松山城。原来，明朝松山副将夏承德自城内遣人，密约清军在他守御之处，乘夜竖梯登城，夏承德为内应。同时，以他的儿子夏舒作为人质。于是，双方订立密约。

二月十八日夜，清军竖梯登城，冲进城内，生擒明朝总督洪承畴，巡抚邱民仰，兵备道张斗、姚恭、王之祯，总兵祖大乐、曹变蛟、王廷臣，游击祖大名、祖大成，总兵白广成之子白良弼等。歼其兵道一员、副将十员、游击、都司、守备、千总、把总等官百余员，兵三千六十三名。夏承德部下男妇幼稚共一千八百六十三人，又俘获妇女幼稚共一千二百四十九口。甲胄、弓刀、撒袋共一万五千有奇，大小红衣炮、鸟枪共三千二百七十三，并籍金珠银两缎匹衣服皮张等。

皇太极谕令，将总督洪承畴及祖大寿之弟祖大乐，解送盛京。命将巡抚邱民仰、总兵王廷臣、曹变蛟诛杀。皇太极为什么下令诛杀此三人，史无记载。也许是意在造成一定的恐怖气氛，以利于招降总督洪承畴？

第五策，强攻三城。清太宗占领松山后，对锦州、塔山、杏山在劝降的前提下，采取了强攻的战术。

松山攻破，接着就是锦州。锦州城守城主帅是明朝总兵祖大寿。他本来在天聪五年（1631）已投降后金，当时他诡称妻子在锦州，要求搬取妻小，愿做内应，智取锦州。清太宗放他回去，结果他一去不复返。

到七年后的崇德三年（1638）十一月，皇太极攻打中后所城。城内守将恰好是祖大寿。皇太极向祖大寿致一信，旧事重提，祖大寿没有回音。皇太极从长远的战略角度考虑，也没有勉强他，而是耐心地等待着祖大寿的真正归顺。

锦州已经被包围一年了。明朝援兵完全绝迹，城内粮尽，饿民相食。守将祖大寿战守计穷，又听说松山失守，于是，崇德七年（1642）三月初十日，祖大寿即出城投降了。城内官兵尚有七千余人，全部归顺。郑亲王济尔哈朗等派遣图赖等，自锦州携带册籍回盛京奏报战果，文称：

> 所留官员总兵祖大寿，革职总兵祖大弼，副将高勋、祖泽远，参将祖泽沛、祖泽盛、刘志友、邓云、李胜、郭朝宗，游击吴汝玠、王江、张成梁、祖云龙，都司金应第、刘献忠、张交元、唐珍、涂世科、高应奇，守备王文贵、潘永德、蔺一元、崔允升。男妇幼稚共三千四百三十八人，喇嘛二十六名，僧人六十八名。又俘获人四千八百九十四名，马牛金银等物，俱载册。①

四月初九日，清军用红衣炮崩塌塔山城墙二十余丈，冲入城内。城内三营官署兵丁共七千人，被斩杀。

四月二十二日，清军用红衣炮击毁杏山城墙二十五丈。二十五日，杏山明军投降。归降的男子二千五百七十六人，妇女儿童四千二百六十二口。兵甲二千七百四十六副，红衣炮、鸟枪八百六十又三。

至此，清太宗皇太极终于攻占了锦州、松山、塔山、杏山等山海关外四城，为进一步攻打关内扫清了道路。

松锦大战，清朝取得了重大的胜利。清太宗终于拔掉了横亘在面前的四颗钉子，为进攻山海关打通了道路。这标志着清朝同明朝战略相持阶段的结束。从此开始，清朝对明朝进入了战略反攻阶段。清太宗初步完成了他的历史使命。

面对清太宗咄咄逼人的攻势，崇祯帝想到了一个缓兵之计，即同清朝讲和。但与此同时，因清军攻克明朝关外四城，俘获甚多。尤其是生擒了明朝总督洪承畴等，又招降了总兵官祖大寿等。这就面临着如何对待降顺的重要俘虏的重大问题。此时，皇太极的人道主义思想起了关键作用。

三、讲人道优待降顺

皇太极人道精神的具体表现之一，就是优待降顺。这有两个典型人物可以说明问题。一个是兵部尚书洪承畴；一个是总兵官祖大寿。

① 《清太宗实录》，第30卷，第6页。

第一位，兵部尚书洪承畴。崇祯帝企图依靠刚崛起的军事新星洪承畴，创造奇迹，调动大兵，作困兽斗，一举击败皇太极，以解锦州之围。但是，妄自尊大且轻举妄动的崇祯帝，判断错误，指挥失灵，导致洪

盛京十里城墙

承畴前线失利，终被俘虏。清兵令其下跪，傲慢自尊的洪承畴藐视地斥道："我乃天朝大臣，岂拜小邦王子乎！"

皇太极听到洪承畴被俘，喜出望外。这可是自明清交战以来，清国俘获的级别最高的明朝高端人物了。即目前而论，洪承畴乃是十三万大军的最高统帅。这使皇太极浮想联翩，不能自已。皇太极具有领袖人物的特殊的战略思维。他下意识地感到，洪承畴将来可以派上大用场。于是，皇太极特别指示前线司令郑亲王济尔哈朗对洪承畴好生招待，护送至盛京。

到达盛京的洪承畴抱着必死的决心。他的整个表现，《清史稿》作了生动形象的记叙，文曰："上欲收承畴为用，命范文程谕降。承畴方科跣（kē xiǎn，音科鲜；科头跣足，即光着头，赤着脚）谩骂，文程徐与语，泛及古今事，梁间尘偶落，着承畴衣，承畴弗去之。文程遽归，告上曰：'承畴必不死，惜其衣，况其身乎？'上自临视，解所御貂裘衣之，曰：'先生得无寒乎？'承畴瞠视久，叹曰：'真命世（命世：闻名于世，著名）之主也！'乃叩头请降。上大悦，即日赏赉无算，置酒陈百戏，诸将或不悦，曰：'上何以待承畴之重也！'上进诸将曰：'吾曹（我们）栉风沐雨数十年，将欲何为？'诸将曰：'欲得中原耳。'上笑曰：'譬诸行道，吾等皆瞽（gǔ，音古，眼瞎），今获一导者，吾安得不乐？'"[1]

---

① 《清史稿》，第237卷，第31册，第9467页。

皇太极

这个记载颇富兴味。这里是说，到达盛京的洪承畴，桀骜不驯，光头赤脚，衣衫不整，高声谩骂，拒不投降，只求一死。大清帝皇太极极想说服他，让其归顺，为他所用。为此，特命大学士范文程前去做思想工作。范文程并

盛京大北门福胜门

不急躁，而是从拉家常开始，漫谈古今之事，并借机仔细地观察他。在他们轻松交谈的过程中，突然房梁上的一朵灰尘，飘落在洪承畴的衣服上。洪承畴毫不介意，用手不经意地将这朵灰尘掸去了。不料，这个轻微的动作，让细心的范文程捕捉到了。他内心一阵暗喜。

范文程急忙辞归，奏报皇太极说："我可以负责地说，洪承畴肯定不会死。因为他很爱惜他的衣服。爱惜自己的衣服，当然会更加爱惜自己的

清代皇帝便帽

身体了。"由此，皇太极探知了洪承畴内心的秘密，就胸有成竹地来到了软禁洪承畴之地，亲自探视他。皇太极一眼看出，洪承畴衣衫单薄，就缓缓地解下自己身穿的名贵的貂裘，轻轻地披在洪承畴的身上，并关切地询问道："先生有些着凉了吧？"洪承畴被皇太极此举震撼了，瞠目结舌，目视良久。他丝毫没有想到尊为大清国皇帝、声名远播的皇太极，会亲自到软禁之地探望他。也丝毫没有想到贵为皇帝的皇太极，会将自己身穿的御用貂裘解下给他披上。这在大明朝是绝对不可能的。皇太极的这个礼贤下士的超常举动，犹如一枚无形

的精神炸弹，立刻轰毁了洪承畴坚硬的神经。他不由自主地深深叹道："这真是伟大的君主啊！"于是，立刻叩头，表示降顺。

看到洪承畴终于归顺，皇太极极为兴奋。当天就赏赐给洪承畴许多名贵的礼物，并置酒设宴，上演百戏，供其观赏。对一个降将如此优待，诸贝勒大臣很不理解，也很不高兴，纷纷小声嘀咕道："皇上为什么对待洪承畴这样优厚呀！值得吗？"皇帝看看他的部属贝勒大臣，耐人寻味地问道："你们想一想，我们这些人，风里来雨里去几十年，为的是什么呢？"诸贝勒大臣互相瞅瞅，异口同声地答道："当然是为了占有中原大地呀！"皇帝轻轻地笑道："这就对了！这好比走路，我们是一群瞎子。现在意外地获得了一个领道的，你说，我能不高兴吗？"诸贝勒大臣恍然大悟。皇太极知道，对他的文化不高的诸贝勒大臣，只能运用比喻，讲太多大道理，他们也很难听懂。

就这样，皇太极命洪承畴好吃好喝地待着，过了一个多月的神仙日子。此时，都察院参政张存仁奏道："洪承畴也休息得差不多了，该让他剃发，给他点事做。"

于是，五月初五日，皇太极御崇政殿，特命擒获之总督洪承畴、总兵祖大寿、董协、祖大乐、革职总兵祖大弼、副将夏承德、高勋、祖泽远等朝见。

听说皇帝召见，降将们颇为激动。完全归附的洪承畴竟然做出了一个完全顺服的举动，令人颇感意外。他居然恭敬地跪在盛京皇宫的大清门外，表示请罪，并高声奏道："臣系明朝主帅，将兵十三万来松山，援锦州，曾经数战，冒犯军威。圣驾一至，众兵败没。臣坐困于松山城内，糗粮罄绝，人皆相食。城破被擒，自分应死。蒙皇上矜怜，不杀而恩养之。今令朝见，臣自知罪重，不敢遽入，所以先陈罪状。许入与否，候旨定夺。"

皇太极听到洪承畴如此话语，内心满足，随即答道："洪承畴所陈诚是。彼时与我军交战，各为其主。朕岂介意！朕所以宥尔者，以击败十三万兵，与得松锦诸城，皆天也。天道好生，善养人者，斯合天道，朕故推恩活尔。但念朕抚育之恩，尽心图报。从前情罪，悉予宽释。昔阵前所获张春，亦曾养之。彼不能为明死节，又不能效力事朕，一无所成而死。尔慎勿如彼之所为也。"①

皇太极很是兴奋，命洪承畴上殿坐，赐茶，表示礼遇。然后，饶有兴趣地问道："朕观尔明主，宗室被俘，置若罔闻。至将帅率兵死战，或阵前被擒，或势穷降服，必诛其妻、子，否则没入为奴者，何故？此旧规乎，抑新规乎？"洪承畴若有所思地答道："昔无此例，今因文臣众多，台谏纷争，各陈所见以闻于上，遂致如是。"皇太极无限感慨地说道："今日之文臣固众，昔之文臣亦岂少耶？特今君暗臣蔽，故多妄杀。似此死战被擒，蹙归降之辈，岂可戮彼妻、子？即其身在敌国，可以财帛赎而得之，亦所当为。何至坐妻、子以死，徒之罪乎？其无辜冤滥亦甚矣。"洪承畴听罢皇太极一席话，感慨万端，痛哭流涕，连连叩头，发自内心地赞道："皇上此谕，真是最最仁义的了。"皇上高兴，特赐在崇政殿宴请洪承畴等。宴毕，洪承畴等走出大清门。

皇太极感到有些事做得礼貌不周，特派大学士希福、范文程、刚林，学士罗硕等传达他的话："朕今日未服视朝衣冠，又不躬亲赐宴，非有所慢于尔等，盖因关雎宫敏惠恭和元妃之丧，未过期故耳。"听了皇太极的特殊传谕，洪承畴等颇为震动，皇帝居然向他们表示歉意。洪承畴等叩头道："圣恩优异，臣等何以克当，虽死亦无憾矣！"

皇太极虽为至高无上的皇帝，却尽可能地表现得礼貌谦恭。皇太极特意同洪承畴等拉家常，套近乎，嘘寒问暖，设宴款待，派人问候，表示歉意。一次短短的接见，皇太极就从感情上、心理上，完全征服了大明朝的重臣洪承畴。洪承畴说了两次话，一次是赞美："皇上此谕，真是最最仁义的了。"一次是表态："皇恩浩荡，臣等哪里能承担得起，此后我们即使死了也没有任何遗憾了！"

皇太极将明朝重臣洪承畴当作奇货收养起来，所谓"奇货可居"。皇太极具有常人缺乏的战略眼光和长期思维，知道何时应该起用何人，目前时机尚未成熟。他在创造条件，等待时机。不过，人算不如天算，皇太极在同洪承畴见面后的一年多，竟然撒手人寰，龙驭上宾了。所以，终皇太极之世，洪承畴没有发挥作用。洪承畴发挥巨大作用，是在顺治帝以后。

据《清史稿》记载，洪承畴对大清国的贡献是历史性的。《清史稿·

---

① 《清太宗实录》，第60卷，第20页。

洪承畴传》记道：

> 顺治元年（1644），睿亲王多尔衮率师伐明，承畴从。既定京师，命承畴仍以太子太保、兵部尚书兼右副都御史，同内院官佐理机务。旋与同官冯铨启睿亲王，复明内阁故事，题奏皆下内阁拟旨，分下六科，钞发各部院。九月，上（顺治帝）至京师，与铨及谢升奏定郊庙乐章。
>
> 二年，豫亲王多铎师下江南。闰六月，命承畴以原官总督军务，招抚江南各省，铸"招抚南方总督军务大学士"印，赐敕便宜行事……八年闰二月命管都察院左都御史……十年，调内翰林弘文院大学士……五月，上授承畴太保兼太子太师、内翰林国史院大学士、兵部尚书兼都察院右副都御史，经略湖广、广东、广西、云南、贵州等处地方，总督军务兼理粮饷。敕谕抚镇以下咸听节制，攻守便宜行事。满兵当留当撤，即行具奏。命内院以特假便宜条款详列敕书，宣示中外。并允承畴疏荐，起原任大学士李率泰督两广。以江西寇未尽，命承畴兼领，铸"经略大学士"印授之。临发，赐蟒朝衣、靴袜、松石嵌撒袋、弓矢、马五、鞍辔二，诸将李本深等八十七人朝衣、冠带、撒袋、弓矢、刀马、鞍辔有差。[①]

这是说，在顺治时期，洪承畴得到睿亲王多尔衮的重用，发挥了巨大的作用。

第一，在顺治元年（1644），洪承畴进入了清国中央政府，担任了重要职务。在此期间，洪承畴根据明朝中央政府的模式，结合清国中央政府原有的特点，迅速地建立了适合大国国情的清国中央政府，并有效地开展了各项工作。

第二，在顺治二年（1645），洪承畴担任了"招抚南方总督军务大学士"，并得到了便宜行事的军政全权。以后数年，洪承畴不断得到重要任命，并担负起更高的军政职务。

---

① 《清史稿》，第237卷，第31册，第9468页。

第三，在顺治十年（1653），洪承畴所担负的职务更高，权力更大。顺治帝任命洪承畴为太保兼太子太师、内翰林国史院大学士、兵部尚书兼都察院右副都御史，经略湖广、广东、广西、云南、贵州等处地方，总督军务兼理粮饷。敕谕抚镇以下咸听节制，攻守便宜行事。由于洪承畴得到这一重要任命，就大大推进了清国的统一进程。

洪承畴因为原来在明朝时即身为高官，并担任明朝十三万大军的最高统帅，因此名闻遐迩，

顺治皇帝像

远近皆知。榜样的力量是巨大的。连洪承畴都降顺了清国，且担任了比在明朝时还要高级的官职，这就活生生地说明了降顺清国，不但不会有生命之虞，且仍然可以前途无量，甚至担任高官。洪承畴对摧毁明朝的残余势力，对明朝全国的最终败亡，起到了摧枯拉朽的作用。

我们可以想见，洪承畴在被俘后的一年多的时间里，在盛京的府邸，对清国进行了认真的观察和深入的思考。诸如清国的政治体系、军事架构、经济运作、社会情态等，他都有了相当的了解与清醒的认识。因此，在他跟随睿亲王多尔衮入关后，就能高屋建瓴地提出自己的真知灼见，并被采纳运用。

洪承畴一系列的成功表现，证明了皇太极战略思维的巨大胜利。政治领袖的预见能力、长期思维及战略眼光，要远远高于常人，乃至军事将领。

第二位，总兵官祖大寿。祖大寿是一个特殊人物，也是一个传奇人物。关于他的起步，《清史稿》记道："祖大寿，字复宇，辽东人。仕明为靖东营游击。经略熊廷弼奏奖忠勤诸将，大寿与焉。天启初，广宁巡抚王化贞以为中军游击。广宁破，大寿走觉华岛。大学士孙承宗出督师，以大寿佐参将金冠守岛。承宗用参政道袁崇焕议，城宁远，令为高广，大寿董

其役。方竟，太祖师至，穴地而攻，大寿佐城守，发巨炮伤数百人。太祖攻不下，偏师略觉华岛，斩寇，殪士卒万余。太宗即位，伐明，略宁远，崇焕令大寿将精兵四千人绕出我师后，总兵满桂、龙世威等以兵来赴，战宁远城下。会褥暑，我师移攻锦州，不克，遂引还。明人谓之宁锦大捷。"[1]

这是说，祖大寿是辽东人，对辽东的历史、地理自然熟悉，而且确实具有相当的军事素质。他在两次重要的战役中，表现不俗。一次是战胜清太祖的宁远之战，一次是打败清太宗的宁远之战。于是，祖大寿得到提拔重用。崇祯帝即位，起用袁崇焕督师。袁崇焕擢升祖大寿为前锋总兵，挂征辽前锋将军印，驻扎锦州，成为锦州的城防司令。

这之后，在长达十年的时间里，皇太极同祖大寿有过三次直接或间接的接触。第一次接触是招降，第二次接触是致书，第三次接触是招降。

第一次接触。这一次是皇太极同祖大寿两人的直接接触。前文已经提到，这是皇太极攻占明大凌河城的一次战役。大凌河城的城防司令是总兵官祖大寿。这次战役从天聪五年（1631）七月二十六日皇太极誓师开始，八月初六日围困大凌河城，到十一月初二日明朝军投降，后金军夺取并开进该城。此次战役，时间长达三个月，皇太极获得了完全的成功。

这次战役出现了一个特殊的情况，就是皇太极同归降的明朝总兵官祖大寿合谋，演出了一场故意放归祖大寿的真剧。这个计谋是由祖大寿提出，经过皇太极首肯的。祖大寿说，锦州的守军都是他的部下，他可以骗开锦州城门，引导后金军攻占锦州。计谋提出后，后金高层有人担心一旦放走祖大寿，他借机溜走，不回来怎么办？

对此，皇太极进行了深入的思考。皇太极认为，我们放走了祖大寿，他充其量是不回来。不回来，也没有什么坏处。"彼一身耳，叛亦听之。"如果他真的叛变了，那就听之任之。大凌河城降将计三十九名，其中，祖泽洪是祖大寿的儿子，祖泽润、祖泽远是祖大寿的侄儿，祖可法是祖大寿的养子。我们一定要善待其子侄与其诸将士，"厚加恩养，再图进取"。这是皇太极的战略思维。他要在明朝内部埋下一颗定时炸弹，放长线，钓大鱼。长期埋伏，到时收获。结果真的如皇太极所料，祖大寿真的没有

① 《清史稿》，第234卷，第31册，第9419页。

回来。

第二次接触。这是皇太极同祖大寿的一次间接接触。七年后的崇德三年（1638）十一月，皇太极攻打中后所城（今辽宁绥中）。城内守将恰好是祖大寿。皇太极向祖大寿致一信，旧事重提。

皇太极致书祖大寿，书曰："自大凌河别后，今已数载。朕不惮辛苦而来，冀与将军相见。至于去留，终不相强。曩则释之，今乃诱而留之，何以取信于天下乎？将军虽屡与我兵相角，为将固应尔，朕绝不以此为意。将军勿自疑。"①

祖大寿没有回音。皇太极从长远的战略角度考虑，也没有勉强他，而是耐心地等待着祖大寿的真正归顺。

第三次接触。自崇德五年（1640）三月开始，皇太极即修筑义州城。从此，皇太极掀开了攻略辽西走廊锦州、松山、塔山、杏山四城的战役。崇德六年（1641）三月，清太宗采取进一步的措施，紧紧包围了锦州城。围而不打，长期围困。崇德七年（1642）二月，皇太极攻破松山城，洪承畴率领守城将士投降。

崇德七年（1642）三月初十日，驻守锦州城的祖大寿也随之出城投降。城内官兵尚有七千余人，全部归顺。五月初五日，崇德帝皇太极召见洪承畴、祖大寿等。总兵祖大寿跪曰："臣之罪，与洪承畴不同。臣有数罪宜死。昔困于大凌河，粮尽食人，奄奄待毙，计穷乞降。蒙皇上不杀恩养，命臣招妻子兄弟宗族来降，遣往锦州。臣不惟背弃洪恩，亦且屡次与大军对敌。今又在锦州被围，粮尽困迫，方出归顺，理应万死。"

针对祖大寿的服罪态度，皇太极发表了一个十分开明的上谕，谕曰："祖大寿所陈亦是。尔之背我，一则为尔主，一则为尔妻子宗族耳。然得汝而不加诛之意，朕怀之久矣。朕常语内院诸臣曰：祖大寿必不能死，后来被困，仍当俯首来降。朕则始终待以不死也。此后当竭尽尔力以事朕，则善矣。"②

皇太极对祖大寿的态度是"既往不咎，善视来者"，往前看，往远看，相信祖大寿会做出贡献的。皇太极命祖大寿隶正黄旗，仍任总兵。

---

① 《清史稿》，第234卷，第31册，第9425页。

② 《清太宗实录》，第60卷，第20页。

七月初三日，皇太极特为新附各官举办了一个活动，以便拉近新官与原官的距离，消除隔膜，加强团结。皇太极特设宴席，宴请祖大寿、祖大乐、祖大弼、祖大成、祖大名、祖泽远、祖泽沛、高勋等新附各官。同时，命内大臣、侍卫及祖大寿等新附各官校射，比赛箭法，以调节气氛，融洽关系。赛后，皇太极赏赐各官礼物。赏赐给祖大寿驼三只，赏赐给多罗睿郡王多尔衮、多罗肃郡王豪格、多罗贝勒多铎的也是驼三只，借以提高祖大寿的身价，维护祖大寿的尊严。

七月初四日，皇太极赏赐祖大寿御服五爪龙纱朝衣、嵌双东珠红宝石金顶朝帽，并缎靴、缎袜。祖大寿虽然在顺治十三年不幸病逝，但是，祖大寿的家族及部属为清国的建立都做出了应有的贡献。

崇德帝皇太极善待降顺的政策，从对待明朝兵部尚书洪承畴和总兵官祖大寿身上，得到了真正的体现。皇太极为大清国的诸贝勒大臣做出了一个榜样，使他们明白，为了贯彻优待降顺的主张，甚至有时要等待十年。

皇太极优待降顺，体现了他的人道精神、人性情怀，值得深思，值得研究。

皇太极一帆风顺，崇祯帝岌岌可危。战场上失利的崇祯帝想到了议和谈判。

四、伐枝条扫荡明朝

此时，崇祯帝发现大事不好，欲同清国媾和。于是，崇德七年（1642）五月，崇祯帝特派一个庞大的代表团赴清议和。崇祯帝派出了兵部职方司员外马绍愉、主事朱济之、副将周维墙、鲁宗孔，游击、都司、守备八员，僧一名，以及从役九十九人，在宁远城等待清太宗接见，"欲来见皇上，以求和好"。

大明朝崇祯皇帝向来不把大清国皇帝皇太极视为平等的对手。皇太极即位以来，于今已经十又六年。在此期间，皇太极曾无数次致书大明帝。但总是由于各种理由，这些书信都是泥牛入海，毫无消息。此次，在皇太极的强大的军事力量的打击下，崇祯帝终于特派使臣，主动找上门来。这真是破天荒头一次。为此，皇太极极为重视这次直接对话的机会。于是，皇太极特派兵部司级官员启心郎詹霸、内院笔帖式叶成格、石图等，前往宁远传谕迎接明朝使臣。

清国的接待官员詹霸、叶成格、石图等，于五月初三日到达塔山城。稍事准备，与初七日偕议和代表团一行，往盛京进发。詹霸、叶成格先行赴盛京奏报，预计十四日当至京城。皇太极命大臣到盛京城外二十里处，设宴宴之。宴会开始，清国大臣命来使先行一跪三叩头，宴会完毕，再行一跪三叩头礼，谢恩，入城，安排下榻于盛京馆驿。

为了表示尊重与诚意，皇太极命大清国部级首长出面接待宴请议和代表团官员。皇太极命礼部承政（部长）满达尔汗、参政（副部长）阿哈尼堪，内院大学士范文程、刚林，学士罗硕，来到馆驿，宴请明朝议和使臣兵部职方司员外马绍愉、副将周维墉、鲁宗孔等，行礼如初宴时。

来使马绍愉等向礼部承政满达尔汗，呈上明朝崇祯帝一道敕书，内称："敕谕兵部尚书陈新甲，昨据卿部奏称，前日所谕休兵息民事情，至今未有确报。因未遣官至沈，未得的音。今准该部便宜行事，差官前往确探实情具奏。特谕。"①

皇太极像

这就是崇祯帝旨准兵部便宜行事的上谕。明朝兵部根据这道上谕，派出兵部司级官员马绍愉前来议和，清国也即派出同级官员詹霸前往迎接。

六月初三日，皇太极赐予明朝议和使臣兵部职方司员外马绍愉、主事朱济之、副将周维墉、鲁宗孔，并天宁寺僧性容、游击王应宗、都司朱龙、守备乔国栋、张祚、赵荣祖、李国登、王有功、黄有才等貂皮、银两有差。从役九十九人，亦各赐貂皮，欢送其归国。皇太极命大臣送至盛京十五里外，设宴为其饯行。热情友

---

① 《清太宗实录》，第60卷，第27页。

好，礼貌周到。

同时，清太宗向崇祯帝致书一封。这是多年来清国皇帝皇太极送达明朝崇祯帝的第一封书信。内容重要，现全文引述：

> 大清国皇帝致书于明朝皇帝：向来所以构兵者，盖因尔明朝无故害我二祖。我皇考太祖皇帝，犹固守边疆，和好如旧。乃尔明朝反肆凭陵，干预境外之事。哈达国汗万窃据之地，我已征服，尔逼令复还。又遣人于叶赫金台石、布扬古处，设兵防守。以我国已聘之女，嫁与蒙古。乙卯年，尔明朝夺我土地，扰我耕获，逐我居民，烧毁庐舍，仍驱令出境，所在勒石。是以我皇考太祖皇帝，收复附近诸国。乌喇国布占泰、辉发国拜音达礼、哈达国万之子孟格布禄所有之地，渐次削平。于是，昭告天地，亲征尔国。又平定叶赫国金台石、布扬古之地。其后，每欲致书修好，而尔国不从，事渐滋蔓，遂至于今。此皆贵国先朝君臣事也。事属既往，于皇帝何与？然从前曲直，亦宜辨之。
>
> 今予仍欲修好者，诚非有所迫使然也。予缵承皇考太祖皇帝之业，嗣位以来，蒙天眷佑，自东北海滨（鄂霍次克海），迄西北海滨（贝加尔湖），其间使犬、使鹿之邦，及产黑狐、黑貂之地，不事耕种、渔猎为生之俗厄鲁特部落，以至斡难河源，远迄诸国，在在臣服。蒙古大元，及朝鲜国，悉入版图。于是，举朝诸王大臣及外藩臣服诸王等，合辞劝进。乃昭告天地，受号称尊，国号大清，改元崇德。
>
> 迩来我军，每入尔境，辄克城陷阵，乘胜长驱。若图进取，亦复何难？然予仍愿和好者，特为亿兆生灵计耳。盖嗜杀者殃，好生者祥。应感之理，昭然不爽。若两国各能审度祸福，矜全亿兆，而诚心和好，则自兹以后，宿怨尽释，彼此不必复言矣。至我两国尊卑之分，又何必较哉！古云：情通则明，情蔽则暗。若尔国使来，予令面见。予国使往，尔亦令面见。如此，则情不壅蔽，而和事可久。若自视尊大，俾使臣不得面见，情词无由通达，则和事终败，徒贻家国之忧矣。夫岂拒绝使臣进见，遂足以示尊耶？至两国有吉凶大事，则当遣使，交相庆吊。

每岁贵国馈黄金万两、白金百万，我国馈人参千斛，貂皮千张。若我国满洲、蒙古、汉人及朝鲜人等，有逃叛至贵国者，当遣还我国。贵国人有逃叛至我国者，亦遣还贵国。以宁远、双树堡中间土岭为贵国界，以塔山为我国界，以连山为适中之地，两国俱于此互市。自宁远、双树堡土岭界北，至宁远北台，直抵山海关长城一带，若我国人有越入及贵国人有越出者，俱加稽察，按律处死。或两国人，有乘船捕鱼、海中往来者。尔国自宁远、双树堡中间土岭，沿海至黄城岛以西为界。若两国有越界妄行者，亦俱查出处死。倘愿如书中所言，以成和好，则我两人，或亲誓天地，或各遣大臣代誓。尔速遣使赍和书及誓书以来，予亦遣使赍和书及誓书以往。若不愿和好，再勿遣使致书。其亿兆死亡之孽，与予无与矣。①

此书，大体分为四段：

第一段，回忆往事，痛说国史。意在阐明讨伐明朝的理由，说明讨伐有理。

第二段，描述现在，彰显辉煌。我们连年用兵，所向披靡，战果辉煌，已今非昔比。

第三段，教训明帝，放下架子。我们"若图进取，亦复何难"？请你不要"自视尊大"，要放下架子，与我们谈判议和，也许还有前途。

第四段，规定贡金，索要疆土。这一段才是皇太极书信的中心，内容的焦点。清太宗在军事上处于主动地位，因此书信口气强硬，要求刁钻。主要要求两点：

其一，要求朝贡。明确提出明朝每岁向清国纳贡黄金万两、白金（白银）百万两，这是在强人所难，狮子大开口。事情显然颠倒过来了。过去是后金向明朝纳贡，现在是明朝要向过去自己的属国清国纳贡了。是可忍，孰不可忍？

其二，索要疆土。所谓划定分界线，实际是要求明朝将山海关外的领土，全部划归清国所有。这是皇太极想要在外交战线上，不费一枪一弹，

---

① 《清太宗实录》，第61卷，第2页。

得到他想要得到的东西。

《孙子兵法》曰："是故百战百胜，非善之善者也；不战而屈人之兵，善之善者也。"就是说，"因此，百战百胜，还不算高明中最高明的；不战而使敌人屈服，才算得是高明中最高明的呀！"皇太极要的就是"不战而屈人之兵"。

皇太极将国书交给明朝来使马绍愉等，命章京库尔缠、萨苏喀、笔帖式查布海、法尔户达等，率兵四十人，路过锦州，走出清军侦探地方，将来使护送到连山而还。礼貌待使，有始有终。

崇祯帝读罢来书，十分气愤。但势穷力蹙，无有招架之力，只得咽下这口气，没有回音。清太宗根本不想和明朝讲和。明朝不回音，正中下怀。

清国休养生息，兵强马壮，势头看好。大臣中酝酿着一种意见，即直接向明朝的心脏北京进军。领汉军大臣佟图赉、祖泽润、祖可法、张存仁等奏请："因天时，顺人事，大军直取北京，控断山海关。"这里明确提出"大军直取北京"的主张。他们认为条件成熟了，应该直捣黄龙。

对此，清太宗提出了完全不同的看法："取北京如伐大树，先从两旁斫，则大树自仆。朕不取关外四城，岂能克山海关？今明朝精兵已尽，我军四围纵略，彼国势日衰，我兵力日强，嗣后北京可得矣。"①

清太宗一直在贯彻实行努尔哈赤的这个"避实击虚、留干伐枝"的战略思想。这在上文已经谈到了。他认为，目前条件还不成熟，还是要继续"留干伐枝"。

为此，崇德七年（1642）十月十四日，清太宗命贝勒阿巴泰为奉命大将军与内大臣图尔格，统率大军征讨明朝。清太宗召集阿巴泰、图尔格，并满洲、蒙古、汉军各固山额真、护军统领等，入清宁宫，发布上谕曰："朕非好穷兵黩武也。因不忍生灵罹害，屡欲与明修好。而彼国君臣，执迷不悟，是以命尔等往征。尔等入明境，毋任意妄杀，毋夺人衣服，毋离人妻子，毋焚毁财物，毋暴殄米谷。曩者，兵临山东，有因索财物而严刑拷逼者，非我国仁义之师也。尔等宜宣谕各旗，引以为戒。至于锦州新附蒙古索伦等，令其从军役使，伊等如有俘获，勿得搜取，令其携归。其力

① 《皇权开国方略》，第 31 卷，第 3 页。

不能携者，仍助之。倘尔等令其空返，或以贫苦来诉，朕必将尔等所有与之。"①

这里再一次重申军纪"五毋"的主张，即"毋任意妄杀，毋夺人衣服，毋离人妻子，毋焚毁财物，毋暴殄米谷"。每次大的军事行动之前，清太宗都不厌其烦地反复强调军纪"五毋"，说明他对清军军纪的注意。清军之所以能够进展顺利，其军纪严格是重要的一条。

崇德七年（1642）十月十五日，清太宗欢送大军出发征明，亲自送至盛京郊外，语重心长地谕曰："尔等勿以我军强盛，自弛防范。古云：骄敌者败。其敬慎戒备以行。我国领兵大臣于行间勇士，多不肯以其长上闻。如此，则勇战之士，何以激劝？我军至明，彼或遣使求和，尔等即应之曰：我等奉命来征，惟君命是听，他无可言。尔如有言，其向我军言之。必吾君谕令班师，方可退兵。如遇流寇，宜云：尔等见明政紊乱，激而成变。我国来征，亦正在此，以善言抚谕之。申诫士卒，勿误杀彼一二人，致与交恶。"②

皇太极殷殷告诫出征将士：其一，切勿骄敌，骄敌必败；其二，上报勇士，适时宣扬；其三，应对求和，策略回答；其四，善待流寇，出手慎重。

清太宗皇太极宣谕完毕，将奉命大将军印授予贝勒阿巴泰。阿巴泰跪受大印，行三跪九叩礼，鸣放礼炮三响，大军开拔。

崇德八年（1643）六月十一日，征讨明朝的大军凯旋。这次出征取得重大胜利。大军直抵山东兖州府，没有遇到像样的抵抗。歼其亲王一，郡王五及宗室等千人。计克三府十八州六十七县，共八十八城。归顺者六城。击败敌兵三十九处。俘获黄金一万二千二百五十两，白金（白银）二百二十万五千二百七十两，珍珠四千四百四十两，缎五万二千二百三十匹，缎衣三万三千七百二十领，皮衣一百一十领，貂狐豹等皮五百张，角一百六十副。俘获人民三十六万九千名口，驼马牛驴羊共五十五万一千三百只。外有发窖所得银两，分为三分之一，奖励将士。其允许众兵私自获取的财物，没有计算在内。

---

① 《皇权开国方略》，第31卷，第3页。
② 《皇权开国方略》，第31卷，第4页。

对凯旋将士，清太宗命大臣出盛京城远迎，又命郑亲王济尔哈朗、睿亲王多尔衮、武英郡王阿济格等出城三十里迎接。清太宗在笃恭殿接见凯旋各官，又赐茶、赏赐等。

崇德帝皇太极晚年做的另一件大事，就是在盛京接见了西藏达赖喇嘛的使臣。大清国在关外盛京就已经接见了达赖喇嘛的使臣，这足以说明皇太极时期的大清国，国威隆盛，声威远播。

皇太极接见达赖喇嘛的使臣，共有三次。

第一次接见是欢迎。《清太宗实录》记道："（崇德七年十月）己亥（初二日），图白忒部落达赖喇嘛遣伊拉古克三胡土克图、戴青卓尔济等至盛京。上亲率诸王、贝勒、大臣出怀远门迎之。还至马馆前，上率众拜天，行三跪九叩头礼毕。进马馆，上御座。伊拉古克三胡土克图等朝见。上起迎，伊拉古克三胡土克图等以达赖喇嘛书进上，上立收之，遇以优礼。上升御榻坐，设二座于榻右，命两喇嘛坐。其同来徒众，行三跪九叩头礼；次与喇嘛同来之厄鲁特部落使臣及其从役，行三跪九叩头礼。于是，命古式安布宣读达赖喇嘛及图白忒部落臧巴汗来书，赐茶，喇嘛等诵经一遍方饮，设大宴宴之。伊拉古克三胡土克图及同来喇嘛等各献驼马、番菩提数珠、黑狐皮、羫羯、花毯、茶叶、狐腋裘、狼皮等物，酌纳之。"①

以上记载，诸如："上亲率诸王、贝勒、大臣出怀远门迎之"，"上起迎"，"上立收之"，"上升御榻坐，设二座于榻右，命两喇嘛坐"，"命古式安布宣读达赖喇嘛及图白忒部落臧巴汗来书"，"设大宴宴之"等，说明了崇德帝对达赖喇嘛派遣使臣来朝见，十分重视。其接待级别高，人员众，礼仪盛，礼节周，充分表达了皇太极对达赖喇嘛的尊重。

第二次接见是宴请。《清太宗实录》记道："（崇德八年正月丙申）召和硕亲王以下，梅勒章京以上及伊拉古克三胡土克图、戴青卓尔济等众喇嘛，并朝鲜国陪臣，鄂尔多斯部落扎木苏台吉等，喀尔喀部落额痕图等，外藩十七旗官员，三顺王、续顺公以下官员，贡貂皮虎尔哈部落羌图里等，赐宴于笃恭殿。"②

---

① 《清太宗实录》，第 63 卷，第 1 页。
② 《清太宗实录》，第 64 卷，第 1 页。

这是崇德八年（1643）正月初一日的一次重大宴会，是大清国的新年招待会。此次宴会，皇太极因"圣躬违和"而没有出席。出席招待会的有满洲、蒙古、汉人等方面的副部级以上之高级官员，也有朝鲜等外国使臣。达赖喇嘛的使臣也受邀参加了新年招待会，而且名次排在前面，给予他们很高的礼遇。

第三次接见是欢送。《清太宗实录》记道："先是图白忒部落达赖喇嘛遣伊拉古克三胡土克图及厄鲁特部落戴青卓尔济等至，赐大宴于崇政殿。仍命八旗诸王贝勒，各具宴，每五日一宴之，凡八阅月，至是遣还。赐伊拉古克三胡土克图喇嘛及偕来喇嘛等银器、缎朝衣等物有差。又赐厄鲁特部落和尼图巴克式等朝衣、帽靴等物。上率诸王贝勒等，送至演武场，设大宴饯之。复以鞍马、银壶等物，赐伊拉古克三胡土克图喇嘛，仍命和硕睿亲王多尔衮、多罗武英郡王阿济格、辅国公硕托、满达海，率梅勒章京、参政以上各官，送至永定桥，复设宴饯之。遣察干格隆、巴喇衮噶尔格、喇克巴格隆、诺木齐格隆、诺莫干格隆、萨木谭格隆、衮格垂尔扎尔格隆等，同伊拉古克三胡土克图喇嘛，前往达赖喇嘛、班禅胡土克图、红帽喇嘛噶尔马、昂邦萨斯下济东胡土克图、鲁克巴胡土克图、达克龙胡土克图、臧巴汗、顾实汗处，致书各一函。"[1]

以上是说，崇德帝皇太极欢送达赖喇嘛使臣等的全过程。先是频繁宴请，"每五日一宴之"，喇嘛使团住盛京有"八阅月"。现在返回，皇太极赏赐使臣礼物，又加宴请。皇太极亲率诸王贝勒等，送至演武场，设大宴宴之。并派睿亲王多尔衮等，率梅勒章京、参政以上副部级高官，送至永定桥，复设宴宴之。特别派遣干格隆等七位使臣，同达赖喇嘛的使臣一道同往达赖喇嘛等处，捎去口信，携带礼品，致书问候。这个欢送，规格隆盛，感情热烈，礼貌周到。

皇太极一共书写了八封书信，特派七位使臣，携带八份贵重礼品，分送八封书信。并热情问候青藏高原的八位喇嘛、国汗。其致达赖喇嘛书曰："大清国宽温仁圣皇帝，致书于大持金刚达赖喇嘛：今承喇嘛有拯济众生之念，欲兴扶佛法，遣使通书，朕心甚悦，兹特恭候安吉。凡所欲言，俱令察干格隆、巴喇衮噶尔格、喇克巴格隆、诺木齐格隆、诺莫干格

---

[1] 《清太宗实录》，第 64 卷，第 19 页。

隆、萨木谭格隆、衮格垂尔扎尔格隆等口悉，外附奉：金碗一、银盆二、茶桶三、玛瑙杯一、水晶杯二、玉杯六、玉壶一、镀金甲二、玲珑撒袋二、雕鞍二、金镶玉带一、镀金银带一、玲珑刀二、锦缎四，特以侑缄。"①

亲切的问候、贵重的礼物、热情的回报，这一切传达了皇太极的和平理念和友善情怀。西藏达赖喇嘛等，在大清国未入关之前，就同崇德帝皇太极有着热情友好的交往。这段友好交往的历史，成为西藏人民同内地人民友好往来的一段佳话。

晚年的皇太极曾经就国内国际形势，发表了重要的见解。这个见解，是皇太极在给朝鲜国王李倧的书信中谈到的。不能不说，这个见解，目光高远，预见正确，启人心智，发人深思。《清太宗实录》记道："以朕度之，明有必亡之兆，何以言之？彼流寇内讧，土贼蜂起，或百万，或三四十万。攻城略地，莫可止遏。明所恃者，惟祖大寿之兵，并锦州、松山之兵，及洪承畴所领各省援兵耳。今皆败亡已尽。即有招募新兵，亦仅可充数，安能拒战？明之将卒，岂但不能敌我，反自行剽掠，自残人民，行赂朝臣，诈为己功。朝臣专尚奸谀，蔽主耳目，私纳贿赂，罚及无罪，赏及无功。以此观之，明之必亡昭然矣。"②

这是崇德八年（1643）六月二十一日，皇太极致朝鲜国王李倧书信中的一段话。此后不到两个月，皇太极即病逝了。在这里，皇太极高屋建瓴地指出："明有必亡之兆。"原因之一，是"流寇内讧，土贼蜂起"；原因之二，是旧兵败亡，新兵无能；原因之三，是军队腐败，残害人民；原因之四，是奸臣当道，蔽主耳目。结论是"以此观之，明之必亡昭然矣"。

① 《清太宗实录》，第 64 卷，第 21 卷。
② 《清太宗实录》，第 65 卷，第 10 页。

第十二章　清帝突驾崩　福临继皇位

一、帝驾崩福临继位

崇德八年（1643）八月九日，"是夜，亥刻（夜九时至十一时），上无疾，端坐而崩"。皇太极在位十七年，寿五十二岁。

第二天，盛京宫内举哀。诸王大臣按照官职大小及关系亲疏，分别在清宁宫、崇政殿、大清门，以旗序肃立举行哀悼。他们把清太宗皇太极的梓宫迎送于崇政殿。崇政殿是皇太极生前听政的常朝之所，也常在此举行礼宾等仪式。在此安放皇太极的梓宫，是表示对皇太极的尊重及怀念，在此，贝勒大臣朝夕哭灵三日。

皇太极是否无疾而终，有的学者持怀疑态度。笔者也认为不是无疾，而是因病突亡。时人记载："初九日，夜半，皇帝暴卒。"又记："皇帝猝殂。""暴卒""猝殂"，都可以理解为突然死亡，即不是无疾而终。事实上，皇太极一直疾病缠身。他多次"圣躬违和"。看起来，说他是因病突亡是比较准确的。有人怀疑皇太极是被谋害的，那是没有根据的。

我们可以回顾一下皇太极病逝前近期的健康状况。查《清太宗实录》，发现四条皇太极患病的记录：

第一条。崇德七年十月丁巳（二十日），圣躬违和，肆大赦。凡重辟及械系人犯，俱令集大清门外，悉予宽释。命启心郎宣谕曰：尔等众犯，有罪应至死者，亦有应责应罚者，朕今俱释尔罪。自兹以后，其各自改过自新，毋再干国典。

第二条。崇德七年十一月丁丑（十一日），上行猎至开库尔地方，圣躬违和，遂驻跸其地。诸王贝子大臣奏请，停止行猎，车驾回宫，息劳静摄。上谕曰：朕躬偶尔违和，岂可使如许从猎军士一无所获，而遂空返耶？尔诸王贝子大臣等，率之行猎可也。于是，仍行猎于忽昆布克滩地方。及还，猎于噶哈岭。时皇九子甫五岁，射中一麚，众皆称异。癸巳（二十七日）申刻，上回銮。由地载门入，还宫。凡行猎二十六日。

第三条。崇德八年正月丙申朔（初一日），圣躬违和，命和硕亲王以下，梅勒章京以上，诣堂子行礼。遣官祭太庙，免行庆贺礼。

第四条。崇德八年夏四月甲子朔（初一日），圣躬违和。命祷于盛京寺庙，施白金。乙丑（初二日），复祷于境内各寺庙，施白金。①

崇德七年（1642）十月二十日，皇太极患了一场重病。从施行大赦的措施，可见患了重病。此后，皇太极的身体就一直虚弱，经常患病。总之，史载其"无疾"而终，是缺乏根据的。

不管怎么说，皇太极的突然驾崩，造成了权力真空。关于继承人问题，皇太极没有留下只言片语。人们在悼念皇太极的过程中，又出现了令人扼腕叹息之事。章京敦达里和安达里二人，自愿以身殉葬。他们二人，少年时便侍奉皇太极，后分别到肃亲王豪格门下。现在忆起皇太极的恩典，不忍离开，故愿以身殉葬。临殉时，安达里询问诸王贝勒："如果先帝在天之灵，问到继承的事，我怎么回答是好？"诸王贝勒答道："先帝开创了宏大的基业，我们一定实心实意地辅助他。如果有幸得到先帝在天之灵的垂青护佑，那真是我们心中的愿望啊！"

诸王贝勒请追寻皇太极而去的安达里二人，捎上他们的誓言，以请皇太极的灵魂得到安息。但是，人们在哀痛之余，忽然想到皇太极没有留下遗嘱。皇位属谁，尚无定论。人们陷入了深深的思索之中。事实上，当时有望继承皇位的只有三人。

---

① 《清太宗实录》，第64卷，第16页。

第一位是礼亲王代善。论地位，代善是皇太极之下的第一人。崇德元年（1636），代善晋封为和硕兄礼亲王。这里多加一个"兄"字，以示代善身份之特别，地位之崇要。皇太极对代善极为尊重，也极为关怀。崇德四年（1639）十一月，代善随皇帝到叶赫行猎。到英格布占时，代善射一獐子，马跌扑，代善不慎跌伤了脚。皇太极见了，急驰向前，下马为他裹伤。又倒酒让代善喝下，以解伤痛。皇太极看到代善痛苦的样子，自己先流了泪，说道："朕以兄年高，不可驰马，属劝兄，奈何不自爱？"皇太极马上停止打猎回京，命代善同行，一天只走十五里或二十里。从中不难看出，皇太极对代善极为友爱。

皇太极对皇兄代善一直高看一眼。如皇太极病逝的前一天，举行外嫁第五女固伦公主的仪式，当代善步入崇政殿时，皇太极特意走下殿阶迎接他。然后，自己走中间殿阶升御座。代善从西侧殿阶上去，坐在殿内西侧。赐座者只代善一人。

努尔哈赤死时，作为二皇兄且大贝勒的代善，本来可以继承汗位。但是，他做了谦让。此时弟死，作为皇兄的他，不想也不能继承这个皇位。

第二位是睿亲王多尔衮。多尔衮是一派力量的代表。这一派主要是阿济格、多尔衮、多铎三兄弟。努尔哈赤病逝时，十七岁的阿济格、十五岁的多尔衮和十三岁的多铎三贝勒兄弟，已经是一派重要的政治力量。他们的母亲大妃乌拉纳喇氏阿巴亥，是努尔哈赤的宠妃，也就是努尔哈赤临死前陪伴在身边的唯一的妃子。那时的阿巴亥三十七岁，正当盛年。子以母贵。努尔哈赤在世时，对他们亦格外关照。但由于根据努尔哈赤的遗愿，宠妃阿巴亥以身殉葬，这一派势力遂遭到严重打击。

现在时过境迁，三兄弟成长起来。阿济格三十四岁，多尔衮三十二岁，多铎三十岁。他们经过多年打拼，已经成长为努尔哈赤家族的中坚骨干。在福临即位登基诸王贝勒宣誓时，全部参与者代善、济尔哈朗、多尔衮、豪格、阿济格、多铎、阿达礼、阿布泰、罗洛宏、尼堪、博洛、硕托、艾度礼、满达海、吞齐、费扬古、博和托、吞齐喀、和托等十九位当中，睿亲王多尔衮排名第三，多罗武英郡王阿济格排名第五，和硕豫亲王多铎排名第六。在前六名中，他们哥们就占了三位。这足见其实力之不俗。

因此，此时的多尔衮，已经不是彼时的多尔衮了。睿亲王多尔衮奉皇太极之命，多次出征，战功赫赫。他率兵收服了察哈尔部林丹汗之子额哲

279

及其余众，获元代传国玉玺"制诰之宝"；他率兵攻入朝鲜，兵进江华岛，朝鲜国王李倧称臣投降；他率兵多次攻打明朝，深入腹地，战果辉煌。多尔衮已成为皇太极亲密的左右手。同时，他与其弟多铎，共同领有正白和镶白两白旗，其他旗中也有个别势力支持他，几近三旗的力量，实力雄厚。兄终弟继，在皇太极时期，也是完全有可能之事。总之，多尔衮是很有希望的人选。

第三位是肃亲王豪格。豪格是皇太极的长子。生于万历三十七年（1609），此时三十五岁。继妃乌拉纳喇氏所生。他曾经跟随祖父努尔哈赤远征蒙古，因功封贝勒。天命十一年（1626），跟从其伯父大贝勒代善征服扎鲁特部。皇太极即位后，豪格以长子身份，表现更为英勇。天聪元年（1627），随皇太极征讨明朝，败明兵于锦州；天聪三年（1629），在进攻明朝的战斗中，豪格身先士卒，冲杀在前，明军大溃；天聪五年（1631），皇太极率兵攻打明朝，把留守沈阳的重任交给长子豪格，表现了对他的信任。天聪六年（1632），因功晋封和硕贝勒。崇德元年（1636）四月，晋封和硕肃亲王。崇德七年（1642），生擒明朝总督洪承畴及巡抚、总兵等，立下大功。四月，又同郑亲王济尔哈朗攻下塔山。

从经历看，皇太极总是把豪格放在战斗的第一线，立功则奖，有错则罚。奖罚分明，要求甚严，似乎对豪格寄予很大的期望。但是，豪格也有不少毛病。从崇德元年到崇德七年（1636—1642），在皇太极的严格要求下，短短的七年时间，豪格经历了四升三降。崇德元年（1636）四月，因功晋升和硕肃亲王，命掌户部事。这是第一次晋升。但不久，因他与岳托一起私下散布不满皇太极的言论，降为贝勒，解部任。这是第一次降职。同年八月，因同睿亲王多尔衮攻打明朝锦州，收降明将有功，十一月命其仍掌管部事。这是第二次复升。崇德二年（1637）九月，都统鄂莫克图欲胁迫蒙古台吉博洛的女儿嫁给豪格，以讨取豪格的欢心，豪格没有惩治鄂莫克图，皇太极撤了豪格的户部职，这是第二次降职。崇德四年（1639）九月，因攻打明朝有功，命恢复原职。这是第三次复升。崇德五年（1640）十二月，皇太极命其同睿亲王多尔衮围攻锦州，但他们离锦州远驻。且私自派兵回家，犯了违抗军令罪。他同多尔衮一同被降为郡王。这是第三次降职。崇德七年（1642）七月，因屡立战功，又恢复原职。这是第四次复升。

皇太极对长子豪格寄予厚望。从皇太极病逝前两天颁布的奖赏令的顺序来看，豪格的地位很是重要。第一位仍然是礼亲王代善，第二位仍然是郑亲王济尔哈朗，第三位仍然是睿亲王多尔衮，而第四位则是肃亲王豪格了，第五位是多罗武英郡王阿济格，第六位是多罗豫郡王多铎。同七年前相比，豪格由第五位升到第四位，多铎由第四位降到第六位。这前六位，除豪格外，都是皇太极的兄弟辈。即是说，皇太极的十一个儿子中，只有一位豪格进入了前四名。如果皇太极不发生意外的话，父死子继，长子豪格继位

鳌拜像

是极有可能的。这三位人选，事实上代善不想继位。因此，只剩下多尔衮和豪格了。有关人等在秘密地从事地下活动。

豪格自我感觉最好。他认为继位者非己莫属。两黄旗大臣也持这个看法。图尔格、索尼、图赖、锡翰、巩阿岱、鳌拜、谭泰和塔瞻等八位大臣在豪格家中，秘密策划，分析政局，商议办法，共同推举肃亲王豪格为皇帝。这八人中的索尼、图赖、巩阿岱、锡翰、鳌拜、谭泰六人，更是共立盟誓，结成死党，"愿生死一处"。他们商定要带剑入朝，带兵侍卫，以武力为后盾，不达目的誓不罢休。

他们认为郑亲王济尔哈朗地位崇要，又拥有正蓝旗一旗，其向背十分重要，便决定派人争取他的支持。豪格急派何洛会、杨善两大臣，前往郑王府。他们对济尔哈朗说："两黄旗大臣已立肃亲王为君，尚须尔议。"济尔哈朗知道事关重大，沉吟良久，不便轻易表态，不肯贸然答应，便推诿道："睿亲王多尔衮也不知道是什么意见，等我同大家商量后再说。"后来看到此二人的架势，不答应便不走，而且他也赞同豪格继位，便说："我意也是如此。"他们二人回报了豪格，豪格更加以为非己莫属了。

睿亲王多尔衮也在紧张活动中。他亲自出马，意在试探豪格一派的真实意图。崇德八年（1643）八月十四日，在皇太极驾崩的第五天，睿亲王多尔衮来到了祭祀祖先的三官庙，召见了两黄旗大臣的资深重臣索尼，想从他那里探听豪格一派的意图。不料，耿介刚直的索尼断然答道："先帝有皇子在，必立其一，他非所知也。"多尔衮碰了一鼻子灰，但也摸清了两黄旗大臣的态度，知道两黄旗大臣力挺豪格。

决定继承人的会议地点是在肃穆的崇政殿。

八月十四日黎明，以索尼、鳌拜为首的两黄旗大臣早早来到了大清门。两黄旗曾经是清太宗亲自所属，势力很大。他们在此盟誓，不立皇子，决不罢休。同时下令两黄旗的巴牙喇兵（护军）佩刀带剑，张弓搭矢，气势汹汹地列队来到崇政殿，将其团团围住。一刹那，气氛突然紧张起来。阴风习习，杀气腾腾。

崇政殿本是皇太极生前处理日常朝政和宴请内外贵宾的崇隆之地，此时皇太极的梓宫正安放在大殿中的显耀位置。有关人等早已步入会场。神态严峻的诸王大臣紧张地列坐在东西两侧。一场争夺皇位的激战，即将毫不留情地拉开序幕。

身佩宝剑的两黄旗大臣之首领索尼和鳌拜抢先发言："吾辈食于帝，衣于帝，养育之恩，与天同大。若不立帝之子，则宁死从帝于地下。"大殿之内抢先表态，大殿之外护军环立。这对他人来说，无异于最后通牒。空气僵硬起来。睿亲王多尔衮不愧为身经百战、足智多谋的政治家，他环顾左右，计上心来，立刻对索尼等大臣厉声喝道："你们退下。"多尔衮的理由是皇位继承问题，除诸王外，你们没有发言权。索尼等也自知理亏，但态度已经明确表示，便悻悻退出，在殿外静等结果。

此时，礼亲王代善看看时机已到，便顺势提出："虎口（即豪格）帝之长子，当承大统。"代善的建议是极有分量的，许多人也认为豪格继位是顺理成章的事。对这一建议，阿济格、多尔衮、多铎三兄弟不以为然，内心极不赞成。但一时也想不出好的对策，便沉默下来，以静制动，看一看豪格如何表态。

肃亲王豪格本来极想继承皇位，不仅两黄旗大臣属意于他，而且又得到了济尔哈朗的支持，今天代善又第一个提了他的名，他自认为继位毫无问题了。但是，阿济格三兄弟居然不置一词。年轻气盛的豪格终于沉不住

皇
太
极

282

气了，面带讥讽地冷笑道："我年少德薄，非所堪当。"说罢，拂袖而去，离开了大殿。这是一个错误的表态和一个错误的举动。一着不慎，全盘皆输。豪格的本意是以退为进，用此法激起阿济格三兄弟的劝阻。现在，大殿内已经没有豪格一派的人了。豪格把会场拱手交给了对手，也等于把皇权不自觉地让给了对方。

英亲王阿济格和豫亲王多铎，乘机劝说多尔衮继位。此时的多尔衮深知，兹事体大，不可草率从事。他权衡利弊，进退维谷，思前想后，举步维艰。他知道，如他答应，代善及两黄旗大臣绝对不会同意。那在庙堂之上，便会刀兵相见。这既对不起皇太极，也达不到预期的目的。然而，多铎毕竟年轻几岁，他感到此时不说，更待何时，便冲动地毛遂自荐："若不允，当立我。我名在太祖遗诏。"半路杀出个程咬金。多尔衮认为多铎此举很不策略，因此，断然否决道："肃亲王豪格在太祖遗诏中也有名，不只有你的名字。"这就是说，太祖遗诏不能作为继位的依据。一箭双雕，你多铎不能以此为据，他豪格亦然。多铎不服，又唐突地说道："不立我，论长当立礼亲王代善。"

足智多谋的代善借机说道："睿亲王多尔衮如果答应继承皇位，当然是我国之福。否则当立皇子。我是皇太极的哥哥，皇太极在时，我已身心老迈，不预朝政了。现在哪能胜此重任呢?"代善绵里藏针，软中带硬，既不开罪于多尔衮，又明确表态不同意多尔衮，只同意皇子继位。

多尔衮已非常明了各方的态度，他在迅速地思索着。现在壁垒分明，界限清楚，一派人赞成豪格，一派人赞成多尔衮。很明显，赞成豪格的多于赞成多尔衮的。而赞成豪格一派的两黄旗，既拥有舆论上的优势，又占有实力上的优势，且剑拔弩张，大有火并之势。如处理不当，必致相互火并。识时务者为俊杰。现在，只能以退为进。不愧为皇太极生前信任的兄弟和重臣，他当机立断，献出妙计，朗朗说道："肃亲王豪格既然坚不就位，退出殿外，我们应该尊重他个人的意愿，不要勉为其难。我也同意立先帝的皇子，那就让福临继承皇位吧。福临六岁，年龄太小，就由济尔哈朗和我任辅政王，左右辅政。待福临年长之后，当即归政。"

这一建议得到了各方赞同。这是各方妥协的产物。因豪格过早地退出会场，失去了当皇帝的机会。大事已定，豪格悔之晚矣。

诸王大臣取得共识之后，代善意识到事不宜迟。

崇德八年（1643）八月十四日，礼亲王代善以大贝勒、皇太极长兄的身份，立即召集诸王、贝勒、贝子、公及文武群臣会议，恐久拖生变。代善郑重言道："天位不可久虚。伏睹大行皇帝第九子福临，天纵徇齐，昌符协应，爰定议同心翊戴，嗣皇帝位，共立誓书，昭告天地。"

与会诸王、贝勒、大臣全都赞成代善的看法，于是决定了三个议项。

第一个议项是诸王贝勒宣誓。诸王贝勒"同心翊戴，嗣皇帝位，共立誓书，昭告天地"，誓词曰："代善、济尔哈朗、多尔衮、豪格、阿济格、多铎、阿达礼、阿布泰、罗洛宏、尼堪、博洛、硕托、艾度礼、满达海、吞齐、费扬古、博和托、吞齐喀、和托等，不幸值先帝升遐，国不可无主，公议奉先帝子福临缵承大位。嗣后有不尊先帝定制、弗殚忠诚、藐视皇上幼冲、明知欺君怀奸之人，互徇情面、不行举发及修旧怨、倾害无辜、兄弟谗构、私结党与者，天地谴之，令短折而死。"①

第二个议项是文武群臣宣誓。誓词曰："阿山、叶臣、英俄尔岱、杜雷、何洛会……谨誓告于天地，我等如谓皇上幼冲，不靖共竭力，如效力先帝时，而谄事本主，豫谋悖乱，仇陷无辜，见贤而蔽抑，见恶而徇隐，私结党与，构启谗言，有一于此，天地谴之，即加显戮。"

第三个议项是两辅政王宣誓。此时，诸王贝勒公议，以和硕郑亲王济尔哈朗和和硕睿亲王多尔衮，辅理国政，就是辅政王。两辅政王誓告天地，词曰："兹以皇上幼冲，众议以济尔哈朗、多尔衮辅政。我等如不秉公辅理，妄自尊大，漠视兄弟，不从众议，每事行私，以恩仇为轻重，天地谴之，令短折而死。"②

诸王、贝勒、大臣向天宣誓，以表忠心。

福临的继位并不一帆风顺。在福临继位之后，处理了三个有碍政权稳定的大案。

第一个是阿达礼和硕托的谋立案。

福临践位之后，政局并不稳定，仍然有人在私下密谋篡位，另立新主。其带头便是多罗郡王阿达礼和固山贝子硕托。阿达礼是代善第三子颖亲王萨哈廉之子，即是代善之孙。萨哈廉为皇太极之侄儿。皇太极对这位

① 《清世祖实录》第1卷，第9页。
② 《清世祖实录》第1卷，第9页。

文武兼备的侄儿，十分欣赏，亦特别重用。同时，对他也寄予厚望。萨哈廉后来患病，当其病重时，皇太极悲伤而惋惜地说道："国家岂有专事甲兵以为政治者？倘疆土日增，克成大业。无此明哲人，何以整理乎？"萨哈廉死时年仅三十三岁，皇太极悲伤已极，追封其为和硕颖亲王。阿达礼于崇德元年六月，袭封为多罗郡王。作为皇太极手下的一员战将，攻明朝，讨蒙古，屡立战功，于崇德七年命其管礼部事，参与朝政，对国家大政，有了发言权。

固山贝子硕托是代善之第二子。初授台吉，后升贝勒，旋因战败削除爵位。后又因战功，封为固山贝子。继又因僭（jiàn，音渐；超越本分）上越分，降为辅国公。以后又因战功，复封为固山贝子。他的一生是战功也多，犯错也多。这是一个不甚安分、缺乏心计的人。

此次进行秘密串联活动的就是大贝勒代善的孙子阿达礼和儿子硕托。他们同属于两黄旗。阿达礼和硕托平时交往既多，此次由于政见相同，不谋而合。他们共同找到代善，秘密说道："今立稚儿，国事可知，不可不速为处置。"① 他们对拥立六岁小儿福临为皇帝，十分不满，试探着向代善渗透他们的想法，欲取得代善的首肯，起码是默许。不料，作为长辈的代善明确表态，否定了他们的动议，断然说道："既立誓天，何出此言？更勿生他意。"老谋深算的代善知道此事非同小可，否定了他们的想法，但没有深究，很怕由于行事不慎，给家族带来灭顶之灾。

然而，阿达礼和硕托毫不收敛。他们视代善的告诫如耳旁风，继续着他们的非法组织活动。阿达礼竟贸然拜访了辅政王睿亲王多尔衮，对其言道："王正大位，我当从王。"公开煽动多尔衮篡位。富于政治斗争经验的多尔衮听到阿达礼口出狂言，深恐贾祸，断然"牢拒"，端茶送客，退入内室。

但是，已经进入狂热状态的阿达礼欲罢不能，竟然又去串联另一位辅政王郑亲王济尔哈朗。他打着其祖父礼亲王代善的旗号，谎称道："我的祖父礼亲王代善，嘱咐我要常来府上拜访。"同时渗透了要立多尔衮为君的意图，争取济尔哈朗在感情上和行动上的支持。济尔哈朗闻听此言，大吃一惊，如坠五里雾中，不知阿达礼是何背景。他的言论和行动，是否取

---

① 《沈馆录》，《辽海丛书》，第 4 册，第 2833 页。

得了代善和多尔衮的同意与支持。

不仅如此，硕托又派他的手下亲信吴丹去拜访多尔衮，声言道："内大臣图尔格及御前侍卫等，皆从我谋矣，王可自立为君。"

这就是说，阿达礼和硕托不仅在诸王之间进行了游说活动，而且也进行了发动政变的准备。他们的活动十分猖獗，实际上已经是人人皆知的公开秘密了。

他们又来到了豫郡王多铎府。多铎对此早有耳闻，一听是他们求见，便坚决地予以拒绝，委婉地说道："此非相访之时。"毫不犹豫地将他们拒之门外。

阿达礼和硕托到处碰钉子，但仍不死心。他们以探视足疾为由，一起来到代善府。同他们一起去的还有多罗贝勒罗洛宏。此人是在诸王贝勒宣誓时名列第九位的贝勒。阿达礼和硕托自恃为代善的孙子和儿子，就靠近卧榻旁，对代善附耳密言道："众已定议和硕睿亲王（多尔衮）矣，王何默默？"显然，他们欲欺蒙代善，以售其奸。城府甚深的代善凝视着同来的罗洛宏，既然罗洛宏已参与此事，深知此事已经闹大了，无任何秘密可言，如再不加以制止，一定会酿成更大的事端，便拍案大怒道："何为再发狂言，祸必立至，任汝所为！"就是说，你们还在胡说八道，如果再让你们胡作非为下去，大祸必将立刻降到头上了。

礼亲王代善感到事态严重，不容拖延，必须立即表明态度，采取行动，把让他们搅浑的水予以澄清。他"白其言于众"，即向诸王贝勒首先揭发了他们欲图谋反的言行，多尔衮亦乘机表白道："吾亦闻之。"[1]

代善与多尔衮共同揭发了他们的阴谋，下令逮捕了阿达礼和硕托。

八月十六日，以"扰政乱国"的叛逆罪，皆处死。阿达礼之母、硕托之妻及同谋之吴丹，以"结党助逆"的罪名，"俱伏诛"。罗洛宏以不知情，免罪。其余人概不治罪。[2]

礼亲王代善和睿亲王多尔衮果断地粉碎了一场未遂的政变。代善不得不大义灭亲，将自己的儿子和孙子送上了断头台。这是需要很大的勇气和很高的智慧的。代善从大局出发，忍痛割舍了亲人，是很难能可贵的。这

① 《沈馆录》，《辽海丛书》，第4册，第2833页。
② 《清世祖实录》第1卷，第10页。

皇
太
极

286

表现了他的政治家的品格。

第二个是肃亲王豪格谋反案。

豪格未能继承皇位，牢骚满腹，不断发泄，被人告发。固山额真何洛会揭发了豪格的不忠之举，他检举道："和硕肃亲王豪格曾向何洛会及议政大臣杨善、甲喇章京伊成格、罗硕曰：固山额真谭泰、护军统领图赖、启心郎索尼皆附我。今伊等乃率二旗附和睿亲王。夫睿亲王素善病，岂能终摄政之事？能者彼既收用，则无能者我当收之。"派令豪格出征，豪格不满，发泄道："我未曾出痘，此番出征，令我同往，岂非特欲致我于死乎？"豪格又曾对何洛会等言曰："和硕睿亲王非有福人，乃有疾人也。其寿几何而能终其事乎？设不克终事，尔时已异姓之人主国政，可乎？"豪格这些胡言乱语都是对着何洛会等人发泄的。何洛会等人感到事态严重，恐累及自身，即向二辅政王检举了豪格。顺治元年（1644）四月，两位辅政王粉碎了豪格欲图谋反的阴谋。《清世祖实录》记道："何洛会偕硕兑、胡式、凌图……因王言辞悖妄，力谏不从，恐其乱政，特诘告于摄政和硕睿亲王、和硕郑亲王、诸王、贝勒、贝子、公，及内大臣，会鞫俱实，遂幽和硕肃亲王（豪格）。既而，以其罪过多端，岂能悉数，姑置不究，遂释之。夺所属七牛录人员，罚银五千两，废为庶人。俄莫克图、杨善、伊成格，坐附王为乱，不行出首，弃市。"[1]

弃市，古代在闹市执行死刑，并将尸体暴露街头示众，叫弃市。两位辅政王一举粉碎了豪格图谋叛逆的阴谋。

第三个是镇国公艾度礼牢骚案。

镇国公、固山额真艾度礼曾于宣誓的前一天，暗中发牢骚道："二王迫胁盟誓，我但面从，心实不服。主上幼冲，我意不悦。今虽竭力从事，其谁知之？二王擅政之处，亦不合我意。每年发誓，予心实难相从。天地神明，其鉴察之。"[2] 于是，他把这些话写在纸上，在宣誓的那天早晨加以焚烧，向上天表明心迹。此事不料泄露，很可能被人揭发。艾度礼发现事情不妙，遂向郑亲王济尔哈朗自首。顺治元年六月二十七日，"事下法司，鞫问得实。艾度礼及妻，并其子海达礼及医者，并弃市。家产及所属人

① 《清世祖实录》第4卷，第3页。
② 《清世祖实录》第5卷，第24页。

口，俱交和硕郑亲王（济尔哈朗）"。艾度礼及其家人，没能逃过一劫。

这三个大案的及时处理，震慑了有谋反企图的诸王大臣。肃清有造反企图的政敌，使幼子当政的政权得以巩固。

崇德八年（1643）八月二十六日，举行登基大典。这一天艳阳高照。诸王、贝勒、贝子、大臣等齐集笃恭殿。笃恭殿满语称大衙门，是盛京皇宫内举行重大活动的庄严而神圣之所在。皇太极登基在此，福临登基亦在此。

六岁的福临将要乘坐皇帝专用的辇。怕他坐不稳，奶娘欲与他同坐，小小的福临居然说："这个辇，不是你应该乘坐的。"上殿之后，面对一屋子的人，福临问道："诸伯叔兄朝贺，宜答礼乎？宜坐受乎？"侍臣回答："不宜答礼。"于是，郑亲王济尔哈朗和睿亲王多尔衮率诸王、贝勒、群臣行三跪九叩首礼。礼毕，颁诏大赦。改明年为顺治元年（1644）。

为什么单单选中六岁的福临为继承人呢？原因有二。

其一，福临年龄幼小，便于驾驭。皇太极共有十一个儿子。第一子豪格，如前所述，他没有争得皇位；第二子洛格，于天命六年（1621）早卒；第三子洛博会，于天命二年（1617）早卒；第四子叶布舒，时年十七岁；第五子硕塞，时年十六岁；第六子高塞，时年七岁；第七子常舒，时年七岁；第八子未命名，二岁殇；第九子福临；第十子韬塞，时年四岁；第十一子博穆博果尔，时年二岁。

早卒的三位自然排除在外。根据睿亲王多尔衮的建议，他想当辅政王，想当不是皇帝的皇帝，为此，只能选一位小皇帝。因此，年龄太大的十七岁的叶布舒和十六岁的硕塞，便榜上无名了。而年龄太小的四岁的韬塞和二岁的博穆博果尔，也被淘汰。从年龄上看，比较合适的只有七岁的高塞、七岁的常舒和六岁的福临了。此三人中，谁被选中，只能看其母亲了。

其二，福临之母庄妃，地位崇要。第六子七岁的高塞，其母为庶妃纳喇氏。皇太极共有六位地位最低的庶妃，她是其中的一位。第七子七岁的常舒，其母为庶妃伊尔根觉罗氏，地位低下。母卑子贱，故这两位皇子不得入选，是情理中事。

而福临之母庄妃则恰恰相反。科尔沁贝勒寨桑之女，出身贵族。崇德元年（1636），封为永福宫庄妃。子以母贵，福临继位，就是顺理成章的事了。

崇德八年（1643）九月二十一日，将清太宗皇太极的灵柩安葬在盛京昭陵。此时，昭陵尚未完工。皇太极生前未建陵。其死后加紧陵寝建筑。至九月二十一日，仅月余，"山陵、宝城、宫殿告成"。这是一期工程。这一天，举行了庄严的奉移礼。

十月初七日，上尊谥曰：应天兴国弘德彰武宽温仁圣睿孝文皇帝。庙号：文宗。

以后，昭陵续建。至顺治八年（1651），昭陵初步建成。后来，顺治、康熙、乾隆年间，又不断增建，致使昭陵更为完美。康熙二年（1663），修建地宫。康熙二十七年（1688），填建大碑楼。乾隆年间，改建下马碑等。

昭陵建筑平面布局为三进院落。第一进院落，从正红门至隆恩门的前导部分，包括神道、石象生、大碑楼，也包括正红门外的下马碑、石狮、神桥、石牌坊等礼仪式建筑；第二进院落，从隆恩门至隆恩殿的方城内部分的祭祀区；第三进院落，包括明楼、宝城、宝顶、地宫等陵墓区。整个

盛京昭陵下马碑

昭陵华表

陵区的构思为前导与陵墓两大部分，犹如皇帝生前的"前朝后寝"、寓意为死而复生、生生不息。

昭陵石马

此后，康熙帝、乾隆帝、嘉庆帝、道光帝都曾东巡祭祖，到盛京拜谒昭陵。

二、多后妃枝叶繁茂

据《清史稿》记载，清太宗的后妃共有十五位。这十五位后妃，在皇太极继位后，都加封了各种名号，以彰显她们的身份和地位。如清宁宫皇后、永福宫庄妃、关雎宫宸妃、麟趾宫贵妃、衍庆宫淑妃，以及元妃、继妃、侧妃、庶妃等。

清宁宫皇后。清太宗孝端文皇后，博尔济吉特氏，是科尔沁蒙古贝勒莽古思王爷的女儿。莽古思王爷很有远见，他决定把自己十五岁的女儿哲哲，嫁给努尔哈赤第八子、二十二岁的皇太极。万历四十二年（1614）四月，同皇太极成亲。当时后金还没有建立，他们的结合是为了共同对付明朝与察哈尔蒙古。努尔哈赤对这门婚姻很重视，让皇太极到数百里外的辉发扈尔奇山城，亲自迎接，并在此举办了盛大的婚礼。天聪年间，皇太极为后金汗，博尔济吉特氏成为后金第一夫人，称中宫大福晋。此时，她的母亲科尔沁大妃思念女儿，屡次来朝，皇太极都热情接待，赐赉有加。

崇德元年（1636），皇太极称皇帝，博尔济吉特氏晋封为清宁宫皇后。崇德二年，其母科尔沁大妃又来看望女儿。皇太极设大宴欢迎。过了两天，大妃设宴，答谢天聪汗皇太极。皇太极率皇后及贵妃、庄妃来到大妃的行幄，对大妃极其尊重。不久，皇太极追封后父为莽古思和硕福亲王，在其墓前立碑。封大妃为和硕福妃。命大学士范文程等赴科尔沁蒙古册封，表达尊崇之意。清世祖福临继位，尊皇后为皇太后。顺治六年（1649）四月十七日，崩，时年五十一岁。第二年，上谥为孝端文皇后。

孝端文皇后没有儿子，生了三个女儿。她们下嫁给了额哲、奇塔特、巴雅思枯朗。

永福宫庄妃。孝庄文皇后，博尔济吉特氏。庄妃是一位了不起的女政治家，是不垂帘的太皇太后。她的一生很值得研究。她成功地做了皇太后，又成功地做了太皇太后。她是中国历史上唯一的一位两任皇太后，也是中国历史上唯一的一位管事的太皇太后。在当太皇太后之前，她当了十八年的皇太后。

她的身世弥漫着神秘的迷人色彩。孝庄文皇后，是她死后皇帝赐给她的谥号，以表示对她的尊敬和纪念。她于万历四十一年（1613），出生在蒙古科尔沁部，是蒙古贵族贝勒寨桑（塞上）之女，姓博尔济吉特氏，名布木布泰，是孝端文皇后的侄女。天命十年（1625）二月，由其兄吴克善陪同，远嫁到后金辽阳。那时，她十二岁，比皇太极小二十一岁。布木布泰聪明伶俐，能写会算。在皇太极身边，学了不少治世驭人的政治本事。

皇太极是后金天命汗努尔哈赤的第八子，时年三十三岁。崇德元年（1636），皇太极改天聪汗称皇帝，立国号大清。封博尔济吉特氏为永福宫庄妃。这时她二十三岁。崇德三年（1638）正月三十日，二十五岁的庄妃生皇九子福临。崇德八年（1643）八月，皇太极死，六岁的福临在盛京即位，尊三十岁的庄妃为皇太后。福临即位的翌年，改年号为顺治。顺治十一年（1654），赠其父寨桑为和硕忠亲王，母贤妃。

顺治十八年（1661），顺治帝福临死。其第三子玄烨即位，时年八岁，尊其祖母为太皇太后。此时她四十八岁。康熙二十六年（1687）十二月二十五日，病崩，年七十有五。子一，清世祖福临；女三，下嫁弼尔塔哈尔、色布腾、铿吉尔格。

庄妃十二岁嫁给了皇太极，到三十岁时，时年五十二岁的皇太极死，她陪伴了皇太极十八年。在这十八年中，极其聪明的博尔济吉特氏，在风云变幻的军事战争和波云诡谲的政治斗争中，见识到了很多闻所未闻的事物，学到了很多善于自保的本领。她由一个单纯的蒙古族姑娘变成了一位老辣的政治里手。最主要的是，她学会了高屋建瓴地把握政治局势的巧妙艺术，她具备了有别于一般女性的卓尔不群的政治智慧。因此，在处理复杂多变的问题时，她就显得举重若轻、驾轻就熟。这些本事，在她以后四十五年的政治生涯中得到了充分的体现。总之，她已经变成了一位不寻常的女人。

即使如此，这个皇太后当得也是非常艰难的。可以想象，她度日如年，她是在提心吊胆中度日。在此主要谈她和多尔衮的斗争。顺治一朝的十八年的前八年，孝庄主要是要处理好和摄政王多尔衮的关系。这是所有需要处理的问题当中的重中之重。这一点，孝庄是看得十分清楚的。多尔衮是努尔哈赤的十六个儿子中的第十四子，是皇太极的弟弟，也就是顺治帝福临的叔叔。皇太极死，他是接班的三名人选之一，而且是呼声很高的人选。努尔哈赤死时，他才十五岁。皇太极死时，他已三十二岁了。此时的多尔衮已不是彼时的多尔衮了。他战功显赫，实力雄厚。兄终弟继，这在满族的继统习俗中是正常的。何况皇太极又没有留下遗嘱。但是，经过八旗各派势力角逐调和，最后还是皇太极的第九子福临登基了。而由郑亲王济尔哈朗和睿亲王多尔衮任辅政王。然而，让人们始料不及的是，专权任事的多尔衮很快地就把持了皇权。

多尔衮是一个权力欲极强的人。当然，他也具备不可或缺的聪明才智。为了独揽皇权，当上了辅政王的多尔衮便把矛头对准了另一个辅政王济尔哈朗。济尔哈朗终于被削去亲王爵位，罢黜了辅政王，排除在决策层之外。多尔衮以高超的政治手腕，以两白旗为中坚，笼络了以代善为首的正红旗，安抚了镶红旗，分化了两黄旗，打击了两蓝旗，从而，逐步加强了中央集权。而正由于此，他本人的地位大大地提高，权势也大大地扩张了。他由顺治元年（1644）正月的摄政王，仅过了十个月，就加封为叔父摄政王，并建碑记功。又过了七个月，晋为皇叔父摄政王。加"叔父"还不满足，又加了一个明晃晃的"皇"字。"皇"是只有皇帝才有权独家使用的尊贵无比的字。多尔衮利令智昏，竟敢冒犯皇威，使用此字，这是明目张胆的僭越之举，是要祸灭九族的。他既然敢于接受这一称谓，就说明了他在国内的权力之大了。从这一点，也暴露了他想篡夺皇位的野心。还不止此，又过了三年半，竟晋为皇父摄政王。他本来只是福临的叔父，不是皇父。可是，他居然想当福临的皇父了。他正一步一步地向皇帝的宝座逼近。可是，他命运多舛，不料在两年后突然病死。时年三十九岁。福临下诏尊其为"懋德修道广业定功安民立政诚敬义皇帝，庙号成宗"。多尔衮死后终于被尊为"皇帝"了。

在七年的短时间内，多尔衮一再升级，当然不是小皇帝福临的主意，而是皇太后的主张。面对势焰熏天、专横跋扈的小叔子，势单力孤的皇太后又有什么办法呢？她一定是非常恐惧的。她陷入了沉思之中。她只能自己拿主意，没有人可以救她。她深知，只能自己救自己。这个美丽聪慧的奇女，并没有坠入慌乱无助的深渊，而是找到了一条挽救自己的小径。那就是韬光养晦，以柔克刚。用这个太极功夫，也许还能够拯救她们孤儿寡母。因此，才有中国历史上从来没有过的对辅政王这样地加封。从叔父、皇叔父到皇父，离废掉皇帝自己当皇帝，也就是一步之遥了。也许，皇太后想，你当了皇父，就不能再当皇帝了。不管怎样，只要福临不被废掉，就有翻身这一天。要争取时间，耐心等待。目前，除皇位外，你要什么，就给什么。一切以后再说。

同时，作为美丽的女性，她也极有可能施用特殊的手段，以达到自己的特殊目的。历史上有孝庄皇太后下嫁多尔衮一说。这是一桩历史谜案。我不同意此说。尽管满族有父死则妻其母后、兄死则妻其兄嫂的习俗，但是入主北京的皇室上层则已完全汉化，他们以汉族儒家的礼教传统作为行动的指南。这样做会被视为乱伦。尤其是皇太后更不敢明目张胆地公开下嫁，福临这一关也不可逾越。然而，为什么却出现了这种流言了呢？我想，这同当时孝庄皇太后对多尔衮的态度有关。由于形势所迫，皇太后不得不同多尔衮保持一种特殊的暧昧关系，倒是极有可能的。

孝庄的韬光养晦之策取得了胜利。处理多尔衮丧事的过程中，孝庄表现了惊人的冷静和超常的智慧。孤儿寡母把极端的喜悦藏在内心，外露的是极度的哀容。在皇太后的授意下，福临诏告臣民，全国易服举哀。多尔衮枢车回到北京，福临亲率文武百官，皆全身缟素，远远地到东直门五里外去迎接。还是在孝庄的安排下，福临又为多尔衮举行了最高的皇帝级别的丧礼。在丧礼上，十四岁的福临极表哀痛，泪流不止。

后来又追尊为"义皇帝"，强调"义"字，是不是感谢他不管怎样也没有篡位呢？很够哥们儿意思，够"义"气的，于是追谥了一个"义"字。在孝庄的直接安排下，对多尔衮，福临极尽哀容之礼数。这都是做给别人看的，因为还不到发难的时候。

与此同时，在保持外松的前提下，内部却抓得很紧。主要是做了三件事：一是收回信符。将多尔衮把持在他王府内的印信和档案都收回宫内；二是收回皇权。以后凡是重大事情一律报皇帝亲自处理；三是赐死阿济格。英亲王阿济格是多尔衮的亲哥哥。多尔衮死后，阿济格暴露了欲当多尔衮式的摄政王的野心。他既有言论，又有行动，甚至诱导端亲王博洛等速推举他为摄政王。他的这些狂悖之举，被多尔衮的近臣额可亲、吴拜等揭发了，说他"欲为乱"。他回京的路上，郑亲王济尔哈朗派兵严密监视。他一到北京，即被幽禁。后在狱中他又想举火暴乱，于是论死，赐自尽，爵除。阿济格手下的近臣也被处死。这样就解决了多尔衮一党的问题，为以后打击多尔衮做了必要的铺垫。以上三项紧急举措是非常及时、非常必要的。十四岁的福临不可能有如此过人的智慧和胆量。这些恰切的举措都是躲在幕后的孝庄皇太后亲自做出，而由皇帝福临切实执行的。

在办完丧事后，顺治八年（1651）正月十二日，福临怀着复杂的心绪在太和殿亲政。亲政后的福临除了做一些巩固君权的工作外，就是在孝庄的授意下，静待默观，等待时机，欲取东山之水来浇灭胸中怒火。

机会终于来了。福临亲政后的第一个月，多尔衮原手下的亲近重臣苏克萨哈等首先告发多尔衮悖逆等情。原来在多尔衮死时，他将生前准备的八补皇袍、大东珠朝珠、黑貂褂都秘密地放在他的棺材里，一同下葬了。而这三样东西是只有皇帝才可以使用的。多尔衮用了，是大逆不道，应予严惩。他们又进一步揭发，说多尔衮生前曾拟议擅自调动两白旗兵于永平府，有谋反迹象。但因事耽搁，未及出台。这就足够了。

孝庄密嘱福临，时机成熟了。福临下令调查多尔衮。结果，经多方揭发，其罪状愈显。后经四亲王综合，列出十大罪状，上报福临。福临和孝庄感到，甚合吾意。于是，严厉追治多尔衮罪，将多尔衮母子及妻所得封典悉行追夺，没收家产，将多尔衮掘墓鞭尸。卫匡国《鞑靼战纪》载："他们把尸体挖出来，用棍子打，又用鞭子抽，最后砍掉脑袋，暴尸示众。他的雄伟壮丽的陵墓化为尘土。在他死后，命运给了他应有的惩罚。"

从对多尔衮的处治来看，寻找不到皇太后下嫁的一丁点痕迹。皇太后对多尔衮是打翻在地，又踏上一只脚。这里能够看到的只有仇恨，是蓄积多年的挥之不去的深仇大恨。孝庄和福临终于泄了恨，报了仇。从此，也恢复了皇太后和皇帝应有的尊严。

对多尔衮一党则是区别对待，有奖有惩。对揭发者，如苏克萨哈给予信任。多尔衮和福临之间的矛盾斗争应该是皇室内部的争权夺势之争，无所谓正义与非正义。多尔衮当皇帝也未尝不可。他当了皇帝也不见得对中

皇
太
极

国不利。四亲王所上奏折，也是为迎合皇太后和皇帝的旨意而发的，其中不可能都是事实。我们不是在评价多尔衮。多尔衮是中国历史上不可多得的军事家和政治家。从大节看，他领兵入关、定鼎北京、横扫中原，功莫大焉。虽然多尔衮有想当皇帝的欲望，但他终于没有动手。因此，一百二十七年之后的乾隆皇帝为他平反昭雪，追封多尔衮睿亲王的封号，配享太庙，入盛京贤王祠。乾隆帝此举是符合历史实际的。

关雎宫宸妃。宸妃同皇太极的恋情是清宫史上的一段佳话。宸妃，姓博尔济吉特氏，名海兰珠，是孝端文皇后的侄女，孝庄文皇后的姐姐。她比妹妹布木布泰大五岁，长得如花似玉，性情活泼伶俐，具有女性的特殊魅力。天聪八年（1634）同皇太极成婚。那时她二十六岁，全身散发出成熟女性的特有风韵。皇太极同她很快坠入情网，不能自拔。崇德元年（1636）晋封其为关雎宫宸妃，仅次于孝庄文皇后，成为后宫第二人。关雎宫之"关雎"二字，取自《诗经》"关关雎鸠"的爱情诗句，这首诗表达了一个男子对女性的热爱。这里反映了皇太极同宸妃的一段感人肺腑的爱情故事。

"后宫佳丽三千人，三千宠爱在一身。"自从海兰珠进入后宫，就独占了皇太极所有的爱情。海兰珠获得了皇太极的专宠。于是，崇德二年（1637）七月初八日，生下一子。这是皇太极的第一个儿子，皇太极心花怒放。为此，颁发了清朝的第一个大赦令，与民同乐。御制文中说，"今蒙天眷，关雎宫宸妃诞育皇嗣"，因此大赦天下。一个初生的婴儿，就被定为皇嗣，说明其母的地位有多么不寻常了。

但非常不幸。这个婴儿只活了六个月，即死于天花。这个冷酷的现实严重地打击了宸妃。宸妃悲伤不已，每日以泪洗面。皇太极想尽各种办法，排解她的痛苦，但收效甚微。崇德四年（1639），晋封海兰珠和布木布泰的母亲科尔沁小福晋为贤妃，这是科尔沁家族的极大荣宠。皇太极的这次封典，完全是为了海兰珠。

崇德六年（1641）九月，前方松山锦州战事吃紧，皇太极御驾亲征。不料，从盛京传来宸妃病重的消息。皇太极不顾一切，迅速返回沈阳。途中，得到宸妃病危的传闻。皇太极立即拔营，刚刚进入沈阳，就传来宸妃已经病故的噩耗。皇太极踉踉跄跄进入关雎宫，扑向宸妃的遗体，捶胸顿足，痛哭不止。众人力劝，也止不住他的无限的悲哀。皇太极下令，宸妃丧殓之礼一切从厚。他自己离开宫院，独居御幄，悲痛不已，竟至六天六夜不饮不食，导致休克。大臣劝说他，"皇上宜仰体天意，自保圣躬，可为情率尔不自爱乎？"皇太极稍有醒悟，自言道："天生朕，为抚世安民，岂为一妇人哉？朕不能自持，天地祖宗特示谴尔。"但是，他仍然悲悼不已。诸王大臣为排解皇太极的痛苦，请求他到蒲河射猎。不想，路过宸妃墓，又勾起他的悲思，大哭一场。郡王阿达礼、抚国公扎哈纳都因为在宸妃丧礼期间作乐，被追夺王公爵位。当年十月二十七日，追封宸妃为敏惠恭和元妃。

麟趾宫贵妃。姓博尔济吉特氏，名娜木钟，即原察哈尔多罗大福晋囊囊太后，是原察哈尔林丹汗的福晋。她具有高贵的血统和美丽的容貌。皇太极同她的婚姻，固然是因为她的美丽，但与她的高贵的血统也是密不可分的。崇德元年（1636）封麟趾宫贵妃，为西宫大福晋。顺治九年（1652），清世祖福临加封为懿靖大贵妃。子一：博穆博果尔；女一。又抚养一蒙古女。

衍庆宫淑妃。姓博尔济吉特氏，原察哈尔林丹汗的窦土门福晋，为东次宫侧福晋。崇德元年，封衍庆宫淑妃。抚养蒙古女，嫁睿亲王多尔衮。顺治九年，加封康惠淑妃。

崇德帝皇太极有十五妻。

第一妻，孝端文皇后。姓博尔济吉特氏。科尔沁蒙古贝勒莽古思王爷的女儿。崇德元年，上建尊号，后亦正位中宫。女三：下嫁额哲、奇塔特、巴雅思祜朗。

第二妻，孝庄文皇后。姓博尔济吉特氏，名布木布泰。科尔沁部落寨桑女，孝端文皇后侄女。崇德元年，封永福宫庄妃。崇德三年（1638）正月三十日，福临生。福临即位，尊为皇太后。子一：福临，即顺治帝；女三：下嫁弼尔塔哈尔、色布腾、铿吉尔格。

第三妻，敏惠恭和元妃。姓博尔济吉特氏，名海兰珠，是孝端文皇后的侄女，孝庄文皇后的姐姐。她比妹妹布木布泰大五岁。崇德元年，封关雎宫宸妃。子一，二岁而殇。

第四妻，懿靖大贵妃。姓博尔济吉特氏，名娜木钟，阿霸垓郡王额齐格诺颜女。崇德元年，封麟趾宫贵妃。子一：博穆博果尔；女一：下嫁噶尔玛索诺木。又抚蒙古女，嫁噶尔玛德参，乃济旺之子。

第五妻，康惠淑妃。姓博尔济吉特氏，阿霸垓塔布囊博第噻楚祜尔女。崇德元年，封衍庆宫淑妃。抚蒙古女，皇太极命睿亲王多尔衮娶焉。

第六妻，元妃。钮祜禄氏，弘毅公额亦都女。子一：洛博会。

第七妻，继妃。乌拉纳喇氏。子二：豪格、洛格；女一：下嫁旺第。

第八妻，侧妃。叶赫纳喇氏。子一：硕塞。

第九妻，侧妃。扎鲁特博尔济吉特氏。女二：下嫁夸扎、哈尚。

第十妻，庶妃。纳喇氏。子一：高塞；女二：下嫁辉塞、拉哈。

第十一妻，庶妃。奇垒氏，察哈尔部人。女一：下嫁吴应熊。

第十二妻，庶妃。颜札氏。子一：叶布舒。

第十三妻，庶妃。伊尔根觉罗氏。子一：常舒。

第十四妻，庶妃。不知姓氏。子一：韬塞。

第十五妻，庶妃。不知姓氏。女一：下嫁班第。

清太宗的子女人数，已无法得知。以他的十五位后妃所生的子女计算，他的子女是二十五人：儿子十一人，女儿十四人，另抚养女儿二人。可谓枝叶繁茂，后继有人。

崇德帝皇太极有十一子。

第一子，豪格。封肃亲王。万历三十七年至顺治五年（1609—1648），寿四十。

第二子，洛格。十一岁殇。

第三子，洛博会。七岁殇。

第四子，叶布舒。封辅国公。天聪元年至康熙二十九年（1627—1690），寿六十四。

第五子，硕塞。封承泽亲王。天聪二年至顺治十一年（1628—1654），寿二十七。

第六子，高塞。封镇国公。崇德二年至康熙九年（1637—1670），寿三十四。

第七子，常舒。封辅国公。崇德二年至康熙三十九年（1637—1770），寿六十四。

第八子，未命名，二岁殇。

第九子，福临。清世祖章皇帝。崇德三年至顺治十八年（1638—1661），寿二十四。

第十子，韬塞。辅国公。崇德四年至康熙三十四年（1639—1695），寿五十七。

第十一子，博穆博果尔。襄亲王，十六岁卒。崇德六年至顺治十三年（1641—1656），寿十六。

三、崇德帝廿条语录

第一条，爱惜人民，盼得贤才：

金银钱帛虽多，不足喜。惟多得人，为可喜。金银钱币帛，用之有尽。如收得一二贤能之人，堪为国家之助，其利赖宁有穷也！且将来休养生息，我国人民日益繁庶矣。①

第二条，朕惟图治，人才为本：

（天聪九年）二月壬午朔（初一日），谕曰：朕惟图治，以人才为本，人臣以荐贤为要。尔满汉蒙古各官，果有深知灼见之人，即当悉行荐举。所举之人，无论旧归新附及已仕未仕，但有居心公正，克胜任使者，即当送吏部；有通晓文艺，居心公正，足备任使者，即呈送礼部。②

第三条，有道者昌，无道者废：

盖闻古来用兵征伐，有道者昌，无道者废。上天应感之理，昭然不爽。故自恃其力，而恣行杀夺，未有不败者也；克尽其道，而力行仁义，未有不兴者也。天运循环，但易其君，不易其民。若天意所与，则敌国之民，即我民也。今日天心所向，岂能预知？朕惟欲体仁行义，制敌养民而已。尔诸臣当申明法纪，教诫士卒，恪遵训谕，切识于心。务期力行正道，无作奸邪。不

---

① 《皇清开国方略》，第13卷，第9页。
② 《清太宗实录》，第22卷，第14页。

然，为奸为慝，肆行悖乱，则或责或诛，皆自取之。至俘获之人，勿离散其夫妻父子，勿掠取其衣服。尔诸臣以及士卒，各宜凛遵。①

第四条，关心民瘼，减轻差徭：

（崇德八年六月）谕诸臣曰：国有差徭，民力疲敝，皆由工部所致。如修治道途，不过培下就高，取其平坦而已。乃不论高下，概行培筑。重困民力，甚为扰累。至于民房稠密之处，不即量行拆毁，布置均匀，乃止揭取数椽而置之。小民何以安居？尔等其详加查究。②

第五条，关心士兵，从我做起：

尔等亦闻，古良将之待其士卒乎？于行兵之处，有遗（馈）箪醪者，虑不能遍饮，遂投醪于河，使士卒共饮其流。三军遂无不效死。又吴起为将，一卒生疽（jū，音居；毒疮），起亲为吮之。后兵卒感激战死。此前事，皆尔等所知也。凡士卒有伤，则调治之，病则慰问之。如此，则士心皆愿效死于主将之前矣。③

"有遗（馈）箪醪者"这个典故，是皇太极在文馆的书里读到的。《皇清开国方略》记道："（天聪五年正月己亥）文宗幸文馆，入巴克什库尔缠直（值）房，问所修何书，对曰：记注上所行事。太宗曰：此使臣之事，朕不宜观。乃取巴克什达海所译《武经》观之。内有云：昔良将之用兵，有馈箪醪者，使投诸河，与士卒同流而饮。夫一箪之醪，不能味一河之水，而三军之士思为致死者，以滋味之及己也。

因谕曰：古来为将帅者，必体恤士卒，乃我国额驸固（顾）三台，与

---

① 《清太宗实录》，第9卷，第17页。
② 《清太宗实录》，第65卷，第12页。
③ 《清太宗实录》，第9卷，第30页。

敌交锋，士卒有战死者，尝以绳系其足曳归。主将之轻蔑士卒若此，何以得其死力乎？"[1]

"夫一箪之醪，不能味一河之水，而三军之士思为致死者，以滋味之及己也。"这是说，一壶浊酒，不可能使一河之水染上酒味。但是，三军士兵喝了这条河里的水，竟然能够拼死杀敌，其原因是士兵在精神上感受到了浊酒的滋味而已。

士卒用命的原因其实很简单，就是你尊重了他的人格，他倒不是为了得到实惠。

据记载，这位不知爱惜士卒的镶蓝旗总管大臣额驸顾三台，一个月后就"因不谙机务，不能钤束士卒"而被撤职。其职务由太祖之弟、贝勒舒尔哈齐第八子芬古代替。

第六条，善待生命，爱护将士：

> 朕仰承天眷，攻城必克。但所虑者，倘失我一二良将，即得百城，亦不足喜。朕视将卒如子。尝闻语云：子贤，父母虽无积蓄，终能成立；子不肖，虽有积蓄，不能守也。此时正当善抚我军，蓄养精锐耳。[2]

第七条，申明法令，爱惜士卒：

> 又如额驸顾三台，朕非以其临阵怯懦、不能称职，革固山任也。当进攻昌黎时，本旗一卒被伤致死，以绳系其足，曳之而归。夫战则用之，而死不加恤，谁复效死直前耶？必也死则恤之，伤则临视调治之，乃可为主帅。固山额真果能体恤士卒，则人皆效死，愿授命于主将之前矣。我军总计虽众，若固山额真、梅勒额真、甲喇额真、牛录额真，各就所属而诚谕之，不难遍及。要在申明法令，爱惜士卒，则人人竞奋，建立功名，岂不

---

① 《皇清开国方略》，第14卷，第2页。
② 《皇清开国方略》，第12卷，第12页。

美乎?①

第八条，强调读书，重视学习：

（天聪五年闰十一月）朕令诸贝勒大臣子弟读书。所以使之习于学问，讲明义理，忠君亲上，实有赖焉。闻诸贝勒大臣有溺爱子弟，不令就学者，得毋谓我国虽不读书，亦未尝误事与。独不思昔我兵之弃滦州，皆由永平驻守贝勒，失于救援，遂致永平、遵化、迁安等城，相继而弃。岂非未尝学问、不明义理之故乎？今我兵围明大凌河城，经四越月，人皆相食，犹以死守。虽援兵尽败，凌河已降，而锦州、松山、杏山，犹不忍委弃而去者，岂非读书明道理，为朝廷尽忠之故乎？自今凡子弟十五岁以下、八岁以上者，俱令读书，如有不愿教子读书者，自行启奏。若尔等溺爱如此，朕亦不令尔身披甲出征，听尔任意自适，于尔心安乎？其咸体朕意，毋忽。②

第九条，射猎服制，盖不能忘：

（崇德二年四月丁酉）谕诸王贝勒曰：昔金熙宗及金主亮，废其祖宗时衣冠仪度，循汉人之俗，遂服汉人衣冠，尽忘本国言语。迨至世宗，始复旧制衣冠。凡言语及骑射之事，时谕子孙勤加学习。如元王马大郭，遇汉人讼事，则以汉语讯之。有女真人讼事，则以女真语讯之。世宗闻之，以具未忘女真之言，甚为嘉许。此本国衣冠言语，不可轻变也。

我国家以骑射为业。今若不时亲弓矢，惟耽宴乐，则田猎行阵之事，必致疏旷，武备何由而得习乎？盖射猎者，演武之法；服制者，立国之经。朕欲尔等时时不忘骑射，勤练士卒。凡出师、田猎，许服便服。其余俱令遵照国初之制，仍服朝衣。且谆谆训谕者，非为目前起见也。及朕之身，岂有习于汉俗之理？正

---

① 《清太宗实录》，第9卷，第20页。
② 《清太宗实录》，第10卷，第28页。

欲尔等识之于心，转相告诫，使后世子孙遵守，毋变弃祖宗之制耳。①

第十条，军纪"九勿"，约束部队：

（天聪三年十月癸丑）朕仰承天命，兴师伐明。拒战者，不得不诛。若归降者，虽鸡豚勿侵扰；俘获之人，勿离散其父子、夫妇；勿淫人妇女；勿掠人衣服；勿拆庐舍祠宇；勿毁器皿；勿伐果木。如违令杀降、淫妇女者，斩；毁庐舍祠宇、伐果木、掠衣服及离大纛入村落私掠者，鞭一百。又勿食明人熟食；勿酗酒。②

第十一条，避实击虚，留干伐枝：

取北京如伐大树，先从两旁斫，则大树自仆。朕不取关外四城，岂能克山海关？今明朝精兵已尽，我军四围纵略，彼国势日衰，我兵力日强，嗣后北京可得矣。③

第十二条，禁踏田禾，防微杜渐：

太宗谕诸贝勒大臣曰：昔太祖时，曾禁诸贝勒子侄，不许郊外放鹰。深恐践踏田禾，伤残牲畜，以致扰害贫民故也。今闻违背禁令，仍复扰民，此风渐不可长。朕凡行师出猎，虽严寒之时，皆驻跸郊外，不入屯堡，亦虑耗损民物耳。嗣后放鹰之人，若剥削小民，擅取牲畜，事发之后，决不轻贷。语云：涓涓不塞，将为江河；荧荧不救，炎炎奈何？盖以凡事，当杜渐防微。纵弛之后，则难整顿。若禁之不早，后悔无及矣。④

---

① 《清太宗实录》，第34卷，第27页。
② 《皇清开国方略》，第12卷，第7页。
③ 《皇清开国方略》，第31卷，第3页。
④ 《皇清开国方略》，第20卷，第8页。

第十三条，尊重生命，生命可贵：

（崇德八年六月）己丑（二十七日），谕兵部定军律。太宗命大学士希福、刚林，学士占巴、武达礼传谕兵部曰：凡行军之际，克城多而我兵不损者，为上；克城多而我兵损者，为中；至克城少而我兵大损者，为下，宜罪之。①

第十四条，人道精神，关爱降属：

先是，上所养永平、迁安官民，阿敏尽杀之。其妻、子分给士卒。至是，上闻之曰：朕留养官民，已被屠戮。何忍复令其妻、子为奴耶？命籍孤子、嫠妇，编为户口，给以房舍、衣食，俾无失所。②

第十五条，鼓励直言，支持敢谏：

（崇德二年三月丁酉）彼无知之辈，往往以进言者，谓之谗人。夫善者曰善，恶者曰恶，何所忌讳而不言？若植党营私，侵害善人，指以为恶，乃所谓谗。否则，明知其人之恶，而不以告，是欺其主也。圣经云：欲齐家，先修其身。修身齐家，而后国治。尔等若谨好恶之施，审接物之道，御下以义，交友以信，如此则身修矣。孝其亲，敬其长，恩惠及其子孙。亲戚如此，则家齐矣。身修家齐而国有不治者乎？太公曰：闲居静处而诽时俗，非吾民也。朕观蒙古察哈尔林丹汗不道，至于亡国，未闻其臣有直言其主，所行不道者。嗣后，朕或有失德，尔等即当面诤。试思以谏诤之故而斥者为谁？降革者为谁？亦何惮而不为。倘谏而不听，则非尔等之咎也。若既不能谏而徒纠其主上之失，

① 《皇清开国方略》，第31卷，第11页。
② 《清太宗实录》，第7卷，第24页。

303

议其国事之非，岂人臣靖共之谊乎？①

第十六条，见朕有过，即当极谏：

尔诸贝勒大臣，见朕有过，即当极谏，无有所讳。即如尔等何尝无过？当议论国事时，尝夸诩鹰犬良马，旁及戏言。即此一节，岂非过乎？凡人有过，当反求诸己而已。②

第十七条，拒者戮之，保护良民：

（天聪五年八月癸卯）上谕蒙古诸贝勒曰：朕荷承天眷，尔诸国遵约会师，师出以律，不宜有异。今此次伐明，倘蒙天佑，得入其地。惟拒者则戮之，慎勿擅杀良民。俘获之人，不得离其父子夫妇，不得掠取其衣服，违者夺其所获，仍依定例鞭责。官兵将领，各于所属详明晓谕。士卒不得擅离部伍，恣行搜掠。其悉遵军令勿违。③

第十八条，满汉之人，均属一体：

（天命十一年九月初七日，皇太极）谕曰：工筑之兴，有妨农务。从前因城郭边墙，事关守御，故劳民力役，事非得已。朕深用悯念。今修葺已竣，嗣后有颓坏者，止令修补，不复兴筑。用恤民力，专勤南亩，以重本务。其村庄田土，八旗移居已定，今后无事更移，可使各安其业，无荒耕种。如各牛录所居，有注下不堪耕种，愿迁移者，听之。至于满汉之人，均属一体。凡审拟罪犯，差役公务，毋致异同。其诸贝勒大臣，并在外驻防之人及诸贝勒下牧马管屯人等，有事往屯，各宜自备行粮。有擅取庄

① 《皇清开国方略》，第24卷，第2页。
② 《清太宗实录》，第9卷，第25页。
③ 《清太宗实录》，第9卷，第20页。

民牛羊鸡豚者，罪之。①

第十九条，理想目标，共享太平：

> 集八旗大臣谕曰：迩来将士等，得无以干戈未息，历兵秣马，从征劳瘁为苦。抑知敌国侵陵，仇怨所积，义当征伐。非彼实无罪，而我好为争战。倘我按兵不动，岂能必彼之相安无事？且盛暑严寒，朕与诸贝勒亲历行间，岂所乐为？亦出于不得已也。大小臣工，宜竭力奋勉，无生厌恶之心，抚恤士卒，精勤职业，俾黎庶耕桑乐业，衣食丰饶，共享太平，岂不休哉！②

第二十条，勤修国政，其祚必永：

> （崇德二年六月）甲寅，谕诸贝勒大臣勤修国政。太宗谕曰：朕承皇考创业，垂统嗣位以来，统一蒙古，收复朝鲜。自今以后，宜思所以宣布法纪，修明典常。当国运茂隆之时，若不立纲陈纪，次第振兴，后人将何所法守？尝观前代勤修国政，法制精详者，其祚必永；怠弃国政，苟且偷安者，其势必危。盖治国之道，如筑室然，基址坚而庀（pǐ，音劈；具备）材固，世世子孙可以久居。其或旦夕成功，不久即坏。此必然之势也。国家若果勤修政事，何由致败？否则倾危立至矣。嗣后尔等皆宜殚竭忠诚，助襄左右，朕惟欲整饬庶务，使子孙永守勿替耳。③

四、伟大的历史人物

崇德帝皇太极是完成其父努尔哈赤未竟之业的一位伟大的历史人物。他的人生虽短暂，却光芒四射。皇太极的特别之处就在于给世人留下了丰

---

① 《清太宗实录》，第1卷，第9页。
② 《皇清开国方略》，第13卷，第12页。
③ 《皇清开国方略》，第24卷，第6页。

富的精神遗产。这些精神财富，足以让吾人流连，令世人感叹。

细细想来，其精神遗产至少有十条可供我们参考。

第一条，人道精神，成功基石。作为一位握有生杀予夺大权的封建君主，皇太极难能可贵地拥有一种人道精神。这个人道精神，或人性情怀，甚或人道主义，始终萦绕在皇太极的身上。皇太极身上最闪光之点就是这个人道精神。可以毫不夸张地说，皇太极事业的成功，很大程度上是基于他的人道精神。人道精神是他事业成功的基石。

其一，反对暴力屠杀。其父努尔哈赤晚年犯的一个重大错误，就是实施了大屠杀政策，结果导致事业受阻，难以为继。努尔哈赤在对明朝征服的战争中，对汉人的大屠杀是屡见不鲜的。天命三年（1618）五月二十日，"松山墩城投降，包围那周围的四城，口说要投降，而又不投降，攻破城，全杀了"。七月二十二日，攻破清河城，"杀死全部兵丁，杀死的人压着许多受伤的人，也死了许多"。天命八年（1623）六月初九日，发现复州原有男丁七千人，现有一万一千人，认为多出的人全是奸细，让人检举，否则全杀。最后，大贝勒代善、宰桑古、多铎、硕托、阿济格率兵去了，"叛变是真实的，男人全杀了，俘虏子女、牛马"。这次就杀了一万一千人。天命十年（1625）十月初三日，努尔哈赤命令他的下属到各村去"鉴别"明朝归附的官员，如果发现有问题，就要"加以处分"，处分就是杀掉的意思。经过严格的"鉴别"，杀掉了很多人，剩下的有文化的秀才就很少了。后来努尔哈赤都"惋惜之至"，因为经过考试选拔，只"选拔三百余名秀才"，绝大部分都被杀掉了。努尔哈赤晚年的宁远之战之所以失利，其根本原因是失掉了民心。可以说，人心向背是努尔哈赤宁远之战失利的根本原因。

努尔哈赤的暴力屠杀政策，早就引起皇太极的不满。皇太极即位后，坚决反对暴力屠杀政策。对此，皇太极有自己的理论主张。《清太宗实录》记载了他对诸位大臣的一段话，很好地阐发了他的主张，谕曰："盖闻古来用兵征伐，有道者昌，无道者废。上天应感之理，昭然不爽。故自恃其力，而恣行杀夺，未有不败者也；克尽其道，而力行仁义，未有不兴者也。天运循环，但易其君，不易其民。若天意所与，则敌国之民，即我民也。今日天心所向，岂能预知？朕惟欲体仁行义，制敌养民而已。尔诸臣当申明法纪，教诫士卒，恪遵训谕，切识于心。务期力行正道，无作奸邪。不然，为奸为慝（tè，音特；邪恶），肆行悖乱，则或责或诛，皆自

皇
太
极

306

取之。至俘获之人，勿离散其夫妻父子，勿掠取其衣服。尔诸臣以及士卒，各宜凛遵。"①

这是天聪五年（1631）六月，他对诸大臣讲的充满哲理的一席话。所谓"盖闻古来用兵征伐，有道者昌，无道者废"，这是皇太极学习中国古代经典得到的启示。"故自恃其力，而恣行杀夺，未有不败者也；克尽其道，而力行仁义，未有不兴者也。""自恃其力，恣行杀夺"，是毫无出路的，只能自取其败。皇太极认为："若天意所与，则敌国之民，即我民也。"这个见解，体现了作为伟人的博大胸襟。皇太极给自己制定的战略目标即是："朕惟欲体仁行义，制敌养民而已。"他坚决反对"为奸为慝，肆行悖乱"，主张"务期力行正道，无作奸邪"。这篇讲话，可以看作皇太极的战略理论。皇太极正是依据这个理论，取得事业成功的。这段讲话，可以视为体现皇太极人道精神的至理名言。

其二，强调和平友爱。皇太极的理想国是和平友爱的满蒙汉大家庭，没有战争，没有贫穷，耕桑乐业，衣食丰饶。他曾经说道："迩来将士等，得无以干戈未息，厉兵秣马，从征劳瘁为苦。抑知敌国侵陵，仇怨所积，义当征伐。非彼实无罪，而我好为争战。倘我按兵不动，岂能必彼之相安无事？且盛暑严寒，朕与诸贝勒亲历行间，岂所乐为？亦出于不得已也。大小臣工，宜竭力奋勉，无生厌恶之心，抚恤士卒，精勤职业，俾黎庶耕桑乐业，衣食丰饶，共享太平，岂不休哉！"②

皇太极一再强调"非彼实无罪，而我好为争战"，意思是说，不是明朝没有罪过，我们硬要打仗。我们不打，他们能够"相安无事"吗？我们和明朝战争，实在是"出于不得已"，没有办法。但是，我们的前途是美好的，那应该是一个"耕桑乐业，衣食丰饶，共享太平"的美好世界。这个理想世界，也体现了皇太极的人道情怀。

其三，主张严肃军纪。皇太极身经百战，是冲锋陷阵的行家里手。他对军队纪律的过往及现状，都有充分的了解和深刻的认识。他本人充满悲天悯人的浓厚情怀，对于无端杀戮坚决反对。两军对垒，皇太极特别强调部队纪律。每逢军队开拔，他都要重申军纪。在多次重申军纪的过程中，

---

① 《清太宗实录》，第 9 卷，第 17 页。
② 《皇清开国方略》，第 13 卷，第 12 页。

他的要求也在不断地完善，最后形成了军纪"九勿"。《皇清开国方略》记道："朕仰承天命，兴师伐明。拒战者，不得不诛。若归降者，虽鸡豚勿侵扰；俘获之人，勿离散其父子、夫妇；勿淫人妇女；勿掠人衣服；勿拆庐舍祠宇；勿毁器皿；勿伐果木。如违令杀降、淫妇女者，斩；毁庐舍祠宇、伐果木、掠衣服及离大纛入村落私掠者，鞭一百。又勿食明人熟食；勿酗酒。"①

这是天聪三年（1629）十月，皇太极征讨明朝时发布的战前动员令的内容。这个军纪"九勿"，具体内容是：若归降者，虽鸡豚勿侵扰；俘获之人，勿离散其父子、夫妇；勿淫人妇女；勿掠人衣服；勿拆庐舍祠宇；勿毁器皿；勿伐果木；勿食明人熟食；勿酗酒。严肃申明："如违令杀降、淫妇女者，斩；毁庐舍祠宇、伐果木、掠衣服及离大纛入村落私掠者，鞭一百。"这个惩罚的具体措施，深入人心，威慑力大。特别强调两条，即杀降顺和淫妇女，坚决处以极刑。严肃军纪的思想基础，就是人道精神。

其四，严惩违纪分子。总有以身试法者。军纪严明，还是有人触犯军纪。皇太极对于触犯军纪者，不论职务高低，一视同仁，一律加以严惩。最典型的例子，就是二贝勒阿敏违反军纪案。事情是这样的。

天聪四年（1630）五月，皇太极攻占了明朝北方四城：永平、滦州、迁安、遵化。皇太极命二贝勒阿敏及贝勒硕托，率兵驻守四城。并谆谆告诫阿敏："其永平、遵化、滦州、迁安等处，归顺之民，耕种田禾，宜严禁扰害。此四处降民，为汉人未降者所瞩目，岂可令其失望？"这是说，皇太极要把此四城作为明朝降顺的样板，大面积推广他的优待降民的俘虏政策。这是他征讨明朝的一个重要的战略思想。

但是，阿敏遇到明朝的进攻，惊慌失措，决定逃亡。在逃跑前，大开杀戒，大肆掠夺。将降顺的汉官，"悉戮之"。"并屠城中百姓，收其财帛。"皇太极听到这个消息，愤怒地斥责道："镇守永平阿敏、硕托，自入敌境，未见敌形，未发一矢。将永平、迁安归顺之民，尽杀之。天所与之四城，尽弃之，率众遽归。"

皇太极命诸贝勒大臣议定阿敏的罪行，诸贝勒大臣议定阿敏犯有十六条罪状，应处以极刑。皇太极法外施恩，没有处以死刑，将其终身幽禁。

① 《皇清开国方略》，第12卷，第7页。

并对镇守滦州及镇守永平之贝勒诸臣分别情况，一律予以定罪处分。涉及贝勒硕托、固山额真汤古代、总兵官纳穆泰、理黄旗事巴布泰、图尔格、固山额真雍舜、固山额真之子达赉、备御松俄图、游击恩特、爱木布路、黑勒、尼马察、郎什、德尔得赫等，计十四名。

在受到处分的十四名官员中，有三名是皇太极的至亲，即硕托、汤古代、巴布泰。硕托是现任后金国第二把手大贝勒代善的第二子，是皇太极的亲侄。汤古代是皇太极的哥哥，巴布泰是皇太极的弟弟。皇太极一视同仁，并不因为是自己的亲戚而有丝毫手软。

这次不仅处分了二贝勒阿敏这个后金国的第三号大人物，而且处理了一大批犯有错误的官员。所涉官员层次高，数量大，标准严，量罪准。处分的基本精神是批判从严，处理从宽，一个不杀，全部不抓。即以阿敏的处分而言，完全可以将其杀掉，但皇太极不仅没杀，对他还给予了一定的物质待遇，使他仍然享有有限的个人尊严。

法国浪漫主义作家、人道主义的先驱维克多·雨果有一句名言："在绝对正确的革命之上还有一个绝对正确的人道主义。"此话值得咀嚼，值得回味。

第二条，民主意识，胜利保证。作为封建君主，难能可贵的是皇太极拥有相当的民主意识。封建皇帝几乎全部是唯我独尊，大权独揽，颐指气使，独断专行。而皇太极体现了封建君主十分缺乏的作风，就是民主作风、民主意识。

天聪汗皇太极同三大贝勒代善、阿敏及莽古尔泰面南而坐。封建君主的座位仪制规定，皇帝宝座向来是独家享用，不会惠及他人。而皇太极却独出心裁，竟然命三大贝勒与自己同时面南而坐。这个决定是皇太极独自做出的。具体证据有四个：

第一个证据。天命十一年（1626）九月初一日，皇太极登基。九月初二日，皇太极率诸贝勒大臣宣誓。宣誓完毕，"上以三大贝勒推戴，初登宸极，不遽以臣礼待之，率诸贝勒行三拜礼"。《皇清开国方略》记载更明确："誓毕，太宗率诸贝勒向代善、阿敏、莽古尔泰三拜，不以臣礼待之。"国汗皇太极给臣子三大贝勒行三拜礼，这个礼节体现了皇太极的民主意识。

第二个证据。天命十一年（1626）十一月初四日，大贝勒代善、阿敏等征讨蒙古喀尔喀扎鲁特部落凯旋，"上以大贝勒代善、阿敏二兄跪拜，不欲坐受。率大贝勒莽古尔泰及诸大臣答礼"。接见凯旋之大贝勒代善、阿敏，皇太极等给他们两位答礼。这也可看出皇太极的民主意识。

第三个证据。《清太宗实录》记载了大年初一皇太极朝会的礼节："天聪元年丁卯春正月己巳朔（初一日）……上御殿，诸贝勒大臣、文武群臣朝贺。各按旗序，行三跪九叩头礼。大贝勒代善、阿敏、莽古尔泰，以兄行，命列坐左右，不令下坐。凡朝会之处，悉如之。"这里记载的"大贝勒代善、阿敏、莽古尔泰，以兄行，命列坐左右，不令下坐。凡朝会之处，悉如之"，意义重大。"列坐左右"，就是说三大贝勒列坐在皇太极之两侧，四人同时面南而坐。这个皇宫礼仪扩展至多个方面，"凡朝会之处，悉如之"。这个四人同时面南而坐的仪制，表现了皇太极的民主意识。

第四个证据。后来二贝勒阿敏、三贝勒莽古尔泰相继犯了错误，陆续失去了面南而坐的资格。但是，大贝勒代善依然在皇太极西侧朝东而坐，直到皇太极病逝的前一天，代善仍然坐在崇德帝皇太极之西侧。《清太宗实录》记道："（崇德八年八月初八日）……列崇政殿，上御殿，和硕礼亲王代善入。上降阶迎之，复自中阶升御座。代善升自西阶，坐于殿内西侧。"第二天，皇太极病逝。看到代善进入大殿，皇太极从台阶上下来，迎接代善。然后从中间台阶回去，又坐在御座上。代善则从西阶上去，坐于大殿西侧，面朝东。可见，皇太极始终坚持大贝勒御前赐座的仪制。

第三条，关心民瘼，立国之本。皇太极关心百姓的生活疾苦，尽量减轻百姓负担，减少百姓徭役。《清太宗实录》记道："（崇德八年六月）谕诸臣曰：国有差徭，民力疲敝，皆由工部所致。如修治道途，不过培下就高，取其平坦而已。乃不论高下，概行培筑。重困民力，甚为扰累。至于民房稠密之处，不即量行拆毁，布置均匀，乃止揭取数椽而置之。小民何以安居？尔等其详加查究。"这里讲了两件事：

第一件事，制止形象工程。修治道路，工部不顾实际情况，不是"取其平坦"，而是大搞整齐划一，注重形象，"乃不论高下，概行培筑"。皇太极批评他们"重困民力，甚为扰累"。

第二件事，制止乱拆滥建。大约是盛京的改造工程，在民房稠密集聚地区，随意拆毁民房的椽木，"乃止揭取数椽而置之"，让你无处可居，逼令搬家。这是一个损招。皇太极愤怒地指责："小民何以安居？"

这两件事，皇太极都非常不满，指示部下"尔等详加查究"。

作为封建皇帝的皇太极能够注意于此，并亲自发出上谕，真是匪夷所思。

第四条，人才为本，盼得贤才。皇太极目光高远，胸襟博大。他深刻地认识到人才的重要性。《清太宗实录》记道："（天聪九年）二月壬午朔（初一日），谕曰：朕惟图治，以人才为本，人臣以荐贤为要。尔满、汉、蒙古各官，果有深知灼见之人，即当悉行荐举。所举之人，无论旧归新附，及已仕未仕，但有居心公正，克胜任使者，即当送吏部；有通晓文艺，居心公正，足备任使者，即呈送礼部。"皇太极在这里说出了一个灵魂词："以人才为本。"所谓灵魂词，就是能够反映事物本质的词汇。灵魂词比关键词级别要高，内涵要富，意义要深。"人才为本"，道出了皇太极急切盼得贤才的心情。

皇太极对人才的要求范围很宽，即"无论旧归新附，及已仕未仕"。就是说，不管是否原来的满洲，还是新近归附的蒙古、汉人；也不论是已经为官的，还是现在仍为平民者，只要"居心公正"，具有才能，就提拔重用。皇太极的人才观是不问门第，不论出身，唯才是举，唯才是用。这是一个心胸博大的人才观。

皇太极在《皇清开国方略》里进一步说道："金银钱帛虽多，不足喜。惟多得人，为可喜。金银钱币帛，用之有尽。如收得一二贤能之人，堪为国家之助，其利赖宁有穷也！且将来休养生息，我国人民日益繁庶矣。"这里是说，人才比金钱重要得多。"一二贤能之人"，是国家的栋梁，他们对国家的贡献是没有穷尽的。

皇太极说到做到，这样的例子不胜枚举。归降的蒙古、汉人官员，皇太极都加以重用。最典型的例子是明朝降将总兵官祖大寿，第一次投降后，他以诈降锦州明朝官员为名，偷偷溜走。皇太极等待了他十年，最后祖大寿终于投降。投降后，祖大寿还是得到皇太极的高度信任，认为他"能久守者，读书明理之效"，加以赞扬，并予以重用。

第五条，爱惜将士，善待生命。皇太极对部队将士的生存状态，极为关注。他经常就将士的生命问题，发布上谕，教导部署，关心将士，善待生命。

皇太极在《皇清开国方略》里说道："朕仰承天眷，攻城必克。但所虑者，倘失我一二良将，即得百城，亦不足喜。朕视将卒如子。尝闻语云：子贤，父母虽无积蓄，终能成立；子不肖，虽有积蓄，不能守也。此时正当善抚我军，蓄养精锐耳。"

皇太极在《皇清开国方略》里又说："太宗命大学士希福、刚林，学士占巴、武达礼传谕兵部曰：凡行军之际，克城多而我兵不损者，为上；克城多而我兵损者，为中；至克城少而我兵大损者，为下，宜罪之。"

皇太极在《清太宗实录》里还说："又如额驸顾三台，朕非以其临阵怯懦、不能称职，革固山任也。当进攻昌黎时，本旗一卒被伤致死，以绳系其足，曳之而归。夫战则用之，而死不加恤，谁复效死直前耶？必也死则恤之，伤则临视调治之，乃可为主帅。"

额驸顾三台因不能善待士卒，终被免职。

第六条，强调学习，注重教育。皇太极反对没有文化的诸贝勒的大老粗谬论，他们说："我国子弟虽然不读书学习，也没耽误什么事。"皇太极运用无可辩驳的事实，说明没有知识文化是不行的。皇太极运用永平、迁安、滦州、遵化四城的相继沦陷，说明没有文化、不明义理的害处。明朝大凌河城之所以能够坚守四个多月，也是因为祖大寿等"读书明道理"的缘故。

由此，皇太极感慨万千地说道："自今凡子弟十五岁以下、八岁以上者，俱令读书，如有不愿教子读书者，自行启奏。若尔等溺爱如此，朕亦不令尔身披甲出征，听尔任意自适，于尔心安乎？其咸体朕意，毋忽。"

第七条，有道者昌，无道者废。皇太极极为重视战争的正义性，他无时无刻地宣传"有道者昌，无道者废"的道理。《清太宗实录》记道："盖闻古来用兵征伐，有道者昌，无道者废。上天应感之理，昭然不爽。故自恃其力，而恣行杀夺，未有不败者也。克尽其道，而力行仁义，未有不兴者也。天运循环，但易其君，不易其民。若天意所与，则敌国之民，即我民也。今日天心所向，岂能预知？朕惟欲体仁行义，制敌养民而已。尔诸臣当申明法纪，教诫士卒，恪遵训谕，切识于心。务期力行正道，无作奸邪。不然，为奸为慝，肆行悖乱，则或责或诛，皆自取之。"

第八条，鼓励直言，支持敢谏。（天聪五年，1631）三月乙亥朔（初一日）令贝勒大臣尽言直谏。时大贝勒代善、三贝勒莽古尔泰之次，有议政十贝勒（阿巴泰、德格类、济尔哈朗、阿济格、多尔衮、岳托、多铎、杜度、萨哈廉、豪格）、八大臣（楞额礼、达尔汗、和硕图、色勒、喀克笃哩、伊尔登、叶臣、顾三台）。皇太极作书三函，分别给予两大贝勒、议政十大臣和八大臣，鼓励他们直言敢谏。

第一书，与大贝勒和三贝勒，书曰："两兄与众，定策推戴朕躬。数年以来，无日不兢兢业业。期于上继前业，下协民情。顷闻国人，或有怨言，必刑狱不得平欤？赏功有所偏私欤？或耽于佚乐、黩于财货欤？其咎在予，予弗自知。赖旁观者明告知。夫此大业，非予眇躬所自到。乃皇考艰难缔造，以留贻者。当祗承罔坠，则皇考神灵欣慰。上天亦加眷佑。倘有陨越，则皇考神灵怨恫，上天亦加谴责矣。古人有言：同舟共济，济则均享其福；不济，则均受其害。我两兄勿以责任在予，而面从与。有过宜直言，若不见纳，方可弃予而不言。今相率缄默，非予不乐闻己过也。国家政令有当更改者，即议更改，务期至当。俾臣民遵守焉。"

皇太极以弟弟的身份，对大贝勒代善与三贝勒莽古尔泰进行了温和的软批评，要求他们"我两兄勿以责任在予，而面从与。有过宜直言，若不见纳，方可弃予而不言。今相率缄默，非予不乐闻己过也"。你们不要再缄默下去，我等待你们的回音。

第二书，与议政十贝勒，谕曰："我皇考神灵，天纵抚服诸国，以贻后人。诸弟侄推戴朕躬，嗣登君位。数年于兹，未闻一言规朕之过。尔等岂以朕为不可言者乎？此后凡有所见，即宜直言。朕之过愆以及百姓之疾苦，一一指陈，无有所隐。"

这封书信，皇太极以亲戚的身份真诚地鼓励建言，埋怨他们"数年于兹，未闻一言规朕之过"。强烈要求他们："此后凡有所见，即宜直言。"

第三书，与八大臣，谕曰："尔等由众人之擢居要职，与诸贝勒共议国政。原欲尔等规谏朕及诸贝勒过失，于国计民生有所裨益。今闻国人以谳狱不平滋怨，是政治有阙失也。朕未能亲接国人而遍询之，惟借尔等入告。乃梭巡缄默，若恐言未必从，且因之获咎。试思前此谏净之故而罢斥者为谁？谴责者为谁？若朕之虚怀听纳，尔等固共见矣。况上天垂佑，正在此时。不及时敷奏，见之施行。朕将奚赖焉？宜各以公忠体国之心，且夕不忘匡救。凡朕躬及政治阙失，其悉心陈论焉。"①

---

① 《皇清开国方略》，第14卷，第2页。

皇太极指出，你们不积极建言，大概是有思想顾虑："乃梭巡缄默，若恐言未必从，且因之获咎。"一是担心建言落空，"言未必从"；二是担心言者有罪，"因之获咎"。皇太极接着反问道："试思前此谏诤之故而罢斥者为谁？谴责者为谁？"你们想一想，以前的建言者，我罢斥过谁？谴责过谁？要求他们"宜各以公忠体国之心，且夕不忘匡救。凡朕躬及政治阙失，其悉心陈论焉"。

以上是皇太极在任天聪汗期间的求谏信。

崇德二年（1637），在皇太极当上皇帝后，更是强烈要求诸贝勒大臣直言敢谏。他说："（崇德二年三月丁酉）彼无知之辈，往往以进言者，谓之谗人。夫善者曰善，恶者曰恶，何所忌讳而不言？若植党营私，倾害善人，指以为恶，乃所谓谗。否则，明知其人之恶，而不以告，是欺其主也。圣经云：欲齐家，先修其身。修身齐家，而后国治。尔等若谨好恶之施，审接物之道，御下以义，交友以信，如此则身修矣。孝其亲，敬其长，恩惠及其子孙。亲戚如此，则家齐矣。身修家齐而国有不治者乎？太公曰：闲居静处而诽时俗，非吾民也。朕观蒙古察哈尔林丹汗不道，至于亡国，未闻其臣有直言其主，所行不道者。嗣后，朕或有失德，尔等即当面诤。试思以谏诤之故而斥者为谁？降革者为谁？亦何惮而不为。倘谏而不听，则非尔等之咎也。若既不能谏而徒纠其主上之失，议其国事之非，岂人臣靖共之谊乎？"

皇太极以蒙古察哈尔林丹汗无道败亡的教训，提醒诸贝勒大臣直言敢谏。恳切要求他们，"朕或有失德，尔等即当面诤"。你们不要存在顾虑，"试思以谏诤之故而斥者为谁？降革者为谁？亦何惮而不为"。

不仅如此，皇太极还鼓励臣下，"见朕有过，即当极谏"。谕曰："尔诸贝勒大臣，见朕有过，即当极谏，无有所讳。即如尔等何尝无过？当议论国事时，尝夸诩鹰犬良马，旁及戏言。即此一节，岂非过乎？凡人有过，当反求诸己而已。"

皇太极鼓励极谏，虚纳真言，难能可贵，殊属不易。

在皇太极的鼓励下，一些官员真的上疏建言，议论国事。兹举一例加以说明。天聪七年（1633）正月十九日，书房秀才马国柱上一奏折，建议设立言官。此奏折为《马国柱请更养人旧例及设言官奏》，文曰：

……言路官员宜设。臣向同高（高鸿中）、鲍（鲍承先）、宁（宁完我）、范（范文程）诸臣上奏言："言官当立。"汗应曰："何必立言官，我国人人得以进言。若立言官，是隘言路也。"汗见未尝不是，但未赌不立言官之害也。请详言之。言官不立，无责成，而有嫌疑，谁肯言之？即有言者，必私而不公。是开人以报复之门，而扰乱国家也。汗试思连年以来，谁曾公道说几件事来？即有言者，果是为汗为国？抑是报怨报仇？汗一详思而自明矣。建立言官，乃千古帝王之美意良法。后世人主，虽有神圣亦不得弃而不置。若言官一立，汗之过失得闻，贝勒是非不掩，国中善恶可辨，小民冤苦得伸。虽言官至私，必不敢少隐父兄之过者，职分使然也。臣观我国近日欺瞒成风，朋党搏击，善恶混淆，真假莫辨，实可为寒心而扼腕者。祛弊防奸之著，莫要于言官之设也……谨奏。①

马国柱在这里直接驳斥了皇太极"何必立言官"的错误说法。这是需要理论勇气的。同时，又痛切指出："臣观我国近日欺瞒成风，朋党搏击，善恶混淆，真假莫辨，实可为寒心而扼腕者。祛弊防奸之著，莫要于言官之设也。"

皇太极阅读了高鸿中、鲍承先、宁完我、范文程、马国柱等人的奏折，深感设立都察院的必要，改变了自己原来的看法，于崇德元年（1636）五月设立了都察院。

第九条，满汉之人，均属一体。皇太极的民族政策，继承了父汗努尔哈赤的既定国策，是十分成功的。皇太极强调满蒙汉各族相互融合，和谐相处，满汉之人，均属一体。没有高低贵贱之分，你中有我，我中有你，亲如一家。即灵魂词："满汉之人，均属一体。"《清太宗实录》记道："至于满汉之人，均属一体。凡审拟罪犯，差役公务，毋致异同。"

其实，皇太极对归顺的汉官实行了倾斜政策，对新降顺汉官的待遇要优于原来的满官。这个倾斜汉官的政策，引起部分满官的不满。但是，某些新降顺的汉官，仍然不知满足，又提出了一些不切实际的过高要求。这

---

① 《天聪朝臣工奏议》，第42页。

使得皇太极感到有必要对汉官进行思想教育，使他们看清实际，知恩图报，不要贪得无厌，无所底止。于是，皇太极于天聪八年（1634）正月初六日，召集众官于内廷，特派贝勒萨哈廉传达上谕曰："……然试取满洲之功，与尔等较之，果孰难孰易乎？满洲竭力为国，有经百战者，有经四五十战者，尔等曾经几战乎？朕遇尔等稍有微劳，即因而擢用，加恩过于满洲。若与满洲一例较伤论功，以为升迁，则尔今之为总兵者，未知尚居何职也……然蒙天眷佑，所获财物，原照官职功次，加以赏赉。所获地土，亦照官职功次，给以壮丁。从前分拨辽东人民时，满汉一等功臣，占丁百名。其余俱照功，以次散给。如尔等照官职功次之言，果出于诚心，则满汉官员之奴仆，俱宜多寡相均。乃尔汉官或有千丁者，或有八九百丁者，余亦不下百丁。满官曾有千丁者乎？记功而论，满洲一品大臣应得千丁。今自分拨人丁以来，八九年间，尔汉官人丁，多有溢额者……尔等试思之，非朕加恩尔等宥尔过愆，能任尔等多得乎？现今贝勒满洲大臣，以尔等私隐人丁，孰不怀怨？"[1]

听了皇太极的一席话，降顺的汉官哑口无言，心服口服。确实，降顺的汉官是一批新干部，新干部的待遇远远高于原来身经百战或数十战的老干部，老干部能不心怀怨愤吗？这个向汉官的倾斜政策，完全是天聪汗皇太极个人的高瞻远瞩的战略思维的产物。这个政策也是以皇太极个人的巨大权威为支撑的。当然，这个倾斜政策最终也委实为大清国带来了丰厚的利益。

第十条，理想目标，共享太平。皇太极在长期征战中，深入下层，了解底层，熟悉百姓的生活状态，知道民间的厌战心理。为了鼓励将士，皇太极在回答我们为什么要同明朝征战的问题之后，并适时地描绘了未来的美好愿景，谕曰："大小臣工，宜竭力奋勉，无生厌恶之心，抚恤士卒，精勤职业，俾黎庶耕桑乐业，衣食丰饶，共享太平，岂不休哉！"

皇太极的理想国是"耕桑乐业，衣食丰饶"的"太平"世界。皇太极呼吁，为了这个理想世界，让我们共同努力奋斗吧！

可以毫不夸张地说，崇德帝皇太极是完成其父努尔哈赤未竟之业的一位伟大的历史人物。皇太极是一位文韬武略的军事家，也是一位纵横捭阖

① 《清太宗实录》，第17卷，第14页。

皇太极

的政治家。他的文治武功堪与中国历史上任何一个创业君主媲美。他的短短的五十二岁的一生，极富传奇色彩。他的人生轨迹宛如一幅波澜壮阔的历史画卷，五光十色，色彩斑斓。

皇太极给世人留下的精神遗产，值得深思，值得品味。

着笔至此，意犹未尽。我突然联想起了美国的《五月花号公约》。这个享誉世界历史的公约，与皇太极创立的大清国政权试可一比。那么，我们先来看一看这个公约吧。

这个公约来自一批追梦者。1620 年 9 月，英国的一群清教徒、失业者和追梦人等一百零二人，在牧师布莱斯特的率领下，乘上"五月花号"大帆船，向北美洲进发。清教徒受到迫害，失业者一无所有，追梦人不满现状。他们孕育着美梦，憧憬着未来，走到了一起。

"五月花号"帆船在海上颠簸漂泊了六十六天，追梦者受尽痛苦折磨。他们的目的地本来是哈德逊河口地区，但由于海上风浪险恶，他们错过了目标，于是就在现在的科德角外普罗温斯顿港抛锚。时间定位于 1620 年 11 月 11 日。为了建立一个大家都能受到约束的自治基础，他们在上岸之前签订了一份公约。

四十一名成年男乘客在船上签订了这份公约。在这份后来被称为《五月花号公约》的文件里，签署人立誓创立一个自治团体。这个团体是基于被管理者的同意而成立的，并将依法而治。

《五月花号公约》文字简短，兹照录如下：

《五月花号公约》（*Mayflower Compact*）。

以上帝的名义，阿门。

我们，下面的签名人，作为伟大的詹姆斯一世的忠顺臣民，为了给上帝增光，发扬基督教的信仰和我们祖国与君主的荣誉，特着手在弗吉尼亚北部这片新开拓的海岸建立第一个殖民地。我们在上帝的面前，彼此以庄严的面貌出现，现约定将我们全体组成公民政体，以使我们能更好地生存下来并在我们之间创造良好的秩序。为了殖民地的公众利益，我们将根据这项契约颁布我们应当忠实遵守的公正平等的法律、法令和命令，并视需要而任命我们应当服从的行政官员。

这份文件译成汉语只有二百一十六字，内容简洁，意义重大。这一段文字阐述了这样一个道理：国家是民众以契约的形式合意组建的，国家的公权力来自民众所出让的部分权利的组合。签署人立誓要创立一个不同于欧洲的自治社会，这个社会最核心的理念是：基于被管理者的同意而创立，且将依法而行自治。

这就是美国在建国之前，其历史上第一份极为重要的政治契约，也是其历史上第一份极端重要的政治文献。学者认为，在整个人类文明史上，这份文件的意义几乎可以与英国的《大宪章》、美国的《独立宣言》、法国的《人权宣言》等文献相媲美。

19世纪英国法律史家梅因在其名著《古代法》中，概括了人类社会的发展走势："所有进步社会的运动，到此处为止，是一个从身份到契约的运动。"这就是说，人类社会从身份社会到契约社会是一个发展的过程。

身份社会的特质是暴力原则。身份社会承认弱肉强食的胜王败寇的森林法则。如果以人为视角观察社会的发展，中古社会是家族本位，现代社会是个人本位。家族本位是身份社会，个人本位是契约社会。在家族本位时代，个人的一切全部来自家族。个人的权利、地位、财产、荣誉不是个人奋斗得来的，而是家族先天赐予的。

皇太极的后金国诞生于1627年，其父汗努尔哈赤建立后金国之时是1616年。后金国就是一个以家族本位立世的国家。后金国的政治精英，几乎全部是努尔哈赤的家族精英。家族精英的一切全部来自于先天的优势家族。

契约社会的特征是个人自由。同样是17世纪60年代，《五月花号公约》所要建立的社会是契约社会。契约社会是现代社会。契约社会是以个人为本位的社会。简言之，在契约社会里，个人的权利与义务，已不再来自家族，而是来自他所参与制定的社会契约。现代社会最根本也是最重要的契约是宪法。契约社会是个体之间平等的社会。

皇太极所建立的身份社会其来有自，其去亦远。这个中古的身份社会同现代的契约社会南辕北辙，差距甚大，风马牛不相及。其沉重的历史包袱长久绵延，阴魂不散，值得注意，值得深思。

皇太极大事年表

万历二十年（壬辰　1592）　一岁

十月，二十五日，皇太极诞生。为努尔哈赤第八子。取名皇太极，是为清太宗。母叶赫纳喇氏，名孟古姐姐。

万历二十二年（甲午　1594）　三岁

自幼聪敏，"甫三龄，颖悟过人"。

万历二十六年（戊戌　1598）　七岁

"七岁以后，太祖委以一切家政，不烦指示，即能赞理，巨细悉当。及长，益加器重。"

万历三十一年（癸卯　1603）　十二岁

正月，自费阿拉迁至赫图阿拉。

九月，母亲叶赫纳喇氏孟古姐姐去世。自幼常随父亲出外狩猎，骑射娴熟。

万历四十年（壬子　1612）　二十一岁

九月，随父出征乌拉，为领兵大将之一。

十月，第十四弟多尔衮生。

万历四十二年（甲寅　1614）　二十三岁

二月，第十五弟多铎生。

六月，娶蒙古科尔沁贝勒莽古思女博尔济吉特氏为妻，后清尊为孝端文皇后。

万历四十三年（乙卯　1615）　二十四岁

九月，初八日，分设八旗大臣。

万历四十四年（丙辰　天命元年　1616）　二十五岁

正月，五十八岁的努尔哈赤在赫图阿拉称覆育列国英明汗，建立后金，年号天命。命次子代善为大贝勒，弟子阿敏为二贝勒，五子莽古尔泰为三贝勒，八子皇太极为四贝勒。命额亦都、费英东、何和里、扈尔汉、安费扬古为五大臣。统称为四大贝勒和五大重臣。

万历四十六年（戊午　天命三年　1618）　二十七岁

正月，英明汗努尔哈赤谕诸臣，决于本年征明。

四月，十三日，努尔哈赤宣布"七大恨"誓师。十四日，率师征明。皇太极出奇计袭取抚顺。在明边墙附近大败明军。

万历四十七年（己未　天命四年　1619）　二十八岁

三月，随父汗参加萨尔浒之战，获萨尔浒大捷。率军勇破明左翼中路，在阿布达里冈与兄代善，合破明右翼南路明军。

六月，随父汗取开原。

七月，随父汗取铁岭。

八月，随父汗灭叶赫。

万历四十八年（庚申　天命五年　泰昌元年　1620）　二十九岁

七月，明万历帝死。被俘之朝鲜李民寏被释回国，著有《建州闻见录》《栅中日录》。书中写到他亲眼见到的皇太极，称"红歹是"。

八月，明泰昌帝立。

九月，明泰昌帝死，明天启帝立。

十月，第十六弟费扬古生。

皇太极

320

天启元年（辛酉　天命六年　1621）　三十岁

三月，八旗军连下沈阳、辽阳及大小七十余城堡。其间，皇太极表现神勇。浑河之南的白塔铺之战，勇猛追击。辽阳之战，追击六十里。劝降明朝御史张铨，未果。但见其爱才之心。

天启二年（壬戌　天命七年　1622）　三十一岁

三月，颁行《八大贝勒共治国政》制度。命筑东京新城。始设蒙古旗。明以王在晋为兵部尚书兼右副都御史，经略蓟辽、天津、登莱军务。

天启三年（癸亥　天命八年　1623）　三十二岁

八月，大贝勒代善、三贝勒莽古尔泰、四贝勒皇太极，上书自责。

天启四年（甲子　天命九年　1624）　三十三岁

正月，天命汗努尔哈赤特派大贝勒代善、二贝勒阿敏、三贝勒莽古尔泰、四贝勒皇太极及诸台吉统兵，将额驸恩格德尔及其弟莽果尔代所部人民、家产，移至东京辽阳。

天启五年（乙丑　天命十年　1625）　三十四岁

二月，娶蒙古科尔沁部贝勒寨桑之女博尔济吉特氏为妻，后清尊为孝庄文皇后。

三月，迁都沈阳。

天启六年（丙寅　天命十一年　1626）　三十五岁

六月，与蒙古科尔沁部奥巴台吉盟誓缔好。皇太极参与活动。

八月，十一日，努尔哈赤在沈阳附近瑷鸡堡病逝，享年六十八岁。

九月，初一日，皇太极即汗位，诏以明年为天聪元年。

天启七年（丁卯　天聪元年　1627）　三十六岁

五月，亲率兵六万伐明，攻宁远、锦州，失败。明军获胜，称"宁锦大捷"。

实行满汉分屯别居。

崇祯元年（戊辰　天聪二年　1628）　三十七岁

九月，率满蒙部队西征察哈尔，追逐至兴安岭。

十月，严禁擅杀降人。返回沈阳。

崇祯二年（己巳　天聪三年　1629）　三十八岁

四月，始设文馆。命记注国家政事，以昭信史。

十月，率大军绕道蒙古，第一次进关突袭北京。颁布军纪"九勿"。巧设反间计，名将袁崇焕冤死。

十一月，下遵化等城。

崇祯三年（庚午　天聪四年　1630）　三十九岁

三月，凯旋沈阳。自三年十月，亲率大军征明，下遵化抵燕京，转克永平、滦州、迁安，阅一百三十余日。

五月，二贝勒阿敏等屠戮四城逃归，皇太极将其幽禁。

崇祯四年（辛未　天聪五年　1631）　四十岁

正月，初八日，始铸红衣大炮成。

七月，初八日，仿明制，设六部。

八月，初七日，率大军围大凌河城。名将祖大寿自七月坚持到十一月，被迫投降。后以智取锦州计而脱身未归。

十月，莽古尔泰以"御前露刃罪"，被革去大贝勒爵位。

崇祯五年（壬申　天聪六年　1632）　四十一岁

正月，面南独坐，废除与三大贝勒并坐的旧制。

四月，率满蒙军队征察哈尔，林丹汗远逃青海，病死于大草滩。

崇祯六年（癸酉　天聪七年　1633）　四十二岁

六月，初三日，孔有德、耿仲明率众自山东登州航海来归。天聪汗亲自出德胜门至浑河岸，隆重迎接。十三日，赐孔有德为都元帅，耿仲明为总兵官，赐之敕印。

崇祯七年（甲戌　天聪八年　1634）　四十三岁

四月，初六日，定都城沈阳城曰天眷盛京，赫图阿拉城曰天眷兴京。初十日，尚可喜来投，天聪汗出城十里亲迎，授为总兵官。

五月，二十二日，率大军西行，征明。蹂躏明宣府、大同一带。

十二月，宴请察哈尔新附诸臣。

崇祯八年（乙亥　天聪九年　1635）　四十四岁

五月，二十七日，出征察哈尔诸贝勒奏凯。先是，命贝勒多尔衮等率军去黄河以西接收察哈尔林丹汗子额哲及其母苏泰福晋，得"传国玉玺"，察哈尔灭亡。漠南蒙古归入后金版图。

崇祯九年（丙子　崇德元年　1636）　四十五岁

四月，十一日，受皇帝尊号，建国号曰大清，改元崇德。

五月，初三日，定内院官制。刚林为内国史院大学士，范文程、鲍承先为内秘书院大学士，希福为内弘文院大学士。三十日，命武英郡王阿济格等征明。

十二月，命贝勒岳托往征朝鲜。

崇祯十年（丁丑　崇德二年　1637）　四十六岁

四月，添设八旗议政大臣。

七月，分立汉军为二旗。

崇祯十一年（戊寅　崇德三年　1638）　四十七岁

正月，三十日，皇太极第九子福临生，是为顺治皇帝。母永福宫庄妃，孝庄文皇后。

二月，亲征喀尔喀。

六月，二十九日，改蒙古衙门为理藩院，专治蒙古事务。

七月，二十五日，更定部院官制。每衙门设满洲承政一员，以下酌设左右参政、理事、副理事、启心郎、主事等官，凡五级。

八月，二十三日，命睿亲王多尔衮、贝勒岳托统左、右翼军，分道征明。

十月，二十日，亲统大军分三路征明。

崇祯十二年（己卯　崇德四年　1639）　四十八岁

二月，十四日，亲征明松山。

四月，征明两翼军凯旋。

六月，初十日，分汉军为四旗。

崇祯十三年（庚辰　崇德五年　1640）　四十九岁

五月，十五日，车驾至义州，检查城防。

崇祯十四年（辛巳　崇德六年　1641）　五十岁

五月，郑亲王济尔哈朗败明总督洪承畴兵于松山。

八月，十四日，亲统大军征明锦州。二十二日，破明兵十三万于松山。

崇祯十五年（壬午　崇德七年　1642）　五十一岁

二月，十九日，克松山，明总督洪承畴等就擒。

三月，初四日，武英郡王阿济格败明总兵吴三桂兵。初十日，克锦州，明总兵祖大寿降。

四月，十二日，塔山奏捷。二十五日，杏山奏捷。

十月，十四日，命贝勒阿巴泰率军征明。

崇祯十六年（癸未　崇德八年　1643）　五十二岁

六月，十一日，征明大军凯旋。

八月，初九日，崇德帝皇太极龙驭上宾。二十六日，崇德帝之第九子福临即皇帝位，以明年为顺治元年。

图书在版编目（CIP）数据

皇太极／徐彻著. -- 北京：中国文史出版社，
2022.2

（徐彻作品系列／徐忱主编）

ISBN 978-7-5205-3273-0

Ⅰ.①皇… Ⅱ.①徐… Ⅲ.①皇太极（1592-1643）

-传记 Ⅳ.①K827＝49

中国版本图书馆 CIP 数据核字（2021）第 208293 号

责任编辑：蔡晓欧

出版发行：**中国文史出版社**

社　　址：北京市海淀区西八里庄路 69 号院　　邮编：100142

电　　话：010-81136606　81136602　81136603（发行部）

传　　真：010-81136655

印　　装：北京新华印刷有限公司

经　　销：全国新华书店

开　　本：720×1020　1/16

印　　张：20.75　　　字数：290 千字

版　　次：2022 年 2 月第 1 版

印　　次：2022 年 2 月第 1 次印刷

定　　价：63.00 元